普通高等教育“十五”国家级规划教材

铁路运输调度指挥与统计分析

钱名军　宋建业　主编
谢金宝　主审

中国铁道出版社有限公司
2024年·北　京

内 容 简 介

本书主要内容包括铁路货物运输技术计划、铁路运输调度工作、铁路特种货物运输调度、铁路运输统计分析和铁路运输计算与加强，着重研究属于铁路运输上层管理的月度运输计划、运输日常调度指挥及统计、分析的原理和方法。

本书可作为高等院校交通运输专业教材，也可供铁路运输现场工作人员和科技工作者学习参考。

图书在版编目(CIP)数据

铁路运输调度指挥与统计分析/钱名军，宋建业主编.—2版.—北京：中国铁道出版社有限公司，2020.11(2024.1重印)

普通高等教育"十五"国家级规划教材

ISBN 978-7-113-27378-1

Ⅰ.铁… Ⅱ.①钱… ②宋… Ⅲ.①铁路运输-运输调度-高等学校-教材 Ⅳ.U292.4

中国版本图书馆CIP数据核字(2020)第206805号

书　　名：**铁路运输调度指挥与统计分析**
作　　者：钱名军　宋建业

策　　划：金　锋
责任编辑：金　锋　　**编辑部电话**：(010)51873206　　**电子邮箱**：sxyuecai@163.com
封面设计：冯龙彬　郑春鹏
责任校对：王　杰
责任印制：高春晓

出版发行：中国铁道出版社有限公司（100054，北京市西城区右安门西街8号）
网　　址：http://www.tdpress.com
印　　刷：北京市科星印刷有限责任公司
版　　次：2006年5月第1版　2020年11月第2版　2024年1月第3次印刷
开　　本：787 mm×1 092 mm 1/16　**印张**：19.5　**字数**：483千
书　　号：ISBN 978-7-113-27378-1
定　　价：52.00元

第二版前言

“铁路运输调度与统计分析”课程是兰州交通大学交通运输本科专业的必修核心课程，也是交通运输本科双学位的必修专业课程。自2006年5月第一版《铁路运输调度指挥与统计分析》教材出版至今已过去14年时间。在此期间，经历了铁路运输组织机构的改革重组，铁路运输技术装备也有了很大改善，铁路运输生产调度指挥信息化、自动化程度不断提高，货车统计方法也发生了较大变化，为适应新时代经济社会发展的人才培养需要和铁路行业改革的现实变化，有必要对《铁路运输调度指挥与统计分析》（第一版）相关章节内容、知识体系等进行较系统、全面的更新与完善。

本书是在第一版的基础上，根据兰州交通大学新版人才培养计划和教学大纲要求，为交通运输专业本科生编写的铁路运输组织系列教材之一。主要内容包括铁路货物运输技术计划、铁路运输调度工作、铁路特种货物运输调度、铁路运输统计分析和铁路运输能力计算与加强等5个篇章。

在第二版中做了以下更新与完善：

（1）对于铁路车流径路理论，从实用性角度出发，做了较为详细的论述；同时，结合具体实例，说明铁路运输技术计划的编制过程和方法，并把计算结果与铁路运输调度日常计划的编制结合起来，突出两者的内在联系。

（2）根据国铁集团新的组织架构更新了铁路运输调度组织机构体系及相关名称，在调度日班计划中补充了施工日计划等。

（3）新增了“铁路特种货物运输调度”一篇，从行车组织和运输调度的角度较系统阐述了特种货物运输的作业组织流程和基本要求，以引起运输组织及行车调度工作者对特种货物运输安全的更大关注。

（4）新增了“铁路运输能力计算与加强”一篇，较全面地论述了铁路运输能力加强的基本途径与方法。

本书从提高解决铁路运输调度工作实际问题的能力出发，注重铁路运输组织理论与现场作业实践的联系，书中提供了大量现场作业计划图表，例题计算过程翔实、解析清楚，逻辑结构合理、理论体系清晰，便于学生自学和教师教学，也可为铁路运输现场工作人员和科技工作者提供参考。

本书由兰州交通大学钱名军、宋建业主编，兰州交通大学谢金宝主审。本书各章节修订编写工作分工如下：第一、二篇宋建业，第三、四篇钱名军，第五篇牟海波、杨信丰。兰州交通大学铁路运输课程组孟学雷、田志强、黄志鹏等教师对书稿内容修订提供了宝贵建议。

在本书编辑出版过程中，参阅了大量文献资料，也得到了中国铁道出版社有限公司、兰州交通大学教务处、中国铁路兰州局集团有限公司调度处陈南江高工、运输部赵周高工、货运部王引乾高工、中国国家铁路集团有限公司统计中心王相平等单位和个人的支持与帮助，在此一并向所有文献作者和为本书出版提供过帮助的机构和个人致以衷心的感谢！

铁路运输调度的相关理论与方法伴随着铁路运输生产实践在不断深化与发展，坚持理论联系实际、为铁路运输生产服务，是本书的基本宗旨。限于编者的学术水平，书中难免存在疏漏和不妥之处，恳请读者批评指正。

编　者

2020 年 4 月

第一版前言

铁路运输是在广阔的路网上由多部门、多工种运用各种运输设备和运输组织方法实现的，必须进行周密的计划和高度集中、统一的调度指挥，才能使各工作环节紧密联系、协调动作，顺利完成运输任务。本书着重研究属于铁路运输上层管理的月度运输计划、运输日常调度指挥及统计、分析的原理和方法。

运输计划、调度指挥和统计分析属于铁路运输组织决策性质的内容，关系到运输全局，交通运输专业的学生应当较为深入地掌握。同时，由于近年来铁路运输设备和作业组织方法发生了很大的变化，计算机在铁路运输中得到了广泛的运用，2005 年 3 月 18 日分局撤销，路局直接管理站段，减少了调度指挥的中间环节，铁路行车组织的教材应当反映这些变化。本书就是出于这一考虑编写的。

为了完成客、货运输任务，并且使铁路运输能力得到高效的利用，各铁路局应当保有一定数量的机车、车辆。适当的运用车数量是铁路保持正常的运输秩序，顺利实现运输计划的前提。铁路运输技术计划每月编制一次，全路 18 个铁路局在铁道部运输局的领导下同时进行，根据各局下月货物运输的流向和数量，计算应当保有的各类运用车的数量及局管内各机务段需要的运用机车台数。技术计划依据月度货物运输计划编制。要完成月度运输计划的任务，除了应为各局提供一定数量的活动运输设备外，铁路局、地区和车站还需要针对具体运输设备条件，货流分布的特点，确定具体的运输组织措施，这就是运输方案。

月度运输计划、技术计划和运输方案为铁路局规定了全月的运输任务，确定了为完成运输任务应当保有的机车、车辆，以及应当采取的运输组织措施，是铁路日常运输生产指挥决策的重要依据。

为了统筹安排全路的运输生产，铁路建立了铁道部、铁路局和车站三级调度指挥系统。铁路运输调度指挥机构是铁路运输的神经中枢，在铁路运输生产中发挥着关键的作用。铁道部运输局调度处宏观控制全路的运输生产：从整体的高度统筹外贸及重点物资的运输、重点厂矿的原料供应和产品输出，通过掌握各局装车、卸车和局间分界站的货车交接数量，保证完成全路客、货运输任务；铁路局运输处调度科具体安排局管内各站的装卸、列车开行和空车调配、机车运用，编制和组织站段实现调度工作日（班）计划；车站调度室则具体执行路局下达的日（班）计划，通过阶段计划组织和实施车站到发线运用、货场和专用线作业、调车机车解编和取送，实现规定的运输任务。

为了考核运输组织工作的优劣，为编制运输日常调度工作计划提供依据，铁路每天18点都要进行货车运用指标的统计，简称18点统计。统计数据由车站上报路局，路局汇总各站和在途列车的资料后上报铁道部。铁道部对各局上报的货车运用数据进行汇总、分析和归纳以后，再把制定运输日常计划所需要的资料反馈给各局。

进行运输分析是为了发扬成绩，找出运输工作中存在的问题，并采取切实的措施改进运输组织。

应当看到，铁路运输组织的理论随着运输实践的发展处于不断丰富和变革的过程中。旧的问题还没有解决好，新的课题又涌现出来。由于研究的范围和深度的限制，许多理论还不够完善，在今后的一个较长时间内，需要加强对运输组织理论本身的研究。应用数学是运输组织理论发展的重要工具，它也将随着运输组织课题的产生而得到更大的发展。

本教材突出了与铁路运输生产的联系，注重了理论与实践的结合，内容更加丰富、全面，语言通俗易懂，便于学以致用。

参加本书编写工作的有兰州交通大学宋建业、钱名军（第一篇），铁道部运输局刘俊（第二篇），兰州交通大学谢金宝（第三篇），全书由宋建业统稿。钱名军参加了全部书稿的整理并验算了例题、编写和解算了全部习题，与兰州交通大学张玉召一起绘制了本书的插图。

由于时间仓促和水平所限，错误和不妥之处在所难免，我们热诚地期待着读者的批评和指正。

编　者

2006年3月

目　录

第一篇　铁路货物运输技术计划

第二篇　铁路运输调度工作

第三篇 铁路特种货物运输调度

第四篇 铁路运输统计分析

第五篇　铁路运输能力计算与加强

第一篇

铁路货物运输技术计划

为了满足国家国防建设、经济发展和人民生活对于铁路运输的需求，保证路网各区段通过能力、货运站装卸能力和技术站改编能力协调配合，从而经济、高效地完成运输生产任务，铁路建设和日常运输生产必须按计划进行。我国铁路实行长期计划指导下按月组织运输生产的制度，即：首先制定铁路建设的长期规划，从宏观上保证运输能力与运量相适应；在这一基础上，每年制定年度运输计划，每月制定月度货物运输计划，依据月度货物运输计划制定技术计划，确定各局各区段的行车量和机车、车辆的合理保有量，最后编制运输方案制定保证实现月度运输计划的技术组织措施。技术计划的运输指标和运输方案为铁路运输调度制定运输调整措施提供指导。

第一章 月度货物运输计划

月度运输计划是铁路日常运输组织的主要依据，其基本任务是：根据国家经济政策和运输政策，密切产、供、运、销关系，合理安排各地区、各部门、各种物资的发送量和流向，充分发挥铁路的运输能力，分月完成年度运输任务。

第一节 月度货物运输计划的货源保证

铁路局集团有限公司（以下简称铁路局或路局）月度货物运输计划分为月编计划和日常计划两部分。月编计划是铁路局组织下月运输生产的依据，日常计划是月编计划的补充。月度运输计划的准确程度直接影响到调度调整决策的有效性。因此在制定月度运输计划时，必须核准货源，不断改进计划方法，努力提高计划的兑现率。

一、编制月度货运计划的基本原则

编制货运计划的基本原则是：

1. 以市场为导向，简化手续，方便托运人，兑现承诺，吸引货源。
2. 提高运输效益、效率和管理水平，开展计划、合理、直达和均衡运输。
3. 保重点兼一般。

二、货源、货流组织的基本方法

货源、货流组织是铁路月度货运计划工作的重要环节和基础工作。有预见地调查、了解物资的生产、供应、销售情况，掌握货源货流变化规律，并加以科学的组织，可以为月度货运计划提供可靠的依据，从而使货运计划建立在可靠的货源基础上。

月度货运计划的质量，很大程度上取决于货源、货流组织工作的水平，取决于铁路对吸引地区厂、矿、企业生产、供应、销售以及所需原材料、燃料等供应情况的了解程度。社会生产错综复杂，由于受主、客观条件的影响，物资流通对运输的需求处于经常的变动中，为了准确掌握货源、货流必须摸清其变化规律。

我国铁路经多年实践，形成了“摸、核、排、对、组”五字货源、货流组织方法：

1. 摸

摸就是了解国民经济各部门厂矿企业的运输需求。在订车计划提出之前深入发货单位，对货源、货流进行摸底调查，或召开货源调查会，核实货源。

针对不同物资和不同企业的产销特点，应采取不同的组织方式：

对于运量集中的大宗、稳定的货源做好直达列车的运输组织工作，对稳定全路货流关系重大。为这类企业服务的车站专用线多、装车点多，一般应建立路企协作机构，实行联合办公，共同掌握产、运、销进度和提出每月外运建议运量。

大城市所在车站的特点是专用线多、货场多、发收货单位多、发送货物品类多、货源和装车点分散。这类车站的货源组织工作需根据不同类型的发货单位确定具体方法：

(1)生产稳定、产品单一、流向固定的企业可作为计划的核心货源，每月定期摸底、调查。

(2)产品规格复杂、流向变化大的企业运输需求计划变化较大，每月要不定期逐户摸清货源。

(3)对生产能力小、运量少、流向又不规律的企业，要落实去向。

(4)对港口站应了解到港船只、货物品种、数量、港口的库存，落实外贸进口货物数量。

(5)农副产品运量较大的车站，货源季节性强，运量波动大、货源不稳定，需深入农村，了解种植面积、作物生长情况、预计收成和销售去向，主动帮助发货单位落实货源，做好与公路运输计划的衔接。

2. 核

在物资部门提出请求车计划后，要核实货源，防止差错和遗漏。核实货源要符合以下要求：

(1)数量要可靠。根据调查了解的货源情况，与发货单位提出的订车计划对照，看货物的品种、数量是否相符，产品数量与销售合同的数量是否一致，有无库存，是否存在供大于产或供大于需的情况，防止产、供、销脱节引起运量变化，造成货源落空或大量计划外运输。

(2)流向要合理，防止不合理运输。

(3)时间要准确，摸清发货单位提出订车计划的货源在计划期间能否均衡发运，以免过于集中或分散，使配空困难，造成计划落空。

(4)装卸能力和短途运输工具要衔接，企业自行装卸的要了解装卸劳力和机具是否适应，靠其他运输工具集运的应了解集运计划有无安排，是否与向铁路提出的订车计划相衔接。只有环环相扣，才能保证货流兑现。

(5)对可能发生的情况应有预见。如企业设备的检修、供电情况，特别对自然条件的变化要有科学的预见，并要考虑第二线货源或其他预防措施，做到积极稳妥。

(6)手续要齐全。检查提报的订车计划是否符合国家的物资管理规定，避免因手续不符合规定而在执行中发生停运。

各级货运计划人员要努力学习工、农、商各行基本知识，了解产、供、销的客观规律，各种物资的生产量与运输量的比例关系，以及季节性物资的产销特点，只有做到心中有数，才能做好货流组织工作，提高工作水平。

3. 排

综合平衡货运计划，按照有关政策和铁路运输能力，综合平衡，使运需和运能相适应。

4. 对

月度计划确定以后，铁路和发货单位要进一步核实货源，检查计划与实际情况是否相符，计划货源有无落空，发现有变化及时与发货人联系，采取措施保证计划兑现。

5. 组

组织计划兑现，督促发货单位提出旬计划，组织物资进站，安排日历装车，有条件组织直达运输的，要加强与发、收货人的联系，落实装卸车能力，配备空车，做好集中装车的准备工作。

三、货源组织工作的负责制

多年来，我国铁路货源组织工作已形成一套基本组织形式，即以车站货源小组为基础的车站、铁路局分工负责制。其分工，主要是根据吸引区的范围、厂矿规模大小以及横向所联系的同级机构三个方面加以区分的。一般是铁路局与省、市、自治区联系，车站货源小组直接与县、乡及厂矿企业联系。分级负责制体现了货源、货流组织工作的广泛群众基础，又贯彻了分工负责的精神。

车站货源小组由车站主管货运副站长或货运主任为组长，以货运计划人员为核心，其任务是：

1. 宣传和贯彻国家运输方针、政策和法令。

2. 每月深入厂矿、农村了解物资生产、销售、储运、装卸和短途搬运能力等情况，摸清货源及流向流量，组织计划运输。

3. 按时向上级汇报货源情况、提出运量建议。

4. 核实和推算货源，安排旬、日历装车，组织均衡完成运输任务。

5. 进行到货调查，配合到货单位做好接卸车准备工作。

6. 定期进行经济调查，了解吸引地区产、运、销变化情况和经济发展趋势。

7. 建立经济台账，积累资料，总结分析，掌握运输规律，改进工作，提高计划质量。

8. 密切与物资单位部门的联系，经常交流情况，协助企业改进运输管理。

为实现上述任务，车站货源小组还需建立相应的制度，如小组成员分工负责制度、年度经济调查制度、月度走访或召集座谈会形式的货源调查核实制度、日常货源核实推算制度和计划工作执行分析考核制度等。

铁路局的货源组织工作主要有以下五项任务：

1. 组织管内基层单位正确执行国家的方针、政策和法令。

2. 掌握管内货源变化情况，实事求是地向国家铁路集团公司(以下简称国铁集团)提报“原提、核实和建议”运量。

3. 核定所属单位的月度货运计划。

4. 组织大宗物资合理运输，均衡运输和直达运输。

5. 分析货源、货流动态，掌握管区内货源变化规律，做好统计分析工作，总结经验，提高计划管理水平。

在货源货流组织工作中，既要抓好重点物资和大宗货物的组织，也要抓好一般物资和零星分散物资的组织；既要组织好管内的货源货流，也要组织好跨局的货源货流；既要摸清次月的计划货源，也要进行当月货源的核实。实践证明，货源货流组织工作开展好的地方，计划落空、计划外要车和计划变更均少，工作也比较主动。

第二节　月度货运计划的编制

一、月度货运计划的编制体制

我国铁路自 1949 年 5 月编制 6 月份货运计划起，开始建立按月编制货运计划的制度。各物资托运单位必须按时向铁路提出月度请求车计划。开始时，由铁道部主持，各铁路局每月来京集中统一编制计划。1966～1976 年由各铁路局编制，1976 年以后各铁路分局集中在铁路局编制。2005 年铁路分局撤销，各铁路局与铁道部通过网络传送资料，不再集中。

现在，铁路局月度货物运输依据货主提报的下月订车计划编制。铁路为货主提供了灵活多样、方便快捷的订车提报方法，货主可以随时提报，运输期限也可长可短；铁路局审批也有集中批、随时批和计算机计划编制系统自动批等多种方式。

二、货物品类的划分

货物品类主要按货物的自然属性及以下因素划分：

1. 根据国民经济发展的需要。

2. 考虑运量大小，运量很小的物资不必列为一个品类。

3. 与年度货运计划的品类相一致，以便于统计分析。

4. 考虑特种车辆的需要，如易腐货物需要冷藏车，单列一个品类，便于车辆安排和日常运输的掌握。

我国现行铁路月度货物运输计划品类划分为煤、石油、焦炭、金属矿石、钢铁、非金属矿石、磷矿、矿建材料、水泥、木材、粮食、棉花、化肥、盐、化工产品、金属制品、工业机械、电子、农业机械、鲜活货物、农副产品、饮食烟草、纺织皮革、纸及文教用品、医药、其他货物、零担货物和集装箱货物 28 个品类。每一品类包含哪些具体货物，国铁集团编印了《铁路货物运输品名分类与代码表》供物资部门和各级铁路运输部门查阅。

货运计划品类以车和吨数为计算单位。计划车数的计算方法按照国铁集团公布的货车静载重标准或装车点实际完成的静载重标准折算。

三、物资运输归口管理

物资运输归口管理是从 20 世纪 60 年代初开始实行的。物资归口管理是各物资生产、供应基层单位的运输计划按照物资调拨权限，分别由省级主管厅局或中央主管部门归口管理，统一向铁路提出运输需求计划。

物资运输归口管理的优点是：

1. 有利于按照国家的物资管理规定和运输政策以及生产与需要的轻重缓急进行物资排队和调运。

2. 便于发现和调整不合理运输，组织物资合理调运。

3. 便于集中货流，组织直达列车和成组装车，加速物资周转，节约运力和运输费用。

4. 可以促进物资管理部门加强计划管理。

四、月度运输计划的编制依据和内容

1. 月度运输计划编制依据

(1)托运部门提出的运输需求计划。运输需求计划包括水换陆的换装计划、国防物资运输计划、国际铁路联运进口的交换资料、经运营铁路转提的运输需求计划以及发站提出的整车、集装箱、零担货物装车计划。

以上几项汇集起来构成“原提运量”。原提运量客观反映了物资部门的运输要求。各级铁路货运部门在原提运量的基础上进行核实，剔除不落实部分，使其成为可运的有效货源，即“核实运量”。在核实运量的基础上结合运能情况，向上级提出计划运量的安排建议，即“建议运量”，供领导核定计划时参考。

(2)运输能力的资料，主要是总装车能力、各干线编组站的通过能力和改编能力、到站卸车

能力、机车车辆能力（尤其特种车辆能力）等。

(3)国家运输政策和上级铁路运输部门对计划月的重点要求和指示。

(4)国家批准的铁路年度货物运输计划。

2. 月度计划的内容

月度运输计划的基本内容就是核定的订车计划表的各项内容。为便于日常掌握和分析，各级铁路部门可以根据不同的工作需要，规定格式和内容。国铁集团月度货物运输计划包括以下内容：

(1)发、到局货物品类运输计划。

(2)各局货物品类装车计划。

(3)水路联运进出口计划。

(4)各局直达列车、短途整列和成组装车计划。

(5)通过限制区段上下行货物运输计划。

(6)各局卸车计划。

(7)其他须在月度货运计划中汇总的计划，如煤炭重点物资的装车计划。

铁路局的计划内容项目更多、更具体。除上述以外，还包括冷藏车运用计划、毒品车运用计划、铁路内部用料卸车计划、国防物资运输计划等。

铁路月度运输计划一经确定，即作为国家运输任务布置下达，并成为检查考核工作的依据。

五、月度货运计划的编制方法

当前，我国铁路编制货物运输计划，坚持“依据实货、市场导向、能力匹配、确保需求”的原则，敞开受理，统筹大宗稳定物资和零散白货物资的运输，使运输计划紧密衔接市场和生产，以实现较高的运输效率和效益。

月计划的编制流程：

各铁路局必须在指定的时间点与国铁集团进行信息交流，局内的计划工作进度可以根据本局运量及货源稳定性状况作出自己的规定。

(1)国铁集团下达注意事项

每月 21 日前，国铁集团根据市场需求、能力变化和季节性特点，下达次月计划编制注意事项和重点运输计划，以及国家有关部门提出的次月运输需求计划。

(2)铁路局收集需求并提报建议

每月 21 日 18 点前，铁路局收集整理客户次月需求，将次月稳定物资的需求、客车化运输方案，以及根据历年变化规律和市场情况预测的其他物资装车需求三部分汇总，结合对次月全局状况的分析，形成铁路局次月运输需求建议，于 22 日 18 点前通过计划编制系统报国铁集团。

(3)国铁集团将各铁路局建议汇总，形成建议方案

国铁集团调度指挥中心组织有关部门研究次月全路局别装车计划主要技术指标方案，于 24 日 18:00 前通过运输计划编制系统向铁路局下达。

(4)铁路局安排装车计划

每月 25 日，铁路局按国铁集团下达的轮廓计划，核实货源，结合各站段实际情况，在优先

安排国家重点物资的基础上，按照公平、公正、透明的原则，安排客户提出的次月稳定物资运输需求，将结果反馈客户及站段。

(5)汇总次月装车方案

每月 26 日，国铁集团汇总形成全路次月运输方案，包括总指标(总装车数、发送吨、周转量)、品类别装车、使用车去向、车种别运用车、净载重等。铁路局同时形成本局次月运输方案并向站段下达相关指标。

第三节　提高月度货运计划兑现率的措施

月度货物运输计划是编制铁路运输技术计划的依据，而技术计划的数据又是铁路运输日常调度指挥的重要依据，如果计划车流与实际车流相差甚远，就不仅不能起到指导作用，还会贻误生产。

改革开放以来，随着市场经济的发展，要求所有货主提前一个月提报运输需求计划已不现实。因而，收集到的运输需求装车去向和数量往往不能全面反映下月的实际装车情况。显然，依据不完整的货流资料难以编制出准确的技术计划。

在这种情况下，月度货物运输计划的准确性就成为制约技术计划编制质量的关键。因而，需要研究各地区市场经济的规律性，准确掌握车流的变化。可以采取以下措施提高货物运输计划的编制质量：

1. 加强货源调查

国家指令性重点物资的发运，可按照归口物资部门向国铁集团提报的运输计划确定。车站吸引范围内的，生产比较稳定、具有相当规模的厂矿企业，其每月发送货流一般可根据其生产计划确定。这种长期、稳定的货流可以作为月度运输计划的核心部分。

2. 进行货流预测

每一地区或车站发送和中转的货物一般有一定的规律性、季节性。例如车站每天拼装集装箱和零担货物使用的车数，在蔬菜、水果成熟的季节为产地服务的车站装车外运的流向和数量，在日常运营中每月受理的计划外装车车种别数量、去向等。应当认真调查研究，摸清货流产生的规律和数量变化的情况，预测发站、到站和车种车数，据此提报一定数量的补充计划。

3. 改进计划受理方法

在日常运输组织中，铁路不断改进计划受理方法，最大限度地方便货主、吸引货流。例如，随时受理运输需求计划，货主可以根据自己的需要，随时向铁路局和车站提报，期限可以是一次装车或旬、月、季、半年、年。

2015 年 4 月 10 日上线运行的 95306“中国铁路货运电子商务平台”使货主不出家门就可以提交和办理货运业务。

国铁集团根据掌握的国家重点物资运输任务、各铁路局提报的货运计划及上月完成装车和本月上中旬共 45 d 的平均运量，参照去年同期运量确定下月建议运量向各局下达，内容包括国铁集团重点物资运输任务、各限制口控制装车数及注意事项等。铁路局根据国铁集团下达的下月建议运量，编制下月使用车计划。

复习思考题

1. 编制月度货运计划应遵循的基本原则是什么？
2. 进行货源货流调查可以采用哪些方法？
3. 阐述编制铁路货物运输月度计划的大致过程。
4. 铁路月度货物运输计划的作用是什么？
5. 当前影响铁路月度货物运输计划编制质量的主要因素是什么？有哪些解决途径？

第二章　车流径路的确定

车流径路是车辆由发站送往到站在路网上所途经的路线。由于路网的环状结构，在指定的发、到站间往往存在着两条及以上的径路。为了加快货物送达、减少铁路运营支出和充分利用铁路综合运输能力，在日常运输工作中，车流应沿经济、合理的径路输送。

在编制技术计划时，要根据每张订车计划单指定的发站、到站及车种、车数编制铁路局使用车计划和向外局移交重车计划的资料。在通报外局的移交重车资料中，要对移交各局的到卸重车按各局的接入分界口汇总，对移交各局的通过重车先按接入分界口汇总，在各接入分界口内再按交出分界口小计。因此技术计划编制人员必须熟悉车流径路。

车流径路是铁路运输组织的重要基础，在制定货运计划、列车编组计划、调度工作日常车流调整计划、编制车站调车作业计划时确定车流组号、计算货物运价里程等方面都有很多实际应用，也是统计和财务部门计算各铁路局完成货物吨公里、分配其货运收入的依据之一。

第一节　铁路车流径路的分类、运用和发布

一、铁路车流径路的分类

1. 按照输送车流的运营支出分

(1)经济的车流径路

经济的车流径路指车辆从发站输送至到站运营支出最小、运行时间最短的车流径路。这类径路由于运输距离短、线路技术条件好，车辆在途的时间也短。

(2)不经济的车流径路

不经济的车流径路指发站至到站间经济的车流径路以外的车流径路。

2. 按照运输距离分

(1)最短径路

在指定的发、到站间所有可能的车流径路中车辆走行距离最短的径路。

(2)特定径路

当车流按最短径路输送时，由于路网上某些路段所承担的运量超过了线路的通过能力，而为通过这些路段的部分车流特别指定的径路。

(3)迂回径路

由于自然灾害、事故、线路施工封锁等原因，线路通过能力降低或行车中断时，在短期内对途经该线的在途车流或紧急待运物资以调度命令临时指定的输送径路。

二、我国铁路采用的车流径路

从理论上讲，只有经济的车流径路才是合理的车流径路。但是，确定经济的车流径路是一项复杂和困难的工作。这是因为：计算经济的车流径路需要详细地占有线路里程、线路技术标准、车流组织方法、机车类型和牵引重量标准、列车旅行速度、车流改编和运行的单位成本等影

响运营费用支出和货物在途时间的有关技术资料，对货物沿不同径路输送时由这些因素引起的综合效果进行经济比较，这些数据不仅量大而且变化频繁，需要进行常年的统计、计算和分析，由此而耗费的大量人力、物力往往得不偿失；此外，全路车流径路应当保持相对稳定，车流径路的频繁变化会给铁路运输日常组织带来不稳定和混乱。

另一方面，线路里程一般是稳定不变的，而且两种分类方法所划分的车流径路通常具有对应关系：即最短车流径路也就是经济的车流径路，当然可能存在由于最短径路技术条件较差，采用其他径路反而更加经济的情况，但并不多见，当出现这种情况时，应当采取技术改造措施改善其车流运行条件，而不应闲置不用；特定径路是较经济的车流径路；迂回径路是在最短径路或特定径路不能通行或能力严重受限时的经济径路或较经济的可行径路。

1. 一般情况下采用的车流径路

我国铁路采用最短径路输送车流；当部分路段通过能力不足时，其不能负担的部分由特定径路输送；在不能按最短径路或特定径路输送时，根据调度命令临时指定的车流迂回径路输送。最短径路和特定径路是在正常条件下采用的径路，称为正常径路；迂回径路则是在非正常情况下采用的临时径路，为非正常径路。

利用特定径路输送车流，虽然在经济上不如最短径路有利，但特定径路的剩余运输能力得到了利用，因而在提高路网的总体运输能力方面具有积极意义。

2. 特殊情况下采用的车流径路

在日常运输组织中，一些需要特殊运输条件的车流往往不能按正常径路输送，例如：

(1)超限、超重货物车辆如按最短径路输送时，部分路段的建筑限界和桥梁强度可能无法满足车辆超限、超重等级的要求，因而其运输径路必须按国铁集团、铁路局有关超限、超重货物审批电报指定的径路办理。

(2)加冰冷藏车、装运需上水的活动物、植物的车辆，在正常径路上不具备加冰、上水条件时，应按发站在货票上注明的加冰所、上水站的径路输送。

(3)有特殊需求的军事物资运输，由国铁集团调度命令指定径路运行。

对仅涉及自局管内的车流特定径路，由各铁路局自行规定，报国铁集团备案。各铁路局管内自装自卸车流按最短径路需通过邻局出入的，不出局，经自局管内就近运输。

三、铁路车流径路的发布

国铁集团发布的“全国铁路环状车流径路图”和《全国铁路车流特定径路》文件(简称《特定径路》文件)是全路日常车流组织工作的依据；非正常径路则在事件发生时以调度命令的形式发布。

车流径路的制定是一项长期的基础性工作，每当新线建成形成了新环、线路技术条件或车流发生较大变化等原因需要调整车流径路时，都需要重新计算。国铁集团调度部负责修订“全国铁路环状车流径路图”、颁布《特定径路》文件的工作。

第二节　全国铁路环状车流径路图的基本概念

为了使全路车流组织工作有所依据，全国铁路各站的车流径路利用全国铁路环状车流径路图表示，并以《特定径路》文件详细说明需采用特定径路输送的车流。

一、全国铁路环状图

1. 路网拓扑结构的表示方法

路网拓扑结构是指路网各环的相对位置及连接关系。依据全国铁路营业站示意图构建的路网拓扑图，即全国路网环状图，是计算车流径路的基础。全国路网环状图由支点站、支点站间的铁路线及在其上标注的里程和本环半环长数字构成。

支点站是衔接三个及其以上方向的车站以及编组站、区段站。由支点站和支点站之间的铁路线形成的简化路网示意图称为全国铁路环状图。由于全国铁路环状图略去了路网中所有的支线及支点站以外的车站等次要信息，因而能够简单明了地反映全国铁路的网状结构。

2. 本环、跨环、共用线、共用支点和大环的概念

在全国铁路环状图中：内部不存在任何连接环内任意两站铁路线的环称为本环；由两个及以上本环组成的环称为跨环。其中：仅包含两个本环的跨环称为简单跨环；由多个本环组成的跨环称为复杂跨环。被计算或查找的跨环最外方的闭合环路称为大环。大环中：为两个本环或本环与跨环或两个跨环所共有的线路和支点称为这两个环的共用线和共用支点；其余的线路和支点称为大环内的非共用线和非共用支点。图中还在相邻两支点的连线上标注两支点间的线路里程，在每个本环内填记该环线路的折半里程。由于跨环的全部支点和连线都包容在大环中，可以用大环来指代跨环。

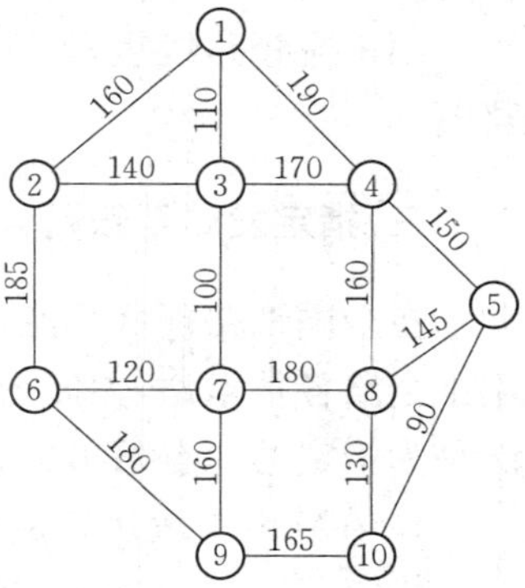

图 1-2-1　虚拟的全国铁路环状图

例如图 1-2-1 所示虚拟的全国铁路环状图是包括了环①②③①等 8 个本环的复杂跨环；每个本环与其任一邻环的整体就构成一个简单跨环，如环①②③④①和边③—①组成的整体是由两个本环构成的简单跨环；其中支点③、①为共用支点，边③—①为共用线，环①②③④①为该简单跨环的大环。各边上的数字为该边的权重，即里程。"大环"是一个与研究的对象相关的概念，例如：环①②⑥⑨⑩⑤④①是整个路网的大环，环①②⑥⑦⑧⑤④①是由 5 个本环组成的复杂跨环的大环。

二、车流径路线和全国铁路环状车流径路图

车流径路线是用来指明在本环或跨环上由某一支点站发出的车流在路网上输送时应经过的半环的箭头线，分为车流最短径路线和车流特定径路线两种。为了便于辨认：本环车流最短径路线用蓝色线，跨环车流最短径路线用红色线表示；车流特定径路线用绿色线表示。

1. 车流最短径路线

车流最短径路线从支点站发出，指向本环或大环上距该支点二分之一环长的车站或区间。车流最短径路线箭头所指的位置是发出径路线的支点站在环上两条径路的分界点，称为径路分界点。如图 1-2-2 中支点站塔山在本环中的车流最短经路线指向凌源—水泉区间，径路分界点距凌源站中心线 0.5 km。

2. 特定车流径路线

车流特定径路线用来规定从引出径路线的支点发出的全部车流在环上的径路，通常不指

向二分之一环长的位置。例如,《特定径路》文件规定"凡经新乡北支点装到商丘北以远的重车经京广线,按郑州北支点运输。"新乡北站在京广线新乡站以北 10 km,按最短车流径路,本应走新乡—菏泽—商丘北,特定径路规定不经菏泽,而经京广线至郑州北,再由陇海线输送至商丘北。

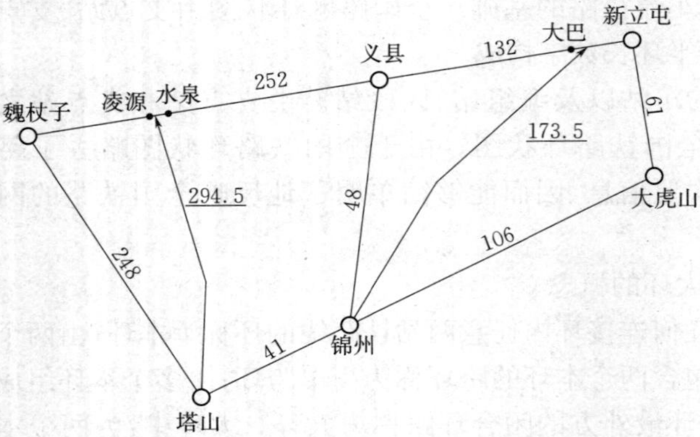

图 1-2-2 最短车流经路线和径路分界点

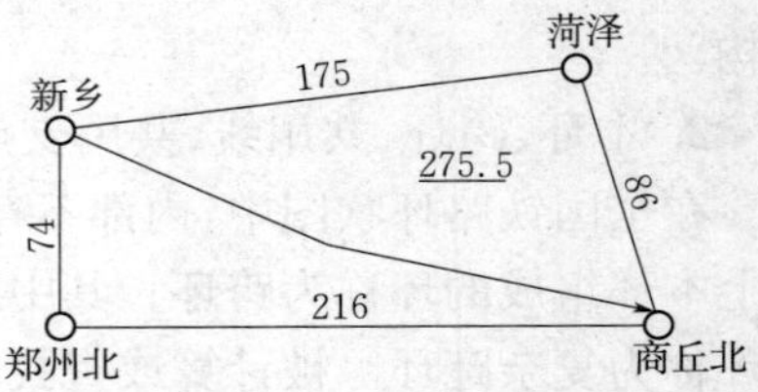

图 1-2-3 车流特定经路线

用车流径路线表示了各支点站车流径路的全国铁路环状图称为全国铁路环状车流径路图。

三、指定发站至路网各站车流径路的图示方法及其应用

在全国铁路环状车流径路图上绘制了以所有技术站为起点至路网各站的车流径路线,适用于全路各技术站,因而图上各类车流径路线密密麻麻,给查找带来很大困难。较好的解决办法是为指定的起点站单独绘制路网车流径路图。

1. 在路网上表示车流径路的径路线法和径路树法

指定了发站的全国铁路环状车流径路图有两种图示方法:径路线法和径路树法。图 1-2-4(a)是用径路线表示的以①站为起点的路网环状车流径路图;图 1-2-4(b)是用径路树法表示的以①站为起点的路网环状车流径路图。

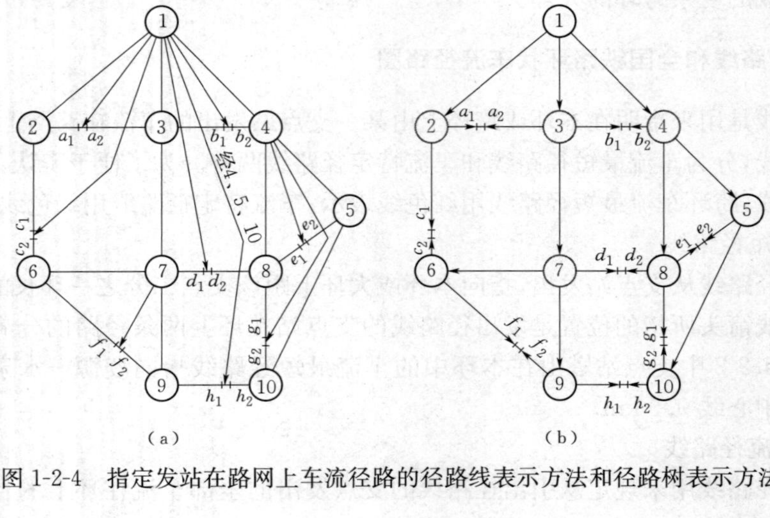

图 1-2-4 指定发站在路网上车流径路的径路线表示方法和径路树表示方法

径路树表示方法仅适用于表示指定起点至路网各站的车流径路；而径路线表示方法可以在一张图上综合表示全部技术站发出的车流在路网上的车流径路，即全国铁路环状车流径路图。

2. 给定支点站列车编组计划组号范围的图示方法

利用给定支点站到路网上任一车站的最短径路都不应通过该支点站径路分界点的原理，该站在全国铁路环状图上的最短径路可以用来分析和标注该站各车流组号的到站范围。

【例 1-2-1】 在如图 1-2-1 所示的全国路网上，支点站①的车流径路如图 1-2-4 所示，如果①站列车编组计划规定该站开行①→②、①→③、①→④、①→⑤和①→⑦五个跨区段列车到达站，试确定该站②站及其以远，③站及其以远，④站及其以远、⑤站及其以远和⑦站及其以远各组号车流的到站范围。

解：依据①站在路网上车流最短径路的分界点，可以得出：

②站及其以远车流包括到达②站及②—a_1 和②—c_1 间各站车流。

③站及其以远车流包括到达③站及③—a_2、③—b_1 和③—⑦(不包括⑦站)间各站车流。

④站及其以远车流包括到达④站及④—⑤(不包括⑤站)、④—⑧、④—b_2、⑧—d_2、⑧—e_1、⑧—g_1 间各站车流。

⑤站及其以远车流包括到达⑤站、⑤—⑩、⑤—e_2、⑩—g_2 和⑩—h_2 间各站车流。

⑦站及其以远包括到达⑦站及⑦—⑥、⑦—⑨、⑥—⑨、⑥—c_1、⑦—d_1 和⑨—h_1 间各站车流。

可以看出，每一组号的到站范围实际上都是全路径路树的一棵子树。我国铁路技术站常在全国铁路货运营业站示意图的线路上涂以不同色彩表示本站各车流组号的到站范围，张贴在作业地点供工作人员查阅，既方便又清晰。

第三节　在全国铁路环状图上绘制车流径路线

一、绘制车流最短径路线

在图上寻求最短径路的方法很多，如 Dijkstra 算法和径路分界点破圈算法。

1. Dijkstra 算法

已知非负赋权图 $G=(V,E)$，$V=\{v_1,v_2,\cdots,v_n\}$，$E=\{e_1,e_2,\cdots,e_m\}$。设图 G 的每条边 $e_{i,j}$ 都与一个非负实数 $w_{i,j}$(即该边的里程)相对应，求 p，$p\in V$ 至 v_i 的最短径路，$v_i\in V$ 且 $v_i\neq p$。

计算步骤如下：建立路径已定集 D 和路径待定集 W，其数据结构均为支点名、路径、里程。开始计算时，只有起点 $p\in D$，其余支点 $v\in U$，U 为路径未定支点集。计算顺序为：

(1)从铁路环状图数据文件中查找计算起点 p 的全部邻接支点及里程，选出里程最小的邻接支点 i 进入 D 集，p 站的其余邻接支点及里程按里程递增的顺序排列归入待定路径集 W，等待进一步判断。

(2)接着再查找铁路环状图数据文件，找出 i 站的全部邻接支点，删除其中已在已定集 D 中的支点，计算起点经支点 i 至支点 i 的其余邻接支点 j_k 的里程 S'_{p,j_k}：

$$S'_{p,j_k}=S_{p,i}+S_{s,j_k}\text{，路径为}(p-i)-j_k$$

式中　k——支点 i 的不在 D 集的邻接支点数，$k=1,2,\cdots,n$；

$S_{p,i}$——已定集 D 中计算起点至支点 i 的里程，km；

S_{s,j_k}——支点 i 至邻接支点 j_k 的里程，km；

$p-i$——已定集 D 中 $p\to i$ 的径路。

将全部计算结果按里程递增的顺序列入待定路径集 W：与已在 W 集中的路径比较，若终点不同则列入；若终点相同，保留里程较小的径路。选取待定路径集中里程最小的路径进入已定径路集 D。

(3)对新进入 D 集的支点进行上述计算，直到新进入 D 集的支点的所有邻接支点都已在 D 集中。至此全部支点进入 D 集，起点至其余支点间的最短径路计算完毕。

【例 1-2-2】 在如图 1-2-1 所示的路网上利用 Dijkstra 算法确定以①站为起点的车流最短径路。

解：(1)起点①与支点②、③、④邻接，径路①—③距离最短进入 D 集，径路①—②和①—④进入 W 集，见表 1-2-1 和表 1-2-2。

表 1-2-1　已定路径集合 *D*

支点名	路　径	里　程
③	①—③	110

表 1-2-2　待定路径集合 *W*

支点名	路　径	里　程
②	①—②	160
④	①—④	190

(2)计算支点③至邻接支点的里程

支点③与支点②、④、⑦相邻：$S'_{1,3,2}=110+140=250$，$S'_{1,3,4}=110+170=280$，$S'_{1,3,7}=110+100=210$。径路①—③—⑦进入待定路径集 W，①—③—②和①—③—④的距离均比①—②和①—④长，所以这两条径路均不能进入待定径路集 W，选择径路①—②进入已定径路集 D，见表 1-2-3、表 1-2-4。

表 1-2-3　已定路径集合 *D*

支点名	路　径	里　程
③	①—③	110
②	①—②	160

表 1-2-4　待定路径集合 *W*

支点名	路　径	里　程
④	①—④	190
⑦	①—③—⑦	210

(3)计算支点②至其邻接支点的径路里程

支点②与支点③、⑥邻接，其中支点③已在已定集 D，$S'_{1,2,6}=160+185=345$，将其列入 W 集，选择径路①—④进入 D 集，见表 1-2-5、表 1-2-6。

表 1-2-5　已定路径集合 *D*

支点名	路　径	里　程
③	①—③	110
②	①—②	160
④	①—④	190

表 1-2-6　待定路径集合 *W*

支点名	路　径	里　程
⑦	①—③—⑦	210
⑥	①—②—⑥	345

(4)计算支点④至其邻接支点的径路里程

支点④与支点③、⑤、⑧相邻：$S'_{1,4,5}=190+150=340$，$S'_{1,4,8}=190+160=350$，将其列入 W 集，选取径路①—③—⑦进入 D 集，见表 1-2-7、表 1-2-8。

表 1-2-7　已定路径集合 *D*

支点名	路　径	里　程
③	①—③	110
②	①—②	160
④	①—④	190
⑦	①—③—⑦	210

表 1-2-8　待定路径集合 *W*

支点名	路　径	里　程
⑤	①—④—⑤	340
⑥	①—②—⑥	345
⑧	①—④—⑧	350

(5)计算支点⑦至其邻接支点的径路里程

支点⑦与支点③、⑥、⑧、⑨相邻，其中支点③已在已定集 D 中，$S'_{1,3,7,6}=210+120=330$，$S'_{1,3,7,8}=210+180=390$，$S'_{1,3,7,9}=210+160=370$。在 W 集中，用径路①—③—⑦—⑥代替①—②—⑥，列入径路①—③—⑦—⑨，选取径路①—③—⑦—⑥进入 D 集，见表 4-2-9、表 4-2-10。

表 1-2-9　已定路径集合 *D*

支点名	路　径	里　程
③	①—③	110
②	①—②	160
④	①—④	190
⑦	①—③—⑦	210
⑥	①—③—⑦—⑥	330

表 1-2-10　待定路径集合 *W*

支点名	路　径	里　程
⑤	①—④—⑤	340
⑧	①—④—⑧	350
⑨	①—③—⑦—⑨	370

(6)计算支点⑥至其邻接支点的径路里程

支点⑥与支点②、⑦、⑨相邻，其中：支点②、⑦已在已定集 D 中；$S'_{1,3,7,6,9}=330+180=510$，不能列入 W 集；选取径路①—④—⑤进入 D 集，见表 1-2-11、表 1-2-12。

表 1-2-11　已定路径集合 *D*

支点名	路　径	里　程	支点名	路　径	里　程
③	①—③	110	⑦	①—③—⑦	210
②	①—②	160	⑥	①—③—⑦—⑥	330
④	①—④	190	⑤	①—④—⑤	340

表 1-2-12　待定路径集合 *W*

支点名	路　径	里　程	支点名	路　径	里　程
⑧	①—④—⑧	350	⑨	①—③—⑦—⑨	370

(7)计算支点⑤至其邻接支点的径路里程

支点⑤与支点④、⑧、⑩相邻，其中支点④已在已定集 D 中，$S'_{1,4,5,8}=340+145=485$，$S'_{1,4,5,10}=340+90=430$。径路①—④—⑤—⑧不能列入 W 集，径路①—④—⑤—⑩进入 W

集，选取径路 1-4-8 进入 D 集，见表 1-2-13、表 1-2-14。

表 1-2-13 已定路径集合 D

支点名	路 径	里 程	支点名	路 径	里 程
③	①—③	110	⑥	①—③—⑦—⑥	330
②	①—②	160	⑤	①—④—⑤	340
④	①—④	190	⑧	①—④—⑧	350
⑦	①—③—⑦	210			

表 1-2-14 待定路径集合 W

支点名	路 径	里 程	支点名	路 径	里 程
⑨	①—③—⑦—⑨	370	⑩	①—④—⑤—⑩	430

(8)计算支点⑧至其邻接支点的径路里程

支点⑧与支点④、⑤、⑦、⑩相邻，其中支点④、⑤、⑦已在已定集 D 中，$S'_{1,4,8,10}=350+130=480$。径路①—④—⑧—⑩不能列入 W 集，选取径路①—③—⑦—⑨进入 D 集，见表 1-2-15、表 1-2-16。

表 1-2-15 已定路径集合 D

支点名	路 径	里 程	支点名	路 径	里 程
③	①—③	110	⑥	①—③—⑦—⑥	330
②	①—②	160	⑤	①—④—⑤	340
④	①—④	190	⑧	①—④—⑧	350
⑦	①—③—⑦	210	⑨	①—③—⑦—⑨	370

(9)计算支点⑨至其邻接支点的径路里程

支点⑨与支点⑦、⑥、⑩相邻，其中支点⑦、⑥已在已定集 D 中，$S'_{1,3,7,9,10}=370+165=535$。径路①—③—⑦—⑨—⑩不能列入 W 集，径路①—④—⑤—⑩进入 D 集。

表 1-2-16 待定路径集合 W

支点名	路 径	里 程
⑩	①—④—⑤—⑩	430

至此，计算起点至路网上其余全部支点的径路均已确定，待定径路集 W 成为空集，计算结束，结果如表 1-2-17 和图 1-2-5 所示。

表 1-2-17 已定路径集合 D

支点名	路 径	里 程	支点名	路 径	里 程
3	1—3	110	5	1—4—5	340
2	1—2	160	8	1—4—8	350
4	1—4	190	9	1—3—7—9	370
7	1—3—7	210	10	1—4—5—10	430
6	1—3—7—6	330			

在指定起点的铁路环状车流径路链图中，由计算起点发出的指示最短径路的链路称为径路链，组成径路链的边数称为链长，链的里程称为路径长，包含在径路链上的边称为链边，不包含在径路链的边称为非链边。本例中共形成 5 条径路链：①—②、①—③—⑦—⑥、①—③—⑦—⑨、①—④—⑧和①—④—⑤—⑩，8 条非链边：②—③、③—④、②—⑥、⑦—⑧、⑤—⑧、⑥—⑨、⑧—⑩和⑨—⑩。

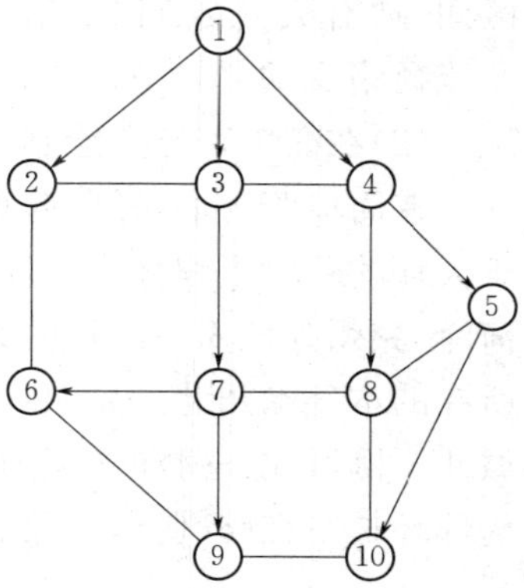

图 1-2-5　路网上以①站为起点的车流最短径路链图

Dijkstra 算法只能计算支点站间的车流最短径路，但无法确定起点至非链边各站的径路。确定起点至非链边上各站的径路分界点应找出该非链边与经过该边两个支点的两条径路链形成的闭合环路。本例中的 8 条非链边，形成如图 1-2-6 所示的 8 个闭合环路。对每一环路计算其半环长，即可确定该非链边上走不同链路的分界。

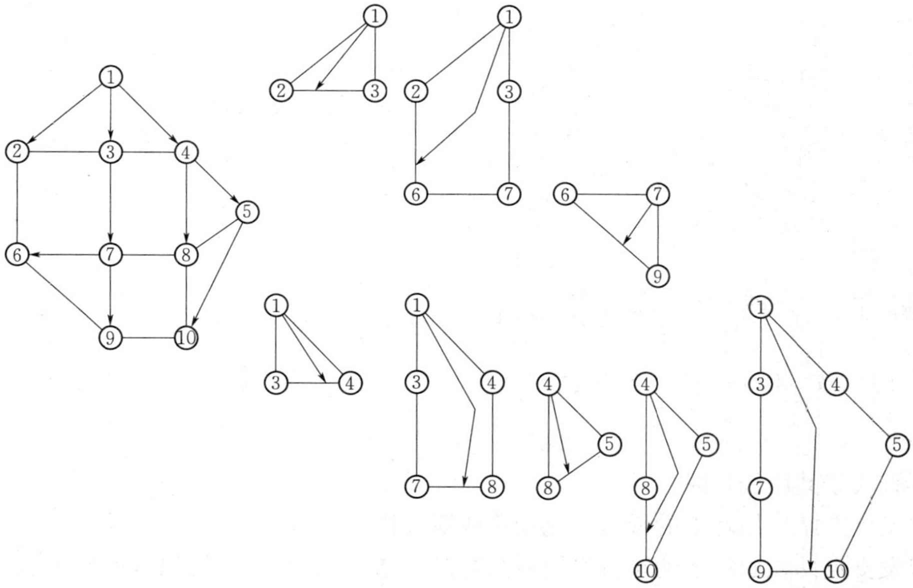
图 1-2-6　在本例中非链边形成的闭合环路及其车流最短径路

将计算结果图示出来，就形成了如图 1-2-4(a)所示的以①站为起点的路网最短车流径路图。

在绘制"全国铁路环状车流径路图"时，需要以每一个支点站作为起点，分别确定其到图上各环的最短径路，并将计算结果绘制在同一张图上。可以想象，人工绘制是非常烦琐、艰辛的。

2. 径路分界点破圈算法

径路分界点破圈算法的基本原理是：在环状线路上输送车流时，其走行的里程不应超过二分之一环长，因此自指定起点至路网任一环状线路的最短径路都不会经过该起点的任一最短径路分界点。

(1)在本环上绘制车流最短径路线

在本环上绘制车流最短径路线时，先要计算该环的周长，在环中标注二分之一环长的里程数，然后在本环上以某一个支点作为出发点，找出与该支点的距离等于二分之一环长的车站或区间，画出从该支点出发指向这一车站或区间的黑色箭头线，此即为该支点在此本环上的最短车流径路线，如图 1-2-7 中郑州北、新乡、菏泽和商丘北支点的本环最短车流径路线。

(2)在简单跨环上绘制车流最短径路线

在简单跨环上：径路起点站所在的本环称为始环，与始环邻接的本环称为邻环，邻环上位于大环的路段里程称为邻环长，共用线的里程称为共用线长。如图 1-2-8 所示的简单跨环中：菏泽、兖州为该简单跨环的共用支点，菏泽—兖州段的铁路线路为共用线；径路起点站徐州北所在的本环徐州北—兖州—菏泽—商丘北—徐州北为始环；与其相邻的本环兖州—济西—晏城北—柳城北—菏泽—兖州为邻环，兖州—济西—晏城北—柳城北—菏泽路段的里程 443 km 为邻环长。在路网上，径路起点站可能同时位于多个本环，这些本环均为该起点站的始环。

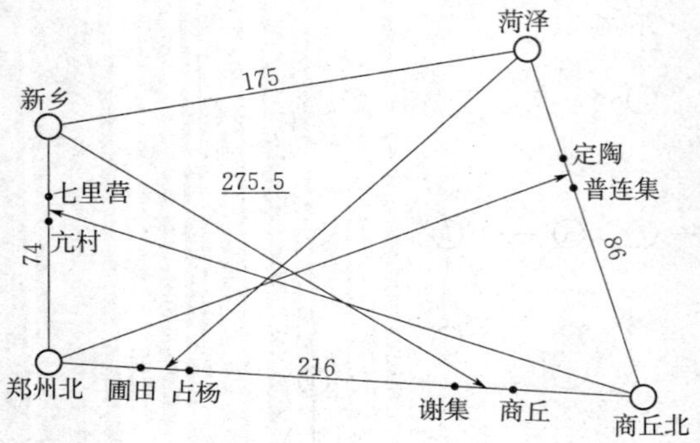

图 1-2-7　本环车流最短径路线

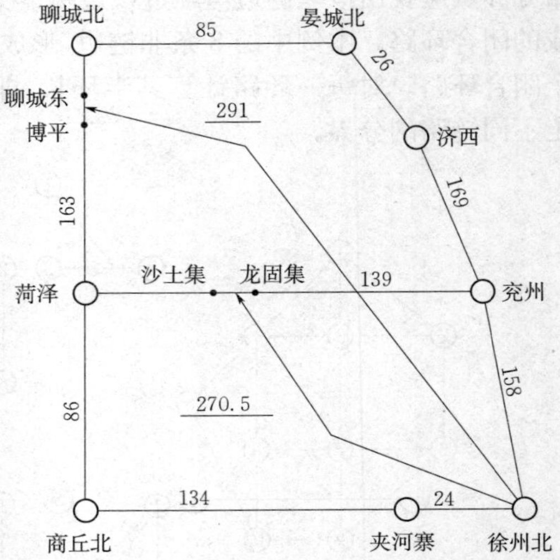

图 1-2-8　邻环长大于共用线长时简单跨环的最短车流径路线(一)

邻环长大于共用线长时：

①出发支点站在始环上的最短车流径路线箭头指向共用线

当出发支点站在始环上的车流最短径路线箭头指向共用线时，可以判断由该支点至大环各站应走大环，而不经共用线。此时，必须画出由该支点引出的大环最短车流径路线。在图 1-2-8 所示的简单跨环中，邻环长 163＋85＋26＋169＝443(km)，大于共用线长 139 km，徐州北引出的本环车流径路线指向共用线上的沙土集—龙固集区间，因而必须给出徐州北至大环的车流最短径路线。可知徐州北至大环各站应走：徐州北—兖州—济西—晏城北—聊城北—聊城东；徐州北—夹河寨—商丘北—菏泽—博平。

②出发支点站在始环上的径路线箭头指向非共用线

当出发支点站在始环上的径路线箭头指向非共用线时，则该支点至邻环各站的径路可能经大环，也可能经共用线。其径路按距该支点较近的共用支点在余环的车流最短径路线确定，因而不能画出该支点在大环上的车流最短径路线。例如图 1-2-9 所示的简单跨环上，商丘北在本环上的车流径路线箭头未指向共用线(新乡—菏泽)，因而商丘北往菏泽—台前—汤阴—新乡间各站的车流径路应按菏泽在邻环上的车流最短径路线确定：商丘北至菏泽—台前—汤阴各站走大环，至新乡—宜沟间各站经共用线菏泽—新乡。

邻环长小于共用线长时：

①出发支点站在始环上的最短车流径路线箭头指向共用线

如图 1-2-10（a）所示，邻环长 120＋80＝200(km)、共用线长 210＋250＝460(km)，由于邻环长小于共用线长，与出发支点站邻近的共用支点②引出的邻环车流径路线必指向共用线、大环最短车流径路线将指向始环内，因而起始支点站①至该简单跨环各站的车流最短径路由大环和出发支点站邻近共用支点在邻环的车流最短径路线确定，出发支点站在始环的车流最短径路线无效，如图 1-2-10(c)所示。图 1-2-10(b)为 1-2-10(a)的等价拓扑图。

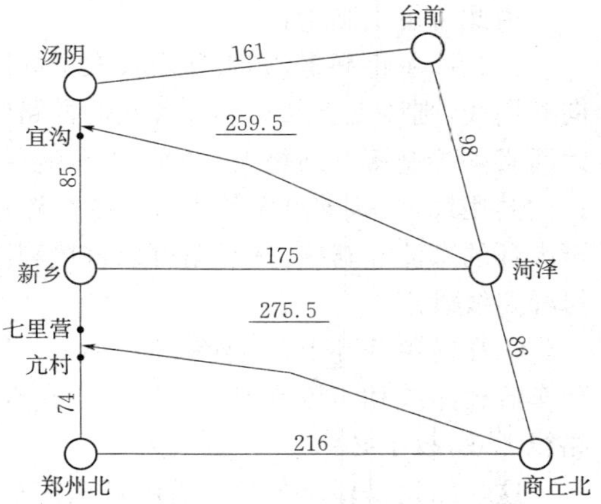

图 1-2-9　邻环长大于共用线长时简单跨环的最短车流径路线（二）

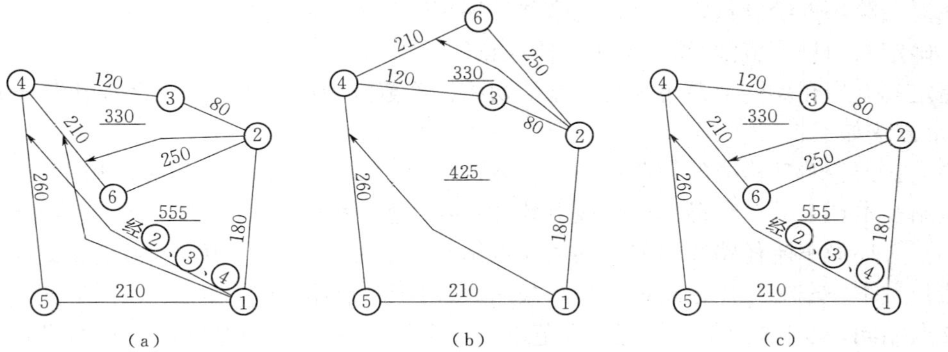

图 1-2-10　余环长小于共用线长时简单跨环的最短车流径路线（一）

②某一支点在始环上的径路线箭头指向非共用线

同样，由于邻环长 180 km 小于共用线长 310 km，与出发支点站邻近的共用支点引出的邻环车流径路线必指向共用线，而出发支点站引出的大环最短车流径路线也将指向始环内。此时，简单跨环的最短车流径路也是由大环车流径路线和出发支点站邻近共用支点在邻环的车流径路线确定，出发支点站在始环的车流最短径路线无效，如图 1-2-11(c)所示。

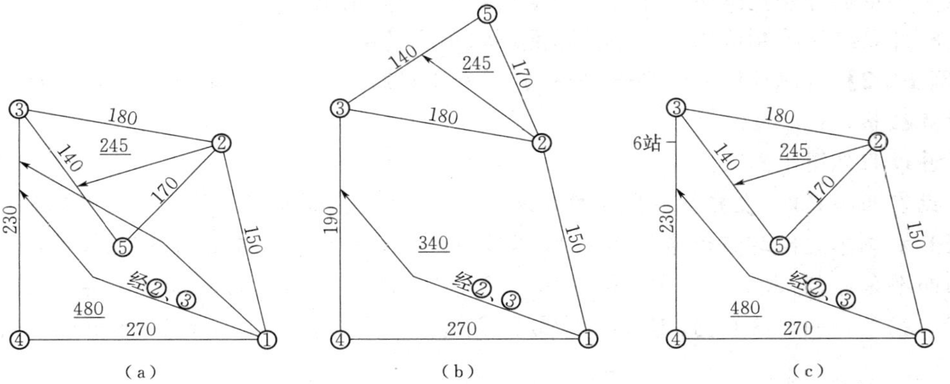

图 1-2-11　余环长小于共用线长时简单跨环的最短车流径路线（二）

由此可得出结论：

①在简单跨环上，如果邻环长大于共用线长且径路起点站引向始环的最短车流径路线指向共用线，则该支点站至邻环各站的径路应走大环而不经共用线，此时大环可以看成是本环，因而必须绘制起点站至大环的最短车流径路线；如该支点站在始环引出的最短车流径路线不指向共用线，则该支点至邻环各站的径路可能走大环、也可能经共用线，因而不能绘制该支点至大环的车流径路线，其径路可以直接利用离该支点站较近的共用支点站在邻环上的车流最短径路线确定。

②在简单跨环上，如果邻环长小于共用线长，则该支点站在简单跨环的最短车流径路由大环车流径路线和与该支点邻近的共用支点发出的邻环车流最短径路线确定，始环车流最短路线无效，故不必画出。

这一结论是径路分界点破圈算法在复杂跨环上绘制车流最短径路线和查找车流最短径路的理论基础，需要理解并熟记。

(3)在复杂跨环上绘制车流最短径路线

在复杂跨环上绘制指定起点站到全路各环车流最短径路线的方法如下：

①确定初始计算范围、绘制最短车流径路线

指定起点站在路网上最短车流径路的初始计算范围为该站所在的全部本环及部分简单跨环，确定方法如下：

检查在与各本环构成的简单跨环上邻环长是否小于共用线长：如果邻环长小于共用线长，则起点站在本环上的车流最短径路线无效，因而应把该简单跨环列入本次计算的范围，并绘制起点站至大环的车流径路线和邻近共用支点站在邻环上的车流最短径路线；如果邻环长大于共用线长且本环车流最短径路线不指向共用边，由于起点站至邻环的最短车流径路与其相邻共用支点相同，此时破圈不可能把计算范围扩展到邻环，只能通过把与起点站相邻的支点站增加为新的起点站，因而在这种情况下也应把该简单跨环列入本次计算的范围，同时绘制起点站在本环的最短车流径路线和邻近共用支点站在邻环上的最短车流经路线。

②删除径路分界点所在边破圈

删除起点站发出的该本环车流最短径路分界点所在的边，即车流最短径路线所指向的边，而破圈与相邻本环形成新的“本环”，转步骤①。

③在路网上重复步骤①至步骤②的计算过程，直到路网上已不再有闭合回路，绘出的车流径路线集表示的环路范围覆盖该支点至全路各环，计算结束。

④将计算结果绘制成指定发站的路网环状车流径路图。

【例 1-2-2】 在如图 1-2-1 所示的路网上，利用径路分界点破圈算法确定以①站为起点的车流最短径路。

计算过程见图 1-2-12：

①站有两个始环，在其组成的简单跨环①②⑥⑦③①和①③⑦⑧④①中，邻环长均大于共用边长且本环车流径路线均指向共用边，不符合扩展至本次计算范围的条件，因而初始计算范围仅为两个始环，即本环①②③①和本环①③④①[如图 1-2-12(a)所示]；删去径路分界点所在边②—③和③—④破两圈，形成①②⑥⑦③①和①③⑦⑧④①两个新“本环”[如图 1-2-12(b)所示]。

在“始环”①②⑥⑦③①与本环⑦⑥⑨⑦构成的简单跨环中，起点站①引向本环的最短车流径路线未指向共用边，其在邻环⑦⑥⑨⑦中的径路与其相邻共用支点⑦一致，因而该简单跨环符合扩展条件；在“始环”①③⑦⑧④①与邻环⑧⑦⑨⑩⑧形成的简单跨环中，起点站①引出的本环车流径路线指向共用边，不符合扩展条件，但在与邻环④⑧⑤④组成的简单跨环中，起点站①引向本环的车流径路线指向非共用边，符合扩展条件，此次计算范围如图 1-2-12(b)所示。绘制最短车流径路线，删除径路分界点所在边②—⑥、⑥—⑨、⑦—⑧和⑧—⑤，就形成了“简单跨环”①③⑦⑨⑩⑤④①。

在“简单跨环”①③⑦⑨⑩⑤④①中，邻环长＝160＋90＝250(km)、共用线长 160＋130＝290 km，邻环长＜共用线长，因而应画出大环车流最短径路线和支点站④的邻环车流最短经路线[如图 1-2-12(c)所示]，可删除边⑨—⑩和⑧—⑩。至此路网上已不存在任何闭合回路[见图 1-2-12(d)所示]，计算结束，得到如图 1-2-12(e)所示的以①站为起点的路网环状车流径路图。

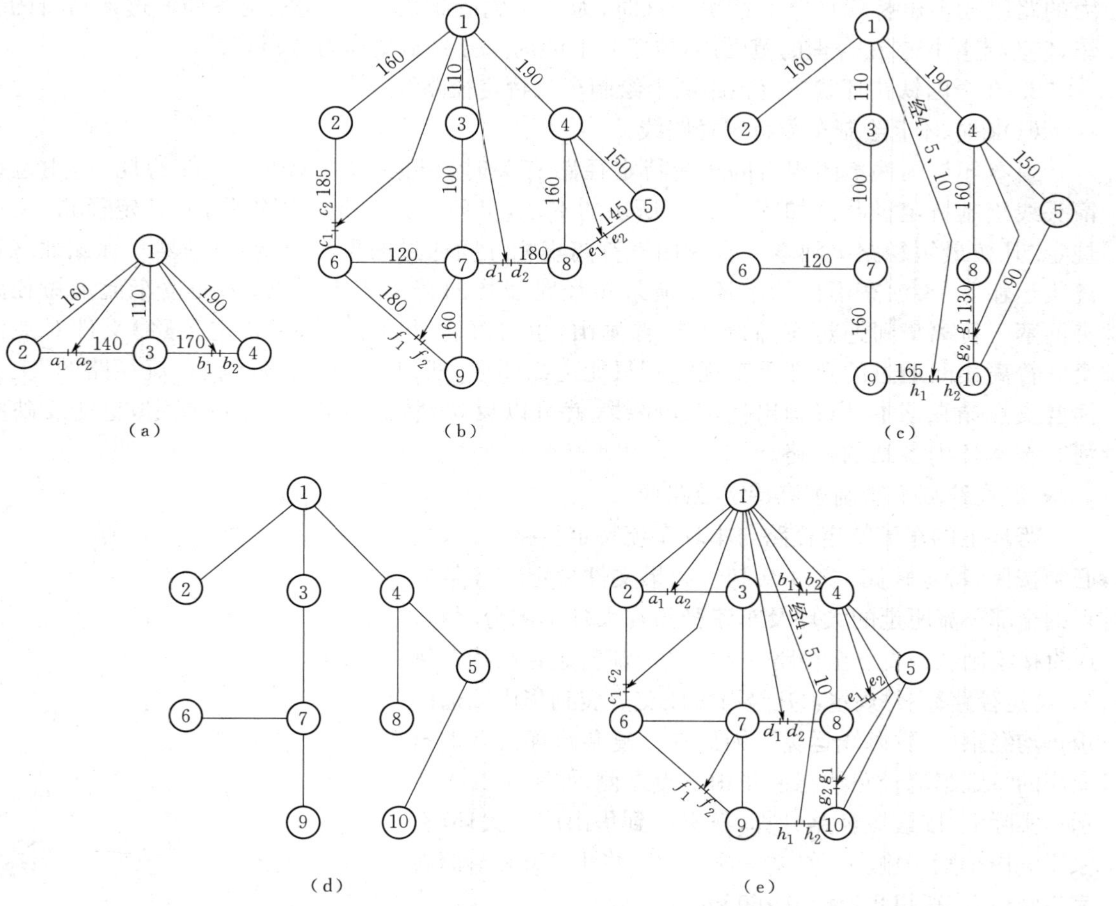

图 1-2-12　半环长破圈法绘制指定起点站至路网各站车流径路图

二、绘制车流特定径路线

1. 特定径路的确定

每一条车流特定径路都对应于一条车流最短径路，即特定径路一般有剩余运输能力，可用来分担其对应的最短径路不能胜任的那部分车流的输送任务。所以为某一线路确定特定径路的先决条件是必须存在能力宽裕的平行径路。

特定径路的确定过程如下：

(1)找出需要规定特定径路的线路

按最短径路计算年度货物运输计划分配给各路段的车流量，凡运量大于自身运输能力的路段即为需要制定车流特定径路的路段，需要由特定径路输送的车流量为两者之差。

(2)选择车流特定径路

在计算时，可以令能力不足区段的线路里程为无穷大，划分出流量适当、可明确界定的车流，为其寻找次短径路，检查次短径路是否有能力承担需要分流的车流量。如果可以，它就作为特定径路；如果不能，令该路段也为断路，再寻找其他径路。

在铁路运能尚不能满足全部运量要求的情况下，可能出现需要通过能力大于实际通过能力的路段找不出替代径路的情况。这时，为了避免造成堵塞，只能限制各局通过该路段的装车，使车流量控制在合理的范围内，位于其上的局间分界站就称为“限制口”。

2. 在全国铁路环状车流径路图上绘制车流特定径路线

(1)在本环上绘制车流特定径路线

当本环与国铁集团规定的车流特定径路有关时，根据《特定径路》文件的规定，用蓝色箭头线绘制特定径路。如图 1-2-13 所示的本环，半环长为 89km，国铁集团《特定径路》文件规定“凡按最短径路夹河寨—青龙山—符离集相互间通过的重车，均经夹河寨—徐州北—符离集运输”。夹河寨引出的本环车流最短径路线指向符离集支点站，因而按车流最短径路夹河寨—符离集间通过车流既可经青龙山，也可经徐州北。因为《特定径路》文件对夹河寨—符离集间通过的全部重车规定了只能走徐州北，所以“全国铁路环状车流径路图”上夹河寨支点站在该本环仅画出特定径路线，就可以反映《特定径路》文件的规定，也能反映夹河寨至本环内各站的径路。

(2)在跨环上绘制车流特定径路线

跨环上的车流特定径路与本环车流特定径路一样，也必须按照《特定径路》文件绘制。如果文件规定了经某支点的全部车流所走的大环及车流径路在大环上的分界点，应直接绘制从该支点至径路分界点的车流特定径路线。例如《特定径路》文件规定：“凡经石家庄支点装到华山以远的重车均经京广、陇海线运输”，因而在该复杂跨环大环上石家庄的特定车流径路线指向华山支点左侧，如图 1-2-14 所示。实际上，按最短径路计算，石家庄到华山应走大环，石家庄—白羊墅—榆次—修文—侯马北—华山 720 km；而石家庄经新乡、郑州北到华山 769 km。

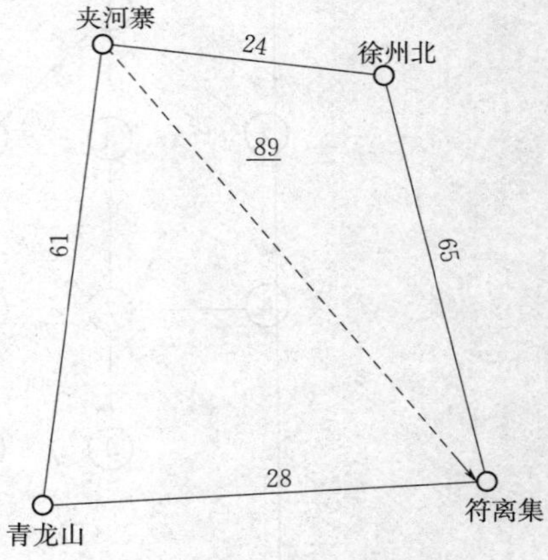

图 1-2-13　本环车流特定径路

如果文件仅规定了经某支点的部分车流所走的大环，为了不使与该支点在该大环上其余车流最短径路线相混淆，就不再另画出该大环上的特定车流径路线。这类特定径路，只能查找《特定径路》。

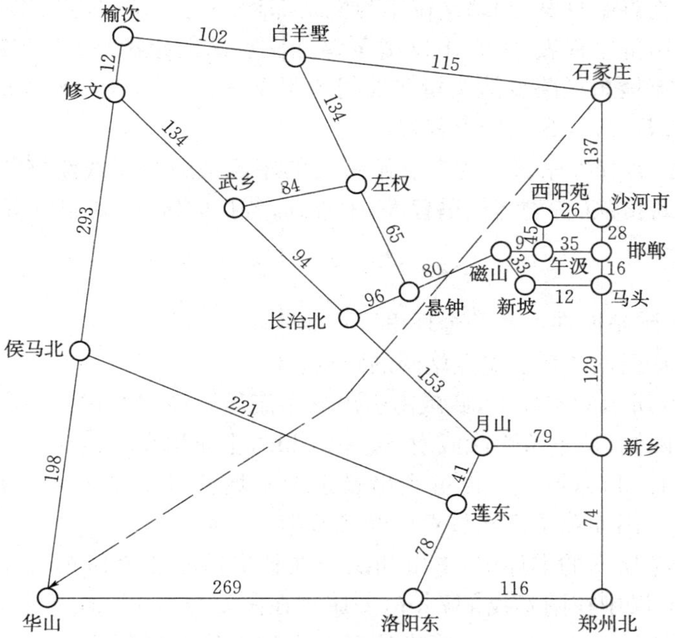

图 1-2-14　跨环车流特定径路

第四节　车流径路的查找方法

正常车流径路确定以后，在全国铁路环状图上，利用车流经路线表示了以全部支点站为起点的车流最短径路及为经由某一路段的全部车流指定的特定径路，即为“全国铁路环状车流径路图”；同时，根据国铁集团确定的特定径路及其分流的车流，逐条编写，汇集成册，形成《全国铁路车流特定径路》文件。国铁集团指定了特定径路的车流应按特定径路输送，未指定特定径路的车流按最短径路输送。

一、全国铁路车流径路图的查找方法

1. 发、到站在同一本环上时

(1)发站是支点站

当发站是支点站且发、到站在同一本环上时，车辆应走到站所在的半环。如图 1-2-15 所示，薛店处于平顶山西引出的本环车流最短径路线右半环，因而平顶山西到薛店的车流应经孟庙支点站。

(2)发站不是支点站

①当发站不是支点站，且发、到站位于某支点站本环车流径路线同侧时，应走该侧的半环。如图 1-2-15 中姚孟、薛店位于平顶山西车流最短径路线的右侧，因而姚孟—薛店的车流应经孟庙。

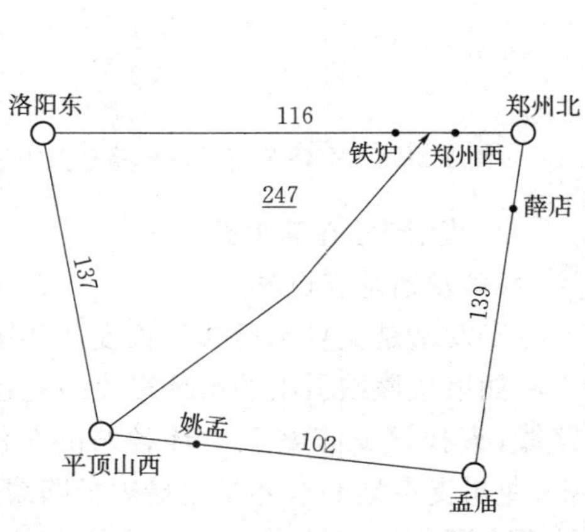

图 1-2-15　本环车流径路查找方法图示(一)

②当发站不是支点站且发、到站又位于与发站邻近的支点站引出的本环车流最短径路线异侧时，须从《货物运价里程表》中查出发站至邻近支点站的距离 $S_{发}$ 和到站至发站的邻近支点站引出的本环车流最短径路线箭头指向处间的距离 $S_{到}$。若 $S_{发}<S_{到}$，则该发、到站间的车流应经过该支点站；若 $S_{发}>S_{到}$，则不经过。

$S_{到}$ 的计算方法为：如发站邻近的支点站引出的车流最短径路线刚好指向某车站，则到站至该站的距离可以直接从《货物运价里程表》中查到；若指向区间，则需按下式计算：

$$S_{到}=\frac{1}{2}\times S_{本环}-S_{到支} \tag{1-2-1}$$

式中　$S_{本环}$——发、到站所在本环的全环里程；

$S_{到支}$——到站至发站邻近支点站间的距离。

例如，图 1-2-16 所示的本环上，武威南引出的车流最短径路线正好指向土龙川，黄羊镇和景泰位于该径路线两侧，黄羊镇距武威南 $S_{发}=21$ km，土龙川在京包线 937 km、景泰 821 km，得到 $S_{到}=937-821=116$(km)。也可查出景泰至干塘 60 km，故 $S_{到}=348-(172+60)=116$(km)。$S_{发}<S_{到}$，因而黄羊镇至景泰应经武威南—干塘。

又如在图 1-2-17 所示的本环中，华山和汉中在新丰镇车流最短车流径路线两侧：华山→新丰镇 $S_{发}=86$ km；汉中在阳安线 117 km，安康东在阳安线 364 km，得到 $S_{到}=553.5-261-(364-117)=45.5$(km)。$S_{发}>S_{到}$，故华县至汉中的车流不经新丰镇，而应经宝鸡东—阳平关输送。

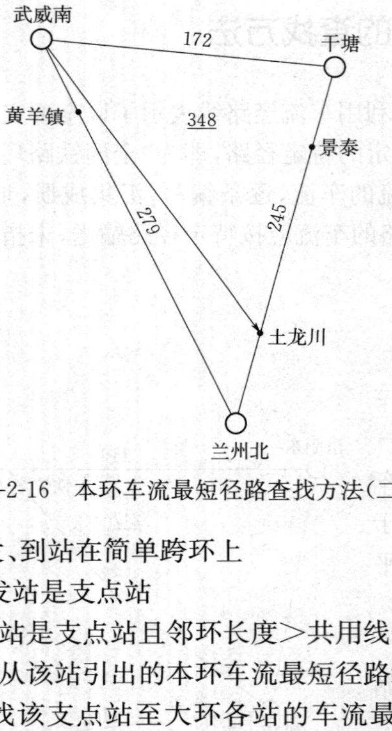

图 1-2-16　本环车流最短径路查找方法(二)

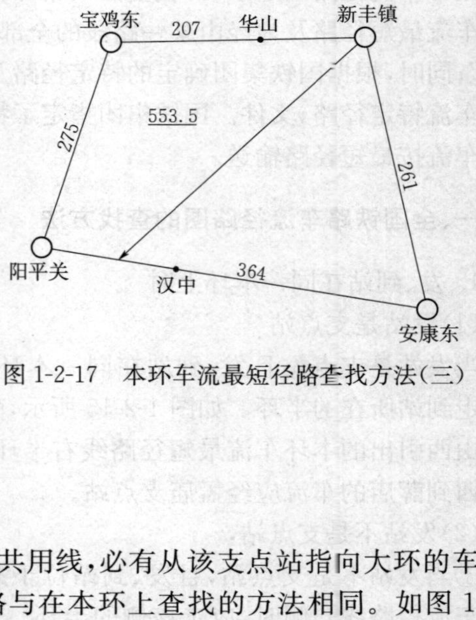

图 1-2-17　本环车流最短径路查找方法(三)

2. 发、到站在简单跨环上

(1)发站是支点站

①发站是支点站且邻环长度＞共用线长度

如果从该站引出的本环车流最短径路线指向共用线，必有从该支点站指向大环的车流径路线，查找该支点站至大环各站的车流最短径路与在本环上查找的方法相同。如图 1-2-18 中，龙川支点站的本环车流最短径路线指向共用边且邻环长度大于共用线长度，因而龙川支点站至大环各站的径路应走大环，查找大环车流径路时可以把大环龙川—龙岩—漳平—鹰潭—向塘西—赣州东—龙川看成本环。

如果从该站引出的本环车流最短径路线不指向共用线，此时，该支点至邻环各站的径路可以利用邻近共用支点引向余环的车流最短径路线确定，可能走大环，也可能经共用线。如图1-2-19中，漯河支点站的本环车流径路线不指向共用线，其发往邻环各站的车流径路应经邻近公用支点郑州北，然后再按郑州北引出的车流最短车流径路线确定至邻环各站的径路。

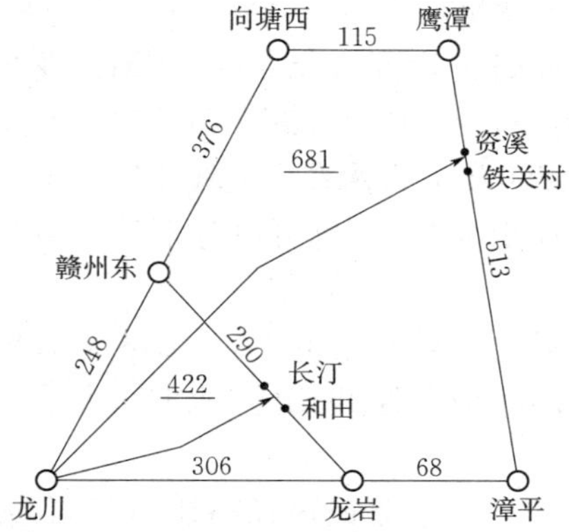

图 1-2-18　简单跨环车流径路查找方法图示(一)

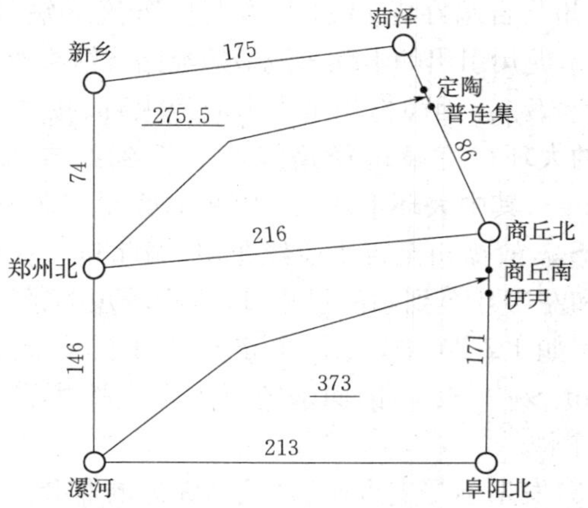

图 1-2-19　简单跨环车流径路查找方法图示(二)

②发站是支点站且邻环长度<共用线长度

如果邻环长<共用线长，不会有本环最短车流径路线，应注意发站引出的车流径路线上注明的经由支点站，例如图1-2-11(c)中支点①至6站的径路应走大环，径路为①—②—③—6站。

(2)发站不是支点站

①发站不是支点站且邻环长度>共用线长度

发站不是支点站且发站邻近的非共用支点站的本环车流最短径路线指向共用线，则该支点站必有指向大环的车流最短径路线，此时应分别以下两种情况确定发站至到站的车流最短径路：

①发、到站在发站邻近的非共用支点引出的大环车流径路线同侧

依据车流最短径路的一致性原理，发站至到站应走大环该侧。如图1-2-20中，梅州和永安均在龙川支点站引出的大环车流最短径路线右侧，所以梅州至永安的车流径路应为梅州—龙岩—漳平—永安。

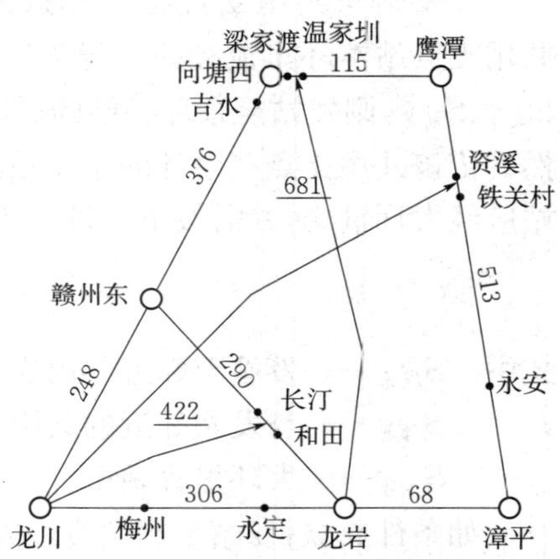

图 1-2-20　简单跨环车流径路查找方法图示(三)

车流最短径路是由若干首尾相接的路段组成的，每一路段都具有起点和终点。车流最短径路必须符合车流最短径路的一致性原理，即包含在最短径路中的任一路段都是其起点和终点间的最短径路。

②发、到站在发站邻近的非共用支点引出的大环车流最短径路线异侧

发、到站在发站邻近的非共用支点引出的大环车流最短径路线异侧时，如 $S_{发}<S_{箭支}$，则发站至到站应走大环，查找方法同本环；如 $S_{发}>S_{箭支}$，则发站至到站的车流径路经发站邻近的共用支点，在邻环的径路依该共用支

点引出的车流径路线确定。这里 $S_{发}$ 为发站至邻近的非共用支点间的距离，$S_{箭支}$ 为发站邻近的非共用支点引出的本环车流最短径路线箭头与该径路线起点向发站偏移时箭头移近的共用支点间的距离。

如图 1-2-20 中，查找梅州至吉水的车流最短径路：龙川引出的本环车流径路线指向共用线，梅州与吉水在龙川引出的大环车流最短经路线两侧，梅州距邻近的支点站龙川 $S_{发}=131$ km，龙川引出的本环车流最短经路线箭头所指位置至赣州东 $S_{箭支}=422-248=174$(km)，由于 $S_{发}<S_{箭支}$，因而梅州至吉水应经大环；按本环车流径路查找方法，$S_{发}=131$ km，龙川支点引出的大环车流最短径路线箭头至到站吉水的距离 $S_{到}=813-248-(1\,850-1\,655)=365$(km)，其中大环半环长 813 km，赣州东在京九线 1 850 km、吉水在京九线 1 655 km。可知 $S_{发}<S_{到}$，故梅州至吉水应经龙川、赣州东。在确定了应走大环后，也可以分别计算发站经右半环和左半环至到站的里程，取里程较短的径路。

又如 1-2-20 中，查找永定至吉水的车流最短径路：永定距龙川 $S_{发}=248$ km，$S_{箭支}=174$ km，$S_{发}>S_{箭支}$，因而永定至吉水应按龙岩在邻环的车流径路线确定：永定—龙岩—赣州东—吉水。

(3)发站不是支点站、且发站邻近的非共用支点站的本环车流最短径路线不指向共用线，因而该非共用支点站没有引出指向大环的车流径路线

①发站与共用支点均在发站邻近的非共用支点站本环车流径路线同侧时，应经邻近的共用支点进入邻环，如图 1-2-21 中高桥镇与共用支点锦州、义县均在塔山引出的本环车流径路线同侧，因而高桥镇至邻环锦州—大虎山—新立屯—义县各站的车流径路应根据锦州引出的邻环车流径路线判定，高桥镇至黑山应经锦州、大虎山，而高桥镇至阜新应经锦州、义县。

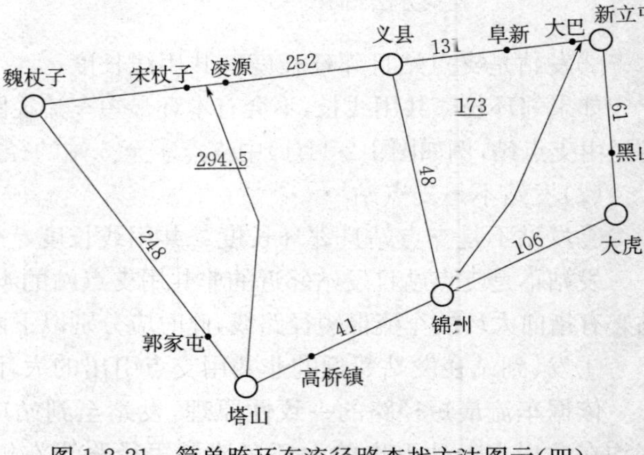

图 1-2-21　简单跨环车流径路查找方法图示(四)

②发站与共用支点在其邻近的非共用支点站本环车流径路线异侧时，如 $S_{发}<S_{箭支}$，则发站至余环各站的径路与该非共用支点站的径路相同，即应经邻近的共用支点，然后依该共用支点在余环的车流径路线确定至到站在余环的径路；如 $S_{发}>S_{箭支}$，则发站至到站应经大环输送，并需按下式进一步判断：

$$S_{发邻}+S_{邻到}<\frac{1}{2}S_{大环} \tag{1-2-2}$$

式中　$S_{发邻}$——发站至邻近共用支点的里程，km；

$S_{邻到}$——与发站邻近的共用支点至到站的里程，km；

$S_{大环}$——大环里程，km。

如条件成立，发站至到站应经邻近共用支点；否则，应经另一共用支点输送。

如图 1-2-21 中，郭家屯距塔山 $S_{发}=44$ km，塔山引出的车流径路线箭头距义县 $S_{箭支}=205.5$ km，$S_{发}<S_{箭支}$，故郭家屯至邻环各站的径路同塔山支点站：郭家屯至黑山经塔山、锦州和

大虎山；郭家屯至阜新经塔山、锦州和义县。

在图 1-2-22 所示的简单跨环中，已知 a 站距支点①$S_{发}=107$ km，b 站距支点③114 km，支点①发出的本环车流最短经路线箭头距共用支点⑤$S_{箭支}=46.5$ km，确定 a 站至 b 站的车流最短径路：

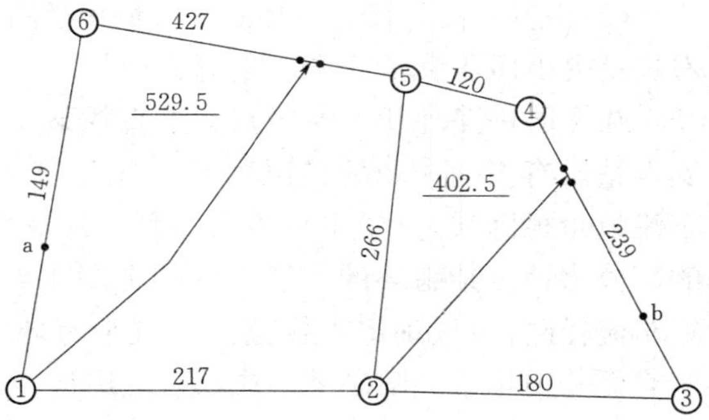

图 1-2-22　简单跨环车流径路查找方法图示（五）

因为 $S_{发}>S_{箭支}$，所以 a 站至 b 站应走大环；经计算 $\frac{1}{2}S_{大环}=666$ km。计算 a 站至 b 站在大环两条径路中任意一条的长度：a—①—②—③—b 的里程为 $S=107+217+180+114=618$(km)，小于大环半环长，可以确定这一径路即为最短径路。如果大于大环半环长，则应走另一条径路。

3. 发、到站在复杂跨环上

1)发站为支点站

(1)当发站有指向大环的车流最短经路线时，发站至大环各站径路的查找方法与本环相同

例如在图 1-2-23 所示的复杂跨环中，查找株洲北至阳平关的最短车流径路，可以确定查找范围为大环株洲北—捞刀河—益阳东—石门县北—襄樊北—安康东—阳平关—成都东—遂宁—北碚—团结村—怀化南—娄底—株洲北。该复杂跨环包含 5 个本环，株洲北有指向大环的最短车流径路线，因而可以按照本环径路查找方法，确定株洲北至阳平关应经捞刀河—益阳东—石门县北—荆门—襄樊北—安康东—阳平关；株洲北至成都东应走娄底—怀化南—团结村—北碚—遂宁—成都东。

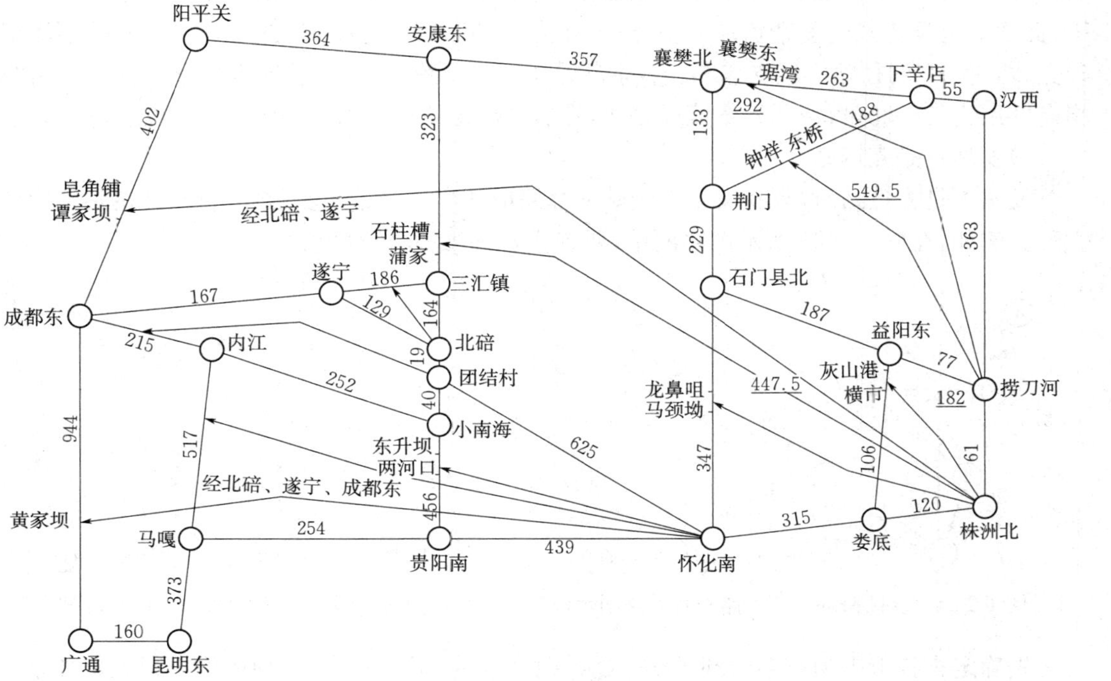

图 1-2-23　复杂跨环车流径路查找方法图示（一）

(2)当发站没有指向大环的车流最短径路线时，首先要确定查找范围，把查找的复杂跨环看成是由小环和余环组成的“简单跨环”

在全国铁路环状车流径路图上查找某支点站在复杂跨环上的车流最短径路时，如果该支点站没有指向大环的最短车流经路线，则在大环内该支点站可能有指向不同跨环的多条车流最短径路线，其中里程最大的跨环为该跨环的小环，该复杂跨环的大环上，除小环以外的部分为该复杂跨环的余环。例如在图 1-2-23 所示的复杂跨环中查找株洲北至广通的最短车流径路，可以确定查找范围为复杂跨环株洲北—捞刀河—益阳东—石门县北—荆门—襄樊北—安康东—阳平关—成都东—广通—昆明东—马嘠—贵阳南—怀化南—娄底—株洲北。其中小环为株洲北—捞刀河—益阳东—石门县北—荆门—襄樊北—安康东—阳平关—成都东—遂宁—北碚—团结村—怀化南—娄底—株洲北，其余部分为余环，株洲北引向小环的车流最短经路线未指向共用边，株洲北至广通的车流经路同怀化南，由怀化南在余环的车流经路可知株洲北至广通应经娄底—怀化南—昆明东—马嘠—昆明东—广通。查找方法可归纳为：

①如果余环是本环，按照简单跨环的查找方法确定至到站的车流径路。

如图 1-2-23 中查找株洲北至内江的车流最短径路：则余环为北碚—遂宁—成都东—内江—小南海—北碚，株洲北至内江的车流最短径路经共用支点团结村，为株洲北—娄底—怀化南—团结村—小南海—内江。

②如果余环也是跨环，则先根据发站引出的小环车流径路线到达小环与余环的共用支点，然后从该支点站继续查找，直至到达到站所在的本环。

如图 1-2-24 所示的路网中，要查找①→b 的车流径路。可以看出：要查找的大环为①⑤⑧⑫⑬⑭⑩⑦⑥②①；①站发出 3 条车流最短径路线，其中指向的最大环为①②⑥⑦⑩⑨⑧⑤①，此环即为要查找的复杂跨环的小环；余环为⑧⑨⑩⑭⑬⑫⑧，见图 1-2-24。依据小环车流径路线，①→b 的径路应经支点⑤、⑧，余环是一个简单跨环，支点⑧的本环车流最短径路线未指向共用边⑨—⑬，再按⑨站车流径路线，最后可确定该径路为①—⑤—⑧—⑨—⑬—b。

2)发站不是支点站

发站不是支点站时，查找发站至到站的径路应从本环开始逐步延伸，直至到达到站所在的大环。例如，在图 1-2-25 所示的路网中，要查找 a→b 的车流径路：

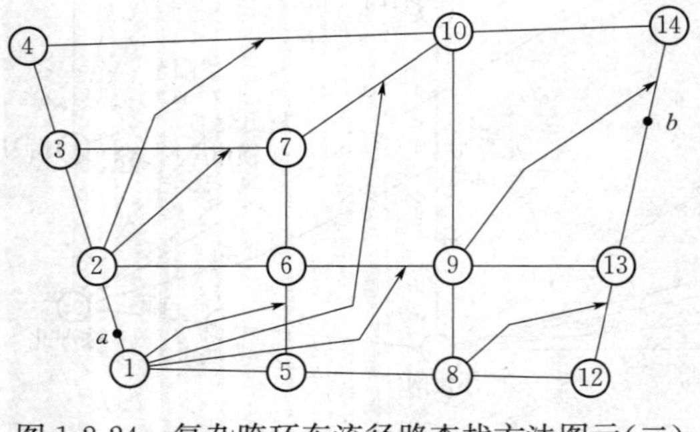

图 1-2-24　复杂跨环车流径路查找方法图示(二)

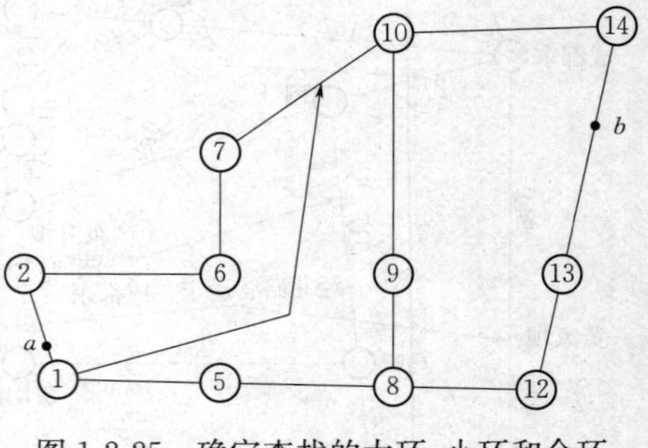

图 1-2-25　确定查找的大环、小环和余环

先确定查找范围为复杂跨环①②⑥⑦⑩⑭⑬⑫⑧⑤①；查找《货物运价里程表》，如果 a—①间的距离 $S_{发}$ 小于①引向本环的车流径路线箭头至支点⑤的距离 $S^1_{箭支}$，可以确定 a 至简单

跨环①⑤⑧⑨⑥②①的径路应走大环；再把该简单跨环作为本环比较 $S_{发}$ 与①发出的径路线箭头至⑨的距离 $S^{2}_{箭支}$，如果 $S_{发}<S^{2}_{箭支}$，a 至余环应走大环，至此可以确定 a 至 b 的径路与支点①至 b 的径路相同：a—①—⑤—⑧—⑨—⑬—b。

如果 $S_{发}>S^{1}_{箭支}$，说明 a 发出的本环车流最短经路线不指向共用边⑤—⑥，a 至 b 的车流径路与⑥同。如果⑥的车流经路线如图 1-2-26 所示，则最短径路为 a—②—⑥—⑨—⑬—b。

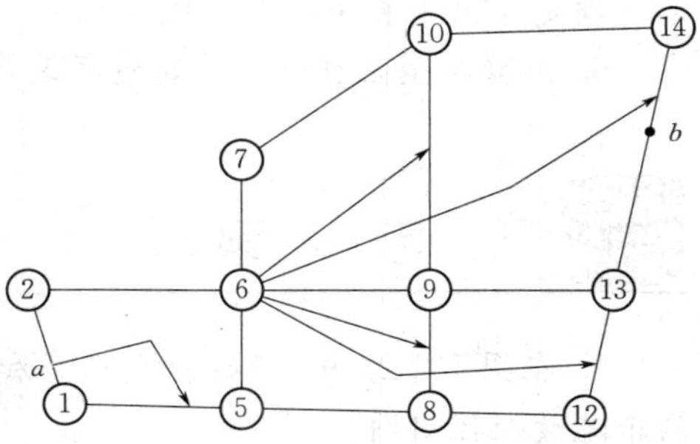

图 1-2-26　支点 6 的车流最短径路线

二、查找发、到站间的车流特定径路

在全国铁路环状径路图上只标注了两种车流特定径路：一种是规定凡经过某支点的重车，只能按指定的线路输送，并且不准通过径路箭头所指向的区间；另一种是规定凡经过某支点的车流，只能在指定的大环线路上按最短里程输送。

(1)当所查找的发、到站属于国铁集团《特定径路》文件中规定的只能按指定径路输送的那部分车站时，根据发、到站与车流特定径路线的位置确定走行径路。

(2)当所查找的发、到站属于国铁集团《特定径路》文件中规定的只能经指定大环按最短径路输送的那部分车站时，按跨环径路的查找方法查找。

其余车流特定径路在全国铁路环状车流径路图上没有标注，只能查找《特定径路》文件，对指定的车流按文件规定的径路运行。

总之，查找车流径路是一件复杂、细致的工作，尤其是在复杂跨环上。全国铁路环状车流径路图不仅绘制复杂、容易出错，而且图中纷繁、杂乱的车流径路线查找起来常常使人眼花缭乱。因而，我国铁路已多年不再绘制全国铁路环状车流径路图，而是编制车流径路计算软件，由计算机根据用户指定作为起点站的技术站，自动生成该站至全路各站的车流最短径路图，中间站的车流径路利用其邻近技术站的车流径路图查找；或根据用户指定的发站和到站，在全国路网图上用彩色线或高亮度线标注指定发、到站间的车流径路；同时，在各局的列车编组计划中，用文字表述各车流组号的到站范围，供现场使用。

复习思考题

1. 什么是车流径路？怎样分类？我国铁路怎样规定车流的输送径路？

2. 什么是全国铁路环状图？什么是本环、跨环，共用支点、共用线，简单跨环、复杂跨环，大环、小环、余环？

3. 怎样利用技术站在全国铁路环状车流径路图上的车流径路确定该站各组号的到站范围？

4. 简述 Dijkstra 算法和破圈算法解算任一支点至路网各环车流最短径路的思路。

5. 用破圈法解算任一支点至路网各环车流最短径路时，破圈的条件是什么？为什么要做这样的规定？在简单跨环上余环长度大于共用线长度时，出发支点站在该简单跨环上的径路怎样确定？余环长小于共用线长呢？

6. 怎样在全国铁路环状车流径路图上查找已知发、到站间的车流径路？

习 题

1. 在图 1-2-27 中，分别以支点⑤和⑪为起点，利用 Dijkstra 算法和半环长破圈法绘制路网车流最短径路图。

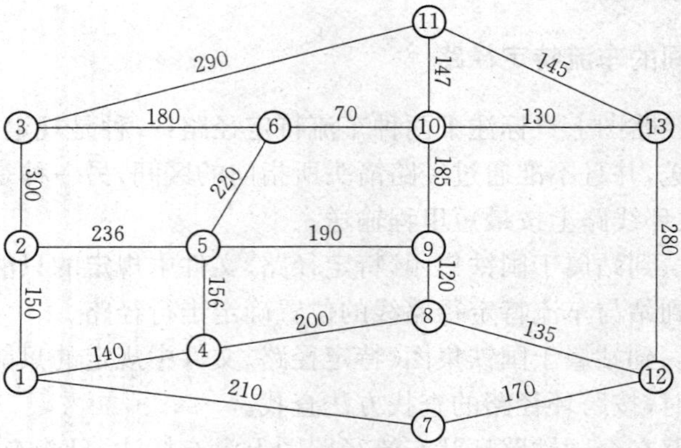

图 1-2-27 虚拟的全国铁路环状图

2. 图 1-2-28 所示的本环中，已知寿阳至榆次 56 km，原平至云庆寺 365 km，确定寿阳→云庆寺的车流最短径路并说明计算过程。

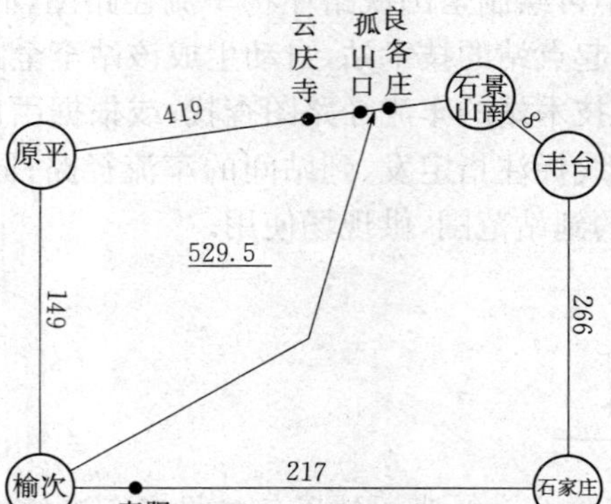

图 1-2-28 本环车流径路

3. 图 1-2-29 所示的简单跨环中，已知支点 a 站至①站 $S_{发}=25$ km，b 站、c 站距④站分别为 108 km 和 75 km，确定 a 站→b 站、a 站→c 站的车流最短径路并列出计算过程。

4. 图 1-2-30 所示的简单跨环中，已知 a 站至支点①$S_{发}=45$ km，①站发出的本环车流最短径路线箭头至⑤站 $S_{箭支}=30$ km，b 站至④站 15 km，说明确定 a 站→b 站车流最短径路的查找过程。

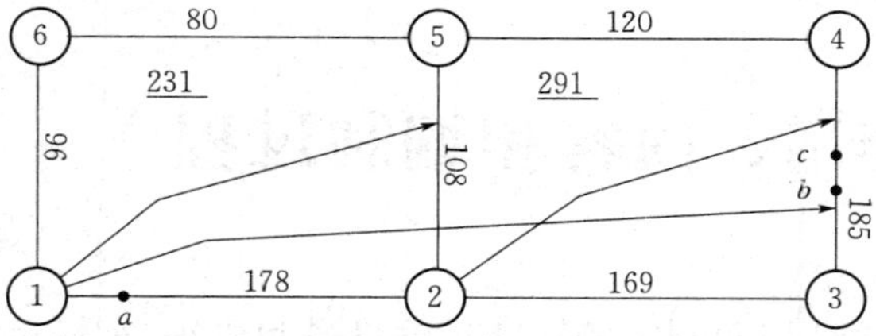

图 1-2-29　简单跨环车流最短径路查找方法(一)

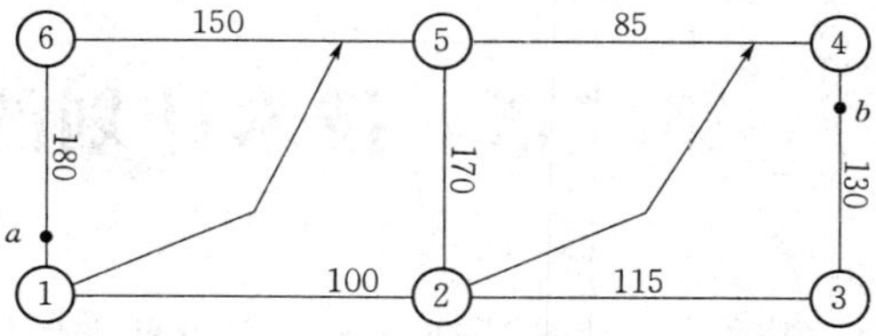

图 1-2-30　简单跨环车流最短径路查找方法(二)

5. 在图 1-2-31 所示的复杂跨环中，a 站至支点①$S_{发}$＝52 km，b 站至支点⑦76 km。计算 a 站→b 站的车流最短径路，要求：

(1)简要说明查找过程，指出查找的大环；

(2)在图上标注发站至到站的车流最短径路。

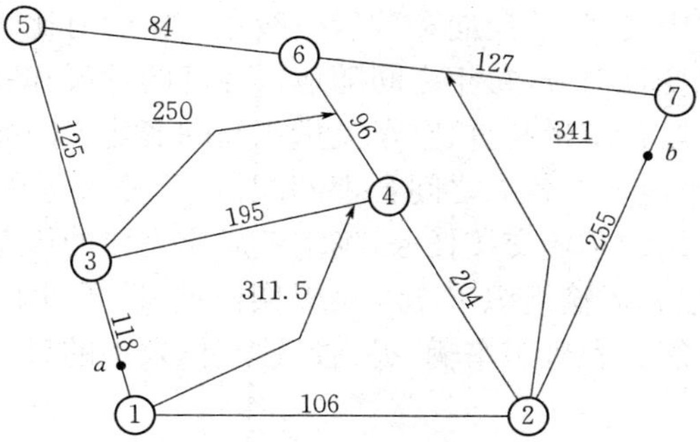

图 1-2-31　在复杂跨环上查找车流最短径路练习

第三章　技术计划的作用、内容和编制过程

铁路运输技术计划是为了完成月度货物运输计划而制定的铁路运输设备和机车、车辆运用计划。技术计划每月编制一次，作为制定运输方案和组织运输日常工作的依据。

第一节　技术计划的作用和内容

一、技术计划的作用

在铁路运输生产过程中，货物的流向和数量一般在一年中有比较稳定的部分、随季节呈现规律性变化的部分和随机变化部分，每年之间随地区经济的发展和变迁会有相应的差异，由此造成了各年度和月间各区段行车量和重、空车流量流向的变化。因而需要制定技术计划，根据变化的装车任务和重、空车流量在各局之间合理调配机车、分布运用车，规定空车的正确流向和各区段的行车量及分界站的车辆交接任务，确定各局应完成的机车、车辆运用的数量指标和质量指标，为日常调度调整和运输组织工作考核提供依据，以预见和避免可能发生的困难，达到充分利用铁路区段通过能力和机车车辆、提高运输工作效率的目的。

二、技术计划的内容

技术计划按铁路局制定，主要内容包括：

1. 使用车和接运重车计划。
2. 卸空车计划。
3. 空车调整计划。
4. 分界站货车出入计划及各区段列车回数计划。
5. 工作量计划。
6. 货车运用质量指标及保有量计划。
7. 机车运用指标计划。
8. 站段运输指标计划。

第二节　技术计划的编制过程

技术计划编制工作在国铁集团货运部的领导下，各铁路局依据月度货物运输计划同步进行，每月 25 日左右编制完毕。编制过程如下：

1. 汇总运输订车计划，生成铁路局使用车计划表和移交重车计划表

编制技术计划的原始资料是月度货物运输计划核定的订车计划表，见表 1-3-1。

在人工编制时，货主应当在发货的前一月向铁路提交请求车计划，由铁路局技术科技术计划编制人员根据请求车计划单填记的发站、到站和车流径路逐张统计，编制车种别、去向别使用车月计划表，再由月使用车数换算为日使用车数，生成铁路局使用车计划和移交重车计划，

与国铁集团及各外局交换移交重车资料。

为方便货主，现在已经可以利用多种方式，随时提交订车计划，由计算机技术计划编制系统自动汇总，可以系统自动审批或人工审批，也可以集中审批或随时审批。

表 1-3-1　铁路货物运输服务订单（整车）

提报时间：　　年　　月　日　　发站：　　　　要求运输时间：　　日至　　日　　　受理号码：

<table>
<tr><td rowspan="3">顺号</td><td colspan="3">到局：　　代号：</td><td colspan="4">收货单位</td><td colspan="3">货物</td><td rowspan="3">车种代号</td><td rowspan="3">车数</td><td rowspan="3">特征代号</td><td rowspan="3">换装港</td><td rowspan="3">终到港</td><td rowspan="3">报价</td><td rowspan="3">备注</td></tr>
<tr><td rowspan="2">到站</td><td rowspan="2">到站电报略号</td><td rowspan="2">专用线名称</td><td colspan="2">省/部</td><td rowspan="2">名称</td><td rowspan="2">代号</td><td colspan="2">品名</td><td rowspan="2">吨数</td></tr>
<tr><td>名称</td><td>代码</td><td>名称</td><td>代码</td></tr>
<tr><td>1</td><td></td><td></td><td></td><td></td><td></td><td></td><td></td><td></td><td></td><td></td><td></td><td></td><td></td><td></td><td></td><td></td><td></td></tr>
<tr><td>2</td><td></td><td></td><td></td><td></td><td></td><td></td><td></td><td></td><td></td><td></td><td></td><td></td><td></td><td></td><td></td><td></td><td></td></tr>
<tr><td>3</td><td></td><td></td><td></td><td></td><td></td><td></td><td></td><td></td><td></td><td></td><td></td><td></td><td></td><td></td><td></td><td></td><td></td></tr>
<tr><td>4</td><td></td><td></td><td></td><td></td><td></td><td></td><td></td><td></td><td></td><td></td><td></td><td></td><td></td><td></td><td></td><td></td><td></td></tr>
<tr><td>5</td><td></td><td></td><td></td><td></td><td></td><td></td><td></td><td></td><td></td><td></td><td></td><td></td><td></td><td></td><td></td><td></td><td></td></tr>
<tr><td colspan="8">供托运人自愿选择的服务项目（由托运人填写，需要的项目打√）
□发送综合服务
□仓储保管
□篷布服务
□代购、代加装载加固材料</td><td colspan="4">说明或其他要求事项</td><td colspan="6">承运人签章

年　月　日</td></tr>
</table>

说明：1. 涉及承运人、收货人的责任和权利，按《铁路货物运输规程》办理。

2. 托运人还应递交货物运单，承运人应按报价核收费用，装卸等须发生后确定的费用，应先列出费目，金额按实际发生核收。

2. 各局依据使用车计划和接入重车计划编制重车车流表

各局使用车计划和移交重车计划编制完毕后，上传国铁集团，并在各局间相互交换移交重车计划。各局依据使用车计划和接入重车计划资料生成重车车流表。

3. 制定卸空车计划

根据重车车流表，计算局管内各地区、站段每日车种别卸空车数，编制卸空车计划。

4. 编制空车调整图

使用车计划提供局管内各站、段每日装车需要的车种别空车数，卸空车计划提供局管内各站、段每日卸车产生的车种别空车数。依据管内各站段装、卸差数编制空车调整计划，将各站段的多余空车向空车数量不足的站、段输送，制定空车调整计划。

5. 计算各区段行车量和分界站货车交接计划

使用车计划和接入重车计划产生重车流，卸空车计划产生空车流，依据重空车流量制定各区段行车量计划和分界站货车出入计划。

6. 确定各局各类运用车保有量

计算铁路局及管内各地区各类工作量和各类运用车的货车周转时间，制定货车运用的数量和质量指标。

7. 制定机车运用计划

依据各区段行车量计划，确定机车运用台数及机车运用的数量和质量指标。

8. 计划审批、装订成册下达执行

全路、各局技术计划编制完毕以后，由各级领导审核批准。月度货运计划、技术计划，连同运输方案一起装订成册，形成“月度运输生产经营计划”，于计划月开始前下达到局调度所、站段及有关业务处。

复习思考题

1. 铁路运输技术计划主要解决什么问题？在铁路运输调度指挥中发挥什么作用？
2. 铁路运输技术计划依据什么资料编制？

第四章　使用车计划及卸空车计划

从本章开始，以 S 铁路局为例简要说明技术计划的编制方法。编制技术计划的主要目的在于为各局分配运用车保有量。其编制的基本思路是依据下月各局使用车计划和接运重车计划，先计算各局下月各类运用车工作量及其周转时间，再利用车辆相关法以工作量与周转时间的乘积计算出铁路局各类运用车保有量的合理数值，供调度部门作为日常运输调整的依据。

假设的路网结构如图 1-4-1 所示，路网上共设置了 R、S、T 和 U 四个铁路局，A 站和 F 站分别为 S 局与 R 局和 T 局的分界站，T 局和 U 局在 G 站分界。

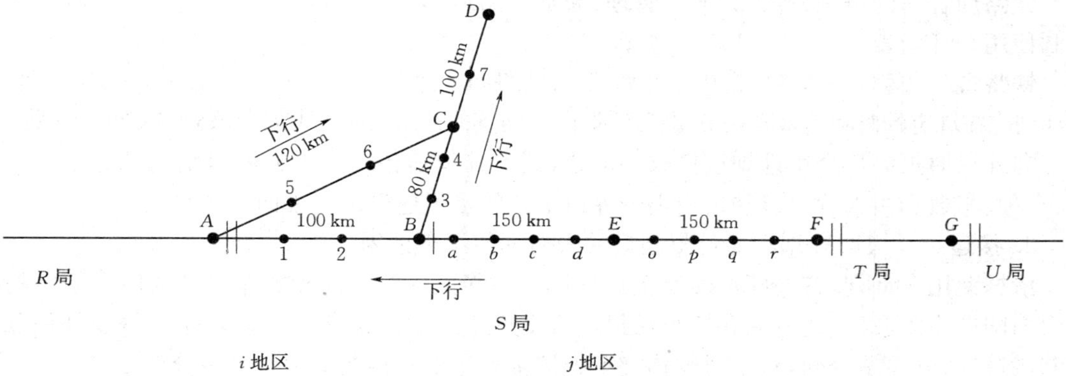

图 1-4-1　S 铁路局管界及路网结构

第一节　使用车计划

使用车计划反映铁路局计划月每日用于装车而使用的车种别空车数及装车去向。车站和铁路局使用车数为装车数和增加使用车数之和：

$$U_{使}=U_{装}+\Delta U_{使}\quad（车）\tag{1-4-1}$$

式中　$U_{装}$——本铁路局计划月日均装车数，车；

$\Delta U_{使}$——本铁路局计划月日均增加使用车数，车。

其中，装车计划是根据月度货物运输计划编制的：路局管内各装车站收集其吸引范围各厂、矿下月货运订单，核实货源后于每月中旬报局货运处运力资源配置科审批。审批后的货运订单分为 28 个品类，约数万份至几十万份。计划编制人员还应根据预测资料制定补充订单的发站、到站、品类和装车车种及数量。

增加使用车是管内各站因装载中转集装箱、零散快运货物、铁路货车用具和货物倒装平均每日多使用的空车数，其车种、车数和发、到站由管内各站根据统计资料按月向铁路局提报，铁路局加以审定。

1. 使用车计划的编制

汇总订车计划单，产生铁路局车种别、去向别使用车计划和移交外局重车计划是技术计划编制过程中最烦琐，最重要的基础工作。在人工编制条件下，通常各铁路局运输处计划编制人员都住进局招待所，在一个相对封闭的环境内，夜以继日地工作，大约需要 3～4 d 的时间才能整理完全部请求车计划单，整个编制过程从每月 16 日开始，25 日结束，约需 10 d 时间。

现在，汇总货运订车计划的作业过程已由计算机处理，铁路局的计划编制人员也不再需要到局招待所集中，而是在自己的工作地点利用计算机网络接收处理好的数据，计划编制时间也缩短为 2～3 d。

技术计划是依据日运量编制的。为了得到日车计划表，需要将月使用车计划表各栏月车数除以下月天数，并把得到的小数取整，然后配平每一横行和纵行：使每一站段装往局管内各站段和移交外局的车数之和等于该站或区段的总装车数（横行）；使每站（区段）到达和分界口交出总车数等于各站、区段装往该站（区段）和分界口接入车数之和（纵行）。这一过程称为拼车。

铁路局管辖的范围较大，为便于管理，通常根据地理位置和运输联系分为几个地区，分区编制使用车计划表，见表 1-4-1、表 1-4-2。

铁路局汇总管内各地区的使用车计划，形成铁路局车种别使用车计划（见表 1-4-3）。各局使用车计划应在规定的时间内报国铁集团货运部，同时向其他铁路局通报本局向该局移交重车计划。

向外局通报的移交车计划按接收局汇总，其内容包括各局接入分界口别的到卸重车的到站、车种、车数和接入分界口别按交出分界口汇总的接运通过重车去向、车数。

2. 接运重车去向计划和通过限制口的去向别使用车计划

依据使用车计划，各局即可确定次月每日所装移交车的去向和数量。各局应在规定的时间内向国铁集团、每一通过局和接收局报送移交重车计划。移交重车计划应对每一外局分别编制，按接入分界站分列，对于通过移交车先按接入分界站再按交出分界站分列。

本局的移交重车对于外局来说，就是接运重车。接运重车是指由局间分界站接入到本局卸车或通过本局的重车。目前，全路共分为哈尔滨、沈阳、北京、太原、呼和浩特、郑州、上海、南昌、武汉、西安、济南、广州、南宁、成都、昆明、兰州、乌鲁木齐和青藏 18 个铁路局，因而每一铁路局都会收到其他 17 个铁路局的移交本局重车资料。

本章中 *S* 局收到的 *R* 局、*T* 局和 *U* 局移交 *S* 局重车资料见表 1-4-4、表 1-4-5 和表 1-4-6。

在路网上如有部分路段的运输能力无法满足运输需求的条件下，为了保证限制口的畅通，还需要对本局须通过限制口的装车列出限制口别的装车数，其格式如表 1-4-7 所示。

3. 重车车流表

根据本局使用车计划和各外局通报的移交本局重车计划，即可编制本局重车车流表。铁路局汇集管内各地区的使用车计划和局间分界站接运重车计划形成铁路局重车车流表，见表 1-4-8。

重车车流表反映了铁路局管内各站段一日内自装重车的去向和车种别数量及接入重车的车种别数量，由自装自卸、自装交出、接入自卸和接运通过四部分组成，是编制技术计划的基础。依据重车的去向可以确定管内重车流向，计算各技术站和区段内中间站的卸空车计划，从而制定空车调整计划，确定空车流向。有了管内各区段重、空车流数量就可进一步确定各区段列车数和分界站货车出入计划，也就确定了货车和机车运用的各项数量指标和质量指标。可以说，技术计划的编制工作是在重车车流表的基础上实现的。

表 1-4-1　i 地区去向别、车种别使用车计划表

到 发	i 地区										
	1站	2站	B	3站	4站	C	5站	6站	7站	D	计
1站			1 1	2 2		2 2			1 1	2 5 9 2	7 6 15 2
2站	1 1		2 2		1 1	1 1		2 2	2 1 3	2 2 7 3	5 6 17 6
B				2 1 3	4 1 5	6 8 16 2	4 2 6	2 2 4	2 3 5	2 6 14 3 3B	22 23 53 5 3B
3站	1 1		1 1		1 1 2	2 1 3	2 2	1 1	1 1	2 2	7 6 13
4站		1 1	2 2	1 1 2		2 1 3	1 1	2 2	1 1	2 5 7	8 11 19
C		1 1	4 4	2 2	1 1		1 1	1 1	1 1	8 6 18 4	18 6 29 5
5站	2 2		1 3 2	1 1		2 2		1 1	1 1	4 4	9 1 14 4
6站		1 1	3 1 4	1 1	2 2	1 1	1 1			1 1	4 7 11
7站	1 1	1 1	2 2	1 1	1 1	2 3 1	1 1	1 1		2 2	5 6 13 2
D		2 2	3 3	1 1	1 1	6 10 4	2 3 1	2 2	2 2		3 16 24 5
计	3 2 5	2 3 6 1	10 8 22 4	9 4 13	6 6 13 1	15 17 41 9	8 5 15 2	4 10 14	9 6 15	22 27 64 12 3B	88 88 208 29 3B

到 发	j 地区											局计	外局				总计
	a	b	c	d	E	o	p	q	r	F	计		R	T	U	计	
1站		1 1			1 2 3			1 1		1 1	2 4 6	9 10 21 2	3 4 7	2 2	3 3	8 4 12	17 14 33 2
2站			2 2		1 1					1 1	2 4 2	7 6 21 8	4 8 4	1 1	5 5	10 14 4	7 16 35 12
B	1 2 1			1 1	2 2	1 1		1 1	1 1	1 1	4 3 9 2	26 26 62 7 3B	4 2 13 4 3B	2 6 8	5 6 11	11 14 32 4 3B	37 40 94 11 6B
3站		1 1			2 2					1 1	1 3 4	8 9 17	3 2 5	4 4	2 2	9 2 11	17 11 28
4站				1 1			1 1				1 1 2	9 12 21	4 4	7 7	3 3	14 14	9 26 35
C	1 1		2 2		1 1G轻			1 1G轻		2 2G轻	3 7 4G轻	21 6 36 5 4G轻	5 5G轻	10 10G轻	6 6G轻	21 21G轻	21 6 57 5 25G轻
5站	1 1 2		1 1		1 2 3	1 1			1 1	2 2	6 3 10 1	15 4 24 5	4 2 6	2 2	3 3	9 2 11	24 6 35 5
6站		1 1			1 2 1		1 1				2 1 4	6 8 15 1	4 4 8	4 4	5 5	4 13 17	10 21 32 1
7站		1 1			1 3 4					1 1	2 4 6	7 10 19 2	9 9	2 1 3	1 3 4	3 13 16	10 23 35 2
D	1 1	1 2 1			1 2 5 2		2 2			1 2 1	3 5 12 4	6 21 36 9	7 12 22 3B	4 6 10	5 6 11	16 24 43 3B	22 45 79 9 3B
计	4 1 6 1	1 4 6 1	4 5 1	1 1 2	5 13 23 4 1G轻	2 2	1 3 4	1 3 1 1G轻	2 2	5 2 11 2 2G轻	26 24 64 10 4G轻	114 112 272 39 4G轻 3B	25 43 87 8 5G轻 6B	16 25 51 10G轻	19 28 53 6G轻	60 96 191 8 21G轻 6B	174 208 463 47 25G轻 9B

注：表中每格左上角为棚车，右上角为敞车，左下角为平车，右下角为罐车和冷藏车，中间为使用车总数。

表 1-4-2　*j* 地区去向别、车种别使用车计划表

到 发	*i* 地区											*j* 地区											局计	外局				总计
	1站	2站	*B*	3站	4站	*C*	5站	6站	7站	*D*	计	*a*	*b*	*c*	*d*	*E*	*o*	*p*	*q*	*r*	*F*	计		*R*	*T*	*U*	计	
a	1 1	1 1	2 2	1 1	1 1	1 1	1 1	1 1	1 1		7 1 10 2					1 1	1 1				1 1 2	3 1 4	10 2 14 2	2 2	1 1 2	1 1	4 1 5	14 3 19 2
b	1 1		1 1	2 2	1 1	1 1		1 1		2 2	4 5 9			1 1		1 1 2		1 1			1 1 2	3 3 6	7 8 15	1 1	1 1	1 1 2	3 1 4	10 9 19
c			1 1	1 1		1 2 3		1 1		1 1	4 3 7					1 1			1 1		2 3 1	1 3 5 1	5 6 12 1	1 2 1	2 2	2 2	5 6 1	5 11 18 2
d			1 1			2 2	1 1		1 1	1 2 3	4 3 8 1			1 1		1 1	1 1		2 2		1 2 1	2 3 7 2	6 6 15 3	1 3 2B	1 1	1 2 3	1 4 7 2B	7 10 22 3 2B
E	1 1	1 1	3 3	1 1	1 1	2 4 2	1 1	2 2	2 2	2 2 4	10 8 20 2	1 1	1 2 1	2 2	1 1		1 1			2 2	3 4 9 2B	9 6 18 1 2B	19 14 38 3 2B	9 10 19	3 6 9	1 3 4	13 19 32	32 33 70 3 2B
o		1 1	1 1		1 1		1 1		1 1		2 1 5 2	1 1				1 1					1 1	2 1 3	4 2 8 2	1 1 2	1 1	2 1 3	4 2 6	8 4 14 2
p		1 1	1 1			1 1			1 1	1 1	3 2 5					1 1				1 1		1 2 1	3 3 7 1	1 1	1 1	1 1	2 1 3	5 4 10 1
q	1 1		1 1 2	1 1						1 1	2 3 5	1 1		1 1			1 1				1 1	4 4	6 3 9	2 2	1 2 1	2 2	5 6 1	6 8 15 1
r			1 1		1 1B			1 1		1 1	2 1 4 1B		1 1		1 1	1 1			1 1		2 2	3 3 6	5 4 10 1B	1 1	1 1	1 1 2	3 1 4	8 5 14 1B
F	1 1	2 2	1 3 5 1	2 2	1 2 1	5 7 12	1 1	1 1	1 1	2 3 5	14 16 32 2	1 1	1 1	1 1	2 2	3 5 16 8		1 1 2				8 7 23 8	22 23 55 10	2 1 3	2 3 5	6 9 15	10 13 23	32 36 78 10
计	4 1 5	4 2 6	10 6 18 2	6 2 8	3 7 3 1B	11 11 24 2	3 2 5	3 3 7 1	3 3 7 1	8 10 18	52 43 105 9 1B	4 4	2 1 4 1	5 1 6	4 4	5 10 24 9	3 1 4	2 1 3	2 2 4	2 3 1	8 10 22 2 2B	35 28 78 13 2B	87 71 183 22 3B	17 16 36 1 2B	9 15 25 1	14 21 35	40 52 96 2 2B	127 123 279 24 5B

表 1-4-3　*S* 局车种别使用车计划

车种＼装车站	*i* 地区											*j* 地区											总计
	1站	2站	*B*	3站	4站	*C*	5站	6站	7站	*D*	计	*a*	*b*	*c*	*d*	*E*	*o*	*p*	*q*	*r*	*F*	计	
P	17	7	37	17	9	21	24	10	10	22	174	14	10	5	7	32	8	5	6	8	32	127	301
C	14	16	40	11	26	6	6	21	23	45	208	3	9	11	10	33	4	4	8	5	36	123	331
N	2	12	11			5	5	1	2	9	47	2		2	3	3	2	1	1		10	24	71
$G_{黏}$																							
$G_{轻}$						25					25												25
B			6							3	9				2	2				1		5	14
总计	33	35	94	28	35	57	35	32	35	79	463	19	19	18	22	70	14	10	15	14	78	279	742

表 1-4-4　*R* 局交 *S* 局重车表

经由	车种＼到站	*i* 地区											*j* 地区											局计	由 *F* 分界站交		总计
		1站	2站	*B*	3站	4站	*C*	5站	6站	7站	*D*	计	*a*	*b*	*c*	*d*	*E*	*o*	*p*	*q*	*r*	*F*	计		*T* 局	*U* 局	
A 分界站	P	1	1	6	1	1	2	2	1	2	21	38			1		5					4	10	48	6	5	59
	C		2	4	2	2	7	1		4	15	37		1			3		1		1	3	9	46	3	8	57
	N			1		1	1		1	2	10	16	1	1		1	6	1	1		1	2	14	30	5	4	39
	$G_{黏}$						40					40												40			40
	$G_{轻}$																										
	B																										
	计	1	3	11	3	4	50	3	2	8	46	131	1	2	1	1	14	1	2		2	9	33	164	14	17	195

表 1-4-5　*T* 局交 *S* 局重车表

经由	车种＼到站	*i* 地区											*j* 地区											局计	由 *A* 分界站交 *R* 局	总计
		1站	2站	*B*	3站	4站	*C*	5站	6站	7站	*D*	计	*a*	*b*	*c*	*d*	*E*	*o*	*p*	*q*	*r*	*F*	计			
F 分界站	P	1		2	1		2				1	7	2				5	1		1		1	10	17	6	23
	C					1			2	3	5	11			2		3		1			2	8	19	7	26
	N						2					2					2				1		3	5	2	7
	$G_{黏}$																									
	$G_{轻}$																									
	B																2						2	2		2
	计	1		2	1	1	4		2	3	6	20	2		2		12	1	1	1	1	3	23	43	15	58

表 1-4-6　*U* 局交 *S* 局重车表

经由	车种＼到站	*i* 地区											*j* 地区											局计	由 *F* 分界站交 *R* 局	总计
		1站	2站	*B*	3站	4站	*C*	5站	6站	7站	*D*	计	*a*	*b*	*c*	*d*	*E*	*o*	*p*	*q*	*r*	*F*	计			
F 分界站	P		1	3	1		2	1		2	4	14		1			4	1				3	9	23	5	28
	C	1		2		2	2		1	1	4	13			1		3		2			4	10	23	9	32
	N						2					2					6						6	8	3	11
	$G_{黏}$																									
	$G_{轻}$																									
	B			3	1		2	1		1	2	10				2	2				1	3	8	18	3	21
	计	1	1	8	2	2	8	2	1	4	10	39		1	1	2	15	1	2		1	10	33	72	20	92

表 1-4-7　通过限制口的使用车数

车流来源	限制口 1(G 站)	限制口 2
S 局	21	15
i 地区	9	7
j 地区	12	8

表 1-4-8　S 铁路局重车车流表

发＼到		i 地区											j 地区											局计	交出分界站			总计
		1站	2站	B	3站	4站	C	5站	6站	7站	D	计	a	b	c	d	E	o	p	q	r	F	计		A口	F口	计	
i 地区	1站			1	2		2			1	9	15		1			3			1		1	6	21	7	5	12	33
	2站	1		2		1	1		2	3	7	17			2		1					1	4	21	8	6	14	35
	B				3	5	16	6	4	5	14	53	2			1	2	1		1	1	1	9	62	13	19	32	94
	3站	1		1		2	3	2	1	1	2	13		1			2					1	4	17	5	6	11	28
	4站		1	2	2		3	1	2	1	7	19				1			1				2	21	4	10	14	35
	C		1	4	2	1		1	1	1	18	29	1		2		1			1		2	7	36	5	16	21	57
	5站	2		3	1		2		1	1	4	14	2		1		3	1			1	2	10	24	6	5	11	35
	6站		1	4	1	2	1	1			1	11		1			2		1				4	15	8	9	17	32
	7站	1	1	2	1	1	3	1	1		2	13		1			4					1	6	19	9	7	16	35
	D		2	3	1	1	10	3	2	2		24	1	2			5		2			2	12	36	22	21	43	79
	计	5	6	22	13	13	41	15	14	15	64	208	6	6	5	2	23	2	4	3	2	11	64	272	87	104	191	463
j 地区	a	1	1	2	1	1	1	1	1	1		10					1	1				2	4	14	2	3	5	19
	b	1		1	2	1	1		1		2	9			1		2		1			2	6	15	1	3	4	19
	c			1	1		3		1		1	7					1			1		3	5	12	2	4	6	18
	d			1			2	1		1	3	8			1		1	1		2		2	7	15	3	4	7	22
	E	1	1	3	1	1	4	1	2	2	4	20	1	2	2	1		1			2	9	18	38	19	13	32	70
	o		1	1		1		1		1		5	1				1					1	3	8	2	4	6	14
	p		1	1			1			1	1	5					1				1		2	7	1	2	3	10
	q	1		2	1						1	5	1		1			1				1	4	9	2	4	6	15
	r			1		1			1		1	4		1		1	1			1		2	6	10	1	3	4	14
	F	1	2	5	2	2	12	1	1	1	5	32	1	1	1	2	16		2				23	55	3	20	23	78
	计	5	6	18	8	7	24	5	7	7	18	105	4	4	6	4	24	4	3	4	3	22	78	183	36	60	96	279
局计		10	12	40	21	20	65	20	21	22	82	313	10	10	11	6	47	6	7	7	5	33	142	455	123	164	287	742
接入分界站	A	1	3	11	3	4	50	3	2	8	46	131	1	2	1	1	14	1	2		2	9	33	164		31	31	195
	F	2	1	10	3	3	12	2	3	7	16	59	2	1	3	2	27	2	3	1	2	13	56	115	35		35	150
接入计		3	4	21	6	7	62	5	5	15	62	190	3	3	4	3	41	3	5	1	4	22	89	279	35	31	66	345
总计		13	16	61	27	27	127	25	26	37	144	503	13	13	14	7	88	9	12	8	9	55	231	734	158	195	353	1 087

第二节　卸空车计划

卸空车计划是组织日常卸车工作、编制空车调整计划和确定管内工作车保有量的重要依据。铁路局各车种的卸空车数为卸车数与增加卸空车数之和，即

$$U_{卸空}=U_{卸}+\Delta U_{卸空}\quad（车）\tag{1-4-2}$$

式中　$U_{卸}$——铁路局计划月该车种日均卸车数，车；

$\Delta U_{卸}$——铁路局计划月该车种日均增加卸空车数，车。

增加卸空车是指由于中转、零散快运货物、中转集装箱、装运铁路货车用具或货车倒装，每日增加的空车数。

由于使用车计划中已包括了增加使用车，所以制定卸空车计划时可不再考虑增加卸空车数。通常根据卸空车来源按下式计算各站、区段卸空车数：

$$U_{卸空}=U_{自装自卸}+U_{接入自卸}\quad（车）\tag{1-4-3}$$

式中　$U_{自装自卸}$——铁路局计划月日均自装自卸车数，车；

$U_{接入自卸}$——铁路局计划月日均接入自卸车数，车。

卸空车计划按车种别和到站别编制。其自装自卸车数和接入自卸车数分别根据去向别、车种别使用车计划和外局提供的接入自卸重车资料确定。

S 铁路局卸空车计划如表 1-4-9 所示。

表 1-4-9　*S* 局卸空车计划表

到站 \ 车种	*i* 地区											*j* 地区											局计
	1站	2站	*B*	3站	4站	*C*	5站	6站	7站	*D*	计	*a*	*b*	*c*	*d*	*E*	*o*	*p*	*q*	*r*	*F*	计	
P	9	8	31	18	7	32	14	8	16	56	199	10	4	10	5	24	7	3	4	2	21	90	289
C	4	7	20	8	14	37	8	16	17	61	192	1	6	4	1	32	1	8	2	3	21	79	271
N		1	7		5	16	2	2	3	22	58	2	3	1	1	27	1	1	1	3	6	46	104
$G_{黏}$						40					40												40
$G_{轻}$																1			1		2	4	4
B			3	1	1	2	1		1	5	14				2	4				1	5	12	26
计	13	16	61	27	27	127	25	26	37	144	503	13	13	15	9	88	9	12	8	9	55	231	734

复习思考题

1. 简述编制技术计划从订车计划到使用车计划的编制过程。
2. 向外局通报的移交重车数据分为几部分？应怎样组织数据？
3. 为什么说重车车流表是编制技术计划的基础？
4. 卸空车计划的作用是什么？

习　题

1. 假设路网结构如图 1-4-2 所示，Q 局各站下月订车需求如表 1-4-10。试整理该局下月的订车计划表，生成下月使用车月车计划。

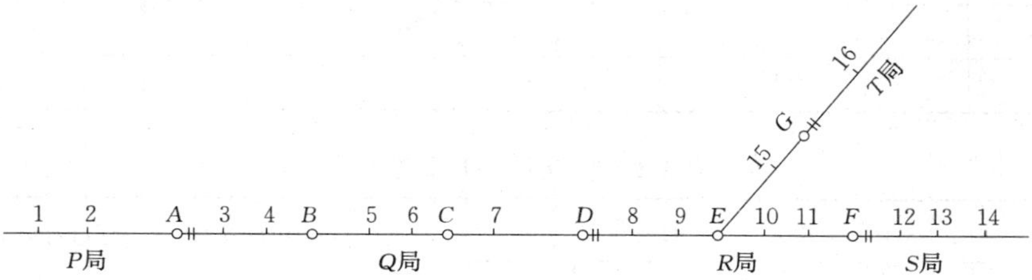

图 1-4-2　Q 局在路网上的位置

表 1-4-10　Q 局下月订车计划

发站	到站	车种	车数	发站	到站	车种	车数	发站	到站	车种	车数
3	1	P	90	*B*	4	C	54	*C*	2	C	27
3	12	P	135	5	10	C	34	*C*	1	C	63
3	*G*	C	87	5	*D*	P	85	*C*	16	C	110
4	*G*	C	132	5	*C*	C	82	7	15	C	68
4	9	P	56	5	9	C	104	7	*A*	C	37
4	*D*	C	112	5	8	P	46	7	11	C	71
4	2	C	97	6	*F*	P	19	7	2	P	32
4	8	C	17	6	*C*	P	77	7	3	P	26
B	8	C	140	6	*E*	C	35	7	*B*	P	42
B	2	P	87	6	10	P	96	*D*	*F*	P	83
B	12	P	95	6	*A*	P	18	*D*	16	C	49
B	*F*	P	45	*C*	*G*	P	74	*D*	7	P	17
B	14	C	47	*C*	1	P	62	*D*	7	C	54
B	14	C	112	*C*	16	C	118	*D*	12	P	32
B	7	C	76	*C*	*E*	P	89	*D*	3	P	46

2. 依据上题数据，通过拼车生成 Q 局下月使用车计划表（见表 1-4-11）和移交 R 局重车计划（见表 1-4-12）。

表 1-4-11　Q 局使用车计划表

到 发	管内						局计	外局			总计
	A—*B*	*B*	*B*—*C*	*C*	*C*—*D*	*D*		*A* 口	*D* 口	计	
A—*B*											
B											

续上表

发＼到	管内						局计	外局			总计
	A—B	B	B—C	C	C—D	D		A口	D口	计	
B—C											
B											
C—D											
D											
计											

表 1-4-12　*Q* 局交 *R* 局重车表

由＼移交＼车种		R局									经由F分界站交S局	经由G分界站交T局	总计
		8站	9站	E站	10站	11站	F站	15站	G站	计			
D分界站	P												
	C												
	N												
	$G_{黏}$												
	$G_{轻}$												
	B												
	计												

第五章　空车调整计划

编制空车调整计划的目的在于根据使用车和卸空车计划，正确地为各铁路局、站段分配空车，确定空车的调整流向和数量，以保证使用车计划的完成。空车调整计划按车种别编制。

第一节　空车调整计划的编制方法

一、空车调整计划的编制原则

由于各铁路局、各站每日车种别使用车数和卸空车数一般不相同，因而必然产生空车不足或空车过剩的现象。空车过剩的铁路局、车站应向空车不足的铁路局、车站排出空车。

在铁路运输过程中，空车走行是不可避免的，但是另一方面，空车走行消耗了运输资源却不生产运输产品。因而，应当优化空车调整过程，尽量减少空车走行公里。

空车调整计划优化的主要措施是：

1. 消除同种空车在同一径路上的对流。

2. 在保证货物运输安全和不降低货车使用效率的条件下，实行车种代用，减少不同种空车的对流。

3. 按最短车流径路输送空车。由于路网的多环结构，人工编制难以找到最优方案，需要应用数学方法选择合理的空车输送方案。

二、空车调整计划的编制

目前，我国空车调整计划是利用空车调整图分级编制的。

1. 局间分界站车种别交接空车数的确定

国铁集团根据各铁路局提报的使用车计划和卸空车计划，计算各局车种别装卸差数，通过编制全路空车调整图来确定各局间分界站车种别的空车交接任务，下达给各局，作为编制铁路局空车调整计划的依据。按本书所设路网结构，全路空车调整图如图 1-5-1 所示。

R

车种	装	卸	差
P	225	254	+29
C	138	210	+72
N	305	234	−71
$G_{\text{黏}}$	40		−40
$G_{\text{轻}}$		5	+5
B	20		−20
计	728	703	−25

A 分界站

P29 C72 $G_{\text{轻}}$5　106 →

← N71 $G_{\text{黏}}$40 B20　131

S

车种	装	卸	差
P	301	289	−12
C	331	271	−60
N	71	104	+33
$G_{\text{黏}}$		40	+40
$G_{\text{轻}}$	25	4	−21
B	14	26	+12
计	742	734	−8

F 分界站

P17 C12　29 →

← N38 $G_{\text{轻}}$16 B8　62

T

车种	装	卸	差
P	367	358	−9
C	343	331	−12
N	77	97	+20
$G_{\text{黏}}$			
$G_{\text{轻}}$		7	+7
B		3	+3
计	787	796	+9

G 分界站

P8　8 →

← N18 $G_{\text{轻}}$9 B5　32

U

车种	装	卸	差
P	368	360	−8
C	274	274	0
N	269	287	+18
$G_{\text{黏}}$			
$G_{\text{轻}}$		9	+9
B		5	+5
计	911	935	+24

图 1-5-1　全路空车调整图

2. 铁路局空车调整计划

铁路局根据局间分界站空车出入计划和管内各站的使用车计划、卸空车计划，确定各地区间的空车调整任务。*S* 局空车调整图如图 1-5-2 所示。

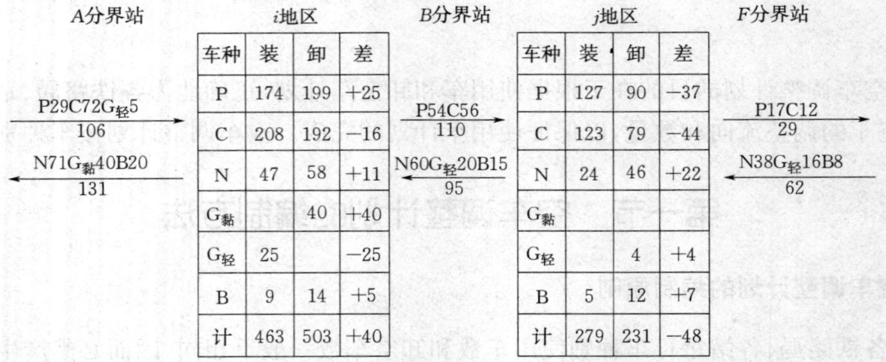

i地区：

车种	装	卸	差
P	174	199	+25
C	208	192	−16
N	47	58	+11
G黏		40	+40
G轻	25		−25
B	9	14	+5
计	463	503	+40

j地区：

车种	装	卸	差
P	127	90	−37
C	123	79	−44
N	24	46	+22
G黏			
G轻		4	+4
B	5	12	+7
计	279	231	−48

图 1-5-2　*S* 铁路局空车调整图

3. 各区段的空车调整图

依据铁路局空车调整图，再进一步确定各地区内各技术站间各个区段间的空车交流，如图 1-5-3 和图 1-5-4 所示。

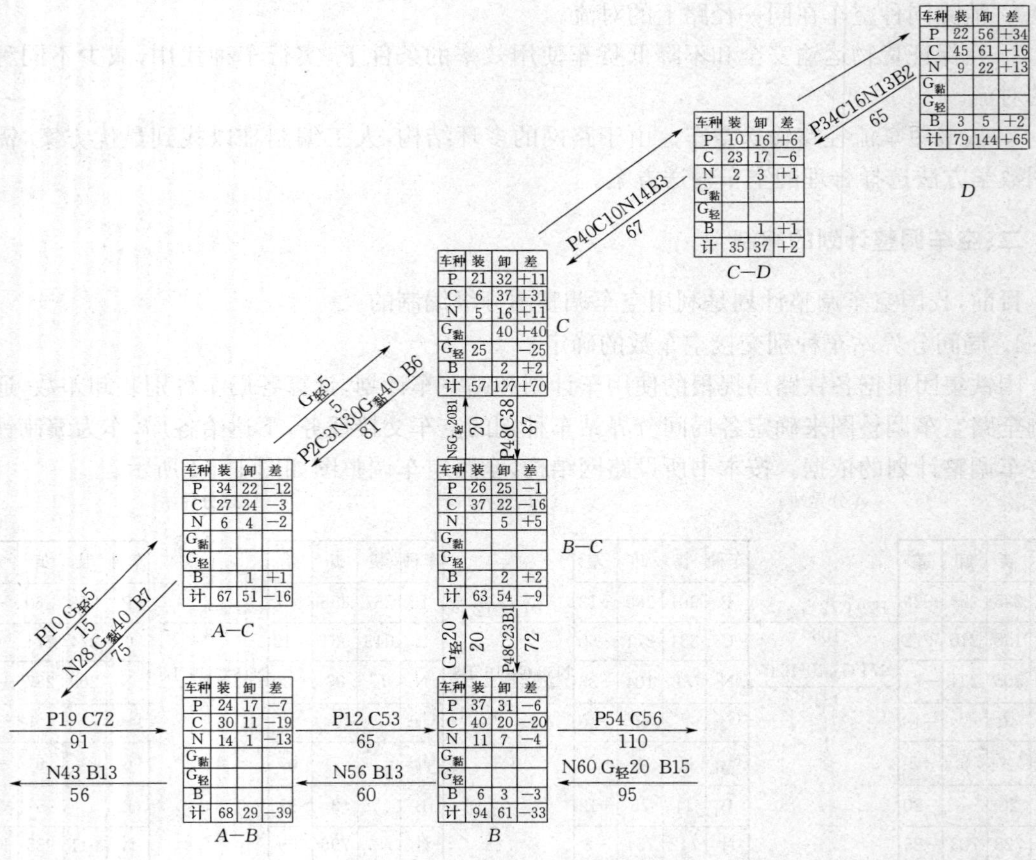

D：

车种	装	卸	差
P	22	56	+34
C	45	61	+16
N	9	22	+13
G黏			
G轻			
B	3	5	+2
计	79	144	+65

C—D：

车种	装	卸	差
P	10	16	+6
C	23	17	−6
N	2	3	+1
G黏			
G轻			
B		1	+1
计	35	37	+2

C：

车种	装	卸	差
P	21	32	+11
C	6	37	+31
N	5	16	+11
G黏		40	+40
G轻	25		−25
B		2	+2
计	57	127	+70

B—C：

车种	装	卸	差
P	26	25	−1
C	37	22	−16
N		5	+5
G黏			
G轻			
B		2	+2
计	63	54	−9

A—C：

车种	装	卸	差
P	34	22	−12
C	27	24	−3
N	6	4	−2
G黏			
G轻			
B		1	+1
计	67	51	−16

A—B：

车种	装	卸	差
P	24	17	−7
C	30	11	−19
N	14	1	−13
G黏			
G轻			
B			
计	68	29	−39

B：

车种	装	卸	差
P	37	31	−6
C	40	20	−20
N	11	7	−4
G黏			
G轻			
B	6	3	−3
计	94	61	−33

图 1-5-3　*i* 地区空车调整计划

A分界站

P54C56 / 110 →

← N60$G_{轻}$20B15 / 95

B-E

车种	装	卸	差
P	36	29	−7
C	33	12	−21
N	7	7	0
$G_{黏}$			
$G_{轻}$			
B	2	2	0
计	78	50	−28

P47C35 / 82 →

← N60$G_{轻}$20B15 / 95

E

车种	装	卸	差
P	32	24	−8
C	33	32	−1
N	3	27	−24
$G_{黏}$			
$G_{轻}$		1	+1
B	2	4	+2
计	70	88	+18

P39C34 / 73 →

← N36$G_{轻}$19B13 / 68

E-F

车种	装	卸	差
P	27	16	−11
C	21	14	−7
N	4	6	+2
$G_{黏}$			
$G_{轻}$		1	+1
B	1	1	0
计	53	38	−15

P28C27 / 82 →

← N34$G_{轻}$18B13 / 65

F

车种	装	卸	差
P	32	21	−11
C	36	21	−15
N	10	6	−4
$G_{黏}$			
$G_{轻}$		2	+2
B		5	+5
计	78	55	−23

P17C12 / 29 →

← N38$G_{轻}$16B8 / 62

F分界口

图 1-5-4　*j* 地区空车调整计划

4. 区段内各站空车调整计划

在地区空车调整计划的基础上，可以进一步确定区段内中间站各车种的空车交流方向。*i* 地区空车调整计划如图 1-5-5、图 1-5-6 和图 1-5-7 所示；*j* 地区空车调整计划如图 1-5-8 和图1-5-9所示。

在生产布局和物资调配方案确定的条件下，空车一般具有比较稳定的流向。通过空车调整图，可以清楚地看出管内空车的产生和流动方向，为运输日常调整提供依据。

A分界站

P19C72 / 91 →

← N43B13 / 56

1站

车种	装	卸	差
P	17	9	−8
C	14	4	−10
N	2		−2
$G_{黏}$			
$G_{轻}$			
B			
计	33	13	−20

P11C62 / 73 →

← N45B13 / 58

2站

车种	装	卸	差
P	7	8	+1
C	16	7	−9
N	12	1	−11
$G_{黏}$			
$G_{轻}$			
B			
计	35	16	−19

P12C53 / 65 →

← N56B13 / 69

B站

图 1-5-5　*A*—*B* 区段空车调整计划

B站

$G_{黏}$20 / 20 →

← N48C23B1 / 72

3站

车种	装	卸	差
P	17	18	+1
C	11	8	−3
N			
$G_{黏}$			
$G_{轻}$			
B		1	−1
计	28	27	−1

$G_{轻}$20 / 20 →

← P47C26 / 73

4站

车种	装	卸	差
P	9	7	−2
C	26	14	−12
N		5	+5
$G_{黏}$			
$G_{轻}$			
B		1	+1
计	35	27	−8

N5$G_{轻}$20B1 / 26 →

← P49C38 / 87

C站

图 1-5-6　*B*—*C* 区段空车调整计划

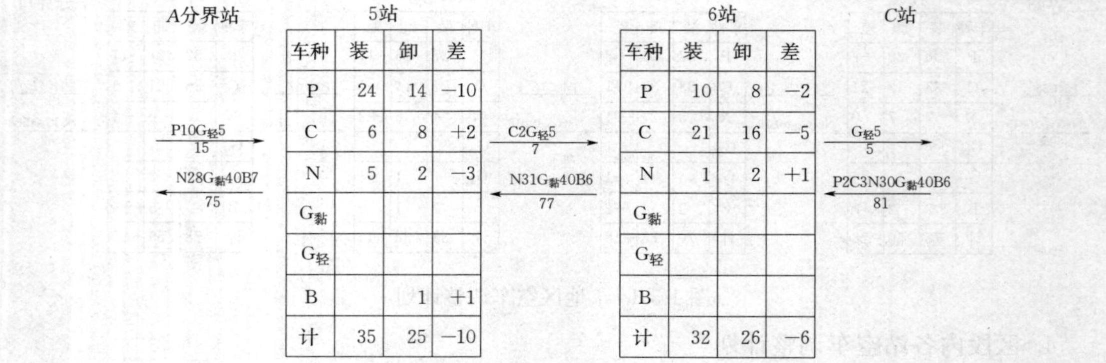

5站

车种	装	卸	差
P	24	14	−10
C	6	8	+2
N	5	2	−3
G黏			
G轻			
B		1	+1
计	35	25	−10

6站

车种	装	卸	差
P	10	8	−2
C	21	16	−5
N	1	2	+1
G黏			
G轻			
B			
计	32	26	−6

图 1-5-7　*A*—*C* 区段空车调整计划

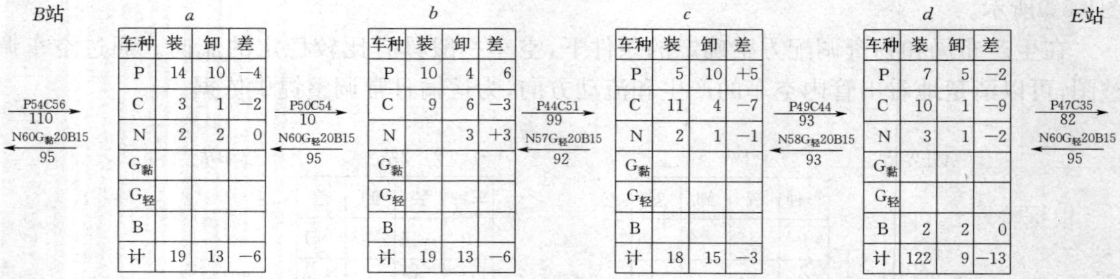

a

车种	装	卸	差
P	14	10	−4
C	3	1	−2
N	2	2	0
G黏			
G轻			
B			
计	19	13	−6

b

车种	装	卸	差
P	10	4	6
C	9	6	−3
N		3	+3
G黏			
G轻			
B			
计	19	13	−6

c

车种	装	卸	差
P	5	10	+5
C	11	4	−7
N	2	1	−1
G黏			
G轻			
B			
计	18	15	−3

d

车种	装	卸	差
P	7	5	−2
C	10	1	−9
N	3	1	−2
G黏			
G轻			
B	2	2	0
计	122	9	−13

图 1-5-8　*B*—*E* 区段空车调整计划

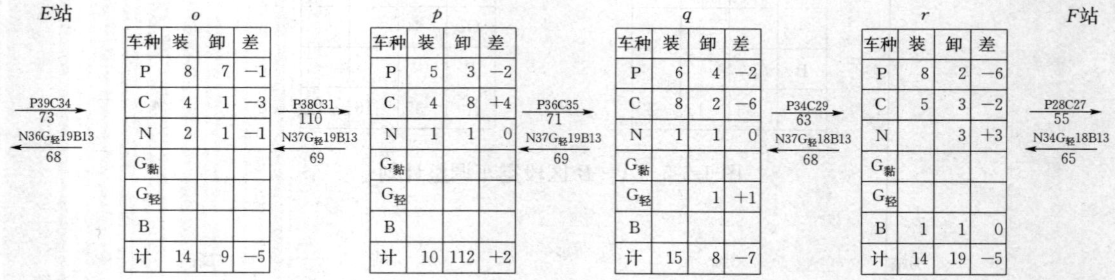

o

车种	装	卸	差
P	8	7	−1
C	4	1	−3
N	2	1	−1
G黏			
G轻			
B			
计	14	9	−5

p

车种	装	卸	差
P	5	3	−2
C	4	8	+4
N	1	1	0
G黏			
G轻			
B			
计	10	112	+2

q

车种	装	卸	差
P	6	4	−2
C	8	2	−6
N	1	1	0
G黏			
G轻		1	+1
B			
计	15	8	−7

r

车种	装	卸	差
P	8	2	−6
C	5	3	−2
N		3	+3
G黏			
G轻			
B	1	1	0
计	14	19	−5

图 1-5-9　*E*—*F* 区段空车调整计划

第二节　优化空车调整计划的表上作业法

以上简要地介绍了各级空车调整图的编制思路。实际上，由于路网的环状结构，空车调整图的编制要复杂得多。技术计划的空车调整属于收发平衡的运输问题，可以利用表上作业法解算环状线路上运输问题的线性规划模型。

以 i 地区为例，棚车卸大于装的车站有 *A* 分界站、2 站、3 站和 *C* 站，不足的有 1 站、*B* 站、4 站、5 站、6 站，其空车分配平衡情况和空车配送里程如表 1-5-1 和表 1-5-2 所示。在确定环内各节点的供、需车数时，分界站和支线的需求量应累加到其衔接的节点上。

表 1-5-1　空车分配平衡表

由＼去	1 站	B 站	4 站	5 站	6 站	发
A 分界站	x_{11}	x_{12}	x_{13}	x_{14}	x_{15}	29
2 站	x_{21}	x_{22}	x_{23}	x_{24}	x_{25}	1
3 站	x_{31}	x_{32}	x_{33}	x_{34}	x_{35}	1
C 站	x_{41}	x_{42}	x_{43}	x_{44}	x_{45}	51
收	8	60	2	10	2	82

表 1-5-2　空车走行距离表

由＼去	1 站	B 站	4 站	5 站	6 站
A 分界站	35	100	140	40	80
2 站	30	35	95	105	145
3 站	95	30	30	130	90
C 站	115	80	20	80	40

根据空车走行距离和空车分配表建立数学模型：

$$\min\sum NS_{空}=35x_{11}+100x_{12}+140x_{13}+40x_{14}+80x_{15}+30x_{21}+35x_{22}+95x_{23}+105x_{24}+145x_{25}+95x_{31}+30x_{32}+30x_{33}+130x_{34}+90x_{35}+115x_{41}+80x_{42}+20x_{43}+80x_{44}+40x_{45}$$

满足：

$$x_{11}+x_{12}+x_{13}+x_{14}+x_{15}=29$$
$$x_{21}+x_{22}+x_{23}+x_{24}+x_{25}=1$$
$$x_{31}+x_{32}+x_{33}+x_{34}+x_{35}=1$$
$$x_{41}+x_{42}+x_{43}+x_{44}+x_{45}=51$$
$$x_{11}+x_{21}+x_{31}+x_{41}=8$$
$$x_{12}+x_{22}+x_{32}+x_{42}=60$$
$$x_{13}+x_{23}+x_{33}+x_{43}=2$$
$$x_{14}+x_{24}+x_{34}+x_{44}=10$$
$$x_{15}+x_{25}+x_{35}+x_{45}=2$$
$$x_{ij}\geqslant 0\text{ 且为整数},i=1、2、3、4,j=1、2、3、4、5$$

这是一个线性规划问题，可利用单纯形法、分支估界法等方法解算。用表上作业法解算的过程如下：

1. 按最小元素法制定初始方案

按最小元素法制定初始方案时，尽可能由最近地点最大限度地调配空车：在空车走行距离表（表 1-5-3）上，先找到 C 站→4 站（20 km），分配 2 车，划去 4 站列，表示 4 站的需求已得到满足；次一供应空车的距离是 30 km，任选 3 站→B 站，供应 1 车，划去 3 站行；2 站→1 站

(30 km),划去 2 站行;$A \to 1$ 站(35 km),供应 7 车,划去 1 站列;C 站→6 站(40 km),供应 2 车,划去 6 站列;A 站→5 站(40 km),供应 10 车,划去 5 站列;C 站→B 站(80 km),供应 47 车,划去 C 站行;$A \to B$(100 km),供应 12 车,划去 B 站列和 A 分界站行。至此,全部资源分配完毕,得到空车分配的初始方案,见表 1-5-4。初始方案中空车分配的变量数应为"发点数＋收点数－1"。

表 1-5-3　空车走行距离表

由＼去	1 站	B 站	4 站	5 站	6 站	
A 分界站	35	100	100	40	80	⑧
2 站	30	35	95	105	145	③
3 站	95	30	30	130	90	②
C 站	115	80	20	80	40	⑦
	④	⑧	①	⑥	⑤	

表 1-5-4　空棚车分配初始方案

由＼去	1 站	B 站	4 站	5 站	6 站	发
A 分界站	7	12		10		29
2 站	1					1
3 站		1				1
C 站		47	2		2	51
收	8	60	2	10	2	82

2. 检验方案是否最优

所得到的方案是否是最优方案需要查验。其基本原理是:如果调整空车分配方案能得到空车走行公里的节省,就说明当前方案还不是最优方案,需要进行调整,调整后再检查,再调整……直至最优。表上作业法利用检验数来判断调整是否有利,检验数可用闭回路法或位势法获得。

闭回路法优化的步骤是:

(1)从未分配空车的一个空格开始,在空车分配方案表上做一个闭合回路,要求该回路的偶数转点必须有空车分配。

(2)空格计为第一转点,按逆时针(或顺时针)方向依次标注各转点序号,则该空格的检验数为所有奇数转点里程之和减去所有偶数转点里程之和。

(3)计算所有空格的检验数。

(4)如果出现负检验数,说明该方案还未到达最优,应进行调整:从回路中各偶数转点的分配空车数中选取最小值,所有奇数转点的空车分配数加上该值,所有偶数转点的空车分配数减去该值,得到新方案,转步骤(1)重新检验。

(5)如果所有检验数均为正值,则方案已达最优。

本例初始方案的检验数表见表 1-5-5。

表 1-5-5　初始方案检验数表

由＼去	1 站	*B* 站	4 站	5 站	6 站
A 分界站			100		20
2 站		−60	60	30	90
3 站	130		60	125	100
C	100			20	

也可用位势法求检验数，方法如下：

(1)建立位势表。在表 1-5-6 所示的位势表中，有空车分配的各栏填记里程数，然后设定各行和各列的位势，使位势表中任何一个有空车分配的里程数等于列位势与行位势之和。

(2)将行位势和列位势相加填入空格；

(3)用各栏里程减该栏位势，得到与闭回路法相同的检验数表。

表 1-5-6　位　势　表

由＼去	1	*B*	4	5	6	行位势
A	35	100	(40)	40	(60)	0
2	30	(95)	(35)	(35)	(55)	−5
3	(−35)	30	(−30)	(−30)	(−10)	−70
C	(15)	80	20	(20)	40	−20
列位势	35	100	40	40	60	

3. 方案优化

检验数中 2 站→*B* 站格中的检验数为−60，表示该栏每分配 1 车即可节省 60 车公里；其余检验数均为正值。负检验数回路中各偶数转点的空车分配数最小值为 1，调整空车分配数：2 站→*B* 改为 1，*A* 口→*B* 站改为 11，*A* 口→1 站空车分配数 7＋1＝8，2 站→1 站空车分配数 1－1＝0，得到新方案，见表 1-5-7。

表 1-5-7　空棚车分配调整方案 1

由＼去	1 站	*B* 站	4 站	5 站	6 站	发
A 分界站	8	11		10		29
2 站		1				1
3 站		1				1
C 站		47	2		2	51
收	8	60	2	10	2	82

该方案的检验数表，见表 1-5-8。

表 1-5-8　空棚车分配调整方案 1 检验数表

由＼去	1	B	4	5	6
A			100		20
2	60		60	30	90
3	130		60	125	100
C	100			20	

检验数全为正值，至此已得到空棚车最优调配方案，如图 1-5-10 所示。

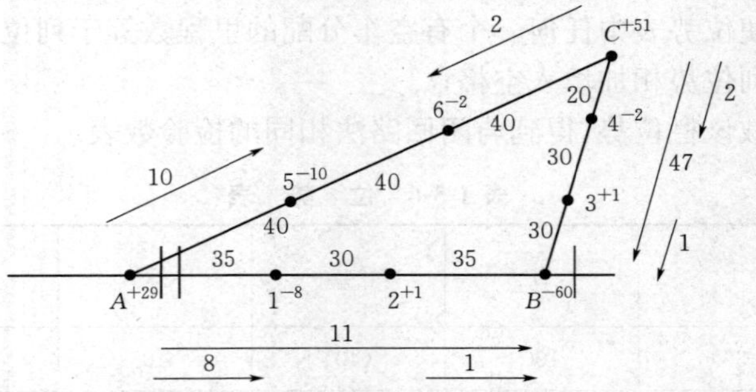

图 1-5-10　i 地区空棚车调整方案

空车调整是铁路运输得以正常进行的重要保证。但由于组成路网的本环和收、发点的数量太多，利用数学方法精确地求得各局间分界站的车种别交流空车数从而得到国铁集团空车调整的最优方案仍然是一个需要深入研究的课题。

复习思考题

1. 优化空车调整计划的主要措施有哪些？

2. 铁路运输技术计划中的空车调整计划属于运筹学中的运输问题，列举该问题的若干种解法，并分析这些方法的优缺点。

3. 技术计划确定的空车调整计划在日常运输调整中有什么作用？

习　题

依据 S 铁路局的使用车和卸空车数据，利用表上作业法计算 i 地区的空敞车调整计划。

第六章　各区段列车列数计划和分界站货车出入计划

据统计，铁路各区段处于最佳运用状态时的通过能力利用率应在 70%～85%的范围内。利用率过高，运输调整困难，同时列车旅行速度等运输质量指标会急剧下降；利用率过低，则铁路运输能力不能得到充分利用。

为了保证良好的运输秩序和充分利用铁路通过能力，确定各机务段机车供应台次、运用机车台数、机车乘务组需要数、计算机车平均牵引总重和机车日产量等机车运用指标，在技术计划中需要计算在月度运输计划车流的条件下，各区段的行车量和分界站的列车和车辆出入量，作为日常运输调度调整的参考。

第一节　各区段行车量计划

局管内各区段上、下行行车量计划根据各区段通过和摘挂的重、空车流量和列车牵引定数、列车计长编制。其中，重、空车流量可分别由重车车流表和地区空车调整图查出；列车牵引定数和计长根据牵引计算和运营实践及车站线路有效长确定。依据重、空车流量和区段或方向的列车牵引定数、计长即可计算各区段开行的列车数量。

查定径路单一线路上的重车流量比较简单，只要对各区段汇总各支通过和到发的车流即可，如 $B—E$ 区段和 $E—F$ 区段。但在路网的环状线路上，就需要认真分析车流径路，找准、找全相关车流，如 $A—B$、$B—C$ 和 $A—C$ 区段。

人工编制时，常利用专门设计的透孔表。透孔表通常印刷在半透明的硫酸纸上，其格式、大小与重车车流表完全一致，但没有数字，只是将需要查明数字的栏目挖空。使用时，把透孔表罩在重车车流表上，将透出的数字相加即得出需要的总数。当透出的数字有加有减时，可用不同颜色的边框表示。为了编制技术计划，需要根据不同的用途事先设计好许多透孔表。

在计算机编制条件下，应依据车流最短径路和特定径路，编制计算程序确定各区段通过和摘挂的车流量。

一、各区段重车流量的计算

各区段重车流量由重车车流表查出。

1. 通过重车流

(1)上行通过车流

$A—B$ 区段　A 分界站、5 站→B、j 地区、F 分界站，A 分界站→$\underline{B—C}$(3 站)

$$(11+33+31)+(3+10+5)+3=96$$

$B—C$ 区段　D、7 站、C→B、j 地区、F 分界站、$A—B$

$\underline{A—C}$(6 站)→B、j 地区、F 分界站

$$[3+12+21+(0+2)]+[2+6+7+(1+1)]+[4+7+16+(0+1)]+(4+4+9)=100$$

A—C 区段　D、7 站、C、B—C(4 站)→A 分界站

22＋9＋5＋4＝40

C—D 区段　D 装－(D→C—D(7 站))

79－2＝77

B—E 区段　A 分界站、i 地区→E、E—F、F、F 分界站

[14＋(1＋2＋0＋2)＋9＋31]＋[23＋(2＋4＋3＋2)＋11＋104]＝208

E—F 区段　A 分界站、i 地区、B—E、E→F、F 口

(9＋31)＋(11＋104)＋[(2＋2＋3＋2)＋(3＋3＋4＋4)]＋(9＋13)＝200

(2)下行通过车流

A—B 区段　F 分界站、j 地区、B→A 分界站、5 站，3 站→A 分界站

(35＋2)＋(36＋5)＋(13＋6)＋5＝102

B—C 区段　F 分界站、j 地区、B 站→C、7 站、D、6 站，1 站、2 站→C、7 站、D

[(12＋7＋16＋3)＋(24＋7＋18＋7)＋(16＋5＋14＋4)]＋[(2＋1＋9)＋(1＋3＋7)]＝156

A—C 区段　A 分界站→C、7 站、D、4 站

(50＋8＋46＋4)＝108

C—D 区段　D 卸－(7 站→D)

144－2＝142

B—E 区段　F 分界站、F、E—F、E→i 地区、A 分界站

(59＋35)＋(32＋3)＋[(5＋5＋5＋4)＋(2＋1＋2＋1)]＋(20＋19)＝193

E—F 区段　F 分界站、F→E、B－E、i 地区、A 分界站

[27＋(2＋1＋3＋2)＋59＋35]＋[16＋(1＋1＋1＋2)＋32＋3]＝185

2. 摘挂重车流

(1)上行摘挂重车流

A—B 区段　摘车：A 分界站、A—C→A—B

(1＋3)＋[(2＋0)＋(0＋1)]＝7

挂车：(A—B→B、B—C、C、7 站、D、j 地区、F 分界站)＋

(A—B(1 站)→A—B(2 站))

[1＋(2＋0)＋2＋1＋9＋6＋5]＋[2＋(0＋1)＋1＋3＋7＋4＋6]＋0＝50

B—C 区段　摘车：D、7 站、C、A—C→B—C，B—C(4 站)→B—C(3 站)，

A 分界站→B—C(4 站)

{(1＋1)＋(1＋1)＋(1＋2)＋[(0＋1)＋(2＋1)]}＋2＋4＝17

挂车：B—C→B、A—B、j 地区、F 分界站

B—C(4 站)→B—C(3 站)

B—C(3 站)→A 分界站

{1＋(0＋1)＋4＋6＋[2＋(1＋0)＋2＋10]}＋2＋5＝34

A—C 区段　摘车：D、7 站、C、B—C→A—C

B、j 地区、F 分界站→A—C(6 站)

6 站→5 站

{(3＋2)＋(1＋1)＋(1＋1)＋[(2＋1)＋(1＋2)]}＋(4＋7＋3)＋1＝30

挂车：$A—C$→A 分界站、$A—B$

$\underline{A—C}$(6 站)→$A—C$(5 站)

$\underline{A—C}$(5 站)→B、j 地区、F 分界站

[(6+2+0)+(8+0+1)]+1+(3+10+5)=36

$C—D$ 区段　摘车：D→7 站

2

挂车：7 站装一(7 站→D)

35−2=33

$B—E$ 区段　摘车：A 分界站、i 地区→$B—E$，$B—E$→$B—E_{上行}$

[(1+2+1+1)+(6+6+5+2)]+[(0+0+0)+(1+0)+0]=25

挂车：$B—E$→E、$E—F$、F、F 分界站，$B—E$→$B—E_{上行}$

{(1+2+1+1)+[(1+0+0+0)+(0+1+0+0)+(0+0+1+0)+(1+0+2+0)]+(2+2+3+2)+(3+3+4+4)}+[(0+0+0)+(1+0)+0]=35

$E—F$ 区段　摘车：A 分界站、i 地区、$B—E$、E→$E—F$

$E—F$→$E—F_{上行}$

{(1+2+0+2)+(2+4+3+2)+[(1+0+0+0)+(0+1+0+0)+(0+0+1+0)+(1+0+2+0)]+(1+0+0+2)}+[(0+0+0)+(0+1)+0]=26

挂车：$E—F$→F、F 分界站

$E—F$→$E—F_{上行}$

[(1+0+1+2)+(4+2+4+3)]+[(0+0+0)+(0+1)+0]=18

(2)下行摘挂重车流

$A—B$ 区段　摘车：B 站、j 地区、F 分界站、3 站、4 站、C 站、7 站、D 站→1 站、2 站，2 站→1 站

[(0+0)+(5+6)+(2+1)+(1+0)+(0+1)+(0+1)+(1+1)+(0+2)]+1=22

挂车：$A—B$(1 站、2 站)→A 分界站、$A—C$，2 站→1 站

[7+(0+0)+8+(0+2)]+1=18

$B—C$ 区段　摘车：F 分界站、j 地区、$A—B$、B→$B—C$(3 站、4 站)

A 分界站→$B—C$(3 站)

$\underline{B—C}$(3 站)→$B—C$(4 站)

[(3+3)+(8+7)+(2+0+0+1)+(3+5)]+3+2=37

挂车：$B—C$→C、7 站、D、$A—C$，3 站→4 站

[(3+1+2+2+1)+(3+1+7+1+2)]+2=25

$A—C$ 区段　摘车：A 分界站、$A—B$→$A—C$

$\underline{A—C}$(5 站)→$\underline{A—C}$(6 站)

B、j 地区、F 分界站→$\underline{A—C}$(5 站)

[(3+2)+(0+0+0+2)]+1+[6+5+2]=21

挂车：$A—C$→C、7、D、$B—C$

$\underline{A—C}$(6 站)→B、j 地区、F 分界站

$\underline{A—C}$(5 站)→$\underline{A—C}$(6 站)

[(2+1+4+1+0)+(1+0+1+1+2)]+(4+4+9)+1=31

C—D 区段　摘车：7 站卸—(D→7 站)

$$37-2=35$$

挂车：7 站→D

$$2$$

B—E 区段　摘车：F 分界站、F、E—F、E→B—E，B—E→B—$E_{下行}$

{(2+1+3+2)+(1+1+1+2)+[(1+0+0+0)+(0+0+0+0)+(1+0+1+0)+(0+1+0+1)]+(1+2+2+1)}+[(0+0+1)+(0+0)+0]=25

挂车：B—E→i 地区、A 分界站，B—E→B—$E_{下行}$

[(10+2)+(9+1)+(7+2)+(8+3)]+[(0+0+1)+(0+0)+0]=43

E—F 区段　摘车：F 口、F、E—$F_{下行}$→E—F

(2+3+1+2)+(0+2+0+0)+[(0+0+1)+(1+0)+0]=12

挂车：E—F→E、B—E、i 地区、A 口，E—F→E—$F_{下行}$

[(1+1+0+0+0+5+2)+(1+0+0+0+0+5+1)+(0+1+0+1+0+5+2)+(1+0+1+0+1+4+1)]+[(0+0+1)+(1+0)+0]=35

二、各区段空车流量的计算

1. 通过空车流

各区段上、下行空车流量由空车调整图查出。其中，通过空车数为该区段入、出的空车按车种取较小的车数加总：

$$N_{通过}^{空}=\sum_{i}\min(n_{入空}^{i},n_{出空}^{i}) \tag{1-6-1}$$

式中　$n_{入空}^{i}$——上(下)行接入该区段的 i 种空车数，i 为棚车、敞车、平车、罐车、冷藏车及其他货车；

$n_{出空}^{i}$——该区段上(下)行发出的 i 种空车数，i 为棚车、敞车、平车、罐车、冷藏车及其他货车。

2. 摘挂空车流

摘挂空车数为车种别的入、出空车数之差：入>出为摘车数；入<出为挂车数。分别上、下行按下式计算：

$$N_{摘}^{空}=\sum_{i}(n_{入空}^{i}-n_{出空}^{i})\qquad n_{入空}^{i}>n_{出空}^{i} \tag{1-6-2}$$

$$N_{挂}^{空}=\sum_{i}(n_{出空}^{i}-n_{入空}^{i})\qquad n_{入空}^{i}<n_{出空}^{i} \tag{1-6-3}$$

例如，A—B 区段上行入 P19C72，出 P12C53，得到通过空车 P12C53，计 65 辆；摘 P7C19，计 26 辆，挂 0 辆。下行入 N56B13，出 N43B13，则下行通过空车数为 N43B13，计 56 辆；摘 N13，计 13 辆；挂 0 辆。

B—C 区段上行入 P49C38，出 P48C23B1，得到通过空车为 P48C23，计 71 辆；摘 P1C15，计 16 辆；挂 B1，计 1 辆。下行入 $G_{轻}$20，出 N5$G_{轻}$20B1，故通过空车数为 $G_{轻}$20，计 20 辆；摘 0 辆；挂 N5B1，计 6 辆。

A－C 区段上行入 P2C3N30$G_{黏}$40B6，出 N28$G_{黏}$ 40B7，该区段上行通过空车 N28$G_{黏}$40B6，计 74 辆；摘 P2C3N2，计 7 辆；挂 B1，计 1 辆。下行入 P10$G_{轻}$5，出 $G_{轻}$5，则通过空车 $G_{轻}$

5，计 5 辆；摘 P10，计 10 辆；挂 0 辆。

C—D 区段上行入 P34C16N13B2，出 P40C10N14B3，该区段上行通过空车 P34C10N13B2，计 59 辆；摘 C6，计 6 辆；挂 P6N1B1，计 8 辆。下行没有空车出入，故通过空车 0 辆；摘 0 辆；挂 0 辆。

B—E 区段上行入 P54C56，出 P47C35，则上行通过空车流 P47C35，计 82 辆；摘 P7C21，计 28 辆；挂 0 辆。下行入 N60$G_{轻}$20B15，出 N60$G_{轻}$20B15，则通过空车流 N60$G_{轻}$20B15，计 95 辆；摘 0 辆；挂 0 辆。

E—F 区段上行入 P39C34，出 P28C27，得到该区段上行通过空车 P28C27，计 55 辆；摘 P11C7，计 18 辆；挂 0 辆。下行入 N34$G_{轻}$18B13，出 N36$G_{轻}$19B13，则通过空车N34$G_{轻}$18B13，计 65 辆；摘 0 辆；挂 N2$G_{轻}$1，计 3 辆。

三、各区段上、下行列车回数的计算

查出各区段上、下行通过车流及摘挂车流后，即可按下列公式计算各区段开行上、下行直通列车和摘挂列车数：

$$n_{直通}=n_{重}+n_{空直}=\frac{U_{重}+(U_{空}-U_{空直})}{m_{重空}}+\frac{U_{空直}}{m_{空}}\quad (列/d)$$

$$n_{摘挂}=\frac{U_{重}^{摘挂}+U_{空}^{摘挂}}{m_{摘挂}}$$

式中　$n_{重空}$、$n_{空直}$——上行或下行重、空混编货物列车数和空车直达列车数；

$U_{重}$、$U_{空}$、$U_{空直}$、$U_{重}^{摘挂}$、$U_{空}^{摘挂}$——上行或下行重车、空车流量，图定以空车直达列车输送的空车流量，和摘挂列车重、空流量；

$m_{重空}$、$m_{空}$、$m_{摘挂}$——上行或下行重、空混编货物列车、空车列车和摘挂列车编成辆数。

S 铁路局各区段行车量计算结果汇集如表 1-6-1 所示。

表 1-6-1　区段行车量计算表

区段		上行								下行							
		车流				列车编成	列数			车流				列车编成	列数		
		通过		摘挂			通过	摘挂	合计	通过		摘挂			通过	摘挂	合计
		重	空	重	空					重	空	重	空				
i 地区	A—B	96	65	−7 +50	−26 +0	40	4	2	6	102	56	−22 +18	−13 +0	40	4	2	6
	B—C	100	71	−17 +34	−16 +1	40	5	1	6	156	20	−37 +25	−0 +6	40	5	1	6
	A—C	40	74	−30 +36	−7 +1	40	3	1	4	108	5	−21 +31	−10 +0	40	3	1	4
	C—D	77	59	−2 +33	−6 +8	40	4	1	5	142	0	−35 +2	−0 +0	40	4	1	5
j 地区	B—E	208	82	−25 +35	−28 +0	40	8	2	10	193	95	−25 +43	−0 +0	40	8	2	10
	E—F	200	55	−26 +18	−18 +0	40	7	2	9	185	65	−12 +35	−0 +3	40	7	2	9

需摘挂列车挂运的重、空车辆数，按重、空车摘车数之和与挂车数之和的大数计算，如 A—B 区段上行摘挂列车摘车 7＋26＝33 辆、挂车 50＋0＝50 辆，按 50 辆计算，应开行 2 列。摘挂列车的平均牵引重量一般小于跨区段列车，通常成对开行，表中 A—B 区段的下行摘挂列车开行列数调整为 2 列。

第二节　分界站货车出入计划

制定分界站货车出入计划的目的在于为日常分配和监控各铁路局、地区的运用车保有量、各方向车流量，有效地利用铁路通过能力提供依据。

分界站货车出入计划内容为各局间和地区间分界站的车种别出入重、空车数。

一、重车出入计划

分界站重车出入数由重车车流表查出。使用透孔表可以非常方便地查定分界站重车出入数字。以 S 局为例：

i 地区　A 分界站　交出重车 158

接入重车 195

B 分界站　交出重车 A 分界站，i 地区→j 地区、F 分界站

(33＋31)＋(64＋104)＝232

接入重车 j 地区、F 分界站→A 分界站、i 地区

(36＋105)＋(35＋59)＝235

j 地区　B 分界站　交出重车 235

接入重车 232

F 分界站　交出重车 195

接入重车 150

S 局重车出入为 A 分界站和 F 分界站重车出入数之和。

二、空车出入计划

分界站空车出入数由空车调整图查出。以 S 局为例：

A 分界站　交出空车　N71$G_{黏}$40B20，计 131 车；

接入空车　P29C72$G_{轻}$5，计 106 车；

F 分界站　交出空车　P17C12，计 29 车；

接入空车　N38$G_{轻}$16B8，计 62 车；

B 分界站(对 i 地区)

交出空车　P54C56，计 110 车；

接入空车　N60$G_{轻}$20B15，计 95 车。

S 铁路局分界站货车出入计划如表 1-6-2 所示。其中列车交接计划按区段行车量计算表填写。A—B 区段上行与 A—C 区段下行列车数之和为 S 局接入列车数，A—B 区段下行与 A—C 区段上行列车数之和为交出列车数。F 分界站的交接列车数由 T 局计算、提供。

表 1-6-2　分界站货车出入计划

货车出入 / 分界站		交出										接入									
		列数	合计	重车	空车							列数	合计	重车	空车						
					计	P	C	N	$G_{黏}$	$G_{轻}$	B				计	P	C	N	$G_{黏}$	$G_{轻}$	B
S 局		19	513	353	160	17	12	71	40		20	19	513	345	168	29	72	38		21	8
i 地区	*A*	10	289	158	131			71	40		20	10	301	195	106	29	72			5	
	B	12	342	232	110	54	56					12	330	235	95			60		20	15
j 地区	*B*	12	330	235	95			60		20	15	12	342	232	110	54	56				
	F	9	224	195	29	17	12					9	212	150	62			38		16	6

复习思考题

1. 计算各区段上、下行重、空车流量的目的是什么？
2. 在环形线路上怎样计算车流量？
3. 局间分界站归本局管辖时，该分界站的出入列车数由哪个铁路局提供？

第七章　工作量计划

为了顺利完成运输任务，铁路局、车站应当保有与其承担的运输任务相适应的一定数量的运用车。

运用车不足将难以实现运输计划。例如，没有足够的管内工作车，车站将不能完成卸车任务，进而影响装车；空车不足，装车和分界口排送空车会发生困难；移交车数量偏少，将影响分界口交车。其结果将浪费铁路的运输能力，影响铁路的经济效益。

运用车过多，往往是由于区间或车站工作不畅，也会产生不良影响。例如，塌方使区间行车中断，造成列车和车辆积压；货场或专用线作业不正常，使待卸车数量膨胀；技术站解编作业不畅，造成车场满线，接不进、编不出。运用车保有量膨胀造成的直接影响是机车车辆运用效率降低，列车运行秩序混乱。

在编制技术计划时，根据各局完成的工作量和货车周转时间，确定其应保有的运用车数，作为制定运输调度日常调整措施的参照。

第一节　工　作　量

一、工作量的概念

工作量是衡量铁路局承担运输任务的数量指标。货车从第一次装车完了之时起，至第二次装车完了之时止，称为货车的一次周转过程。货车完成一次周转平均消耗的时间称为货车周转时间。货车每周转一次计算为完成了一个工作量。

对铁路局来说，由于存在局间的货车交流，货车在管内的周转过程往往是不完整的。根据货车每完成一次周转就会产生一次重车状态的事实，通常用局管内一日产生的重车数来计算工作量。

实际上，全国路网与俄罗斯、蒙古、哈萨克斯坦、朝鲜、越南等国也有货车交流，因而国际间交换的货车在我国路网的周转过程也是不完整的。

所以，可以一般地说，工作量是指管内每日产生的重车数量，而货车周转时间是指货车在管内每产生一次重车状态平均消耗的货车时间。

货车在局管内的周转情况如图 1-7-1 所示。在 1～6 情况下，管内增加了重车，分别计算为增加了一个工作量；在 7、8 情况下，管内没有增加重车，因而不计算工作量。

二、工作量的计算方法

铁路局一昼夜产生的重车数包括自装重车和接运重车两部分，故铁路局的工作量为：

$$u=u_{使}+u_{接重}=u_{自装自卸}+u_{自装交出}+u_{接入自卸}+u_{接运通过}\quad(车/d)\qquad(1\text{-}7\text{-}1)$$

式中　$u_{使}$——铁路局每日使用车数；

$u_{接重}$——铁路局从各局间分界站每日接入重车数之和。

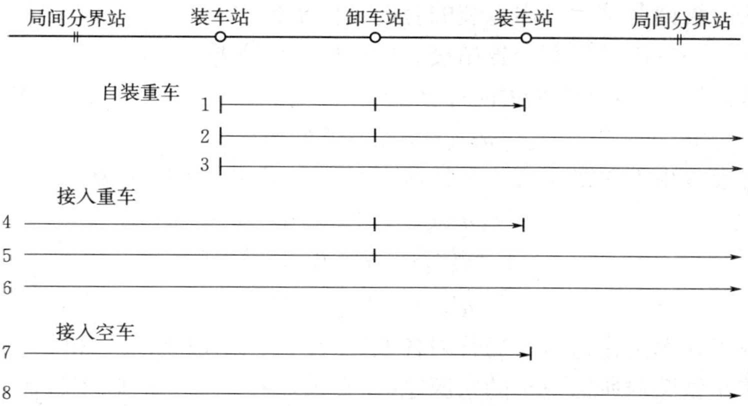

图 1-7-1　货车在局管内的周转情况

在计算技术计划时，也可根据重车去向，按下式计算：

$$u = u_{卸空} + u_{交重} \quad (车/d) \tag{1-7-2}$$

式中　$u_{卸空}$——铁路局每日卸空车数；

$u_{交重}$——各局间分界口每日交出重车数之和。

根据重车车流表(表 1-4-8)，可以查出 S 铁路局及 i、j 地区工作量：

$$u = u_{使} + u_{接重} = 1\,087(车/d)$$

$$u_i = u_{使}^{i} + u_{接重}^{i} = u_{使}^{i} + (u_{接重}^{A} + u_{i接重}^{B}) = (u_{使}^{i} + u_{接重}^{A}) + (u^{F\to i,A} + u^{j\to i,A})$$

$$= (463+195) + [(59+35)+(105+36)] = 658+235 = 893(车/d)$$

$$u_j = u_{使}^{j} + u_{接重}^{j} = u_{使}^{j} + (u_{j接重}^{B} + u_{接重}^{F}) = (u_{使}^{j} + + u_{接重}^{F}) + (u_{接重}^{A\to j,F} + u_{接重}^{i\to j,F})$$

$$= (279+150) + (33+31+64+104) = 429+232 = 661(车/d)$$

由于地区工作量包括了本局外地区向本地区所移交的重车，因而各地区工作量之和大于或等于铁路局工作量：

$$u = (u_i + u_j) - (u_{i接重}^{B} + u_{j接重}^{B}) = (893+661) - (235+232) = 1\,087(车/d)$$

铁路运用车分为重车和空车两大类，重车又分为管内工作车和移交重车。在日常运输调整工作中，不仅需要掌握总的运用车保有量，而且需要分别管内工作车、移交重车和空车确定车流调整措施，所以在编制技术计划时，还要定义和确定管内工作车、移交重车和空车的工作量。

第二节　管内工作车工作量

一、管内工作车工作量的概念

在本局管内卸车的重车称为管内工作车。管内工作车工作量是指每日在铁路局范围内产生的管内工作车数。

二、管内工作车工作量的计算

管内工作车来自管内各站自装和分界站接入，因而管内工作车工作量可依据来源按下式计算：

$$u_{管内} = u_{自装自卸} + u_{接入自卸} \quad (车/d) \tag{1-7-3}$$

式中　$u_{自装自卸}$——管内各站一日内自装的管内工作车数，车/d；

$u_{接入自卸}$——一日内由局间分界站接入的管内工作车数，车/d。

在编制技术计划时，也可按其去向计算：

$$u_{管内}=u_{卸空}\quad (车/d) \tag{1-7-4}$$

由重车车流表查出 S 铁路局及 i、j 地区下月管内工作车工作量为：

$$u_{管内}=734(车/d)$$

$$u^{i}_{管内}=503(车/d)$$

$$u^{j}_{管内}=231(车/d)$$

铁路局管内工作车工作量等于局管内各地区管内工作车工作量之和。

管内工作车是铁路局所需空车的来源之一，在编制技术计划时除了计算总的管内工作车工作量外，还应按车种计算管内工作车工作量。

第三节　移交重车工作量

一、移交重车工作量的概念

到站为外局的重车称为移交重车。移交重车工作量是指铁路局管内每日产生的移交重车数。

二、移交重车工作量的计算

局管内每日产生的移交重车来源于管内各站自装和分界站接入。因而移交重车工作量为自装交出重车数和接运通过重车数之和，根据重车车流表按下式计算：

$$u_{移交}=u_{自装交出}+u_{接运通过}\quad (车/d) \tag{1-7-5}$$

式中　$u_{自装交出}$——铁路局每日自装的移交重车数；

$u_{接运通过}$——每日由局间分界站接入的移交重车数。

也可以按移交重车的去向计算：

$$u_{移交}=u_{交重}\quad (车/d) \tag{1-7-6}$$

式中　$u_{交重}$——铁路局每日向外局移交的重车数。

每个铁路局与外局间都有多个分界站，在日常运输工作中总的移交车保有量正常，并不能说明实际移交车保有量正常。因为可能有的分界站移交车过剩，有的分界站移交车不足，而两者相互抵消给出了保有量正常的假象。在实际保有量不正常的情况下，需要知道那些分界站的移交车保有量不正常以及与正常值的偏离量。所以，为了给运输调度日常车流调整工作提供更为精确的参照，除了需要计算铁路局总的移交重车工作量外，还要计算分界口别的移交重车工作量。

由重车车流表查出 S 铁路局下月移交重车工作量为：

$$u_{移交}=353\ 车/d$$

其中

$$u^{A}_{移交}=158\ 车/d$$

$$u^{F}_{移交}=195\ 车/d$$

铁路局各地区移交重车工作量是指该地区每日产生的移交外局和移交本局外地区的重车

数之和。i 地区和 j 地区移交重车工作量为：

$$u^i_{移交}=u^i_{移交,A口}+u^i_{移交,B口}=u^i_{移交,A口}+(u^{A,i\to j}+u^{A,i\to F口})$$
$$=158+[(33+64)+(31+104)]=158+(97+135)=390(车/d)$$

其中 $u^i_{移交,A口}=158$ 车/d

$u^i_{移交,B}=232$ 车/d(移交 j 地区工作量 97 车/d，移交 F 分界站工作量 135 车/d)

$$u^j_{移交}=u^j_{移交,B口}+u^j_{移交,F口}=(u^{F口,j\to i}+u^{F口,j\to A口})+u^j_{移交,F口}$$
$$=[(59+105)+(35+36)]+195=(164+71)+195=430(车/d)$$

其中 $u^j_{移交,B}=235$ 车/d(移交 i 地区工作量 164 车/d，移交 A 分界站工作量 71 车/d)

$u^j_{移交,F}=195$ 车/d

可以看出，管内各地区移交重车工作量之和一般大于铁路局移交重车工作量。这是因为局管内各地区间相互移交的局管内工作车对于地区来说是移交重车，但对于铁路局来说是管内工作车而不是移交重车。

在日常运输工作中，移交重车流数量与平均值差别较大时，常常采用空车的综合调整措施，以移交某车种的重、空车总数来确定分界口排空任务，即移交重车数量增加时，其增加的部分可以折抵排空车数，反之需要增加排空车数。所以移交重车的工作量也应按车种分别计算。

第四节 空车工作量

一、空车工作量的概念

空车工作量是指每日管内产生的空车数，包括自卸空车和接入空车两部分。

二、空车工作量的计算

空车工作量可以根据空车来源，按下式计算：

$$u_{空}=u_{卸空}+u_{接空}\quad(车/d) \tag{1-7-7}$$

式中 $u_{卸空}$——铁路局一日卸空车数，车/d；

$u_{接空}$——一日内由局间分界站接入空车数，车/d。

空车工作量也可按空车去向计算：

$$u_{空}=u_{使}+u_{交空}\quad(车/d) \tag{1-7-8}$$

式中 $u_{使}$——铁路局每日使用车数，车/d；

$u_{交空}$——每日由局间分界站交给外局的空车数，车/d。

$u_{卸空}$ 或 $u_{使}$ 数据可由重车车流表查出，$u_{接空}$ 或 $u_{交空}$ 由空车调整图规定。S 铁路局及 i、j 地区下月平均每日空车工作量为：

$$u_{空}=u_{卸空}+u_{接空}=734+(106+62)=902(车/d)$$
$$u^i_{空}=u^i_{卸空}+u^i_{接空}=503+(106+95)=704(车/d)$$
$$u^j_{空}=u^j_{卸空}+u^j_{接空}=231+(62+110)=403(车/d)$$

铁路局空车工作量一般小于局管内各地区空车工作量之和，这是因为存在局管内地区间交流的空车。

空车是完成装车任务的必要资源，各车种间相互代用是有限制的。因而在总的空车保有量“正常”的情况下，常常由于车种不匹配，而无法完成装车和排空任务。所以各局在计算技术计划时和日常运营组织中，空车保有量应分车种掌握。这就需要按空车车种计算空车工作量。

复习思考题

1. 什么是工作量？在技术计划中为什么需要计算工作量？
2. 什么是管内工作车工作量、移交重车工作量和空车工作量？
3. 工作量与管内工作车工作量和移交重车工作量的关系是什么？
4. 为什么在计算了总的移交车工作量后，还需要分别计算各分界站的移交车工作量？
5. 在技术计划中，按车种别计算管内工作车、移交重车和空车工作量的目的是什么？

第八章　货车运用质量指标

货车的运用质量表现在载重量、容积的利用程度和周转时间、输送速度以及检修率三个方面。其主要指标有货车静载重、货车动载重、货车载重力利用率、货车容积利用率，货车周转时间、货车日车公里及检修车占车辆总数的比值、车辆运用时间占全部车辆时间比值等。编制技术计划的目的在于根据完成的工作量为各铁路局分配运用车，并不涉及车辆装载和检修，因而在技术计划中，只规定货车周转时间和货车日车公里两项指标。

第一节　货车周转时间

货车周转时间可以采用车辆相关法和时间相关法两种方法计算。

一、车辆相关法

车辆相关法根据运用车数和完成的工作量之间的比例关系来计算货车周转时间。例如，若全路每天装车 20 万辆，如果周转时间为 3 d，那么第二天必须用另外的 20 万辆货车来装车，第三天再使用 20 万辆货车，第四天就可以用卸后的 20 万辆货车来装车了。这样，要保证完成每天 20 万辆货车的装车量，总共需要 60 万辆货车：20 万×3＝60 万，即 $u\times\theta=N$。由此得

$$\theta=\frac{N}{u}\quad(\mathrm{d})\qquad(1\text{-}8\text{-}1)$$

式中　N——管内运用车保有量，车；

u——一日内完成的工作量，车/d。

由于 $u=u_{使}+u_{接重}$，故有

$$\theta=\frac{N}{u_{使}+u_{接重}}\quad(\mathrm{d})$$

根据局管内运用车保有量和完成的工作量之间的比例关系来计算货车周转时间的方法称为车辆相关法。车辆相关法简单快捷，所以在进行运营工作日常统计和制定调度工作日班计划时都采用这种方法。

二、时间相关法

时间相关法按照货车在一次周转的过程中各个作业环节的时间消耗来计算货车周转时间，按下式确定：

$$\theta=\frac{1}{24}(T_{旅}+T_{技}+T_{货})=\frac{1}{24}\left(\frac{l}{v_{旅}}+\frac{l}{L_{技}}t_{中}+k_{管}\,t_{货}\right)\quad(\mathrm{d})\qquad(1\text{-}8\text{-}2)$$

式中　$T_{旅}$——货车在一次周转中平均在各区段内的旅行时间之和，包括区间运行、起停附加时分和中间站停站总时间，h；

$T_{技}$——货车在一次周转中在各技术站进行中转作业的停留时间之和，h；

$T_{货}$——货车在一次周转中在装卸站的停留时间,h;

l——货车全周距,即货车在管内一次周转中平均走行的距离,km,按下式计算:

$$l=\frac{\sum NS}{u}=\frac{\sum NS_{重}+\sum NS_{空}}{u}=l_{重}+l_{空}=l_{重}(1+\alpha)$$

其中 $\sum NS$——局管内全部货车每日在管内的走行公里,车·km,

$\sum NS_{重}$——管内每日重车走行公里,车·km,

$\sum NS_{空}$——管内每日空车走行公里,车·km,

u——铁路局每日完成的工作量,车,

$l_{重}$——货车重周距,即货车在管内的一次周转中在重车状态下平均走行的距离,km,

$l_{空}$——货车空周距,即货车在管内的一次周转中在空车状态下的平均走行距离,km,

α——空车走行率,即货车在一次周转中空车走行距离与重车走行距离之比;

$v_{旅}$——货车平均旅行速度,km/h;

$L_{技}$——货车中转距离,即货车在技术站两次中转之间的平均走行距离,km,按下式计算:

$$L_{技}=\frac{\sum NS}{\sum N_{技}}$$

其中 $\sum N_{技}$——管内平均总中转车数,即每日各技术站中转车数之和,车/d;

$k_{管}$——货车管内装卸率,即货车在管内每完成一次周转平均进行的装卸次数;

$t_{货}$——货车每进行一次货物作业平均在站的停留时间,h。

在日常运营工作中,如果采用的数据正确,两种方法得出的计算结果应当是相同的。在编制技术计划时,是先依据下月货运计划计算出工作量 u、利用时间相关法计算出货车周转时间 θ,然后再利用车辆相关法确定下月运用车保有量。

在货车全周距一定的条件下,货车周转时间的大小反映铁路运输工作组织的总体水平,包括调度工作计划的优劣、运行图编制质量、编组站工作组织的水平、列车运行调整的效果、货物作业效率和空车调整的质量等,是衡量铁路运营组织水平的综合指标。

另一方面,在运输工作中,实际实现的货车全周距可能与计划值不一致。这时,完成的货车周转时间与技术计划规定数值的比较结果,往往不能反映运输组织的优劣。因而,在编制技术计划时还需要计算货车日车公里。

第二节 管内工作车、移交车和空车周转时间

为了顺利地完成运输生产任务,在日常运输工作组织中,应采取各种车流调整措施,保证管内运用车保有量在理论值附近波动,而不至于有较大的偏离。

当车流分布不正常,运用车过多或过少时,还应当具体分析管内工作车、移交车和空车保

有量，确定是哪一种运用车分布不正常，从而找出正确的车流调整方法。为了便于在日常工作中对货车运用进行有效的监督和考核，在技术计划中除了规定总的运用车保有量外，还要规定管内工作车、移交车及空车保有量。

1. 管内工作车周转时间

管内工作车周转时间指管内工作车自产生至转变为空车所平均延续的时间，即在管内装车完了或从外局接入之时起至卸车完了之时止所平均消耗的时间，按下式计算：

$$\theta_{管内}=\frac{1}{24}\left[\frac{l_{管内}}{v_{旅}}+\frac{l_{管内}}{L_{技}}t_{中}+k'_{管}\ t_{货}(1-\gamma)\right]\quad(\mathrm{d})\qquad(1\text{-}8\text{-}3)$$

式中　$l_{管内}$——管内工作车周距，即管内工作车从接入分界站或装车站至卸车站平均走行的距离，km，按下式计算：

$$l_{管内}=\frac{\sum NS_{自装自卸}+\sum NS_{接入自卸}}{u_{卸空}}\quad(\mathrm{km})$$

其中　$\sum NS_{自装自卸}$——每日管内各站自装管内工作车的总走行公里，车·km/d，

$\sum NS_{接入自卸}$——每日从外局接入的管内工作车的总走行公里，车·km/d，

$u_{卸空}$——管内工作车工作量，即一日内接入和自装的管内工作车数，车/d，按下式计算：

$$u_{卸空}=u_{自装自卸}+u_{接入自卸}\quad(车/\mathrm{d})$$

$k'_{管}$——管内工作车的管内装卸率，即每辆管内工作车在局管内平均进行的货物作业次数，按下式计算：

$$k'_{管}=\frac{u_{自装自卸}+u_{卸空}}{u_{卸空}}$$

γ——空态系数，货车一次货物作业在站平均停留时间内空车状态时间所占的比重。

所谓空车状态是指：

(1)装车时，自空车到达车站时起，至装车完了时止；

(2)卸车时，自重车卸车完了时起，至空车从车站发出时止；

(3)双重作业时，自卸车完了时起，至装车完了时止。

由于在中间站装卸的管内工作车通常由摘挂列车或小运转列车送达，所以旅行速度较低。如果与平均旅行速度相差较大，管内工作车的旅行速度应单独查定。

管内工作车周转时间的车辆相关法公式为：

$$\theta_{管内}=\frac{N_{管内}}{u_{管内}}\quad(\mathrm{d})\qquad(1\text{-}8\text{-}4)$$

式中　$N_{管内}$——本局管内工作车保有量，车；

$u_{管内}$——本局管内工作车工作量，车/d。

2. 移交重车周转时间

移交重车(简称移交车)是指在铁路局管内的须移交给外局的重车运用车。移交重车周转时间指移交车在自局管内装车完了或由局间分界站接入时起，至移交给邻局时止所平均消耗的时间，可按下式计算：

$$\theta_{移交}=\frac{1}{24}\left[\frac{l_{移交}}{v_{旅}}+\frac{l_{移交}}{L_{技}}t_{中}+k''_{管}\ t_{货}(1-\gamma)\right]\quad(\mathrm{d})\qquad(1\text{-}8\text{-}5)$$

式中 $l_{移交}$——移交重车周距，即移交重车在管内平均走行的距离，km，按下式计算：

$$l_{移交}=\frac{\sum NS_{自装交出}+\sum NS_{接运通过}}{u_{移交}} \quad (\text{km/ 车})$$

其中 $\sum NS_{自装交出}$——自装交出的移交重车每日在管内的总走行公里，车·km/d，

$\sum NS_{接运通过}$——由局间分界站接入的移交重车每日在管内的总走行公里，车·km/d，

$u_{移交}$——移交重车工作量，车；

$k''_{管}$——移交车管内装卸率，即平均每辆移交车在管内平均进行的货物作业次数，按下式计算：

$$k''_{管}=\frac{u_{自装交出}}{u_{移交}}$$

计算移交重车周转时间的车辆相关法公式为：

$$\theta_{移交}=\frac{N_{移交}}{u_{移交}} \quad (\text{d}) \tag{1-8-6}$$

式中 $N_{移交}$——移交车保有量；

$u_{移交}$——移交车工作量。

3. 空车周转时间

空车周转时间指自运用重车在管内卸空时或空车由邻局接入时起，至装车完毕或移交邻局时止所消耗的时间，可按下式计算：

$$\theta_{空}=\frac{1}{24}\left(\frac{l'_{空}}{v_{旅}}+\frac{l'_{空}}{L_{技}}t_{中}+k'''_{管}\,t_{货}\,\gamma\right) \quad (\text{d}) \tag{1-8-7}$$

式中 $l'_{空}$——空车周距，即平均每辆空车自分界站接入或在管内卸车站卸车完了之时起至装车完了或移交外局之时止平均走行的距离，km，按下式计算：

$$l'_{空}=\frac{\sum NS_{空}}{u_{空}} \quad (\text{km})$$

其中 $u_{空}$——空车工作量，车/d；

$k'''_{管}$——空车管内装卸率，即空车在管内存续期间平均完成的货物作业次数，按下式计算：

$$k'''_{管}=\frac{u_{使}+u_{卸空}}{u_{空}}$$

空车周转时间的车辆相关法公式为：

$$\theta_{空}=\frac{N_{空}}{u_{空}} \quad (\text{d}) \tag{1-8-8}$$

式中 $N_{空}$——空车保有量，车；

$u_{空}$——空车工作量，车/d。

第三节　货车周转时间各项因素的确定

货车周转时间的长短受到许多因素的影响。这些因素可以分为客观因素和主观因素两

类。货车周距、货车平均中转距离、管内装卸率和空态系数等因素主要取决于月度货物运输计划、技术站的分布及货物作业车须在站办理的作业，与员工的工作质量无关，属于客观因素。旅行速度、中转时间和一次货物作业停留时间完成的好坏与运输员工的主观能动性有关，属于主观因素。

要按时间相关法计算货车周转时间，必须先确定其各项因素的数值。在编制技术计划时，只确定客观因素的数值，主观因素的数值采用列车运行图的数据和车站技术作业标准。

一、货车周转时间的客观因素

（一）各种货车周转距离

货车全周距、重周距、空周距、管内工作车周距、移交车周距、空车周距根据相应的重、空车公里和工作量计算。

1. 重、空车公里的计算

重车公里按区段汇总。各区段的通过车流在本区段的走行公里为全区段里程。区段内到、发车流的计算可以采用以下方法：

（1）按实际里程计算

根据月度运输计划核定的订车计划单和外局通报的移交重车资料及装车站或接入分界站至到站或交出分界站间车流径路的实际里程，按区段汇总其管内工作车和交出分界口别的移交车走行公里。

这种方法结果准确，但计算过程烦琐，适用于计算机编制技术计划的情况。

（2）按区段距离折半计算

区段距离折半计算法在汇总管内工作车、交出分界口别的移交车和空车走行公里时，对通过车流在该区段的走行公里按全区段里程计算，而对区段内到、发车流按全区段里程折半计算。这种方法简单、省时，适用于区段内中间站和货运量分布比较均匀的铁路局和路段。

（3）按区段到、发车流走行距离的加权平均值计算

区段内各站的装车数量是不均等的，径路也可能不相同。为了减少计算误差，可以根据实际站间距离和车流数据，对每一区段内的到、发车流确定一个平均走行里程。

以 S 铁路局为例，管内 1～7 站和 a、b、c、d、o、p、q、r 站为各区段内的中间站，货车走行公里分别按管内工作车、移交本局的外地区的重车、移交外局的移交车和空车计算。按实际里程计算的步骤如下：

（1）计算管内工作车走行公里

i 地区管内工作车走行公里见表 1-8-1～表 1-8-4。

表 1-8-1 A—B 区段管内工作车走行公里计算表

车流量			走行公里
通过	A 分界站→B、3 站 5 站→B F 分界站、j 地区、B 站→5 站	11+3+ 3+ 2+5+6=30	100×30=3 000 (3 000)

续上表

车流量			走行公里
到达	A 分界站、5 站、6 站→1 站	1+2+0=3	35×3=105
	A 分界站、5 站、6 站→2 站	3+0+1=4	65×4=260
	D、7 站、C、4 站、3 站、B、j 地区、F 分界站→1 站	0+1+0+0+1+0+5+2=9	65×9=585
	D、7 站、C、4 站、3 站、B、j 地区、F 分界站→2 站	2+1+1+1+0+0+6+1=12	35×12=420
			(1 370)
发出	1 站→2 站	0	0
	1 站→B、3 站、4 站、C、7 站、D	1+2+0+2+1+9=15	65×15=975
	2 站→B、3 站、4 站、C、7 站、D	2+0+1+1+3+7=14	35×14=490
	1 站→5 站、6 站	0+0=0	0
	2 站→1 站	1	30×1=30
	2 站→5 站	0	0
	2 站→6 站	2	65×2=130
			(1 625)

注：本区段内各中间站间相互装的管内工作车填注在"发出"栏。

表 1-8-2　B—C 区段管内工作车走行公里计算表

车流量			走行公里
通过	D、7 站、C→B、2 站、1 站	(3+2+0)+(2+1+1)+(4+1+0)+	80×174=13 920
	6 站→B	4+	
	F 分界站、j 地区、B→6 站、C、7 站、D	(3+12+7+16)+(7+24+7+18)+(4+16+5+14)+	(13 920)
	1 站、2 站→C、7 站、D	(2+1+9)+(1+3+7)=174	
到达	D、7 站、C、5 站、6 站、A 分界站→4 站	1+1+1+0+2+4=9	20×9=180
	D、7 站、C、5 站、6 站→3 站	1+1+2+1+1=6	50×6=300
	A 分界站、1 站、2 站、B、F 分界站、j 地区→3 站	3+2+0+3+3+8=19	30×19=570
	1 站、2 站、B、F 分界站、j 地区→4 站	0+1+5+3+7=16	60×16=960
			(2 010)
发出	4 站→3 站	2	30×2=60
	4 站→B、2 站、1 站	2+1+0=3	60×3=180
	3 站→B、2 站、1 站	1+0+1=2	30×2=60
	3 站→4 站	2	30×2=60
	3 站→C、7 站、D、6 站、5 站	3+1+2+1+2=9	50×9=450
	4 站→C、7 站、D、6 站、5 站	3+1+7+2+1=14	20×14=280
			(1 090)

表 1-8-3　A—C 区段管内工作车走行公里计算表

车流量			走行公里
通过	A 分界站→D、7 站、C、4 站	46+8+50+4=108	120×108=12 960 (12 960)
到达	D、7 站、C、3 站、4 站、B、j 地区、F 分界站→6 站	2+1+1+1+2+4+18+3=32	40×32=1 280
	D、7 站、C、3 站、4 站→5 站	3+1+1+2+1=8	80×8=640
	A 分界站、1 站、2 站→6 站	2+0+2=4	80×4=320
	A 分界站、1 站、2 站、B、j 地区、F 分界站→5 站	3+0+0+6+5+2=16	40×16=640
			(2 880)
发出	6 站→5 站	1	40×1=40
	6 站→1 站、2 站	0+1=1	80×1=80
	5 站→1 站、2 站、B	2+0+3=5	40×5=200
	5 站→6 站	1	40×1=40
	5 站→C、7 站、D、4 站、3 站	2+1+4+0+1=8	80×8=640
	6 站→C、7 站、D、4 站、3 站、B	1+0+1+2+1+4=9	40×9=360
			(1 360)

表 1-8-4　C—D 区段管内工作车走行公里计算表

车流量			走行公里
通过	D 卸－(C—D→D)、D→i－(D→C—D)	144－2+24－2=164	100×164=16 400 (16 400)
到达	C—D 卸	37	50×37=1 850 (1 850)
发出	(C—D→i)	13	50×13=650 (650)

j 地区管内工作车走行公里计算见表 1-8-5、表 1-8-6。

表 1-8-5　B—E 区段管内工作车走行公里计算表

车流量			走行公里
通过	A 分界站、i→E、E－F、F	(14+1+2+0+2+9)+(23+2+4+3+2+11)=73	150×73=10 950 (10 950)
到达	A 分界站、i→a、b、c、d	(1+6)、(2+6)、(1+5)、(1+2)	30×7+60×8+ 90×6+120×3=1 590
	F 分界站、F、E—F、E→d、c、b、a	2+2+(0+0+0+1)+1、3+1+(0+0+1+0)+2、 1+1+(0+0+0+1)+2、2+1+(1+0+1+0)+1	30×6+60×7+ 90×5+120×6=177
			(3 360)

续上表

	车流量		走行公里
发出	a、b、c、d→E、E—F、F	1+(1+0+0+0)+2、2+(0+1+0+0)+2、 1+(0+0+1+0)+3、1+(1+0+2+0)+2	120×4+90×5+ 60×5+30×6=1 410
	a→b、c、d	0、0、0	0
	b→c、d	1、0	30+0=30
	c→d	0	0
	d→c、b、a	1、0、0	30×1+0+0=30
	c→b、a	0、0	0
	b→a	0	0
			(1 470)

注:本区段内各中间站间相互装的管内工作车填记在“发出”栏。

表 1-8-6　*E—F* 区段管内工作车走行公里计算表

	车流量		走行公里
通过	A 分界站、i、B—E、E→F F 分界站、F→E、B—E	9+11+(2+2+3+2)+9+ 27+(2+1+3+2)+16+(1+1+1+2)=94	150×94=14 100 (14 100)
到达	A 分界站、i、B—E、E→o、p、q、r	2+2+(1+0+0+1)+1、2+4+(0+1+0+0)+0、 0+3+(0+0+1+2)+0、2+2+(0+0+0+0)+2	30×7+60×7+ 90×6+120×6=1 890
	F 分界站、F→r、q、p、o	2+0、1+0、3+2、2+0	30×2+60×1+90×5+ 120×2=810 (2 700)
发出	o→p、q、r、F	0、0、0、1	0+0+0+120+
	p→q、r、F	0、1、0	0+60+0+
	q→r、F	0、1	0+60+
	r→F	2	30×2+
	r→q、p、o、(E、B—E)	1、0、0、1+0+1+0+1	30+0+0+120×3+
	q→p、o、(E、B—E)	0、1、0+1+0+1+0	0+60+90×2+
	p→o、(E、B—E)	0、1+0+0+0+0	0+60×1+
	o→(E、B—E)	1+1+0+0+0	30×2=1 050
			(1 050)

(2)移交本局管内外地区重车走行公里

①i 地区移交 j 地区重车在 i 地区走行公里见表 1-8-7～表 1-8-10。

表 1-8-7　*A—B* 区段移交外地区重车走行公里计算表

	车流量		走行公里
通过	A 分界站、5 站→j	33+10=43	100×43=4 300 (4 300)
发出	1 站、2 站→j	6、4	65×6+35×4=530 (530)

表 1-8-8　*B—C* 区段移交外地区重车走行公里计算表

车流量			走行公里
通过	*D*、7 站、*C*、6 站→*j*	12+6+7+4=29	80×29=2 320 (2 320)
发出	4 站、3 站→*j*	2、4	60×2+30×4=240 (240)

表 1-8-9　*A—C* 区段移交外地区重车走行公里计算表

车流量			走行公里
通过	无		120×0=0 (0)
发出	5 站、6 站→*j*	10、4	40×10+40×4=560 (560)

表 1-8-10　*C—D* 区段移交外地区重车走行公里计算表

车流量			走行公里
通过	*D*→*j* 地区	12	100×12=1 200 (1 200)
发出	*C—D*→*j* 地区	6	50×6=300 (300)

②*j* 地区移交 *i* 地区重车在 *j* 地区走行公里见表 1-8-11、表 1-8-12。

表 1-8-11　*B—E* 区段移交外地区重车走行公里计算表

车流量			走行公里
通过	*F* 分界站、*F*、*E—F*、*E*→*i*	59+32+(5+5+5+4)+20=130	150×130=19 500 (19 500)
发出	*B—E*→*i* 地区	10、9、7、8	120×8+90×7+ 60×9+30×10=2 430 (2 430)

表 1-8-12　*E—F* 区段移交外地区重车走行公里计算表

车流量			走行公里
通过	*F* 分界站、*F*→*i*	59+32=91	150×91=13 650 (13 650)
发出	*E—F*→*i* 地区	5、5、5、4	120×4+90×5+ 60×5+30×5=1 380 (1 380)

(3)计算移交外局重车走行公里

①A 分界口

移交车走行公里见表 1-8-13～表 1-8-18。

$A—B$ 区段

通过车流:包括 F 分界站接入及 j 地区、B 站和 3 站自装交由 A 分界站移交的重车。

自装车流:$A—B$ 区段各站装往 R 局的重车,包括 2 站 8 车、1 站 7 车。

表 1-8-13 $A—B$ 区段 A 分界口移交重车走行公里计算表

车流量			走行公里
通过	F 分界站、j、B、3 站→A 分界站	35+36+13+5=89	100×89=8 900 (8 900)
发出	$A—B$→A 分界站	8、7	65×8+35×7=765 (765)

$B—C$ 区段

通过车流:由 A 支点站引出的车流最短径路线知 A 分界口移交重车流不会通过 $B—C$ 区段。

自装车流:($B—C$→A 口)=9 车,其中 4 站的 4 车经 C 支点站,3 站的 5 车经 B 支点站。

表 1-8-14 $B—C$ 区段 A 分界口移交重车走行公里计算表

车流量			走行公里
通过	无		(0)
发出	$B—C$→A 分界站	4、5	20×4+30×5=230 (230)

$A—C$ 区段

通过车流:通过 $A—C$ 区段的 A 分界站移交重车流包括 D 站、$C—D$ 区段、C 站和部分 $B—C$ 区段自装的 A 分界站移交重车。

自装车流:($A—C$→A 分界站)=14 车,其中 6 站 8 车、5 站 6 车。

表 1-8-15 $A—C$ 区段 A 分界口移交重车走行公里计算表

车流量			走行公里
通过	D、$C—D$、C、4 站→A 分界站	22+14+5+4=45	120×45=5 400 (5 400)
发出	$A—C$→A 分界站	8、6	80×8+40×6=880 (880)

$C—D$ 区段

通过车流:只有 D 站装的 A 分界站 22 辆移交重车通过 $C—D$ 区段。

自装车流:($C—D$→A 分界站)=9 车。

表 1-8-16 $C—D$ 区段 A 分界口移交重车走行公里计算表

车流量			走行公里
通过	D→A 分界站	22	100×22=2 200 (2 200)
发出	$C—D$(7 站)→A 分界站	9	50×9=450 (450)

B—*E* 区段

通过车流：*F* 分界站接入交 *R* 局及 *E*、*E*—*F*、*E* 各站装到 *R* 局的车流。

自装车流：*B*—*E* 区段 *a*、*b*、*c*、*d* 各站装到 *R* 局的车流。

表 1-8-17　*B*—*E* 区段 *A* 分界口移交重车走行公里计算表

车流量			走行公里
通过	*F* 分界站、*F*、*E*—*F*、*E*→*A* 分界站 35＋3＋(2＋1＋2＋1)＋19＝63		150×63＝9 450　(9 450)
发出	*B*—*E*→*A* 分界站	2、1、2、3	120×3＋90×2＋60＋30×2＝660　(660)

E—*F* 区段

通过车流：只有 *F* 分界站接入和 *F* 站装的 *A* 分界站移交重车通过 *E*—*F* 区段，(*F* 口，*F*→*A* 口)＝35＋3＝38(车)。

自装车流：(*E*—*F*→*A* 口)＝6 车，即 *r*、*g*、*q* 和 *O* 站装往 *R* 局的重车。

表 1-8-18　*E*—*F* 区段 *A* 分界口移交重车走行公里计算表

车流量			走行公里
通过	*F* 分界站、*F*→*A* 分界站	35＋3＝38	150×38＝5 700　(5 700)
发出	*E*—*F*→*A* 分界站	2、1、2、1	120＋90×2＋60×1＋30×2＝420　(420)

②*F* 分界口

移交车走行公里见表 1-8-19～表 1-8-24。

A—*B* 区段

通过车流：包括 *A* 分界站接入和 *A*—*C* 区段部分车站自装的 *F* 分界站移交重车。

自装车流：(*A*—*B*→*F* 分界站)＝11 车。

表 1-8-19　*A*—*B* 区段 *F* 分界口移交重车走行公里计算表

车流量			走行公里
通过	*A* 分界站、5 站→*F* 分界站	31＋5＝36	100×36＝3 600　(3 600)
发出	*A*—*B*→*F* 分界站	5、6	65×5＋35×6＝535 (535)

B—C 区段

通过车流：*D*、*C*—*D*、*C* 及 *A*—*C* 部分车站装往 *F* 分界站的移交重车通过 *B*—*C* 区段。

自装车流：(*B*—*C*→*F* 口)＝16 车。

表 1-8-20　*B*—*C* 区段 *F* 分界口移交重车走行公里计算表

车流量			走行公里
通过	*D*、*C*—*D*、*C*、6 站→*F* 分界站	21＋7＋16＋9＝53	80×53＝4 240　(4 240)
发出	*B*—*C*→*F* 分界站	10、6	60×10＋30×6＝780　(780)

A—C 区段

通过车流：由 B 站车流最短径路线知，移交 F 分界站重车不通过 A—C 区段。

自装车流：A—C 区段自装 F 分界站移交重车 14 车，其中 5 车经 A 支点站，9 车经 C 支点站。

表 1-8-21　A—C 区段 F 分界口移交重车走行公里计算表

车　流　量			走行公里
通过		0	(0)
发出	A—C→F 分界站	5、9	40×5+40×9=560 (560)

C—D 区段

通过车流：仅有 D 站发往 F 分界站的移交重车通过 C—D 区段。

自装车流：C—D 区段内自装发往 F 分界站的移交重车 7 车，均经 C 支点站。

表 1-8-22　C—D 区段 F 分界口移交重车走行公里计算表

车　流　量			走行公里
通过	D→F 分界站	21	100×21=2 100　(2 100)
发出	C—D→F 分界站	7	50×7=350　(350)

B—E 区段

通过车流：A 分界站接入的移交重车引车，i 地区自装发往 F 分界站的移交重车 104 车，均通过 B—E 区段。

自装车流：B—E 区段内的 a、b、c、d 各站自装发往 F 分界站的移交重车，均经 E 支点站。

表 1-8-23　B—E 区段 F 分界口移交重车走行公里计算表

车　流　量			走行公里
通过	A 分界站、i→F 分界站	31+104=135	150×135=20 250 (20 250)
发出	B—E→F 分界站	3、3、4、4	120×3+90×3+ 60×4+30×4=990 (990)

E—F 区段

通过车流：A 分界站接入、i 地区自装、B—E 区段自装及 E 站自装发往 F 分界站的移交重车，均通过 E—F 区段。

自装车流：E—F 区段内的 o、p、q、r 各站自装发往 F 分界站的移交重车，均经 F 支点站。

表 1-8-24　E—F 区段 F 分界口移交重车走行公里计算表

车　　流　　量			走行公里
通过	A 分界站、i、B—E、E→F 分界站	31+104+(3+3+4+4)+13=162	150×162=24 300 (24 300)
发出	E—F→F 分界站	4、2、4、3	120×4+90×2+60×4+30×3=990 (990)

(4)空车公里

局管内每日空车走行公里利用空车调整图计算。

①按空车实际里程计算时,每一区段的空车走行公里为:

$$\sum NS_{空}=\sum_{m}(n_m^{下}+n_m^{上})l_m \quad (车 \cdot km/d) \tag{1-8-9}$$

式中　$n_m^{下}$、$n_m^{上}$——该区段第 m 个区间下行和上行空车流量,车/d;

l_m——该区段第 m 个区间的里程,km。

S 铁路局各区段空车走行公里的计算结果为:

A—B　35×(91+56)+30×(73+58)+35×(65+69)=13 765(车・km/d)

B—C　30×(20+72)+30×(20+73)+20×(26+87)=7 810(车・km/d)

A—C　40×(15+75)+40×(7+77)+40×(5+81)=10 400(车・km/d)

C—D　50×67+50×65=6 600(车・km/d)

i 地区空车走行公里:13 765+7 810+10 400+6 600=38 575(车・km/d)

B—E

30×(110+95)+30×(104+95)+30×(99+92)+
30×(93+93)+30×(82+95)=28 740(车・km/d)

E—F

30×(73+68)+30×(69+69)+30×(71+69)+
30×(63+68)+30×(55+65)=20 100(车・km/d)

j 地区空车走行公里:28 740+20 100=48 840(车・km/d)

局空车走行公里为两地区空车走行公里之和:38 575+48 840=87 415(车・km/d)

②按区段里程折半计算时,每一区段的通过空车数为:

$$u_{通}^{空}=(u_{入}^{上}+u_{入}^{下})-\sum_{i}|\Delta u_i|,\Delta u_i<0,i=P、C、N、G、B$$

或

$$u_{通}^{空}=(u_{出}^{上}+u_{出}^{下})-\sum\Delta u_i,\Delta u_i>0,i=P、C、N、G、B \tag{1-8-10}$$

式中　$u_{入}^{上}$、$u_{入}^{下}$——本区段上、下行接入空车数;

$u_{出}^{上}$、$u_{出}^{下}$——本区段上、下行排出空车数;

Δu_i——本区段 i 车种卸车数与装车数之差。

每一区段内的到、发空车数为:

$$u_{空}^{到发}=\sum_{i}|\Delta u_i|,i=P、C、N、G、B \tag{1-8-11}$$

式中　$\sum_{i}|\Delta u_i|$——本区段各车种货车卸车数与装车数之差的绝对值之和。

S 铁路局重、空车走行公里的计算结果如表 1-8-25 所示。

表 1-8-25　*S* 铁路局重、空车走行公里计算表

地区	区段	区段公里	重车走行公里						空车走行公里	走行公里总计
			管内工作车		移交车			重车走行公里合计		
			本地区	外地区	*A* 分界站	*F* 分界站	移交走行重车公里			
i 地区	*A*—*B*	100	5 995	4 830	9 665	4 135	13 800	24 625	13 765	38 390
	B—*C*	80	17 020	2 560	230	5 020	5 250	24 830	7 810	32 640
	C—*A*	120	17 200	560	6 280	560	6 840	24 600	10 400	35 000
	C—*D*	100	18 900	1 500	2 650	2 450	5 100	25 550	6 600	32 100
	地区计		59 115	9 450	18 825	12 165	30 990	99 555	38 575	138 130
j 地区	*B*—*E*	150	15 780	21 930	10 110	21 240	31 350	69 060	28 740	97 800
	E—*F*	150	17 850	15 030	6 120	25 290	31 410	64 290	20 100	84 390
	地区计		33 630	36 960	16 230	46 530	62 760	133 350	48 840	182 190
局计			139 155		35 055	58 695	93 750	232 905	87 415	320 320

2. 计算各种周距

根据货车走行公里、管内工作车、移交车和空车走行公里和各种运用车工作量即可计算各种周距：

S 局：

$$l=\frac{\sum NS}{u}=\frac{320\,320}{1\,087}=294.68(\text{km})$$

$$l_{管内}=\frac{\sum NS_{管内}}{u_{管内}}=\frac{139\,155}{734}=189.58(\text{km})$$

$$l_{移交}=\frac{\sum NS_{移交}}{u_{移交}}=\frac{93\,750}{353}=265.58(\text{km})$$

其中 *A* 口与 *F* 口移交车周距分别为：

$$l_{移交}^{A}=\frac{\sum NS_{移交,A}}{u_{移交}^{A}}=\frac{35\,055}{158}=221.87(\text{km})$$

$$l_{移交}^{F}=\frac{\sum NS_{移交,F}}{u_{移交}^{F}}=\frac{58\,695}{195}=301.00(\text{km})$$

$$l'_{空}=\frac{\sum NS_{空}}{u_{空}}=\frac{87\,415}{902}=96.91(\text{km})$$

i 地区：

$$l=\frac{138\,130}{893}=154.68(\text{km})$$

$$l_{管内}=\frac{59\,115}{503}=117.52(\text{km})$$

$$l_{移交}=\frac{9\,450+30\,990}{390}=103.69(\mathrm{km})$$

其中 A 口和 B 口地区分界站移交车周转分别为：

$$l_{移交}^{A}=\frac{18\,825}{158}=119.15(\mathrm{km})$$

$$l_{移交}^{B}=\frac{9\,450+12\,165}{232}=93.17(\mathrm{km})$$

其中移交 j 地区和移交 F 口的移交车周距分别为：

$$l_{移交}^{B,j}=\frac{9\,450}{97}=97.42(\mathrm{km})$$

$$l_{移交}^{B,F口}=\frac{12\,165}{135}=90.11(\mathrm{km})$$

$$l'_{空}=\frac{\sum NS_{空}}{u_{空}}=\frac{38\,575}{704}=54.79(\mathrm{km})$$

j 地区：　$$l=\frac{182\,190}{661}=275.63(\mathrm{km})$$

$$l_{管内}=\frac{33\,630}{231}=145.58(\mathrm{km})$$

$$l_{移交}=\frac{36\,960+62\,760}{430}=231.91(\mathrm{km})$$

其中 B 口地区分界站和 F 口移交车周距分别为：

$$l_{移交}^{B}=\frac{36\,960+16\,230}{235}=226.34(\mathrm{km})$$

$$l_{移交}^{F}=\frac{46\,530}{195}=238.62(\mathrm{km})$$

其中移交 i 地区和移交 A 口的移交车周距分别为：

$$l_{移交}^{B,i}=\frac{36\,960}{164}=225.36(\mathrm{km})$$

$$l_{移交}^{B,F口}=\frac{16\,230}{71}=228.59(\mathrm{km})$$

$$l'_{空}=\frac{48\,840}{403}=121.19(\mathrm{km})$$

(二)货车平均中转距离

货车平均中转距离根据货车走行公里和各技术站中转车数确定。

各技术站中转车数为各站有调中转车数和无调中转车数之和。中转重车根据对各支车流的径路分析由重车车流表查出;中转空车数由空车调整图确定。在计算时应注意列车编组计划和列车运行图规定不进行中转作业而直接通过技术站的直达列车的车流应从该技术站的中转车数中减去,不算该站的中转车流。

1. 计算 S 局管内各技术站中转重车数(见表 1-8-26)

表 1-8-26　S 局管内各技术站中转重车数计算表

技术站	中转内容		合计
B 站	A 分界站→j、F 分界站、3 站	33+31+3=67	452
	(i→j、F 分界站)−(B→j、F 分界站)	(64+104)−(9+19)=140	
	A—B→B—C、C、C—D、D	[(2+0)+2+1+9+(0+1)+1+3+7]=26	
	(F 分界站、j→i、A 分界站)−(F 分界站、j→B)	(59+35)+(105+36)−(10+18)=207	
	B—C、C、C—D、D→A—B	[(1+0)+(0+1)]+(0+1)+(1+1)+(0+2)=7	
	3→A 口	5	
C 站	(D、C—D 装)−(D→C—D、C)−(C—D→C、D)	(79+35)−(2+10)−(3+2)=97	255
	(C—D、D 卸)−(C→C—D、D)−(C—D→D)−(D→C—D)	(37+144)−(1+18)−2−2=158	
E 站	A 分界站、i、B—E→E—F、E、F 分界站 [(1+2+0+2)+9+31]+ [(2+4+3+2)+11+104]+ [(1+0+0+0)+(0+1+0+0)+(0+0+1+0)+(1+0+2+0)+(2+2+3+2)+(3+3+4+4)]=200		372
	F 分界站、F、E—F→B—E、i、A 分界站 [(2+1+3+2)+59+35]+ [(1+1+1+2)+32+3]+ [(1+0+0+0)+5+2]+[(0+0+0+0)+5+1]+[(1+0+1+0)+5+2]+[(0+1+0+1)+4+1]=172		
F 站	(F 分界站→S 局、A 分界站)−(F 分界站→F)	(115+35)−13=137	312
	(A 分界站、S 局→F 分界站)−(F→F 分界站)	(31+164)−20=175	

2. 计算 S 局管内各技术站中转空车数

(1)计算公式

各技术站中转空车数可以根据空车调整图按到达空车计算：

$$N^{空}_{中转,i}=N_{到空,i}-N_{补空,i}\quad(车/d)\tag{1-8-12}$$

式中　$N_{到空,i}$——i 技术站到达各车种空车总数，车/d；

$N_{补空,i}$——i 技术站各种空车因装大于卸需补充的空车总数，车/d。

也可按出发空车计算：

$$N^{空}_{中转,i}=N_{发空,i}-N_{排空,i}\quad(车/d)\tag{1-8-13}$$

式中　$N_{发空,i}$——i 技术站发出各车种空车总数，车/d；

$N_{排空,i}$——i 技术站各种空车因卸大于装应排出的空车总数，车/d。

(2)计算结果(见表 1-8-27)

表 1-8-27　S 局各技术站中转空车数计算表

技术站	到达空车数	补充空车数	中转空车数
B	72+65+95=232	6+20+4+3=33	199
C	5+67+26=98	25	73

续上表

技术站	到达空车数	补充空车数	中转空车数
E	82+68=150	8+1=9	141
F	55+62=117	11+15+4=30	87

表 1-8-28 汇总了以上计算结果。

表 1-8-28 S 局管内技术站中转车数计算表

技术站		中转重车数	中转空车数	中转重空车合计
i 地区	B	452	199	651
	C	255	73	328
	地区计	707	272	979
j 地区	E	372	141	513
	F	312	87	399
	地区计	684	228	912
合计		1 391	500	1 891

可得货车平均中转距离：

S 局：
$$L_{技}=\frac{\sum NS}{\sum n_{中}}=\frac{320\ 320}{1\ 891}=169.39(\text{km})$$

i 地区：
$$L_{技}=\frac{138\ 130}{979}=141.09(\text{km})$$

j 地区：
$$L_{技}=\frac{182\ 190}{912}=199.77(\text{km})$$

(三)各种管率

各种管率根据重车车流表和空车调整图的资料计算。

1. S 铁路局的各类运用车管内装卸率

管内装卸率
$$K_{管}=\frac{u_{使}+u_{卸空}}{u}=\frac{742+734}{1\ 087}=1.358(次)$$

管内工作车装卸率
$$K'_{管}=\frac{u_{自装自卸}+u_{卸空}}{u_{管}}=\frac{455+734}{734}=1.620(次)$$

移交车管内装卸率
$$K''_{管}=\frac{u_{自装交出}}{u_{移交}}=\frac{287}{353}=0.813(次)$$

$$K''_{管,A}=\frac{u^{A}_{自装交出}}{u^{A}_{移交}}=\frac{123}{158}=0.778(次)$$

$$K''_{管,F}=\frac{u^{F}_{自装交出}}{u^{F}_{移交}}=\frac{164}{195}=0.841(次)$$

空车管内装卸率
$$K'''_{管}=\frac{u_{使}+u_{卸空}}{u_{空}}=\frac{742+734}{902}=1.636(次)$$

2. i 地区各类运用车管内装卸率

管内装卸率 $K_{管}=\frac{463+503}{893}=1.082$(次)

管内工作车装卸率 $K'_{管}=\frac{208+503}{503}=1.414$(次)

移交车管内装卸率 $K''_{管}=\frac{255}{390}=0.654$(次)

$$K''_{管,A}=\frac{87}{158}=0.551(次)$$

$$K''_{管,B}=\frac{u^{B}_{自装交出}}{u^{B}_{移交}}=\frac{64+104}{232}=0.724(次)$$

$$K''_{管,B,j}=\frac{u^{B,j}_{自装交出}}{u^{B,j}_{移交}}=\frac{64}{97}=0.660(次)$$

$$K''_{管,B,F}=\frac{u^{B,F}_{自装交出}}{u^{B,F}_{移交}}=\frac{104}{135}=0.770(次)$$

空车管内装卸率 $K'''_{管}=\frac{u_{使}+u_{卸空}}{u_{空}}=\frac{463+503}{704}=1.372$(次)

3. j 地区各类运用车管内装卸率

管内装卸率 $K_{管}=\frac{u_{使}+u_{卸空}}{u}=\frac{279+231}{661}=0.772$(次)

管内工作车装卸率 $K'_{管}=\frac{u_{自装自卸}+u_{卸空}}{u_{管}}=\frac{78+231}{231}=1.338$(次)

移交车管内装卸率 $K''_{管}=\frac{u_{自装交出}}{u_{移交}}=\frac{105+96}{430}=0.467$(次)

$$K''_{管,B}=\frac{u^{B}_{自装交出}}{u^{B}_{移交}}=\frac{105+36}{235}=0.600(次)$$

$$K''_{管,B,i}=\frac{u^{B,i}_{自装交出}}{u^{B,i}_{移交}}=\frac{105}{164}=0.640(次)$$

$$K''_{管,B,A}=\frac{u^{B,A}_{自装交出}}{u^{B,A}_{移交}}=\frac{36}{71}=0.507(次)$$

$$K''_{管,F}=\frac{u^{F}_{自装交出}}{u^{F}_{移交}}=\frac{60}{195}=0.308(次)$$

空车管内装卸率

$$K'''_{管}=\frac{u_{使}+u_{卸空}}{u_{空}}=\frac{279+231}{403}=1.266(次)$$

(四)空态系数 γ

由于设备和作业组织方法不同,各站的空态系数一般也不相同。确定铁路局的空态系数时,先计算管内各货运站的空态系数,再按各站货物作业次数加权平均求出铁路局的 γ 值。目前,全国各铁路局一般都采用经验数据 0.3~0.5 作为标准。在本例中 γ 采用 0.3。

以上的计算确定了货车周转时间的客观因素。这些因素是由本局发送和接运货物的流向、流量和管内技术站的配置决定的。

二、货车周转时间的主观因素

在编制技术计划时，主观因素如货车旅行速度、车辆在技术站中转停留时间和一次货物作业停留时间根据统计资料确定，本例中采用表 1-8-29 数据。

表 1-8-29　*S* 铁路局货车周转时间主观因素数据

局或地区	$v_{旅}$(km/h)	$t_{中}$(h)	$t_{货}$(h)	$t_{基}$(h)	$t_{折}$(h)
S 局	42	5.5	8.7	3.3	2.1
i 地区	40	5.3	8.4	3.4	2.0
j 地区	43	5.7	9.2	3.2	2.1

三、货车周转时间

货车周转时间的各项因素确定以后，即可代入公式计算货车周转时间。计算过程如下：

S 局

$$\theta=\frac{1}{24}\left(\frac{294.68}{42}+\frac{294.68}{169.39}\times5.5+1.358\times8.7\right)=1.183(\mathrm{d})$$

$$\theta_{管}=\frac{1}{24}\left(\frac{189.58}{42}+\frac{189.58}{169.39}\times5.5+1.620\times8.7\times0.7\right)=0.856(\mathrm{d})$$

$$\theta_{移交}=\frac{1}{24}\left(\frac{265.58}{42}+\frac{265.58}{169.39}\times5.5+0.813\times8.7\times0.7\right)=0.829(\mathrm{d})$$

$$\theta_{移交}^{A}=\frac{1}{24}\left(\frac{221.87}{42}+\frac{221.87}{169.39}\times5.5+0.778\times8.7\times0.7\right)=0.718(\mathrm{d})$$

$$\theta_{移交}^{F}=\frac{1}{24}\left(\frac{301.00}{42}+\frac{301.00}{169.39}\times5.5+0.841\times8.7\times0.7\right)=0.919(\mathrm{d})$$

$$\theta_{空}=\frac{1}{24}\left(\frac{96.91}{42}+\frac{96.91}{169.39}\times5.5+1.636\times8.7\times0.3\right)=0.405(\mathrm{d})$$

i 地区

$$\theta=\frac{1}{24}\left(\frac{154.68}{40}+\frac{154.68}{141.09}\times5.3+1.082\times8.4\right)=0.782(\mathrm{d})$$

$$\theta_{管}=\frac{1}{24}\left(\frac{117.52}{40}+\frac{117.52}{141.09}\times5.3+1.414\times8.4\times0.7\right)=0.653(\mathrm{d})$$

$$\theta_{移交}=\frac{1}{24}\left(\frac{103.69}{40}+\frac{103.69}{141.09}\times5.3+0.654\times8.4\times0.7\right)=0.431(\mathrm{d})$$

$$\theta_{移交}^{A}=\frac{1}{24}\left(\frac{119.15}{40}+\frac{119.15}{141.09}\times5.3+0.551\times8.4\times0.7\right)=0.446(\mathrm{d})$$

$$\theta_{移交}^{B}=\frac{1}{24}\left(\frac{93.17}{40}+\frac{93.17}{141.09}\times5.3+0.724\times8.4\times0.7\right)=0.420(\mathrm{d})$$

$$\theta_{移交}^{B:j}=\frac{1}{24}\left(\frac{97.42}{40}+\frac{97.42}{141.09}\times5.3+0.660\times8.4\times0.7\right)=0.415(\mathrm{d})$$

$$\theta_{移交}^{B \cdot F}=\frac{1}{24}\left(\frac{90.11}{40}+\frac{90.11}{141.09}\times 5.3+0.770\times 8.4\times 0.7\right)=0.423(\mathrm{d})$$

$$\theta_{空}=\frac{1}{24}\left(\frac{54.79}{40}+\frac{54.79}{141.09}\times 5.3+1.372\times 8.4\times 0.3\right)=0.287(\mathrm{d})$$

j 地区

$$\theta=\frac{1}{24}\left(\frac{275.63}{43}+\frac{275.63}{199.77}\times 5.7+0.772\times 9.2\right)=0.891(\mathrm{d})$$

$$\theta_{管}=\frac{1}{24}\left(\frac{145.58}{43}+\frac{145.58}{199.77}\times 5.7+1.338\times 9.2\times 0.7\right)=0.673(\mathrm{d})$$

$$\theta_{移交}=\frac{1}{24}\left(\frac{231.91}{43}+\frac{231.91}{199.77}\times 5.7+0.467\times 9.2\times 0.7\right)=0.626(\mathrm{d})$$

$$\theta_{移交}^{B}=\frac{1}{24}\left(\frac{226.34}{43}+\frac{226.34}{199.77}\times 5.7+0.600\times 9.2\times 0.7\right)=0.649(\mathrm{d})$$

$$B_{移交}^{B \cdot i}=\frac{1}{24}\left(\frac{225.36}{43}+\frac{225.36}{199.77}\times 5.7+0.640\times 9.2\times 0.7\right)=0.658(\mathrm{d})$$

$$\theta_{移交}^{B \cdot A}=\frac{1}{24}\left(\frac{228.59}{43}+\frac{228.59}{199.77}\times 5.7+0.507\times 9.2\times 0.7\right)=0.629(\mathrm{d})$$

$$\theta_{移交}^{F}=\frac{1}{24}\left(\frac{238.62}{43}+\frac{238.62}{199.77}\times 5.7+0.308\times 9.2\times 0.7\right)=0.598(\mathrm{d})$$

$$\theta_{空}=\frac{1}{24}\left(\frac{121.19}{43}+\frac{121.19}{199.77}\times 5.7+1.266\times 9.2\times 0.3\right)=0.407(\mathrm{d})$$

铁路局及其地区货车周转时间的最终计算结果如表 1-8-30 所示。

表 1-8-30 S 铁路局及其地区货车周转时间

局或地区	货车周转时间(d)	管内工作车周转时间(d)	移交车周转时间(d)	空车周转时间(d)
S 局	1.183	0.856	总:0.829 A 口:0.718 F 口:0.919	0.405
i 地区	0.782	0.653	总:0.431 A 口:0.446 B 口:0.420 j:0.416 F:0.423	0.287
j 地区	0.891	0.673	总:0.626 B 口:0.649 i:0.658 A:0.629 F 口:0.598	0.407

四、货车日车公里

货车日车公里是考核货车运用效率的另一重要指标，是指每一运用车平均每日运行的距离，按下式计算：

$$S_{车}=\frac{l}{\theta} \quad (\mathrm{km/d}) \tag{1-8-14}$$

由于货车全周距对货车周转时间的影响很大，当实际完成的货车全周距与计划值相差较大时，货车周转时间往往不能正确地反映货车的运用效率。

例如，表 1-8-31 为某铁路局货车运用质量指标比较表。从这一资料可以看出，该局货车周转时间比计划延长了 0.14 d，似乎货车运用效率降低。但是进一步分析表明，该局货车周转时间的延长是因为客观因素全周距延长了 102 km。实际上，货车日车公里提高了 33 km，说明运输工作组织有所改进。

表 1-8-31　某铁路局货车运用指标比较表

项　目	货车周转时间(d)	货车全周距(km)	货车日车公里(km/d)
计　划	1.98	458	231
实　绩	2.12	560	264
比　较	+0.14	+102	+33

因而除货车周转时间外，还需要用货车日车公里来考察货车的运用效率。在空车走行率一定的条件下，货车走行公里越高，表示货车的运用效率越高。

S 铁路局计划月的货车日车公里计划指标为：

$$S_{车}=\frac{294.68}{1.183}=249.1(\mathrm{km/d})$$

复习思考题

1. 什么是货车周转时间、管内工作车周转时间、移交车周转时间和空车周转时间？

2. 利用时间相关法计算货车周转时间时，怎样确定旅行速度值？输送管内工作车、移交车和空车的旅行速度一定相同吗？如差别较大，应如何处理？

3. 货车中转距离的数值与哪些因素有关？

4. 各站停时和中时一般有不同的数值，在利用时间相关法计算货车周转时间时，地区和铁路局的总停时和中时怎样确定？当车流量发生变化时，采用不变的停时和中时值对计算结果的正确性有没有影响？

5. 什么是管内装卸率？

6. 空态系数的含义是什么？怎样计算？

第九章　运用车保有量计划和站段运输指标计划

至此，已经完成了铁路局及其各地区的各类运用车工作量和周转时间的计算，为最终确定铁路局运用车保有量提供了必要的数据。计算运用车保有量，为铁路局日常运输调整提供依据，是编制技术计划的主要目的。此外，为了保证完成铁路局货车运用的数量指标和质量指标，还必须把指标分解到站段。

第一节　运用车保有量计划

一、运用车保有量的计算

1. 运用车保有总量

铁路局为完成月度运输计划规定的运输任务，应当保有的运用车数量为：

$$N=U\theta \quad (车) \tag{1-9-1}$$

为了在日常工作中加强对车辆运用的监督、为车流调整工作提供更为精确的依据，在确定铁路局的运用车保有量时，除规定总的运用车保有量外，还应确定管内工作车、移交车和空车保有量。

2. 管内工作车保有量

铁路局和地区管内工作车保有量可按下式计算：

$$N_{管内}=U_{卸空}\theta_{管内} \quad (车) \tag{1-9-2}$$

3. 移交车保有量

移交车保有量为：

$$N_{移交}=U_{移交}\theta_{移交} \quad (车) \tag{1-9-3}$$

分界口别的移交车保有量为：

$$N^{A}_{移交}=u^{A}_{移交}\theta^{A}_{移交} \quad (车) \tag{1-9-4}$$

$$N^{F}_{移交}=u^{F}_{移交}\theta^{F}_{移交} \quad (车) \tag{1-9-5}$$

显然，总的移交车保有量等于分界站别的移交车保有量之和，即

$$N_{移交}=N^{A}_{移交}+N^{F}_{移交} \quad (车) \tag{1-9-6}$$

4. 空车保有量

空车保有量为：

$$N_{空}=U_{空}\theta_{空} \quad (车) \tag{1-9-7}$$

其中

$$N^{棚}_{空}=U^{棚}_{空}\theta^{棚}_{空} \quad (车)$$

$$N^{敞}_{空}=U^{敞}_{空}\theta^{敞}_{空} \quad (车)$$

$$N^{平}_{空}=U^{平}_{空}\theta^{平}_{空} \quad (车)$$

$$N^{罐}_{空}=U^{罐}_{空}\theta^{罐}_{空} \quad (车)$$

$$N_{空}^{保}=U_{空}^{保}\times\theta_{空}^{保}\quad（车）$$

$$N_{空}^{它}=U_{空}^{它}\times\theta_{空}^{它}\quad（车）$$

总的空车保有量等于各车种空车保有量之和，即

$$N_{空}=N_{空}^{棚}+N_{空}^{敞}+N_{空}^{平}+N_{空}^{罐}+N_{空}^{保}+N_{空}^{它}\quad（车）\tag{1-9-8}$$

铁路局运用车保有量等于上述三部分运用车数之和，即

$$N=N_{管内}+N_{移交}+N_{空}\quad（车）\tag{1-9-9}$$

在编制技术计划时由于计算误差，可能略有出入。此时，应加以调整、配平。S 铁路局及其 i、j 地区的运用车保有量如表 1-9-1、表 1-9-2 和表 1-9-3 所示。

表 1-9-1　*S* 局运用车保有量计算表

<table>
<tr><th colspan="2">运用车类别</th><th>工作量(车/d)</th><th>周转时间(d)</th><th>保有量指标(车)</th></tr>
<tr><td colspan="2">运 用 车</td><td>1 087</td><td>1.183</td><td>1 286</td></tr>
<tr><td colspan="2">管内工作车</td><td>734</td><td>0.856</td><td>628</td></tr>
<tr><td rowspan="3">移交车</td><td>总</td><td>353</td><td>0.829</td><td>293</td></tr>
<tr><td>A 分界站</td><td>158</td><td>0.718</td><td>114</td></tr>
<tr><td>F 分界站</td><td>195</td><td>0.919</td><td>179</td></tr>
<tr><td colspan="2">空　车</td><td>902</td><td>0.405</td><td>365</td></tr>
</table>

表 1-9-2　*i* 地区运用车保有量计算表

<table>
<tr><th colspan="3">运用车类别</th><th>工作量(车/d)</th><th>周转时间(d)</th><th>保有量指标(车)</th></tr>
<tr><td colspan="3">运 用 车</td><td>893</td><td>0.782</td><td>697</td></tr>
<tr><td colspan="3">管内工作车</td><td>503</td><td>0.653</td><td>327</td></tr>
<tr><td rowspan="5">移交车</td><td colspan="2">总</td><td>390</td><td>0.431</td><td>169</td></tr>
<tr><td colspan="2">A 分界站</td><td>158</td><td>0.446</td><td>70</td></tr>
<tr><td rowspan="3">B 分界站</td><td>总</td><td>232</td><td>0.420</td><td>99</td></tr>
<tr><td>j 地区</td><td>97</td><td>0.416</td><td>38</td></tr>
<tr><td>F 口</td><td>135</td><td>0.423</td><td>61</td></tr>
<tr><td colspan="3">空　车</td><td>704</td><td>0.287</td><td>201</td></tr>
</table>

表 1-9-3　*j* 地区运用车保有量计算表

<table>
<tr><th colspan="3">运用车类别</th><th>工作量(车/d)</th><th>周转时间(d)</th><th>保有量指标(车)</th></tr>
<tr><td colspan="3">运 用 车</td><td>661</td><td>0.891</td><td>589</td></tr>
<tr><td colspan="3">管内工作车</td><td>231</td><td>0.673</td><td>155</td></tr>
<tr><td rowspan="5">移交车</td><td colspan="2">总</td><td>430</td><td>0.626</td><td>270</td></tr>
<tr><td rowspan="3">B 分界站</td><td>总</td><td>235</td><td>0.649</td><td>152</td></tr>
<tr><td>i 地区</td><td>164</td><td>0.658</td><td>108</td></tr>
<tr><td>A 口</td><td>71</td><td>0.629</td><td>44</td></tr>
<tr><td colspan="2">F 分界站</td><td>195</td><td>0.598</td><td>118</td></tr>
<tr><td colspan="3">空　车</td><td>403</td><td>0.407</td><td>164</td></tr>
</table>

二、各类运用车保有量之间的数量关系

1. 运用车总保有量与管内工作车、移交重车和空车保有量的关系

由于运用车划分为管内工作车、移交重车和空车，所以管内保有的运用车总量等于上述三部分运用车数之和，即

$$N=N_{管内}+N_{移交}+N_{空} \quad (车) \tag{1-9-10}$$

2. 移交重车总保有量与管内各分界口移交重车保有量的关系

移交重车总量应为各分界口移交车保有量之和。例如 S 局的移交重车保有量为 A 口和 F 口移交车保有量之和。

$$N^S_{移交}=N_{移交,A}+N_{移交,F} \tag{1-9-11}$$

3. 运用车总保有量与车种别保有量的关系

各类运用车保有总量均为其车种别保有量之和。

三、铁路局与管内各地区运用车保有量的关系

1. 铁路局总运用车保有量与局管内各地区总运用车保有量的关系

铁路局总运用车保有量为局管内各地区总运用车保有量之和，即

$$N^S=N^i+N^j \quad (车) \tag{1-9-12}$$

2. 铁路局管内工作车保有量与各地区管内工作车保有量的关系

各地区所保有的移交局管内外地区的重车，对于铁路局来说是管内工作车。所以，铁路局管内工作车保有量为管内各地区的管内工作车和移交外地区移交车保有量之和，即

$$N^S_{管内}=(N^i_{管内}+N^i_{移交,j})+(N^j_{管内}+N^j_{移交,i}) \tag{1-9-13}$$

式中 $N^i_{管内}$、$N^j_{管内}$——i 地区和 j 地区的管内工作车保有量；

$N^i_{移交,j}$、$N^j_{移交,i}$——i 地区移交 j 地区和 j 地区移交 i 地区的移交重车保有量；

3. 铁路局移交重车保有量与各地区移交重车保有量的关系

各地区所保有的移交局管内外地区的重车不是铁路局的移交车，只有大口的移交车才是。所以，铁路局移交重车保有量为管内各地区移交大口的移交车保有量之和，即

$$N^S_{移交}=(N^i_{移交,A}+N^i_{移交,F})+(N^j_{移交,A}+N^j_{移交,F}) \tag{1-9-14}$$

式中 $N^i_{移交,A}$、$N^j_{移交,A}$——i 地区和 j 地区移交 A 口的移交重车保有量；

$N^i_{移交,F}$、$N^j_{移交,F}$——i 地区和 j 地区移交 F 口的移交重车保有量；

4. 铁路局空车保有量与各地区空重车保有量的关系

铁路局和各地区空车总保有量均为其各车种空车保有量之和；铁路局空车保有量为各地区空车保有量之和。

技术计划确定的铁路局运用车保有量是根据下月的计划运量作出的，在编制调度工作日(班)计划时用以作为衡量管内实际运用车保有量是否正常的参照。如果技术计划依据的下月运量数据不准确，不能反映实际情况，那么得到的运用车保有量数据就失去了指导意义，由此采取的调度调整措施就会偏离正确的方向。可见，铁路局在制定月度运输计划时，建立货流预测制度、掌握运量变化的规律，核实货源、货流是非常重要的。

第二节　站段运输指标计划

车站是客、货运输生产的基地，铁路局技术计划指标要靠车站来实现。因此，在技术计划中，应规定铁路局直属站和按车务段划分的管内各站下月应完成的运输数量指标和质量指标，包括月及平均每日装卸车数、月货物发送吨数、车辆静载重、中时、停时和运用车保有量等。

假设 j 地区有 E、F 两个局直属站和两个车务段，E 段管辖中间站 a、b、c、d，F 段管辖中间站 o、p、q、r，则 j 地区各站段运输指标计划如表 1-9-4 所示。

表 1-9-4　*S* 铁路局 *j* 地区 2018 年 10 月站段运输指标计划

站段		装车(车)		发送吨	静载重	卸车(车)		中时	停时	运用车	其中	
		日	月	(t)	(t)	日	月	(h)	(h)	(车)	作业车(车)	中转车(车)
E 站		70	2 170	124 124	57.2	88	2 728	5.5	6.7	162	44	118
F 站		78	2 418	140 244	58.0	55	1 705	5.9	7.4	139	41	98
E 段	a 站	19	589	32 572	55.3	13	403		11.6	16	16	
	b 站	19	589	31 924	54.2	13	403		12.5	17	17	
	c 站	18	558	28 235	50.6	14	434		11.7	16	16	
	d 站	22	682	36 692	53.8	7	217		13.8	17	17	
E 段计		78	2 418	129 423	53.5	47	1 457		12.3	66	66	
F 段	o 站	14	434	23 740	54.7	9	279		11.5	11	11	
	p 站	10	310	16 492	53.2	12	372		10.6	10	10	
	q 站	15	465	25 017	53.8	8	248		12.3	12	12	
	r 站	14	434	22 394	51.6	9	279		12.7	12	12	
F 段计		53	1 643	87 643	53.3	38	1 178		11.8	45	45	

在站段运输指标计划中，各站月装车数、货物发送吨数按月度货物运输计划批准的订车计划汇总，月卸车数由月使用车计划和接运重车计划确定，静载重依据该站发送货物的品类和以往完成实绩规定，中、停时参照车站货车作业过程和本区段管内列车对数规定。指标分解的结果，应保证完成局运输指标。

复习思考题

1. 铁路局管内工作车、移交重车保有量与各地区管内工作车、移交重车保有量有什么关系？

2. 为什么在计算移交重车保有量时还应分别按分界站计算保有量？

3. 如果只计算总的空车保有量，而不计算车种别的空车保有量，会对运输日常调整造成哪些困难？

4. 铁路局核准的下月订车计划的完整性和准确性对于技术计划的编制质量有什么意义？

5. 为什么在技术计划中要规定各站、段下月应完成的运输指标？怎样确定？

第十章　机车运用指标

在技术计划中，根据货物运输工作量，为各局分配货运机车运用台数，规定机车运用的数量指标和质量指标，以保证顺利完成月度货物运输计划。

第一节　机车管理的分类

除国铁集团备用机车外，全路机车都固定配属于各铁路局。各局再根据需要将机车分配给管内各机务段。配属机车涂有配属局、段标记，属于该局、段财产。

机车的调拨：铁路局间由国铁集团决定；铁路局管内各机务段间由铁路局决定，并报国铁集团核备。机车调拨交接地点，原则上在机务段进行。调拨机车的状态应符合运用条件。在调拨机车时，原配属段要作好交接准备工作，填写移交记录，并将交接完了时刻拍发电报告知有关铁路局和机务段机车调度。

铁路局（机务段）管理的机车可以按照归属权限和指挥使用权限分类。

一、按归属权限分

铁路局（机务段）管理的机车按照归属权限分为配属机车和非配属机车。

1. 配属机车

配属机车是自购的或根据国铁集团（铁路局）配属命令，拨交本局（本段）保管、使用，涂有局、段标志并在资产台账内登记的机车。

2. 非配属机车

非配属机车指原配属关系不变，根据国铁集团（铁路局）命令由他局（段）入助及临时加入支配（含长交路轮乘）的机车。

合资铁路、地方铁路的自有机车为其配属机车。

二、按指挥使用权限分

铁路局（机务段）管理的机车按指挥使用权限分为支配机车和非支配机车。

1. 支配机车

支配机车是根据国铁集团、铁路局命令拨交各局、段支配使用的机车，包括入助和临时加入支配（含长交路轮乘）的机车。

铁路局和机务段对于配属支配机车具有统一组织运用（整备）、检修和备用的权力，对于入助和临时加入支配的外局、外段机车仅能组织运用（整备）和临修。

支配机车又分为运用机车和非运用机车。

运用机车是参加各种运用工作的机车，包括担当工作之前进行必要的准备、等待工作的机车，以及中间技术检查的机车和国铁集团、铁路局命令批准的进行其他工作的机车。

运用机车根据其担当的运输任务分为客运工作、行包专运工作、货运工作、路用工作、补机工作、专用调车工作和其他工作共七个运输种别;根据其在牵引工作中的作用分为本务机车、重联机车、有动力附挂机车和单机四个工作种别。

运用机车的运输种别根据列车车次、列车组成、工作地点和国铁集团、铁路局有关文件及命令的规定分为:

(1)客运工作,为担任各种旅客列车(包括特快、快速、普通旅客列车)、客货混合列车、回送客车列车及军用车次开行的整列客车、代客货车(包括空重)列车的机车,其中动车组工作为担任各种旅客运输的动车组动车。

(2)行包专运工作,为担任行包快运专列的机车。

(3)货运工作,又分为货物工作和小运转工作。

货物工作,为担任各种货物列车(包括"五定"班列、快运货物列车、直达、直通、区段、摘挂、超限、重载货物列车,冷藏列车,自备车列车等)及军用车次开行的列车机车(整列客车及代客货车的列车机车除外);小运转工作,为担任小运转列车工作的机车。

(4)路用工作,为担任路用、实验、救援、除雪及回送入厂列车的机车,包括:牵引无动力机车及机械车辆的机车;因机车调拨、出租、助勤、出入厂及试运转(在检修中试运转除外)所开行的单机;固定驻在折返段及车站担任工作的机车,回段修理时所产生的单机;机车在外段、站发生故障,不能继续牵引列车,回段修理时所产生的单机;利用去工厂及外段修理的机车在往返途中牵引列车,在机务段、折返段、承修厂、承修段的停留时间(检修时间除外);由于自然灾害、电网故障或行车事故,根据调度命令保留的列车机车,未离开保留地点的停留时间;机务段运用车间与检修车间不在同一地点,因检修往返经闭塞区间所产生的单机。

(5)补机工作,为在补机区段内担任补助牵引或推进的机车(不论挂于任何位置)。超过补机区段运行时,其超过部分根据调度命令确定为重联或有动力附挂,无调度命令按有动力附挂统计。

(6)专用调车工作,包括:固定在车站专为担任调车工作、在非补机区段担任送坡任务的机车;月间计划指定利用列车本务机车,在列车始发站及终到站兼作调车工作的实际作业时间;专调机车在区间装卸走行不足一个站间区间时,以及在非营业线(包括未办理临管的新线、支线、专用线、联络线)的作业时间;专调兼作小运转的机车,在所担任的专调站间牵引小运转列车前后的时间;在国境联络线上取送车辆所开行的列车机车和单机。

(7)其他工作,包括:月间计划规定专门担任段内调车工作的全部时间及利用段内等待工作的机车兼作段内调车的实际工作时间,但不包括定检到期等待修理的机车,如发生则将其全部时间按检修机车统计(月间计划无规定而产生的段内调车,按段内等待工作统计);专为评比鉴定、考试、教学、技术表演、对规对标、观摩、给水、送气、泵风、消毒、消防等项工作的内燃、电力机车及有动力蒸汽机车;根据调度命令扣下担任特运任务的有动力机车等。

运用机车的工作种别依据其在牵引列车工作中发挥的作用划分为:

(1)本务机车,指为牵引列车担任本务作业的机车。两台机车牵引列车及组合列车,第一台按本务,第二台按重联。但两个列车临时合并运行时,两台机车分别按本务机车统计。

(2)重联机车;为图定或根据调度命令附挂于本务机车次位,在列车中担任辅助牵引的机车。

(3)有动力附挂机车:指根据调度命令附挂于列车回送的有动力机车。

(4)单机,是为均衡牵引区段两端的机车数而放行的机车。《技规》规定,单机也可以挂车,在坡度不超过12‰的区段,以10辆为限;超过12‰的区段,由铁路局规定;超过规定辆数时,按货运列车统计。

单机的运输种别原则上以车次确定为客运工作、货运工作和小运转工作,其中客车单机车次为50001~50998,货车单机车次为51001~51998,小运转单机车次为52001~52998。不同运输种别的单机连挂运行时,各按原运输种别确定。

非运用机车是指未参加运用工作的机车,包括短期备用、检修及国铁集团、铁路局批准的其他机车。对于长期备用机车,铁路局机务调度有权掌握所辖机务段配属机车长期备用的列备和解除,但机车配属段无权确定,因而长期备用机车是铁路局的支配机车,配属机务段的非支配机车。

2. 非支配机车

非支配机车为局(段)配属机车中不能由本局(段)组织运用(整备)、检修和备用的机车,包括根据铁路局命令批准的长期备用(长期备用机车为局的支配机车,为段的非支配机车)、出助的机车以及按租用合同办理的出租机车。

机车备用分为长期备用、短期备用和应急备用。长期备用指备用时间30 d以上的机车,短期备用指备用时间大于24 h且不超过30 d的机车。长期备用机车的加入、解除由国铁集团机车调度批准,短期机车的加入、解除由铁路局机车调度批准。应急备用机车应按规定保证随时出动。

这样,铁路局(机务段)所管理的机车除包括配属机车外,还包括由他局、段派至本局、段的入助机车和临时加入支配的机车,其管理机车的分类可综合如图1-10-1所示。

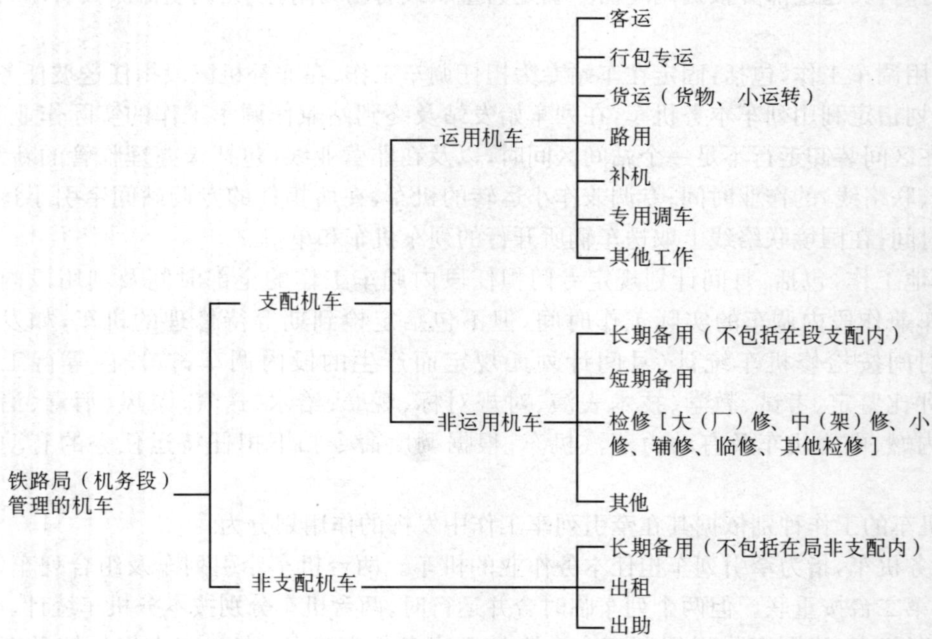

图1-10-1 机车管理分类图

第二节　机车运用计划

一、机车运用数量指标

反映机车运用效率的数量指标有机车走行公里、机车牵引总重吨公里和机车供应台次。

1. 机车走行公里

机车走行公里为运用机车实际走行或换算走行的公里。各种机车走行公里的分类及其关系如图 1-10-2 所示。

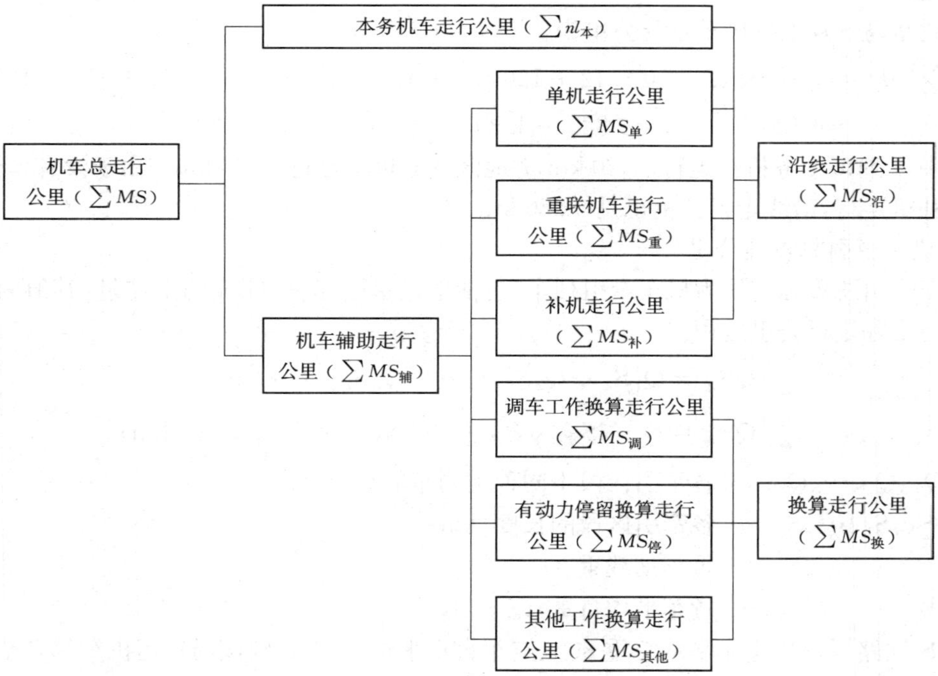

图 1-10-2　机车走行公里分类图

根据机车担当的工作类型，机车走行公里分为本务机走行公里和辅助走行公里。

本务机车走行公里，即牵引列车的本务机车走行公里。

辅助走行公里是指单机、重联机车、补机走行公里及各种换算走行公里。换算走行公里是与牵引列车无关的机车工作按机车台小时换算的走行公里。这类机车工作所产生的走行公里无法计算或不产生走行公里，如调车工作、机车有动力停留。《铁路机车统计规则》规定：“调车工作每小时作业时间换算 20 km；其他工作每小时换算 5 km；有动力停留每小时换算 4 km(内燃、电力运用机车的段内停留均按有动力停留统计)。”

按机车在运用过程中是否在区间运行，机车走行公里分为沿线走行公里和换算走行公里。

沿线走行公里是机车在区间运行的走行公里，为本务、单机、重联和补机走行公里之和。

$$\begin{aligned}\sum MS &= \sum nL_{本} + \sum MS_{辅} \\ &= \sum nL_{本} + \sum MS_{重} + \sum MS_{单} + \sum MS_{补} + \sum MS_{换} \quad (\text{km}) \qquad (1\text{-}10\text{-}1)\end{aligned}$$

式中 $\sum MS$ ——机车总走行公里,km;

$\sum nL_{本}$——本务机车走行公里,km;

$\sum MS_{辅}$——机车辅助走行公里,km;

$\sum MS_{重}$——重联机车走行公里,km;

$\sum MS_{单}$——单机走行公里,km;

$\sum MS_{补}$——补机走行公里,km;

$\sum MS_{换}$——换算走行公里,km。

S 铁路局下月本务机车走行公里为:

$$\sum nL_{本}=(100\times 12+80\times 12+120\times 8+100\times 10)+(150\times 20+150\times 18)$$
$$=4\,120+5\,700=9\,820 \quad (\text{km})$$

其中,i 地区本务机车走行 4 120 km,j 地区本务机车走行 5 700 km。由于没有单机、重联机车和补机走行,沿线走行公里也是 9 820 km。

2. 机车牵引总重吨公里

机车牵引总重吨公里为机车牵引列车(包括单机牵引车辆)完成的工作量,其值为机车牵引总重与实际走行公里之积:

$$\sum QS_{总}=Q_1S_1+Q_2S_2+\cdots+Q_nS_n \quad (\text{t}\cdot\text{km}) \tag{1-10-2}$$

或

$$\sum QS_{总}=\sum NS_{重}\times P_{重}+\sum NS_{空}\times P_{自重} \quad (\text{t}\cdot\text{km})$$

式中 Q_1、Q_2、…、Q_n——各牵引区段不同种类列车的总重,t;

S_1、S_2、…、S_n——各牵引区段的长度,km;

$P_{重}$——重车动载重,t;

$P_{自重}$——货车平均自重,t。

若 S 铁路局运用重车平均总重 80 t、空车自重平均 22.5 t,则该局货运机车每日牵引总重吨公里为:

$$\sum QS_{总}=80\times 232\,905+22.5\times 87\,415=2.06\times 10^7 \ (\text{t}\cdot\text{km})$$

i 地区和 j 地区货运机车每日牵引总重吨公里分别为:

$$\sum QS^i_{总}=80\times 99\,555+22.5\times 38\,575=8.83\times 10^6 (\text{t}\cdot\text{km})$$

$$\sum QS^j_{总}=80\times 133\,350+22.5\times 48\,840=1.18\times 10^7 (\text{t}\cdot\text{km})$$

二、机车运用效率指标

技术计划中计算的机车运用效率指标包括机车全周转时间、机车日车公里、列车平均总重、机车平均牵引总重和机车台日产量等。

1. 机车全周转时间

机车全周转时间 $\theta_{机}$ 是从时间上反映机车运用效率的指标,为机车每周转一次所消耗的时间,包括:纯运转、中间站停留、本段和折返段停留、本段和折返段所在站停留时间。回段机车为上次入段时起至本次入段时止；实行循环运转和轮乘制的机车为上次机车到达乘务员换班站时起至本次机车到达乘务员换班站时止；在站换班机车为接车时起至交车时止。机车全周转时间按下式计算：

$$\theta_{机}=\frac{2L}{v_{旅}}+t_{基}+t_{折}\quad (h) \tag{1-10-3}$$

式中　L——机车牵引区段的长度，km；

$v_{旅}$——列车平均旅行速度，km/h；

$t_{基}$——机车在基本段及基本段所在站停留时间，h；

$t_{折}$——机车在折返段及折返段所在站停留时间，h。

机务段、地区或铁路局的机车平均全周转时间为所管辖牵引区段机车全周转时间的加权平均值。如果 S 铁路局设有 B、C、E 三个机务段，机车在基本段和折返段及所在站的停留时间标准分别为 4 h 和 3 h，列车旅行速度为 i 地区 60 km/h、j 地区 80 km/h，机车担当交路如图 1-10-3 所示，则 S 铁路局机车平均全周转时间见表 1-10-1。

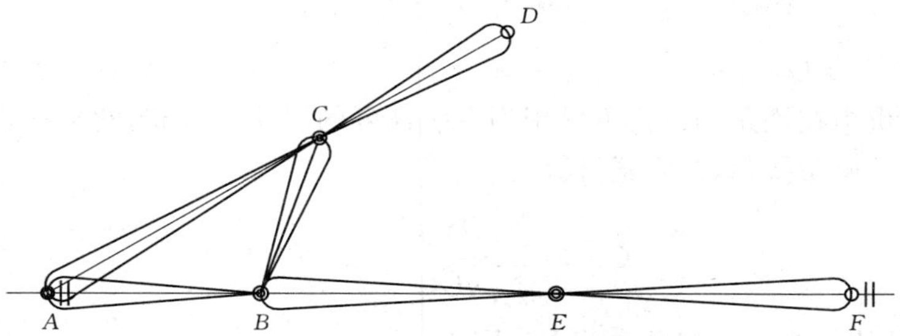

图 1-10-3　S 铁路局机车交路图

表 1-10-1　S 铁路局机车平均全周转时间计算表

单　　位			机车全周转时间(h)
i 地区	C 机务段	A—C	11
		C—D	10.3
	B 机务段	A—B	10.3
		B—C	9.7
	地　　区		10.3
j 地区	E 机务段	B—E	10.8
		E—F	10.8
	地　　区		10.8
S 铁路局			10.5

依据机车全周转时间和管内各区段机车供应台次，即可计算出铁路局运用货运机车需要数量。

2. 机车日车公里

机车日车公里 $S_{机}$ 即每台货运机车每昼夜平均走行的公里数，其值可按下式计算：

$$S_{机}=\frac{\sum MS_{沿}-\sum MS_{补}}{M_{货}-M_{补}}\quad(\text{km/d})\tag{1-10-4}$$

或

$$S_{机}=\frac{2L}{\frac{\theta_{机}}{24}}=\frac{2L}{K_{需}}\quad(\text{km/d})$$

在计算机车日车公里时不计补机的走行是由于补机的工作性质决定了补机每昼夜的走行公里较少，如果计入将会使该项指标缺乏可比性。

本例中，S 局及各地区机车日产量分别为：

$$S_{机}^{S}=\frac{\sum MS_{沿}-\sum MS_{补}}{M_{货}-M_{补}}=\frac{9\ 820}{19}=516.8(\text{km/d})$$

$$S_{机}^{i}=\frac{4\ 120}{10}=412(\text{km/d})$$

$$S_{机}^{j}=\frac{5\ 700}{9}=633.3(\text{km/d})$$

3. 列车平均总重 $Q_{总}$

列车平均总重指在铁路局或机务段担当牵引任务的线路上，列车的平均总重，是反映机车牵引力利用程度的质量指标，按下式计算：

$$Q_{总}^{列}=\frac{\sum QS_{总}}{\sum nL_{本}}\quad(\text{t/列})\tag{1-10-5}$$

本例中，S 局及各地区列车平均总重分别为：

$$Q_{总}^{S列}=\frac{2.06\times10^{7}}{9\ 820}=2\ 100(\text{t})$$

$$Q_{总}^{i列}=\frac{8.83\times10^{6}}{4\ 120}=2\ 150(\text{t})$$

$$Q_{总}^{j列}=\frac{1.18\times10^{7}}{5\ 700}=2\ 050(\text{t})$$

4. 机车平均牵引总重

机车平均牵引总重为每台运用机车平均牵引列车的总重量。

$$Q_{总}^{机}=\frac{\sum QS_{总}}{\sum nL_{本}+\sum MS_{重}+\sum MS_{补}}\tag{1-10-6}$$

本例中，列车均为单机牵引，没有补机和重联机车，因而机车平均牵引总重与列车平均总重相等。

5. 机车日产量

机车日产量 $W_{机}$ 即平均每台货运机车每日生产的总重吨公里数，反映货运机车运用效率，是考核机车运用质量的综合指标：

$$W_{机}=\frac{\sum QS_{总}}{M_{货}}\quad(\text{t·km/台})\tag{1-10-7}$$

S 局及各地区机车日产量为：

$$W_{机}^{S}=\frac{2.06\times10^{7}}{19}=1.08\times10^{6}(\text{t}\cdot\text{km/台})$$

$$W_{机}^{i}=\frac{8.83\times10^{6}}{10}=8.83\times10^{5}(\text{t}\cdot\text{km/台})$$

$$W_{机}^{j}=\frac{1.18\times10^{7}}{9}=1.31\times10^{6}(\text{t}\cdot\text{km/台})$$

三、运用货运机车台数的确定

技术计划规定了次月局管内各区段的行车量，要实现列车牵引任务，还需要确定管内各机务段的运用货运机车台数。

1. 机车供应台次

机车供应台次 $U_{供应}$ 表示一昼夜内全部机车在担当牵引的区段内的总周转次数。机车由本段(驻在机车为驻在段)每出入段一次，各算 0.5 次；循环运转和轮乘制机车经过乘务员换班站每到达、出发各算 0.5 次；临时越过图定机车交路运行时，每经过一个乘务区段算 0.5 次，不足一个乘务区段不计算。故每一区段的机车供应台次为：

$$U_{供应}=n+n_{双}\quad(台次)\tag{1-10-8}$$

式中　n——区段开行的列车对数；

$n_{双}$——其中双机牵引的列车对数。

设 S 铁路局各区段均为单机牵引，则各区段机车供应台次见表 1-10-2。

2. 机车需要系数

机车需要系数 $K_{需}$ 是指在一个牵引区段内，每担当一对列车的牵引任务平均需要的机车台数，按下式计算：

$$K_{需}=\frac{\theta_{机}}{24}(台/对)\tag{1-10-9}$$

3. 运用货运机车需要台数

$$M_{货}=(n+n_{双})\frac{\theta_{机}}{24}=U_{供应}K_{需}\quad(台)\tag{1-10-10}$$

表 1-10-2　S 铁路局各区段机车供应台次

区段	机车供应台次
A—B	6
B—C	6
A—C	4
C—D	5
B—E	10
E—F	9

S 铁路局各区段机车需要系数和机务段运用机车需要台数计算结果见表 1-10-3。

表 1-10-3　S 铁路局各区段机车需要系数和运用机车需要台数计算表

单　　位			机车需要系数	机车需要台数
i 地区	C 机务段	A—C	0.46	1.9
		C—D	0.43	2.2
		全段	0.44	5
	B 机务段	A—B	0.43	2.6
		B—C	0.41	2.5
		全段	0.42	5

续上表

单位			机车需要系数	机车需要台数
j 地区	*E* 机务段	*B*—*E*	0.45	4.5
		E—*F*	0.45	4.1
		全段	0.45	9
	S 铁路局		0.44	19

机务段配属的机车包括运用机车和检修、备用机车，通常检修和备用机车约占配属机车总数的 15%。因为在局管内机车按机务段配属，所以路局运用机车需要数为管内各机务段机车需要台数之和，而不按铁路局总机车需要系数计算。

复习思考题

1. 机车按照归属权限和指挥使用权限怎样分类？
2. 什么是沿线走行公里？什么是换算走行公里？
3. 什么是机车全周转时间？
4. 在编制技术计划时，怎样确定铁路局及所属机务段下月需要运用机车台数？
5. 什么是机车日产量？怎样计算？

第十一章　运　输　方　案

运输方案根据运输生产规律寻求总体最优的运输组织方法，是保证完成月度运输计划的综合部署。运输方案按照编制和执行的组织机构分为跨局运输方案、铁路局运输方案和站段运输方案。

第一节　铁路运输方案的性质和作用

一、铁路运输方案的性质和作用

1. 运输方案的性质

为了完成月度运输计划，需要研究计划月的货流特点及由此可能带来的困难，制定提高运输效率和克服困难所应采取的运输组织措施。运输方案就是为这一目的编制的。每月铁路局、站段都要根据实际情况，按照月度货物运输计划、技术计划的要求和列车编组计划、列车运行图、机车周转图的规定，与路内外有关单位密切配合，共同编制和执行运输方案。

列车编组计划、列车运行图、月度货物运输计划和技术计划不能代替运输方案。

列车编组计划和列车运行图是依据年度计划车流编制的比较长期的车流组织办法和列车运行计划，与月度货流往往有出入。

月度运输计划是铁路当月应完成的货物运输任务，它规定了各类货物的流向和数量，技术计划是为完成月度货物运输计划所制定的铁路机车、车辆的运用和分配计划。月度货物运输计划和技术计划规定了当月运输工作的数量指标和质量指标，但对于如何组织货流车流，使车流组织和列车运行、列车运行与机车运用密切结合，则缺乏具体安排，因而不能据以直接组织运输过程。

运输工作日班计划虽然可以解决这一问题，但又因日班计划依据的车流事先未经统筹规划，要求在很短的编制时间内临时加以组织，既难以深入考虑，又不易组织实现。

运输方案就是根据这一情况，按照月度货物运输计划、技术计划的任务要求和列车运行图和列车编组计划的规定，在满足产、销需要，协调路内外与运输有关部门关系的前提下，综合部署月、旬运输工作而制定的旨在全面改进运输组织的对策和办法。

因而，运输方案是指导铁路日常运输工作的战略部署。

2. 运输方案的作用

铁路运输方案在运输日常调度指挥中发挥着重要的指导作用，主要表现在：

1. 平衡运能和运量

当运能不能满足运量的需要时，运输方案通过综合平衡，保证计划内物资和重点物资的运输。

2. 组织路内外协作，保证企业生产，提高运输效率

在铁路运输总量中，约有70%的运量是在专用铁道和专用线上进行装卸的。在运输方案中，可根据企业的生产特点组织重、空车辆的取送，保证企业生产的顺利进行；同时，企业根据

铁路的要求，组织定点、定线、定编组的“三定”列车，固定成组配空、出重的运行线，编组高质量列车。由于加强了路内外协作，既可满足企业生产的运输需要，又可为运输组织创造方便条件。

3. 做到预见地组织运输生产

通过运输方案，可以找出当前运输工作的薄弱环节，有利于提高运输工作的预见性和主动性，对可能产生的困难采取预防措施，从而保证实现计划运量。

4. 便于对运输设备的改建和扩建提出切中要害的方案，提高基建投资的效益

运输方案主要研究在现有设备条件下，为消除运输薄弱环节而应采取的技术组织措施，并不涉及运输能力加强。但是，由于运输方案是从全局的角度考虑作业组织，因而在进行铁路技术设备的改、扩建时，从运输方案的角度容易得到整体最优的方案。

例如，当某编组站能力紧张时，既可以加强编组站本身的能力，也可以在编组站以外采取措施。改善装、卸站的货物作业能力、组织始发直达列车，以缓解编组站的作业压力，往往投资少、收效大。

二、铁路运输方案的技术组织原理

铁路运输方案是以运输过程的整体优化为目标所制定的保证完成月、旬运输工作的综合部署。运输方案通过采取提高作业效率和适应货流波动的技术组织措施，保证月度货物运输计划得以顺利实施。

1. 提高运输效率

(1)优化作业过程，缩短关键作业的延续时间

根据计划评审技术的原理，一项工程的工期由处于关键路线上的单项作业时间之和决定。缩短了这些单项作业的延续时间，整个工期就缩短了。运输方案就是要运用运筹学原理，优化作业过程，从而提高作业效率，使运输设备的作业能力与运输需要相适应。

(2)减少运输生产的中间环节

铁路运输是多部门、多工种参与的生产过程，通过协作减少中间作业环节，就能提高运输效率、降低运输成本。这就需要本部门的不同工种根据后续作业的要求组织作业，例如送车照顾装卸、装卸考虑编组：车站可以按出发列车的编组需要，把同一组号的货物集中在一起，组织货位使用、进货和装车，装好以后取车连挂就可以成列或成组，以减少调车钩数。

加强不同部门之间的协作，例如：组织高质量列车(超过列车编组计划规定到站的列车和为解体站或到站创造方便条件、减少调车作业的列车)，减少途中站和终到站的作业环节；按双向编组站上下行调车系统的集结组号编组列车；打破铁路和厂矿界限，组织列车直入直出；大型厂矿的专用铁道与铁路接轨站都设有工业技术站。到发的列车通常要经过铁路技术站和厂矿技术站两次技术作业，通过运输方案加强路矿协作，厂矿按铁路编组计划编组列车，按到达厂矿要求组织装车，就可以减少列车的解编和技术作业，缩短车辆停留时间。

(3)以系统观点统筹安排，消除薄弱作业环节

铁路的运输能力由最薄弱的作业环节决定，消除了薄弱环节，就提高了系统的整体作业能力。运输方案通过有预见地合理分配作业负担，使薄弱环节的作业能力与其承担的作业任务相适应，从而保证在现有设备条件下顺利完成运输任务。

(4)充分利用运输设备的通过能力

运输方案采用选取与当月运量相适应的分号运行图，统筹分配区段、技术站和货运站的作

业负担，使系统的整体运能得到充分利用。

(5)压缩车辆的非生产停留时间

根据统计，车辆周转过程中，1/3 在装卸车站作业和停留，1/3 在技术站作业和停留，只有 1/3 时间在途中运行，装卸站的停留时间 25%是作业时间，75%是等待时间，技术站上停留时间用于作业的业只有 20%。大部分时间是集结和等待时间。

运输方案压缩非生产停留时间有如下一些做法：

①按大阶段去向均衡，小阶段去向集中的原则组织挂线装车。大阶段均衡是指 3～6h 内，各去向列车数量均衡；小阶段集中是指在编组某一趟列车之前的一段时间内，各装车点都装统一去向的车流，使取车就是编组，连挂即可成列。

②挂线装车，即根据列车出发时间和编组内容安排装车，保证装好的车能立即挂出，不产生等线发车时间。

③组织车流配合到达技术站，压缩车辆集结时间。

④根据到站的卸车能力，组织本站作业车到达。

(6)实现货物列车运行客车化

运输方案实现货物列车运行客车化的具体方法是列车挂线，即以定点、定线、定编组的方式，为有稳定车流的去向制定列车运行线。

列车挂线的方式有：

①一个发站发出的列车挂一条运行线。

②几个发站发出同一径路的列车合用一条运行线。

到站可以是一个或几个卸车站，或到达技术站改编。

2. 适应运量波动

在日常运输工作中，运量波动是不可避免的。运量降低，铁路运输能力空费；运量超过运能，则无法完成运输任务。因而，应当采取组织措施，把运量的波动控制在一定的范围。运输方案通常采用以下措施应对运量波动：

(1)组织本站机动货源作为调整货源

铁路运输的货物从时间要求来看，有两大类：一类是时间要求比较严格，如鲜活货物、抢险救灾物资；另一类是发运时间有一定灵活性，可以适当提前或推后的货物。铁路运输方案安排日历装车时，应先安排发送日期没有调整可能性的货源。发送日期比较灵活的货源，可以作为机动货源，补充落空或不足的货源，保证方案列车的开行。

(2)利用出车区其他车站的车流补轴

在同一出车区内，各站大多装运同种大宗货物。本站车流不足，影响方案列车时，可以用其他车站的车流补充。打破部门、工种的界限，统筹安排运输资源，是运输方案解决运能、运量矛盾的主要思路。

三、运输方案的编制方法

(一)跨局运输方案

跨局运输方案在交换车流较大的铁路局间编制，目的在于合理安排跨局列车的挂线，以协调局间的列车解编任务，减少车辆在途中的改编作业，缓和编组站和区段能力紧张状况。跨局运输方案主要包括跨局货流组织方案和跨局列车组织方案。

1. 跨局货流组织方案

由于跨局货流的发站和到站不在同一铁路局，为了避免到站卸车困难，相关铁路局应根据厂矿生产需要和车站装、卸作业条件协商决定直达列车的组织方法。

首先要合理规划物资的调拨，消除不合理运输，使货流相对集中，以利于开行直达列车。

其次，要根据到站的卸车条件组织直达列车，防止因待卸时间过长降低车辆的使用效率。

2. 跨局列车组织方案

跨局列车组织方案主要规定分界口交接的空、重直达列车的组织办法，即指定跨局空车直达列车的车种、编成辆数和固定车次和跨局核心列车的车次及编组内容。

为了便利到站的卸车作业或缓解编组站的能力紧张，要在跨局运输方案中规定高质量直达列车的编组要求。高质量直达列车是指超过列车编组计划的要求，为卸车站或终到的编组站提供作业便利的直达列车，包括：

(1)越过列车编组计划规定的最远到达站的直达列车。由于远程直达列车无改编通过更多的技术站，可以获得更大的经济效益。

(2)为编组站编组分站、分场的列车。当直达列车到达的枢纽内有两个及以上编组站时，要求列车编成站按枢纽内的编组站编组列车而不混编，即到达列车中只能编挂该列车终到的编组站集结的车流，而不能包含枢纽内其他编组站集结的车流。分站编组可以减少枢纽小运转列车的开行数量和调车作业量，但列车编成站可能延长车列集结时间。

当到站为双向编组站或实行双推双溜的编组站时，按到站的调车系统或调车分区编车，也可以减少车辆转场和重复分解的调车作业。

(3)对本站自编列车中车辆的组号再按照列车终到站列车编组计划规定的组号细分，从而减轻终到站改编车流的作业负担、加速作业进度。

(4)按到站的同一专用线和货物作业点成组，便于货运站送车的列车。有的货运站因调车设备能力不足而延误车辆取送，如规定列车中车辆按到站的卸车地点分组，甚至按车辆的作业线分组，就可以减轻卸车站的调车作业负担，加速车辆在到站的作业过程。

跨局运输方案在加强局间协作，保证运输畅通方面发挥了积极的作用。今后应当在总公司的主持下，逐步形成全路运输方案，以指导跨局列车的运输组织工作。

(二)铁路局运输方案

铁路局运输方案包括货运工作方案、列车工作方案和机车工作方案。在站场或线路施工期间还需要编制施工方案。

铁路局运输方案依据月度运输计划、技术计划，列车编组计划、列车运行图及站段技术作业标准，区段通过能力、技术站改编能力及货运站装卸能力，水运、公路接运能力，施工计划等原始资料编制。

1. 货运工作方案

(1)货运工作方案的主要内容

①大宗稳定货流始发、阶梯直达列车的配开计划。

②成组装车的日历安排。

③短途货物整列出车和固定车底循环列车日历装车计划。

④零流合组直达列车和区段零流挂线装车的日历安排。

⑤重点装车站的日历装车安排。

重点装车站是指具有大宗稳定货源的车站，所装货物到站卸车有困难的车站，或发送方向较多需要重点组织的车站。

⑥主要站的卸车安排。

(2)货运工作方案的编制方法

编制货运工作方案的思路是通过扩大直达、成组装车提高运输效率。

①根据运输设备条件组织货流

发站和到站有整列装、卸条件时，应使供需关系相对集中，以形成稳定、强大的车流，为组织直达列车创造条件。

装车可以整列，但卸车站不具备整列卸车条件时，可考虑组织反阶梯直达列车或到达技术站解体的列车。

卸车可以整列，但整列装车有困难时，可组织阶梯直达列车。

对同品名、不同发货单位的货源，可以组织统一运用仓库、货区货位、统一调配搬运工具，实行统一发货，既提高装车设备的利用效率，又为组织直达列车和成组装车创造条件。

②根据货流条件选择自装车流的组织方式

以大宗货物装车站和出车区为单元，将全月批准的订车计划，按先直达、后成组、再零星的顺序，由远而近地组织自装车流。

在选择车流组织方式时，应采取有效措施，最大限度地扩大直达列车吸收车流的比例：

在大宗货物装车站，可以采取"以整带零"的方法，扩大直达流量，即以煤、矿石等大宗货物为主，吸收相同到站或去向的零星货流，扩大直达流量。

编制旬间日历装车计划，把中间站的零星车流纳入技术站车流组织计划。

2. 列车工作方案

列车工作方案根据货运工作方案的货流组织进行车流挂线，确定方案列车运行线。列车工作方案具体实现货运工作方案的安排，是铁路运输方案的核心和最终体现。

编制列车工作方案所要完成的工作包括：

(1)车流组织

列车工作方案包括直达车流和空车流组织。

①直达车流组织

直达车流组织主要是自装车流的组织，其目的在于增加装车地直达列车的数量、提高装车地直达列车的质量。

a. 绘制直达列车到达站图

由于装车地组织的到技术站解体的直达列车到达站和编组内容必须符合技术站列车编组计划的规定，因而在组织装车地直达车流时，需要首先绘制出车区的直达列车到达站图，如图 1-11-1 所示。

绘制出车区直达列车到达站图的方法如下：

以出车区为起始点，逐步向前方技术站延伸，直至延伸到方向上的最后技术站；在延伸到的任何技术站如果开行几个直达列车到达站，就从该站画出几个分枝，其中位于主干上的到达站为在干线上运行距离最长的到达站，但任何技术站的前方站只能在到达站图上出现一次。

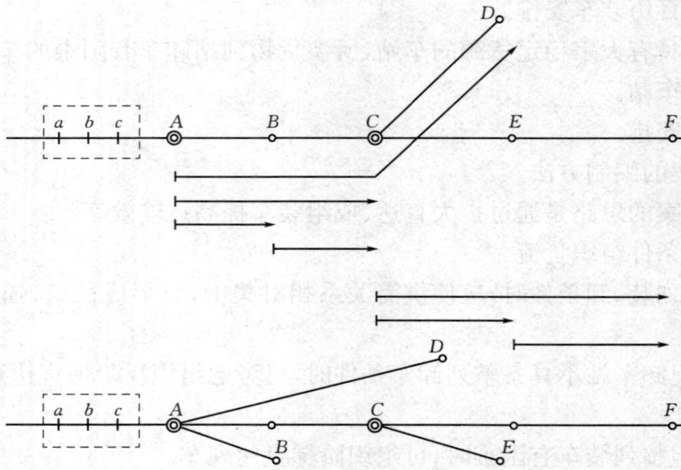

图 1-11-1 出车区直达列车到达站图

从出车区直达列车到达站图可以清晰地看出该出车区可能编开的在技术站解体的直达列车到达站及其编组内容。不同分枝表示的车流，如果合并开行直达列车，其到达站为发出这些分支的技术站。例如，图 1-11-1 表示的出车区可以开行的在技术站解体的直达列车到达站为 *B*、*C*、*D*、*E* 和 *F*。其中：*B* 到达站的编组内容为 *B* 及其以远（仅包括 *B* 站卸及 *B*—*C* 区段各站卸）；*D* 到达站为 *D* 站卸；*C* 到达站为 *C* 及其以远（不包括 *D* 站卸）；*E* 到达站为 *E* 及其以远；*F* 到达站为 *F* 及其以远。

出车区各站编开的到达卸车站的直达列车则不受以上限制。

b. 确定直达列车最终到达站

直达列车到达站图只是给出了出车区可能开行的直达到站，在编制列车工作方案时，需要根据各站车流和改编设备条件，最终确定直达到站。在货运工作方案中，已经细致地考虑了自装车流的组织方法，编制列车工作方案时可以直接引用。

②空车流组织

向空车不足的装车地点配送空车是实现装车计划的必要条件。在编制运输方案时，主要解决空车直达列车组织问题。

编开始发直达列车的装车站通常需要整列配送空车，实行整列或成组装车。空直达列车的开行列数，根据国铁集团技术计划规定的局间分界站的空车交接数和要求以及自局管内始发直达列车列数确定。

空车直达列车的组织地点，应选择在大量卸车站或有大量空车汇集的技术站。

(2)选定分号运行图

为了提高机车的运用效率，实现均衡运输，在运输方案中要根据技术计划规定的各区段行车量，并考虑日常波动选定分号运行图。

采用独立分号运行图的铁路局，根据当月最大运量和最低运量，为每一区段编制基本图、第一和第二分号图。采用综合分号运行图的铁路局，则根据运量波动的情况在基本图上抽去一定数量的运行线形成第一分号图，在这一基础上再抽去一定数量的运行线形成最低行车量的第二分号图。

在运输方案中，应根据当月技术计划的行车量，并考虑一定的波动，选定相应的分号图。

(3)车流挂线

车流挂线是指为货运工作方案中确定的各种车流指定运行线,将车流与运行图中的列车车次固定起来。这些有稳定、足够数量车流保证的车次即为核心车次,又称为方案车次。在一般情况下方案车次占全部运行线的比重不应少于 60%。

由于方案列车固定了在装车站和卸车站的出发和到达时间,便于铁路与厂矿密切配合,保证编组站、装卸站和区段工作的稳定。

车流挂线的方法有两种:

①单独固定

车流量达到或接近每日一列能够每日开行的到达站,单独固定一条运行线。

②联合固定

小于每日一列、有共同径路的若干到达站可联合使用运行线。

a. 发站相同而到站不同的直达列车联合使用一条运行线

同一装车站,如组织有到达同一方向不同到站的直达列车,它们有一段共同径路,这些不同到站的直达列车可以联合使用列车运行线。如图 1-11-2 所示,a 站每月组织到 C 站的直达列车 13 列,到 D 站 16 列,全月两个到达站的列车共 29 列,可以联合使用一条 A 站至 C 站的运行线。

这时,应当为运行距离较长的直达列车,在各区段的运行图上选定接续关系良好的运行线,全程使用统一的车次。当开行距离较短的直达列车时,其超长区段的运行线可以用作直通或区段列车运行线。

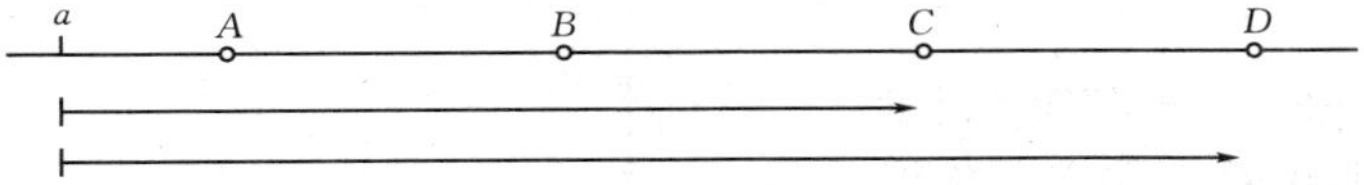

图 1-11-2 发站相同而到站不同的到达站共用运行线

b. 发站不同而到站相同的直达列车联合使用一条运行线

位于相同运行区段的不同发站,或位于不同支线的不同发站,如果它们组织的直达列车有相同的到站,可以考虑联合使用一条运行线。在图 1-11-3 所示的运行区段中,a 站每月组织到 D 站的直达列车 18 列,b 站 12 列,则这两个到达站可以联合使用一条 A 站至 D 站的运行线。

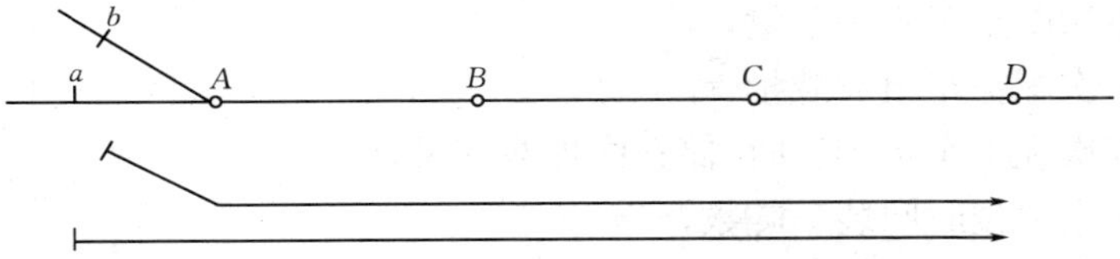

图 1-11-3 发站不同而到站相同的到达站共用运行线

3. 机车工作方案

编制机车工作方案的主要任务是在列车工作方案确定的分号运行图上勾画机车周转图,安排机车检修工作。

在制定列车工作方案,从基本图中抽线选定分号图时就应考虑机车周转,抽线时应尽量减少机车在折返段的交路变更,而在基本段调整某些机车交路,使机车在机务段所在站的停留时间不至于过分延长而需要增加机车台数。

（三）站段运输方案

车站是铁路运输的基层生产单位，运输方案的最终实现要靠车站的工作组织。站段运输方案大宗货物指品种单一、运量大且稳定的货物，如煤炭、石油、矿石、黑色金属、建筑材料、棉花、粮食等。据统计，我国铁路总运量中大宗货物的运量占80%，高效地实现大宗货物运输对于铁路和国民经济意义重大。

大宗货物装车站运输方案所要解决的问题是空车流配送和自装车流出重的组织方法，使铁路运输更好地为企业生产服务，同时提高运输效益。即运输方案应保证发货企业正常生产、满足收货单位对原材料的需求、最大限度组织直达运输。

1. 空车配送时间间隔和数量

煤炭、原油等大宗货物的生产是连续性的，其生产、储存和运输环节必须相互协调。例如，煤炭开采出来从井下提升到地面以后，经皮带输送机进入漏斗仓暂存，漏斗仓通常设于装车线上方，在空车列通过漏斗仓下方时，控制仓口的开闭使煤漏入车内。为了保证煤炭企业的正常生产和铁路机车车辆的运用效率：在仓满之前应有空车送达，否则就会造成煤炭落地，此时停止生产将造成企业经济损失，而继续生产落地煤炭装车又需耗费大量人力物力且延长装车时间；另一方面，空车过早送达，舱内尚未集结足够的煤炭，将造成机车车辆等待货物集结，降低使用效率。原油生产企业同样需要在储油罐储满前空黏油罐车送达装车地点，空罐车送到时，储油罐内应储有足够本次装车的原油。因而，空车到达与货物集结应相互配合。

车站向装车地点配送空车的平均时间间隔应为集结一整列货物的时间，按下式计算：

$$I=\frac{Q_{列}}{p}\quad(\mathrm{h})\tag{1-11-1}$$

式中 $Q_{列}$——每一列车的平均装载量，t；

p——企业煤炭生产率，t/h。

当装车点可以整列装车时，该间隔为两次送车之间的时间间隔；如不具备整列装车条件，每列空车需分几次送车，则该时间间隔为每列第一次送车之间的时间间隔。

在具体组织装车时，本次配空至下次配空的最小间隔为：

$$I_{最小}=\frac{Q_{组1}+Q_{组2}-Q_{存}}{p}-\frac{Q_{组2}}{q}\quad(\mathrm{h})\tag{1-11-2}$$

式中 $Q_{组1}$——本次配空车组装载量，t；

$Q_{组2}$——下次配空车组装载量，t；

$Q_{存}$——本次配空车组到达时，储仓内煤炭存量，t；

q——储仓单位时间装车吨数，t/h。

最大间隔为：

$$I_{最大}=\frac{Q_{容}-Q_{存}+Q_{组}}{p}\quad(\mathrm{h})\tag{1-11-3}$$

式中 $Q_{容}$——储仓容量，t；

$Q_{存}$——本次车组送到时，储仓内货物储量，t；

$Q_{组}$——本次车组的装载量，t。

送车间隔过小，储仓集结的货物数量不足，造成车辆等待货物集结；送车间隔过大，则储仓已满，不能容纳继续流入的产品，企业蒙受损失。因而，合理的送车间隔时间应为$I_{最小}\sim I_{最大}$间。

储仓容量越大，适应运输波动的能力就越强。但储仓容量过大，建仓的投资也越大。所以储仓的容量应根据生产和运输波动的幅度来确定。

2. 按照铁路局运输方案组织开行始发直达及高质量直达列车

高质量直达列车是超过列车编组计划的要求编开的，方便到站和收货单位作业、减轻前方编组站作业负担的列车，体现了相互间的协作精神。

大宗货物装车站应努力实现铁路局运输方案对该站车流组织方法的规定，以整带零增加直达列车的开行数量，编开高质量列车。

第二节 铁路运输方案的执行

铁路运输月度计划、技术计划和运输方案密切相关，是一个有机的整体。月度货物运输计划确定铁路局本月的运输任务；技术计划规定为完成运输任务铁路局应保有的机车、车辆的数量和应实现的运输指标；运输方案则详细地制定为实现运输计划需要采取的运输组织措施。

在编制时间上，先编制月度货物运输计划，然后根据计划运量制定技术计划，最后确定运输方案，三者互相依存，共同为运输日常调度提供依据。

一、运输方案的下达

运输方案编制完成后，在计划月开始前，铁路局将月度计划、技术计划和运输方案报送国铁集团、抄送有关铁路局、本局总工室、各业务处、车务段、机务段及主要站。其内容包括：

1. 月度货物运输计划

(1)货物品类装车计划

按煤、石油、焦炭、金属矿石、钢铁、非金属、磷矿、矿建、水泥、木材、粮食、棉花、化肥、盐、化工、金属、工业机械、农业机械、鲜活易腐、农副产品、食品、纺织、文教、医药、零担、集装箱和其他等 28 个品类，列出本局下月的装车数量，如表 1-11-1 所示。

表 1-11-1 8 月份货物品类装车计划

品类	日均(t)	净载重(t)	装车数(车)	发送吨(t)
煤	260	61.7	8 060	497 302
石油	25	48.6	775	37 665
焦炭	12	60.1	372	22 357
…	…	…	…	…
医药	37	43.6	1 147	50 009
零担	8	57.8	248	14 334
集装箱	22	54.4	682	37 101
其他货物	24	56.0	744	41 664
合计	715	58.8	22 165	1 303 302

(2)去向别装车计划

按哈尔滨、沈阳、北京、太原、呼和浩特、郑州、武汉、西安、济南、上海、南昌、广州、南宁、成都、昆明、兰州、乌鲁木齐和青藏 18 个铁路局列出本局下月装往自局和外局的装车数和发送吨数。在本例中，全路有 R、S、T、U 四个铁路局，其去向别装车计划如表 1-11-2 所示。

表 1-11-2　8 月份去向别装车计划

去　　向	日 均（t）	装车数(车)	发 送 吨 数（t）
R　局	123	3 813	228 780
S　局	455	14 105	829 374
T　局	91	2 821	174 620
U　局	73	2 263	131 028
合　计	742	23 002	1 363 802

(3)站、段别货物品类装车计划

按 28 个品类列出局管内各车务段和局直属站下月装车计划。本例中，i 地区划分为 B、C 两个车务段和 B、C、D 三个局直属站，j 地区划分为 E、F 两个车务段和 E、F 两个局直属站，如表 1-11-3 所示。

表 1-11-3　8 月份站、段别货物品类装车计划

站　段	*B* 段	*C* 段	*E* 段	*F* 段	*B* 站	*C* 站	*D* 站	*E* 站	*F* 站
日车(车)	131	102	78	53	94	57	79	70	78
静载重(t)	57.8	59.0	59.4	60.1	58.3	59.2	60.1	57.8	58.6
月车(车)	4 061	3 162	2 418	1 643	2 914	1 767	2 449	2 170	2 418
发送吨	234 726	186 558	143 629	98 744	169 886	104 606	147 184	125 426	141 695
煤			2 976	2 387				1 488	1 209
石油						775			
焦炭				372					
…	…	…	…	…	…	…	…	…	…
医药					74			112	
零担	38	24	25	28	30	32	25	24	22
集装箱					132	146	128	139	137
其他	68	85	54	46	93	101	85	97	115

(4)站别装车计划

为了便于非直属站了解自站计划月的装车任务，在运输方案中以车务段为单位列出各站应完成的装车数，如表 1-11-4 所示。

表 1-11-4　8 月份站别装车计划

站　名	装　车　(车)		发送吨(t)	静载重(t)
	月装车	日装车		
B　段	4 061	131	234 726	57.8
1　站	1 023	33	61 584	60.2
2　站	1 085	35	61 627	56.8
3　站	868	28	50 864	58.6
4　站	1 085	35	60 651	55.9
C　段	3 162	102	186 558	59.0
5　站	1 085	35	64 340	59.3

续上表

站　名	装　车　（车）		发送吨(t)	静载重(t)
	月装车	日装车		
6 站	992	32	58 528	59.0
7 站	1 085	35	63 690	58.7
E 段	2 418	78	143 629	59.4
a 站	589	19	34 516	58.6
b 站	589	19	35 046	59.5
c 站	558	18	33 146	59.4
d 站	682	22	40 921	60.0
F 段	1 643	53	98 744	60.1
o 站	434	14	26 257	60.5
p 站	310	10	18 508	59.7
q 站	465	15	27 808	59.8
r 站	434	14	26 171	60.3

2. 运输方案

这部分内容主要包括始发直达、整列短途和成组装车计划和挂线方案，空车直达列车开行计划和列车工作方案，如表 1-11-5～表 1-11-8 所示。

表 1-11-5　始发直达、整列短途、成组装车计划

月装车（车）	直达列车			整列短途			成组装车			直达、短途、成组合计	
	列数	车数	%	列数	车数	%	组数	车数	%	车数	%
742											

表 1-11-6　始发直达、整列短途列车挂线方案

发站	到站	品名	全月计		挂线车次	备注
			列数	辆数		

表 1-11-7　空车直达开行计划

发站	到站	车种	全月计		挂线车次	备注
			列数	辆数		

表 1-11-8　列车工作方案

区段	基本图、分号图对数	月计划对数	方案对数	方案车次对数
A—*B*	10、8、6	6	8	5
B—*C*	10、8、6	6	8	5
A—*C*	8、7、6	4	6	3
C—*D*	8、7、6	5	7	4

续上表

区　段	基本图、分号图对数	月计划对数	方案对数	方案车次对数
$B—E$	12、10、8	9	11	7
$E—F$	10、8、6	8	10	6

3. 技术计划

关于技术计划本篇已作了详尽的论述，具体表格不再给出，仅列出有关内容。在铁路局下达的“运输方案”中将技术计划的计算结果以表格形式下达，包括铁路局技术计划指标，车种别管内重车、移交重车和空车保有量计划，去向别车种别使用车和增加使用车计划，自装和接入的限制口交车数，五定班列和跨局直达列车开行计划，车种别卸空车计划，区段货物列车回数计划，车种别分界站货车出入计划和车务段、局直属站运输指标计划。

4. 施工计划

最后列出计划月铁路线路施工和接触网检修的地点、指明是上行正线或下行正线，施工的起止里程，施工日期，有关施工项目、封锁区间和列车限速运行的说明及为保证安全、顺利施工对有关部门提出的要求。每项施工任务后还列出了施工单位及负责人姓名、施工计划的审核业务处和安全协议签订单位及负责人姓名，以便于相互联系。

二、日常运输调度保证实现运输方案的措施

运输调度通过编制执行日班计划实现运输方案。

在运输方案中规定了采用的分号运行图和核心车次，确定了直达车流组织和配空方法，奠定了列车工作计划的基础；规定了主要装车站的出车和配空方法、中间站的日历装车计划，稳定了货运工作计划。这就使调度人员在编制和执行日班计划时有了方向，提高了预见性。同时，运输方案把货运工作、列车工作和机车工作紧密衔接起来，使路内外有关部门和工种互相协调配合，有利于提高运输效率。因而，编制和执行调度日班计划，必须以运输方案为依据，并根据实际情况进行适当的调整。

1. 保证方案空车直达列车的开行

空车直达列车为重直达列车装车提供空车保证，在运输调度工作中必须千方百计兑现方案空车直达列车，特别是分界站交出空直达列车的开行。

2. 保证挂线直达列车运行线

始发直达列车是主要的挂线列车，在日常工作中应积极组织，从落实货源和空车供应两个方面保证实现。

(1)当发现车流不足时，应及时组织出车区其他车站补足，或动用同一去向的备用货源，或调整共用该运行线的发站。

(2)空车是重直达方案列车开行和排空的资源，在日常调度工作中，如空车流不足，应加快管内工作车的输送，组织突击卸车，增加空车资源。

3. 保证技术站核心列车按线开行

(1)组织自装车流

当出现核心列车运行线的接续车流不足时，应有预见地组织自装车流补充。特别是到达车流来自距离较远的编组站时，往往在本站列车出发 10 h 之前就可以推算出接续车流的数量。当

中转车流不足时，及时完成本站补轴车流的装车和取送是保证技术站按线开车的主要措施。

(2)组织中转车流提前到达

计划调度员对于接续车流不足的运行线，可以将接续时间不足的低等级列车编挂的急需车流，在途中的区段站换挂到高等级列车，提前送达编组站。例如，将跨区段运行的摘挂列车从区段中收集来的车流在区段站甩下，换挂到直达或直通列车，保证编组站的编车需要。

(3)组织分组列车按方案交车

当直达流量不足影响方案列车开行时，如果前方技术站有补轴车流，可以改为组织分组列车，通过车组换挂，保证按方案规定的车次和车流内容交给邻局。

第三节　运输方案的考核分析

一、运输方案的考核指标

运输方案执行的情况，可以从铁路局完成的装卸车数、中时和停时、列车旅行速度、货车周转时间以及机车运用效率等运输指标上得到反映。通常运输方案推行较好的铁路局，运输任务会完成得比较顺利，技术指标也有明显的提高。

但是这些指标并不能反映运输方案的编制质量和实际兑现程度，因而需要根据运输方案制定的运输组织措施，如日历装车计划、直达运输组织和空车调配措施等，选定指标进行考核。通常采用以下指标考核运输方案：

(1)日历计划装车率

日历装车计划是扩大直达车流、增加直达列车数量的重要措施。日历计划装车率反映车站和铁路局按日历装车计划装车的比例。

$$\gamma_{日历}=\frac{n_{日历}}{N_{装}}\times 100\% \tag{1-11-4}$$

式中　$n_{日历}$——车站、车务段或铁路局实现日历装车计划的装车数，车。

(2)直达、成组装车比

直达、成组装车比即直达、成组装车数占全部装车数的比值，用以考核运输方案的编制效果。

$$\gamma_{直}=\frac{n_{直}}{N_{直}},\qquad \gamma_{组}=\frac{n_{组}}{N_{装}} \tag{1-11-5}$$

式中　$n_{直}$——由直达列车输送的装车数，车；

$N_{直}$——直达车流量，车；

$n_{组}$——成组装车数，车；

$N_{装}$——总装车数，车。

(3)方案直达列车数和成组装车数兑现率

$$\eta_{直达}=\frac{n_{直达}}{N_{直达}}\times 100\%,\qquad \eta=\frac{n_{成组}}{N_{成组}}\times 100\% \tag{1-11-6}$$

式中　$n_{直达}$、$n_{成组}$——实际组织的始发直达列车列数和成组装车数；

$N_{直达}$、$N_{成组}$——运输方案规定的始发直达列车开行列数和成组装车数。

(4)方案空车直达列车兑现率

$$\eta_{空}=\frac{n_{空直}}{N_{空直}}\times 100\% \tag{1-11-7}$$

式中　$n_{空直}$——实际组织的方案空车直达列车列数；

$N_{空直}$——运输方案规定的空车直达列车开行列数。

(5)跨局方案列车挂线兑现率

$$\mu_{跨局}=\frac{n_{跨局}}{N_{跨局}}\times 100\% \tag{1-11-8}$$

式中　$n_{跨局}$——跨局方案列车按运输方案规定的车次、编组内容和运行线开行的列车数；

$N_{跨局}$——运输方案规定的方案列车总数。

(6)局管内方案列车挂线兑现率

$$\mu_{管内}=\frac{n_{管内}}{N_{管内}}\times 100\% \tag{1-11-9}$$

式中　$n_{管内}$——局管内方案列车按运输方案规定的车次、编组内容和运行线开行的列车数；

$N_{管内}$——运输方案规定的局管内方案列车总数。

二、运输方案分析

运输方案的考核指标反映直达、成组装车组织工作和方案列车始发组织工作的优劣。通过这些指标不仅可以考核运输方案的执行情况，也可以考核方案编制的质量。

直达、成组装车比是一个综合性指标，从这一指标逐月、逐年的变化，可以看出运输方案的组织效果。运输方案编制质量高，直达、成组装车比就会逐步提高，从而减轻编组站作业负担、提高运输效率。

在进行运输方案分析时，需要从方案编制的合理性和方案执行成绩两方面检查。例如，方案直达列车开行列数兑现率高，可以反映车流组织工作细致、扎实，但是另一方面如果应开行始发直达的车流没有全部组织，规定的直达列车数偏少，也会产生指标完成好的假象。所以，在方案的考核指标中，应当既包括相对指标，也应包括绝对指标。

当运输方案的兑现率较低时，应首先检查方案的制定是否合理，措施是否得当，然后查明方案落空的原因，为改进运输组织提供依据。

运输方案依据现有设备，从运输组织的角度统筹规划，以直达和成组装车为基础、方案列车挂线为核心，全面组织货流和车流，保证月度运输计划的完成、为设备改建和扩建提供依据，是我国铁路运输组织的一项基本制度。从1954年至今，运输方案已经走过了60多年的历程，在运能、运需不平衡的条件下为保证运输畅通发挥了巨大的作用，其编制理论和实践也将随着科学技术的进步而不断发展。

复习思考题

1. 什么是运输方案？有什么作用？

2. 运输方案与铁路月度货物运输计划、技术计划有什么联系？

3. 跨局运输方案解决什么问题？主要内容是什么？

4. 铁路局运输方案中的货运工作方案、列车工作方案和机车运用方案所要解决的主要问题是什么？

5. 在日常运输调度工作中怎样实现运输方案？
6. 考核运输方案编制质量和执行情况的指标有哪些？什么是相对指标和绝对指标？
7. 运输方案分析为什么需要从方案编制质量和兑现率两个方面考虑？

技术计划课程作业

本课程作业为帮助学生掌握技术计划编制方法而设置，要求学生与学习过程同步完成。

一、资　　料

1. M 铁路局管界图

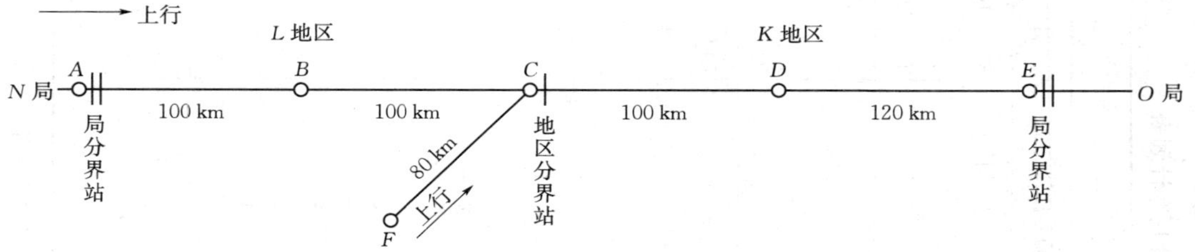

作业图 1　M 铁路局管界图

为了减轻课程作业的计算量，假定只使用棚、敞、平、黏油罐车、轻油罐车和冷藏车 6 个车种。

2. 外局交 M 局重车计划

作业表 1　N 局交 M 局重车计划表

经由＼到站	车种	L 地区							K 地区					局计	O 局	总计
		A—B	B	B—C	C	C—F	F	计	C—D	D	D—E	E	计			
A 分界站	P	4	8		4		6	22	2			6	8	30	10	40
	C			2		4		6		8	6		14	20	30	50
	N			2				2	6				6	8	20	28
	G															
	B				2			2						2	10	12
	计	4	8	4	6	4	6	32	8	8	6	6	28	60	70	130

作业表 2　O 局交 M 局重车计划表

经由＼到站	车种	L 地区							K 地区					局计	N 局	总计
		A—B	B	B—C	C	C—F	F	计	C—D	D	D—E	E	计			
E 分界站	P	4	10		12		4	30	2		2		4	34	20	54
	C			4	2			6		10			10	16	40	56
	N			4				4	8			2	10	14	16	30
	G					$G_{黏}$ 4		$G_{黏}$ 4						$G_{黏}$ 4	$G_{黏}$ 4	8
	B									2			2	2		2
	计	4	10	8	14	4	4	44	10	12	2	2	26	70	80	150

3. L 及 K 地区去向别、车种别使用计划

作业表 3　L 地区去向别、车种别使用车计划表

往 自	L地区 A—B	B	B—C	C	C—F	F	计	K地区 C—D	D	D—E	E	计	局 计	外局 N	O	计	总 计
A—B	4(C) 10(C)	8 8	4 4	4 4	4 4	6 6 12	10 32 46 4	4 4	10 10	2 2	4 4	6 10 20 4	16 42 66 8	4 10 6	4 4	4 4 14 6	20 46 80 14
B	2 2		2 2	2 2 4	2 2	2 4 6	4 12 16	6 12 6	4 12 16	6 6	6 6	22 12 40 6	26 24 56 6	18 2 20	2 6 8	20 8 28	46 32 84 6
B—C	8 8	4 4 8	2(C) 6(C)	6 6	4 4	8 8	22 20 42	6 4 16 6	4 4 8	4 8 12	4 4	14 20 40 6	36 40 82 6	4 2 10 4	8 8	4 10 18 4	40 50 100 10
C	4 2 10 4	6 12 6	4 4		4 4	4 4	14 2 34 18	2 2	4 14 6	4 4 4	4 4	8 4 24 12	22 6 58 30	6 6	4 6 2	4 12 8	22 10 70 38
C—F	2 2 4	2 2	4 4	6 6	2(C) 4(P)	6 2 8	20 10 30	12 12	6 10 $4G_{\text{轻}}$	6 6	8 8	26 6 36 $4G_{\text{轻}}$	46 16 66 $4G_{\text{轻}}$	4 4	4 4	8 8	54 16 74 $4G_{\text{轻}}$
F	8 4 12	8 8	4 6 10	6 6	8 8		34 10 44	8 8	14 6 20	4 4	8 8	34 6 40	68 16 84	10 10	10 10	20 20	88 16 104
计	14 32 50 4	20 12 38 6	4 20 32 8	24 2 26	16 8 28 4	26 12 38	104 86 212 22	32 4 54 18	26 42 78 6 $4G_{\text{轻}}$	22 8 34 4	30 4 34	110 58 200 28 $4G_{\text{轻}}$	214 144 412 50 $4G_{\text{轻}}$	40 4 60 16	16 22 40 2	56 26 100 18	270 170 512 68 $4G_{\text{轻}}$

注:1. 表中每格的数据左上角为棚车,左下角为平车,右上角为敞车,右下角为罐车或冷藏车,中间数字为总数。

2. 车流在同一区段内到发时,对角线上方为上行车数,下方为下行车数。

作业表 4　*K* 地区去向别、车种别使用车计划表

往 自	*L* 地区							*K* 地区					局计	外局			总计
	A—*B*	*B*	*B*—*C*	*C*	*C*—*F*	*F*	计	*C*—*D*	*D*	*D*—*E*	*E*	计		*N* 局	*O* 局	计	
C—*D*	8　2 16 6	8　4 12	12 12	6 8 2	2 2	6　4 10	30　10 60 20	4(C) 8(N)	6　14 20	4 12 8	4 4	10　18 48 20	40　28 108 40	4 4	8 8	12 12	40　28 120 52
D	2　10 12	2　8 10	4 8 4	16 16	4 4	12 12	8　50 62 4	12 12		10 10	2 8 6	2　22 30 6	10　72 92 10	6 8 2	6 6	12 14 2	10　84 106 12
D—*E*	4 4	4 4	6 10 4	8 8	8 8	10 10	26　14 44 4	4 8 4	4　12 16		8 8	16　12 32 4	42　26 76 8	4 4	4 4	4 8 4	46　26 84 12
E	4 8 4	4 4	6 6	8 8	4 6 2	8　4 12	24　8 44 12	4 8 4	8　4 12	10 10		18　8 30 4	42　16 74 16	4 4	2 2	4 6 2	46　16 80 18
计	14　16 40 10	14　16 30	10 36 26	22　16 40 2	14　4 20 2	24　20 44	88　82 210 40	4　20 40 16	18　30 48	14　10 32 8	10 20 10	46　60 140 34	134　142 350 74	4　6 20 10	4　6 20 10	8　12 40 20	142　154 390 94

4. 国铁集团空车调整图

空车流向为：空黏油罐车回送 O 局；空轻油罐车回送 C—F 区段；空冷藏车回送 N 局。

N 局

车种	P	C	N	G	B	计
装	790	824	172		20	1 806
卸	810	822	194	$G_{黏}4$	6	1 836
差	+20	−2	+22	$+G_{黏}4$	−14	+30

A 分界站：$P_{20}N_{22}G_{黏}4$ 46 →；← C_2B_{14} 16

M 局

车种	P	C	N	G	B	计
装	412	324	162	$G_{轻}4$		902
卸	412	322	146	$G_{黏}4$ $G_{轻}4$	4	892
差	0	−2	−16	$+G_{黏}4$	+4	−10

E 分界站：$P_{20}N_6G_{黏}8$ 34 →；← C_4B_{10} 14

O 局

车种	P	C	N	G	B	计
装	430	612	260	$G_{黏}14$		1 316
卸	410	616	254	$G_{黏}6$	10	1 296
差	−20	+4	−6	$-G_{黏}8$	+10	−20

作业图 2　国铁集团空车调整图

5. 各出发方向列车牵引定数

A—E 上下行方向列车平均总重为 3 000 t，列车平均编成辆数（空重混编）50 辆。

C—F 上下行方向列车平均总重为 2 400 t，列车平均编成辆数（空重混编）40 辆。

6. 技术计划的主观指标标准

作业表 5　主观因素指标标准

地区＼标准	$v_{旅}$(km/h)	$t_{中}$(h)	$t_{货}$(h)
L 地 区	36(总　　) 35(管内,空) 38(移交　　)	3.7	15.0
K 地 区	33	3.3	20.0
M　　局	34	3.6	17.0

7. M 局货车一次货物作业时间的空态系数 $r=0.3$

8. 机车交路及在基本段、折返段所在站平均停留时间标准

B 站、F 站和 D 站为机务基本段所在站，A 站、C 站和 E 站为折返段所在站，采用肩回交路，如下图所示。

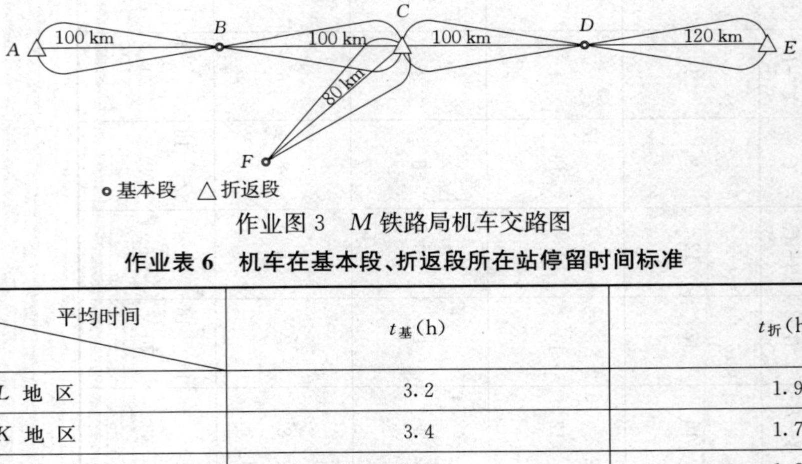

作业图 3　M 铁路局机车交路图

作业表 6　机车在基本段、折返段所在站停留时间标准

地区＼平均时间	$t_{基}$(h)	$t_{折}$(h)
L 地 区	3.2	1.9
K 地 区	3.4	1.7
M　　局	3.3	1.8

9. E 分界站每日接入和交出各 6 列

二、要　　求

1. 编制 *M* 局使用车计划和重车车流表(见作业表 7～9)

作业表 7　*M* 局去向别、车种别使用车计划表

去向＼车种		P	C	N	$G_{黏}$	$G_{轻}$	B	总　计
M 局	*L* 地区							
	K 地区							
	计							
移交外局	*N*　局							
	O　局							
	计							
总　　计								

作业表 8　*M* 局车种别使用车计划表

发站＼车种	*L*　地　区							*K*　地　区					总　计
	A—*B*	*B*	*B*—*C*	*C*	*C*—*F*	*F*	计	*C*—*D*	*D*	*D*—*E*	*E*	计	
P													
C													
N													
$G_{黏}$													
$G_{轻}$													
B													
总　　计													

作业表 9　*M* 局重车车流表

往＼自		*L*　地　区							*K*　地　区					局计	分界站		交出计	总计
		A—*B*	*B*	*B*—*C*	*C*	*C*—*F*	*F*	计	*C*—*D*	*D*	*D*—*E*	*E*	计		*A*	*E*		
L 地区	*A*—*B*																	
	B																	
	B—*C*																	
	C																	
	C—*F*																	
	F																	
	计																	
K 地区	*C*—*D*																	
	D																	
	D—*E*																	
	E																	
	计																	
局　计																		
分界站	*A*																	
	E																	
接入计																		
总计																		

注:车流在同一区段内发到时,对角线上方为上行车数,下方为下行车数 [下行＼上行]

2. 编制 M 局车种别卸空车计划(见作业表 10)

作业表 10 M 局卸空车计划表

到站 车种	L 地区							K 地区					总计
	A—B	B	B—C	C	C—F	F	计	C—D	D	D—E	E	计	
P													
C													
N													
$G_{黏}$													
$G_{轻}$													
B													
总 计													

3. 完成 M 局及 L、K 地区空车调整图(如作业图 4～图 6 所示)

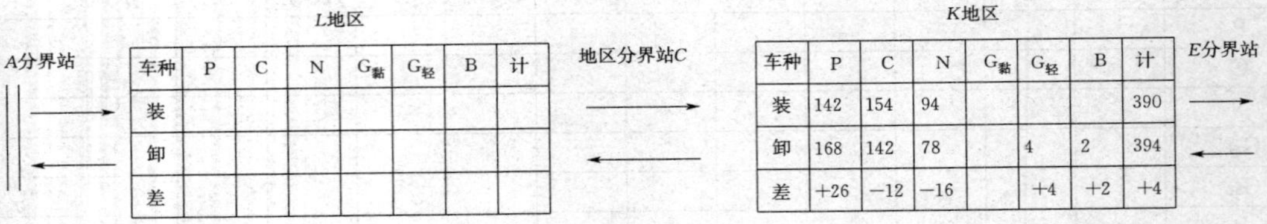

作业图 4 M 局空车调整图

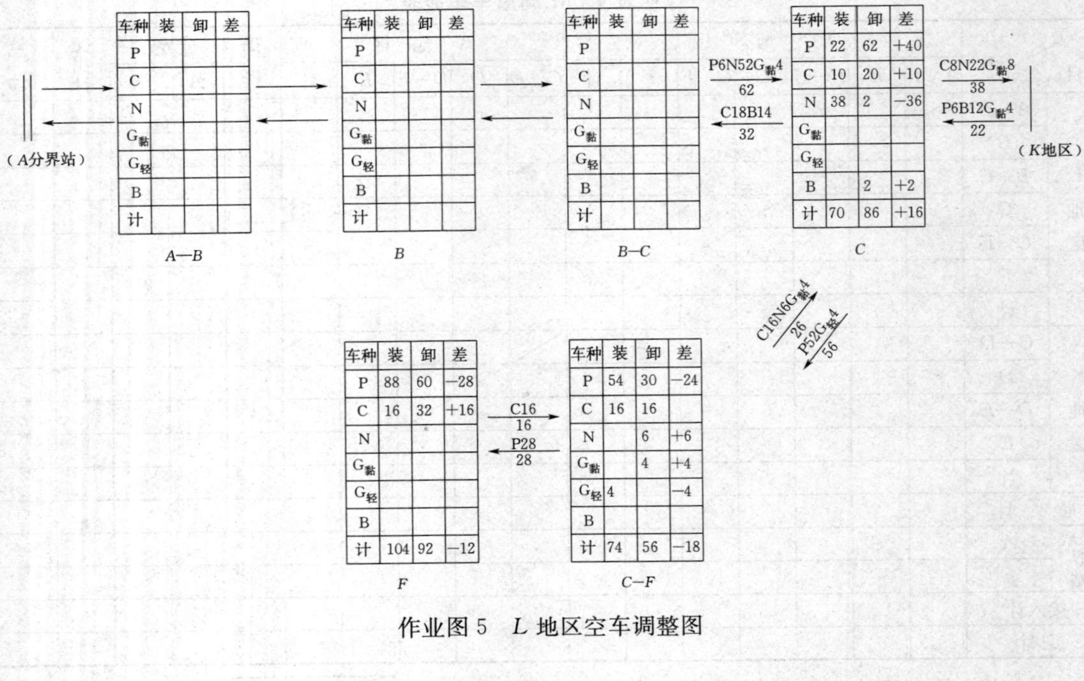

作业图 5 L 地区空车调整图

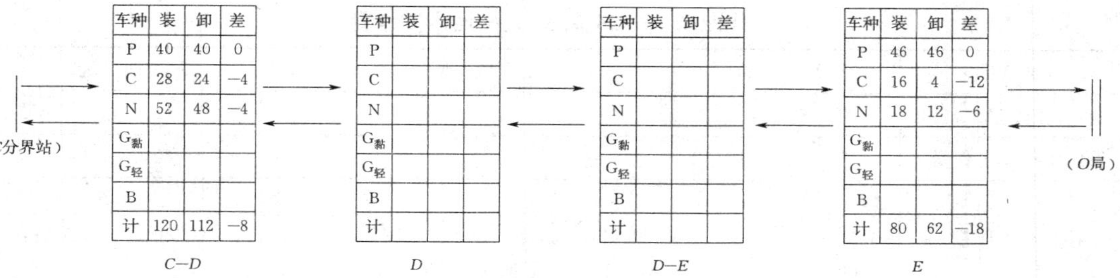

作业图 6　*K* 地区空车调整图

4. 编制区段行车量计划(见作业表 11)

作业表 11　区段行车量计划表

方向 / 行车量 / 区段		上行								下行							
		车流				列车编成	列数			车流				列车编成	列数		
		通过		摘挂			通过	摘挂	合计	通过		摘挂			通过	摘挂	合计
		重	空	重	空					重	空	重	空				
L 地区	*A*—*B*																
	B—*C*																
	C—*F*																
K 地区	*C*—*D*																
	D—*E*																

注:1. 列车编成辆数均为空重混编列车的平均编成辆数。
　2. 摘挂列车应取摘车数和挂车数重较大数为标准。

5. 编制分界站货车出入计划(见作业表 12)

作业表 12　分界站货车出入计划

货车出入 / 分界站		交出										接入									
		列数	合计	重车	空车							列数	合计	重车	空车						
					计	P	C	N	G黏	G轻	B				计	P	C	N	G黏	G轻	B
M 局																					
L 地区	*A*																				
	C																				
K 地区	*C*																				
	E																				

6. 计算 *M* 局及 *L*、*K* 地区工作量(见作业表 13)

作业表 13　*M* 局及 *L*、*K* 地区工作量

局或地区		*M* 局	*L* 地区	*K* 地区
工作量				
管内工作车工作量				
移交车工作量		总: *A* 口: *E* 口:	总: *A* 口: *C* 口:　(*K* 地区:　*E* 口:　)	总: *C* 口:　(*L* 地区:　*A* 口:　) *E* 口:
空车工作量	P			
	C			
	N			
	$G_{黏}$			
	$G_{轻}$			
	B			
	总计			

7. 计算 *M* 局及 *L*、*K* 地区货车周转时间(见作业表 14～表 16)

(1)利用里程折半法完成货车走行公里计算表并计算货车周距

作业表 14　*M* 局重空车走行公里计算表

地区	区段	区段公里	车辆行程	重车走行公里：管内工作车：车流	管内工作车：车公里	移交车：外地区：车流	外地区：车公里	外局：*A* 分界站：车流	*A* 分界站：车公里	*E* 分界站：车流	*E* 分界站：车公里	合计	重车走行公里合计	空车走行公里：车流	空车走行公里：车公里	总计
L 地区	*A*—*B*	100	半段	130	6 500	20	1 000	10	500	4	200	1 700	8 200	18	900	9 100
			全段	28	2 800	28	2 800	150	15 000	70	7 000	24 800	27 600	60	6 000	33 600
	B—*C*	100	半段	114	5 700	40	2 000	10	500	8	400	2 900	8 600	80	4 000	12 600
			全段	180	18 000	88	8 800	120	12 000	82	8 200	29 000	47 000	50	5 000	52 000
	C—*F*	80	半段	80	3 200	36	1 440	4	160	4	160	1 760	4 960	38	1 520	6 480
			全段	120	9 600	40	3 200	10	800	10	800	4 800	14 000	44	3 520	17 920
	地区计			45 800		19 240		28 960		16 760		64 960	110 760	20 940		131 700
K 地区	*C*—*D*	100	半段													11 400
			全段													61 800
	D—*E*	120	半段													10 080
			全段													53 760
	地区计															137 040
局计																268 740

作业表 15 *M* 局空车走行公里计算表

地区	区段	区段公里	车辆公里	P		C		N		$G_{黏}$		$G_{轻}$		B		合计	
				车流	车公里	车流	车公里	车流	车公里	车流	车公里	车流	车公里	车流	车公里	车流	车公里
L 地区	*A*—*B*	100	半段														900
			全段														6 000
	B—*C*	100	半段														4 000
			全段														5 000
	C—*F*	80	半段														1 520
			全段														3 520
	地区计															20 940	
K 地区	*C*—*D*	100	半段														
			全段														
	D—*E*	120	半段														
			全段														
	地区计																
局空车走行公里计				11 880		4 160		9 580		2 720		560		5 200		34 100	

作业表 16 各种货车周距

局或地区		*M* 局	*L* 地区	*K* 地区
货车全周距(km)				
管内工作车周距(km)				
移交车周距(km)		总： *A* 口： *E* 口：	总： *A* 口： *C* 口： （*K* 地区： *E* 口： ）	总： *C* 口： （*L* 地区： *A* 口： ） *E* 口：
空车周距(km)	空车周距			
	空棚车周距			
	空敞车周距			
	空平车周距			
	空黏油罐车周距			
	空轻油罐车周距			
	空冷藏车周距			

(2)计算货车平均中转距离(见作业表 17～表 18)

作业表 17 *M* 局中转车数查定表

技术站		重车	空车	计
L 地区	*B* 站			
	C 站			
K 地区	*D* 站			
	E 站			
计		1 818	228	2 046

作业表 18　*M* 局及 *L*、*K* 地区货车平均中转距离

局或地区	*M* 局	*L* 地区	*K* 地区
货车平均中转距离(km)			

(3)计算各种管内装卸率(见作业表 19)

作业表 19　各类运用车的管内装卸率

局或地区		*M* 局	*L* 地区	*K* 地区
管内装卸率				
管内工作车管内装卸率				
移交车管内装卸率		总： *A* 口： *E* 口：	总： *A* 口： *C* 口：　(*K* 地区：　*E* 口：　)	总： *C* 口：　(*L* 地区：　*A* 口：　) *E* 口：
空车管内装卸率	P			
	C			
	N			
	$G_{黏}$			
	$G_{轻}$			
	B			
	总			

(4)计算各类运用货车周转时间(见作业表 20)

作业表 20　*M* 局货车周转时间

局或地区		*M* 局	*L* 地区	*K* 地区
管内周转时间				
管内工作车周转时间				
移交车周转时间		总： *A* 口： *E* 口：	总： *A* 口： *C* 口：　(*K* 地区：　*E* 口：　)	总： *C* 口：　(*L* 地区：　*A* 口：　) *E* 口：
空车周转时间	P			
	C			
	N			
	$G_{黏}$			
	$G_{轻}$			
	B			
	总			

8. 计算 M 局运用车保有量(见作业表 21)

作业表 21　M 局及 L、K 地区各类运用车保有量

<table>
<tr><td colspan="2">局或地区</td><td>M　局</td><td>L　地　区</td><td>K　地　区</td></tr>
<tr><td colspan="2">运用车保有量</td><td></td><td></td><td></td></tr>
<tr><td colspan="2">管内工作车保有量</td><td></td><td></td><td></td></tr>
<tr><td colspan="2">移交重车保有量</td><td>总：
A 口：
E 口：</td><td>总：
A 口：
C 口：　(K 地区：　E 口：　)</td><td>总：
C 口：　(L 地区：　A 口：　)
E 口：</td></tr>
<tr><td rowspan="7">空车保有量</td><td>总</td><td></td><td></td><td></td></tr>
<tr><td>P</td><td></td><td></td><td></td></tr>
<tr><td>C</td><td></td><td></td><td></td></tr>
<tr><td>N</td><td></td><td></td><td></td></tr>
<tr><td>$G_{\text{黏}}$</td><td></td><td></td><td></td></tr>
<tr><td>$G_{\text{轻}}$</td><td></td><td></td><td></td></tr>
<tr><td>B</td><td></td><td></td><td></td></tr>
</table>

9. 计算 M 局及 L、K 地区货车日车公里(见作业表 22)

作业表 22　货车日车公里计算表

局或地区	货车日车公里	局或地区	货车日车公里
M 局		K 地区	
L 地区			

10. 计算 M 局及 L、K 地区机车运用计划

(1)计算机车供应台次(见作业表 23)

作业表 23　机车供应台次计算表

<table>
<tr><td>局或地区</td><td>基 本 段</td><td>区　段</td><td>机车供应台次</td></tr>
<tr><td rowspan="5">L 地区</td><td rowspan="3">B 基本段</td><td>A—B</td><td></td></tr>
<tr><td>B—C</td><td></td></tr>
<tr><td>B 段合计</td><td></td></tr>
<tr><td>F 基本段</td><td>C—F</td><td></td></tr>
<tr><td colspan="2">L 地区机车供应台次合计</td><td></td></tr>
<tr><td rowspan="2">K 地区</td><td rowspan="2">D 基本段</td><td>C—D 区段</td><td rowspan="2"></td></tr>
<tr><td>D—E 区段</td></tr>
<tr><td colspan="3">M 局机车供应台次合计</td><td></td></tr>
</table>

(2)计算机务段、地区和全局机车全周转时间(见作业表24)

作业表24　机车全周转时间计算表

局或地区	机务段	机车全周转时间 $\theta_{全}$
L地区	B段	
	F段	
	地区平均	
K地区	D段	
M局		

(3)计算机车需要系数及机车需要台数(见作业表25)

作业表25　机车需要台数计算表

局或地区	机务段	机车需要系数 $k_{需}$	机车需要台数 $M_{货}$(台)
L地区	B段		
	F段		
	L合计		
K地区	D段		
M局合计			

(4)计算机车走行公里(见作业表26)

作业表26　机车走行公里计算表

局或地区	机务段	机车走行公里(km)
L地区	B段	
	F段	
	地区合计	
K地区	D段	
M局合计		

(5)计算机车牵引总重吨公里(见作业表27)

作业表27　机车牵引总重吨公里计算表

局或地区	机务段	机车牵引总重吨公里
L地区	B段	
	F段	
	L地区合计	
K地区	D段	
M局合计		

(6)计算机车日车公里(见作业表 28)

作业表 28　机车日车公里计算表

局或地区	机车日车公里 $S_{机}$	局或地区	机车日车公里 $S_{机}$
L 地区		M 局	
K 地区			

(7)计算机车日产量(见作业表 29)

作业表 29　机车日产量计算表

局或地区	机车日产量 $W_{机}$	局或地区	机车日产量 $W_{机}$
L 地区		M 局	
K 地区			

11. 最后汇总计算结果(见作业表 30)

作业表 30　M 局技术指标计划表

<table>
<tr><th colspan="3">指　　标</th><th>M　　局</th><th>L 地 区</th><th>K 地 区</th></tr>
<tr><td colspan="3">使用车 $u_{使用}$</td><td></td><td></td><td></td></tr>
<tr><td colspan="3">接运重车 $u_{接重}$</td><td></td><td></td><td></td></tr>
<tr><td colspan="3">交出重车 $u_{交重}$</td><td></td><td></td><td></td></tr>
<tr><td colspan="3">接入空车 $u_{接空}$</td><td></td><td></td><td></td></tr>
<tr><td colspan="3">交出空车 $u_{交空}$</td><td></td><td></td><td></td></tr>
<tr><td colspan="3">卸空车 $u_{卸空}$</td><td></td><td></td><td></td></tr>
<tr><td rowspan="12">工作量</td><td colspan="2">工作量</td><td></td><td></td><td></td></tr>
<tr><td colspan="2">管内工作车工作量</td><td></td><td></td><td></td></tr>
<tr><td colspan="2" rowspan="3">移交重车工作量</td><td>总</td><td>总</td><td>总</td></tr>
<tr><td>A 口</td><td>A 口</td><td>C 口
L 地区
A 口</td></tr>
<tr><td>E 口</td><td>C 口
K 地区
E 口</td><td>E 口</td></tr>
<tr><td rowspan="7">空车工作量</td><td>总</td><td></td><td></td><td></td></tr>
<tr><td>P</td><td></td><td></td><td></td></tr>
<tr><td>C</td><td></td><td></td><td></td></tr>
<tr><td>N</td><td></td><td></td><td></td></tr>
<tr><td>$G_{黏}$</td><td></td><td></td><td></td></tr>
<tr><td>$G_{轻}$</td><td></td><td></td><td></td></tr>
<tr><td>B</td><td></td><td></td><td></td></tr>
</table>

续上表

指标			M 局	L 地区	K 地区
货车走行公里		$\sum NS_{重}$			
		$\sum NS_{空}$			
		$\sum NS$			
货车周距	空车走行率 α				
	全周距 l				
	重周距 $l_{重}$				
	管内工作车周距 $l_{管内}$				
	移交车周距 $l_{移交}$		总	总	总
			A 口	A 口	C 口 L 地区 A 口
			E 口	C 口 K 地区 E 口	E 口
	空车周距 $l_{空}$	总			
		P			
		C			
		N			
		$G_{黏}$			
		$G_{轻}$			
		B			
中转车数 $\sum N_{技}$					
中转距离 $L_{技}$					
中转时间 $t_{中}$					
一次货物作业时间 $t_{货}$					
旅行速度 $v_{旅}$					
管内装卸率 $K_{管内}$					
周转时间	货车周转时间 θ				
	管内工作车周转时间 $\theta_{管内}$				
	移交车周转时间 $\theta_{移交}$		总	总	总
			A 口	A 口	C 口 L 地区 A 口
			E 口	C 口 K 地区 E 口	E 口

续上表

指　　标			M　局	L 地区	K 地区
周转时间	空车周转时间 $\theta_{空}$	总			
		P			
		C			
		N			
		$G_{黏}$			
		$G_{轻}$			
		B			
运用车保有量	N				
	$N_{管内}$				
	$N_{移交}$		总	总	总
			A 口	A 口	C 口 L 地区 A 口
			E 口	C 口 K 地区 E 口	E 口
	$N_{空}$	总			
		P			
		C			
		N			
		$G_{黏}$			
		$G_{轻}$			
		B			
货车日车公里　$S_{车}$					
机车全周转时间					
运用机车需要台数					
机车日产量					

第二篇

铁路运输调度工作

铁路运输是在广阔的路网上由车务、机务、工务、电务、车辆和供电等多部门的员工运用各种运输设备和运输组织方法协同完成的，必须实行高度集中、统一的调度指挥，才能使各工作环节紧密联系、协调动作，顺利完成运输任务。铁路调度指挥系统是全路运输组织的神经中枢，在运输生产中发挥着极为关键的作用。

第一章　铁路运输调度指挥的任务和组织机构

铁路运输调度实行“统一领导、分级管理”的制度，下级调度在上级调度的宏观控制下，实施对运输生产的指挥。

第一节　铁路运输调度系统的任务

铁路运输调度担负着组织客货运输、保证国家重点物资输送、提高客货运输服务质量、确保运输安全的重要责任，凡与运输有关的各部门、各工种的日常生产活动都必须在运输调度的统一组织指挥下进行。

铁路运输调度的基本任务是精确地编制和执行运输工作日常计划，科学地组织客流、货流和车流，做好均衡运输，提高运输效率，经济合理地使用机车、车辆及运输设备，组织与运输有关部门紧密配合、协同动作，实现列车编组计划、列车运行图和运输方案，保证完成月度货物运输计划，提高经济效益，为社会主义建设和国防建设服务。

一、编制运输工作日常计划

铁路运输按照运输工作日常计划进行。国铁集团在上午 9:00 前后向各局下达次日运输工作轮廓计划；铁路局在 10:00 前后依据国铁集团轮廓计划制定铁路局次日各地区轮廓计划，为次日的日(班)计划提供宏观控制数据，在 17:30 前编制完毕次日运输调度工作日(班)计划，下达到各站段执行。

国铁集团轮廓计划从全路的高度，确定次日运输调整的基本措施、布置次日各局去向别装车数、卸车数和分界站交接列车及空车调整数，为各局次日应完成的运输任务确定基本框架；铁路局运输工作日(班)计划是铁路局运输工作的行动计划，它具体规定铁路局次日管内各站装、卸任务，各区段开行列车的车次，车辆检修和运用安排，组织运输设备施工，确定次日运输工作的重点，以保证顺利完成运输任务。

二、组织实施运输工作日常计划

铁路运输调度部门在制定日(班)计划以后，必须千方百计保证计划的兑现，维护运输计划的严肃性。

国铁集团调度负责组织全路货流、车流，平衡各铁路局货车保有量，监督局间分界站的列车交接、掌握全国重点用户、港口、车站的装卸车情况，重点物资的装卸和输送情况及客车车体的调拨，及时处理局间分界站出现的问题，保证全路运输计划的实现。

铁路局调度具体组织局管内站段的运输生产，组织按计划与邻局交接列车，指挥和监控列车运行，重点掌握旅客、专运、军特运、超限超重及挂有装载危险货物车辆的重点列车；掌握备用车的备用和解除；组织局管内旅客列车的临时加开、停运、迂回运输、车辆甩挂；编制、下达施工日计划，发布运行揭示调度命令、施工调度命令，协调组织施工按计划进行，确保施工期间作业安全；发生自然灾害、事故时，启动应急预案，组织救援，调整运输。

技术站调度负责掌握车站的货流、车流，编制和组织实现车站班计划和阶段计划，统筹安排全站的客货和行车作业；按阶段推算车站现车向铁路局调度汇报。

第二节 铁路运输调度指挥的组织机构

为了对全路运输生产，特别是列车运行，进行不间断的组织指挥和监督，我国铁路实行国铁集团、铁路局和车站三级调度管理的制度。根据“分级管理、统一指挥”原则，国铁集团设运输调度指挥中心（简称为“调度中心”），铁路局设调度所，技术站设调度室（调度车间）分别代表国铁集团总经理、铁路局总经理和车站站长行使各级运输组织工作的职责。

国铁集团调度值班主任、铁路局调度所值班主任、技术站值班站长分别领导本班的调度工作。在日常运输组织工作中，下级调度必须服从上级调度的指挥；国铁集团、铁路局和车站各工种调度及有关人员分别由值班处长、值班主任和值班站长统一指挥。

一、国铁集团日常调度生产组织机构

国铁集团运输调度指挥中心负责全路日常客运、货运和车流组织工作。组织各铁路局及时输送旅客和货物，平衡各铁路局货车保有量，经济合理地使用机车车辆，充分利用通过能力，挖掘运输潜力，提高运输效率和效益。负责编制和下达国铁集团调度轮廓计划和日计划，督促、检查各铁路局按调度日（班）计划均衡地完成运输生产经营任务。监督检查各铁路局按列车编组计划编车、按列车运行图行车、按运输生产经营计划组织运输，督促、组织各铁路局按国铁集团批准的计划均衡地完成铁路局间分界站列车、车辆交接任务、远程技术直达列车开行计划，及时协调处理铁路局间运输工作中出现的问题，实现分界口畅通。掌握各铁路局及重点用户、主要港口和车站的装卸车情况。组织和掌握军运、特运工作，安排新兵和退役士兵运输，重点掌握与其有关的列车始发、运行情况。负责国铁集团抢险救灾物资、人员运输组织工作。负责审批国铁集团管理施工项目的日计划，组织各铁路局兑现施工日计划，做好施工期间分界口车流、机车调整工作。掌握国铁集团备用货车，批准备用货车的备用、解除备用，检查各铁路局对备用货车的管理情况。国铁集团日常调度生产组织机构如图 2-1-1 所示。

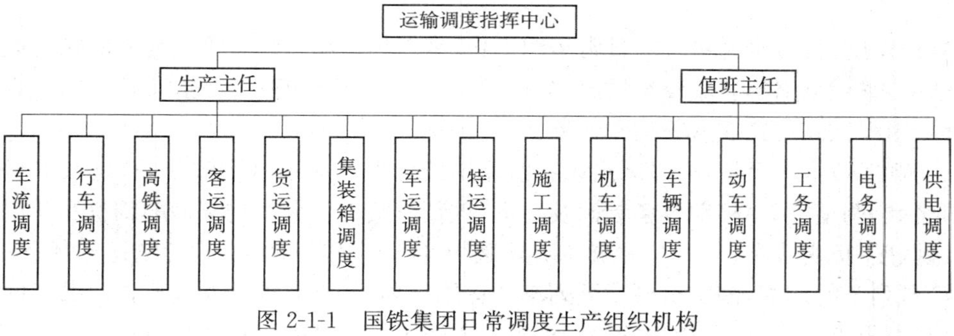

图 2-1-1　国铁集团日常调度生产组织机构

生产主任：协助调度中心主任、副主任，负责全路运输生产经营指挥工作，负责编制、下达分界口轮廓计划和日计划并组织实施，负责全路车流调整工作。

值班主任：协助调度中心主任、副主任，组织班组日常运输生产和调度集中统一指挥，负责

组织均衡、高效地完成车流组织、机车调整、分界口交接、重点运输任务。

车流调度:负责协助生产主任做好全路车流日常调整工作。根据各铁路局运用车保有量、分界口出入、非运用车转入转出情况,向生产主任提出次日车流调整方案,为领导决策提供依据;负责编制旬间车辆调整计划,编制每日货运和分界口列车工作轮廓计划,督促检查各局按日计划组织均衡装车和分界口列车均衡交接;掌握全路重车车流动态,推算各局通过限制口的重车车流,提出流调整方案,组织均衡向限制口装车。根据自然灾害、事故等特殊情况,下达车流调整命令,并监督、检查各铁路局实施情况:按车种别掌握全路空车动态,做好空车调整;掌握新线、地方铁路国铁货车情况,负责按季审批下达港口、口岸备用车数量;负责各铁路局排空任务的考核工作。

行车调度:设置三个调度台。一台负责哈尔滨、沈阳、呼和浩特、兰州、乌鲁木齐、青藏等铁路局;二台负责北京、太原、济南、上海、南昌铁路局;三台负责郑州、武汉、西安、广州、南宁、成都、昆明铁路局。在值班主任的领导下,负责指导协调所辖铁路局普速线路的行车组织工作。与邻台及各工种调度密切配合,组织所辖铁路局全面完成各项任务;及时处理运输生产有关问题,坚持集中统一指挥,维护正常运输秩序;及时传达贯彻上级领导指示,下达列车工作轮廓计划和日计划以及有关车流调整命令;负责局间分界口运输工作,组织按阶段均衡地完成分界口列车交接任务和排空任务,均衡利用运输能力,完成运输生产经营任务;掌握所辖铁路局自然灾害、气候变化、施工等情况,遇有发生重大、大事故及自然灾害时,按规定及时逐级上报,并积极组织救援,尽快恢复行车,同时通报相关铁路局。

高铁调度:负责组织铁路局按照列车运行图、高铁调度日计划完成全路高铁运输生产任务;根据需要发布跨局动车组临时加开、停运、变更径路等命令,掌握高铁有关突发事件信息,进行信息通报,参与应急处置工作,组织恢复运输秩序。

客运调度:负责组织铁路局完成各项客运任务;负责全路日常旅客运输组织工作,根据客流需求发布有关旅客列车加开、停运、变更径路等命令,及时处理临时发生的有关问题,参与应急处置工作,组织恢复运输秩序。

货运调度:负责全路货运调度日常组织工作。督促、检查各铁路局落实国铁集团下达的货运日(班)计划,完成货运生产任务;掌握全路篷布运用及分布情况,负责路用篷布的跨局调整;掌握重点港口、铁路口岸和主要车站的货运生产情况;负责全路抢险救灾及重点物资的装卸车组织工作。

集装箱调度:负责全路集装箱日常组织工作,掌握集装箱班列等重点列车的在途运行和车站作业情况,掌握全路集装箱装车情况,分析、解决日常生产中存在问题;负责铁路集装箱统一运用调整,组织铁路局完成有关运输任务。

军运调度:负责军事运输工作,组织各铁路局按计划完成军事运输任务,重点掌握军事运输所需车辆的调整、军用移动设备装卸及其运行情况;负责长大货物车辆的调整和使用。

特运调度:负责罐车、冷藏车的统一调配,组织各局完成石油、冷藏货物运输任务;重点掌握机械冷藏列车的调配,制定机械冷藏列车的运用计划;掌握专列油龙及机械冷藏车的运行情况;重点掌握重点油品、冷藏货物的运输计划完成情况,保证国家重点物资运输。

施工调度:负责落实施工办专业管理相关工作;负责审核有关施工计划的日计划,盯控铁路局兑现;负责组织协调铁路局做好局间分界站天窗计划衔接。

机车调度:负责监督、指导铁路局机车调度工作;负责掌握机车动态,协调分界口机车、机班供应。

车辆调度：负责监督、指导铁路局车辆调度工作；负责掌握车辆检修任务进度，收集汇总车辆生产信息；负责协调处置跨局车辆回送等工作。

动车调度：负责监督、指导铁路局动车调度工作；负责掌握全路动车组状态，监督协调全路动车组检修、运用等；组织协调动车组跨铁路局回送等工作。

工务调度：指导铁路局工务调度完成生产任务；参与国铁集团应急处置工作，了解应急处置情况，进行通报信息。

电务调度：指导铁路局电务调度完成生产任务；参与国铁集团应急处置工作，了解应急处置情况，进行通报信息。

供电调度：指导铁路局供电调度完成生产任务；参与国铁集团应急处置工作，了解应急处置情况，进行通报信息。

二、铁路局调度组织机构

铁路局调度所是铁路局运输生产的直接指挥者，通过编制和执行调度工作日（班）计划，组织管内各站装卸、技术站和作业量较大的车站解编列车、指挥列车运行，完成运输生产任务。

调度所设综合分析室、统计室、安全室、技术教育室，货运调度室、计划调度室、机车调度室、车辆调度室、施工调度室、行车调度室、客运调度室、特运调度室和供电调度室。其中客运调度室、机车调度室、车辆调度室、供电调度室行政隶属调度所，业务上分别接受铁路局客运部、机务部、车辆部、供电部指导。

铁路局调度所设主任和若干名副主任。调度人员实行四班倒。值班主任负责班组的全面工作，班内实行分工负责的原则，设置不同职名的调度员分管各自职责范围内的工作。

铁路局调度所的组织机构如图 2-1-2 所示。

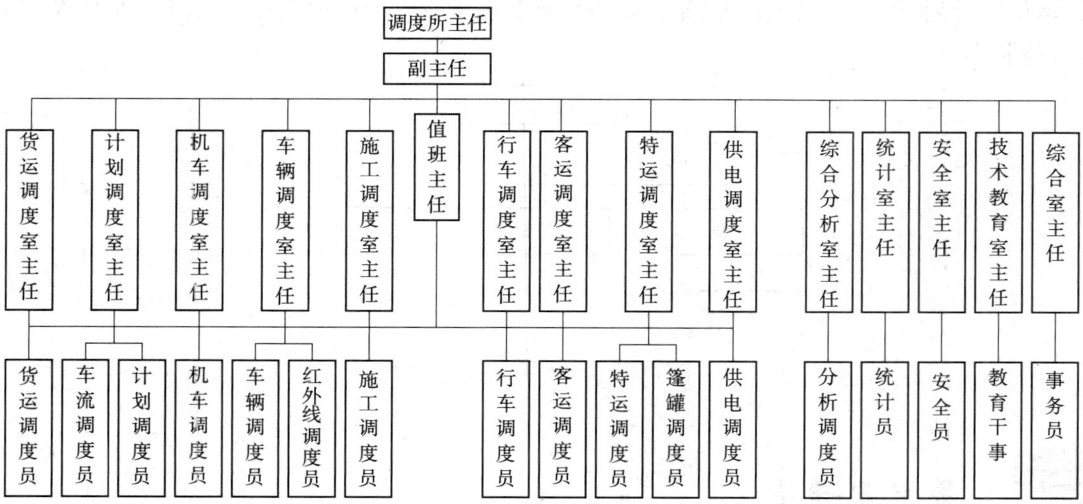

图 2-1-2　铁路局调度所组织机构

货运调度员负责编制和执行货运工作计划，组织管内各站的货物装卸作业和管内工作车的输送。

计划调度员负责收集车流资料，编制列车工作计划并监督执行。

机车调度员负责编制和组织实施机车工作计划，铺画机车周转图，组织机车运用和检修。

列车调度员负责所辖调度区段内有关列车运行的组织指挥，实现列车运行图、列车编组计划及运输方案，组织本调度区段完成班计划规定的装车、卸车、分界站列车和车辆交接及中时、停时和客货列车正点率指标。

客运调度员负责监督检查站段客运工作完成情况；组织团体旅客和行包运输，根据客流变化及时调整列车编组，安排铁路局管内旅客列车的加开和停运，遇列车晚点组织车站客运和行包等部门采取措施恢复列车正点运行；组织实施铁路局旅客运输中的军事运输任务；掌握本局客车配属及运用动态，组织回送出入厂、段的客车；遇自然灾害后事故中断行车时，提出旅客列车停运、加开、折返和变更径路方案，并即时发布调度命令(跨局列车报国铁集团批准后发布)。

特种运输调度员负责军事运输，危险、超限等货物运输。

统计员负责接收车站 18 点报表资料，编制并上报铁路局 18 点统计报表，并上报国铁集团。

三、车站调度组织机构

技术站和大型货运站设调度室，负责安排全站的运输生产，领导车站的调车和货运作业。车站调度的组织领导机构如图 2-1-3 所示。

值班站长是车站一个班运输工作的领导者，负责监督和协调车站客货运输、调车和接发列车工作，保证顺利完成班计划任务。车站调度室设车站调度员、助理站调和货运调度员。设有双向调车系统的大型编组站，可以设总站调、上行站调和下行站调。总站调负责：根据到达列车的性质、编挂内容及各作业系统的负荷情况，确定应接入的到达场；指定出发列车的站内出发径路；协调上、下行调车系统的作业。上、下行站调则负责安排本调车系统的解、编和取送作业。车站值班员负责接发列车作业。车站货运调度员与站调密切配合，依据到卸重车到达确报、承认车计划、班计划取送轮廓、站调阶段计划和站内货物作业地点存车及作业进度，安排站内货物装卸。

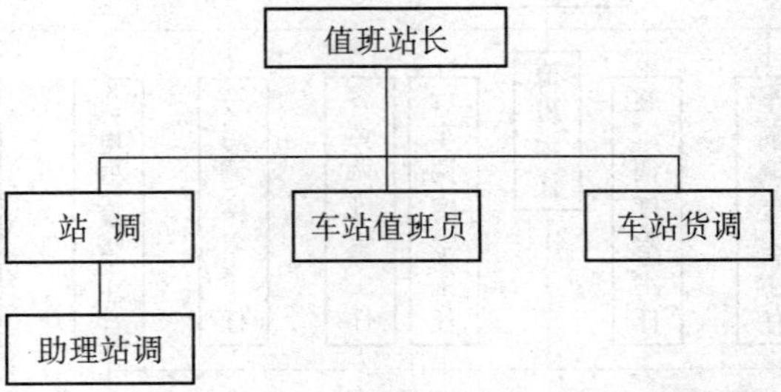

图 2-1-3 车站调度组织机构

复习思考题

1. 铁路调度机构的基本职责是什么？
2. 我国铁路运输调度指挥机构分为几级？各担负什么任务？
3. 铁路局调度所主要调度岗位及其工作内容是什么？

第二章　车 流 调 整

为了完成铁路货物运输任务,铁路局和车站都必须保有与其完成的运输任务量相适应的运用车数量。车流分布不合理就会空费铁路运输能力或造成线路和车站的堵塞,影响生产任务的完成。但是,在日常运输工作中,铁路局管内车流不可避免地会发生变化而偏离正常的保有量,而局部的车流变化又将影响到其他地区。因此需要采取调度措施,保证运用车的合理分布。

为保持全路货车的合理分布,使各线车流与其通过能力相适应、技术站的改编能力和货运站的装卸能力与所承担的作业量相适应,满足装车作业的空车供应,保证重点、紧急物资的运输及特种货车、企业自备空车和外国空货车的及时回送,所采取的调整方向别装车数量、空车配送方向和数量及备用车车种和数量等运输组织措施的过程,称为车流调整。

车流调整的目的在于当运输情况发生变化时,通过车流调整措施合理分布运用车,充分利用线路通过能力,保持各线车流相对稳定,预防和消除可能发生的困难。因而,车流调整是铁路运输调度工作的一项重要内容。国铁集团调度指挥中心、铁路局调度所都设有车流调度员负责车流调整工作,认真推算车流、研究货流、车流变化规律,提出日常调整的具体措施。

进行车流调整的依据是:各局运用车的分布情况,总的保有量及管内工作车、空车和移交车保有量与合理保有量的差值,各线通过能力及利用情况,主要技术站、货运站的作业能力及生产情况,国家对铁路运输的紧急需要等。

车流调整分为重车调整、空车调整和备用车调整,其调整措施通过日(班)计划实现。必要时,可下达临时调整计划。

第一节　重 车 调 整

重车调整是车流调整的主要措施。因为重车在运用车中所占的比重最大(约 60%～70%),其又是产生空车的来源,所以重车的流向在很大程度上影响和决定了空车的流向,做好了重车流的调整,整个车流调整工作就有了保证;同时,重车调整是在运输货物的过程中进行的,因而经济、有效,不产生额外的运输支出。所以车流调整必须以重车调整为主。

重车调整分为去向别装车调整、车种别装车调整、限制装车、停止装车、变更重车输送径路和集中装车。

一、去向别装车调整

去向别装车调整是指在日常运输工作中,组织按方向均衡装车,以保证各线车流相对稳定并与线路的通过能力相适应。

1. 铁路运输秩序良好的基本标志

铁路运输秩序良好的基本标志是:管内各区段行车量均在一个合理的水平,不存在通过能力不能胜任或利用率很低的区段;管内各技术站的改编作业量、货运站的装卸作业量与车站作业能力相适应;局间分界站交、接的空重车流的种类和数量符合月度技术计划的要求。

2. 去向别车流调整方法

去向别装车调整是以审批运输需求计划的形式体现的。每日早 9:00 前国铁集团根据各局提报的次日运输需求计划,制定并下达次日轮廓计划,规定各局通过限制口的装车数、到局别使用车数和分界站车种别排空车数。国铁集团在制定轮廓计划时,可以利用处理运输需求计划的计算机程序,依据其发站、到站间车流最短径路或特定径路,累加全路各区段上、下行方向的车流量,从而确定限制口及各局装车限量。

按去向别组织均衡装车是保持各线车流相对稳定、各局管内工作车数量合理、装卸作业均衡和运输秩序正常的基础,因而铁路局必须严格按国铁集团下达的轮廓计划审批运输需求计划,严格掌握装车去向。

3.《铁路运输调度规则》对铁路局去向别装车调整的基本规定

为了保证运输生产的顺利进行,必须执行局部服从整体的原则,各局都要发挥自身的力量,维护良好的运输秩序:

(1)当运输工作不正常,需要减少或增加日装车数时,应首先调整(减少或增加)管内工作车的装车数量,如需减少或增加移交车装车数时,须经国铁集团批准。

(2)分界站接入某方向的重车不足或增多时,应首先采取增加或减少自局装往该去向装车数量的方法进行调整。如果重车不足或增多延续时间较长,自局调整又有一定困难时,应将情况及时报国铁集团统一调整。

二、车种别装车调整

按车种别的装车调整,即在装车时,尽可能按照卸车地区所需要的车种装车,组织车种代用。例如向煤炭装车局装车时,以敞车代替棚车、平车。按车种别的装车调整可以保证到达局和到达站装车需要的空车,减少不同车种的空车对流,也便于组织双重作业、减少有关车站的调车作业。

但每一车种都有一定的货物适用范围,组织车种代用必须采取相应的保证车、货和行车安全的措施,在保证车辆、货物完好、行车安全的前提下才能实行。

三、停止装车、限制装车和变更车流输送径路

为消除路网局部重车积压,可采取停止装车、限制装车和变更车流输送径路等措施。

1. 停止装车和限制装车

规定在一段时间内停止向某方向、某一到站或某一收货单位发送全部或某些品类货物的装车称为停装,将装车限制在一定数量之内,称为限装。遇下列情况时采用:

(1)等待发往某一去向的运用车保有量过大,超过了区段通过能力。

(2)某卸车站的待卸车严重积压,超过了该站的卸车能力,且在短时间内无法扭转。

(3)由于自然灾害、事故,线路通过能力降低或中断行车时。

(4)因其他原因发生车辆积压或线路、车站堵塞时。

停止装车和限制装车都将影响货物运输任务的完成、不利于铁路和其他部门的生产,这一

调整方法是在不得已的情况下采取的车流调整措施。在下达停、限装的调度命令时，需要对当前发生的情况进行细致的调查，分析运输生产不畅的原因，依据消除不良影响应当采取的措施，精确推算恢复正常运输生产需要的时间以及车流在途中运行的时间，由近及远给出明确的停、限装期间及限制额度。

2. 变更重车流输送径路

变更重车输送径路即迂回运输，是将车流由正常径路改为里程较长的另一条径路输送的车流调整方法。一般在以下特定情况下采用：遇自然灾害、事故中断行车或重车严重积压、线路堵塞时，经国铁集团批准，依据调度命令可变更跨铁路局的重车输送径路。

变更车流输送径路应选择能力有富余的次短径路。采用迂回运输可能增加运输支出，影响其他线路的正常作业，因而需要权衡利弊。应事先对预计运输中断的时间与迂回运送需要的时间进行比较，确认采取迂回运输有利或特殊紧急需要时方可采用。此外，还应检查迂回径路的通过能力、机车配置是否适应，对可能产生的问题提出切实可行的解决办法，并对每日迂回的车数或列数及列车编组计划作出规定，以调度命令公布实行。

凡经上级调度命令批准，采取停装、限装或变更重车输送径路时，铁路局、车站均不准在停装或限装期间，承认通过及到达停装或限装区段（或车站）的途中换票和变更到站。

四、集中装车

集中装车是使向某一去向的装车较大地超过月度货物运输计划规定的日装车数，以迅速增加该去向的待卸重车保有量。在下列情况下采用：

1. 某铁路局的管内重车严重不足时。
2. 方向移交重车严重不足时。
3. 重点用户、港口、国境站急需到达物资或外运物资严重积压时。
4. 急需防洪、抢险、救灾重点物资时。

集中装车仅在所经过区段通过能力和到站卸车能力允许的条件下方准采用。

第二节　空车调整

办理货运业务的车站可用卸后空车装车。由于卸后空车的车种别数量与装车需要不可能完全一致，各站应把多余空车向空车不足的车站排送。调配空车使各站空车数量与其装车需要相一致，或满足特殊需要而采取的空车资源调配措施，称为空车调整。

空车调整是重车调整的补充。由于空车走行不生产运输产品，因而在空车调整中应采用组织车种代用、消除同车种对流、优化空车调整方案等方法缩短空车总行程。

铁路局、车站必须从全局出发，严格遵守排空纪律，按照上级调度批准的车种、辆数均衡地完成排空任务。

空车调整方法有：正常调整、综合调整和紧急调整。

一、正常调整

国铁集团根据各局次日的装卸任务，在运输调度轮廓计划中，向铁路局下达次日局间分界站空车交接任务。正常调整是铁路局在日常生产中为保证装车所进行的空车调整：路局根据车种别接空和排空车数、管内各站装车、卸车的差数，确定车种别空车调整的方向和数量。

在运输生产中，一定时期内路网上货源和空车相对稳定的分布决定了车种别空车的流向具有一定的规律性，即各区段各车种空车通常都具有固定的流向。空车正常调整应符合空车流向，避免同种空车对流。

此外，在空车源点，到卸重车是由到达列车送达车站后经过一系列技术作业才逐步卸空的；在空车收点，要按车站挂线装车计划安排车辆取送和装车作业，即空车的产生和需求都是时间的函数，因而空车日常调整必须从地点和时间二维空间进行优化。

最后，组织装车地直达列车需要的空车通常采用空车直达列车的形式送达，以保证整列装车。铁路局应当依据列车编组计划和列车运行图的规定，组织局管内相关卸车站和技术站按图定的空车直达列车车次向本局装车站和外局整列排出空车。其余空车由空重混编列车送达装车站。

二、综合调整

在一定时期内，当货流、车流发生变化，移交重车车流增加时，在不影响接空局重点物资装车需要的前提下，经国铁集团下达日计划命令批准，可按重、空车总数进行综合调整，即当本局向某一铁路局交出的某车种重车流增加时，可以相应减少向该局排出该种空车的数量，而由接空局利用卸后空车补充装车需要。交出重、空车数一经国铁集团批准，各铁路局不得在此基础上再增加重车代替空车的数量。

空车综合调整是在调度工作日计划中确定的，必须经国铁集团调度的批准才能执行。

三、紧急调整

紧急调整是为保证特殊紧急运输任务需要（如军事调动、抗洪抢险物资的运输）所采取的调整空车的非常措施，以调度命令或日（班）计划中重点事项的形式下达。各铁路局接到紧急空车调整命令后，必须按照规定的车种、车数在规定的地点集结好空车，准时向指定地点发出。即使因此影响了本局的装车，也必须优先保证完成紧急空车调整任务。

第三节　备用车调整

备用货车是为完成临时紧急运输任务的需要，所储备的技术状态良好的空货车。备用车分为特殊备用车、军用备用车、专用货车备用车和港口、国境站备用车四类。特殊备用车是指保有量大于月计划装车需要的车种中由国铁集团调度命令指定备用的货车。

备用车的列备和解除，必须经国铁集团备用车命令批准。非标准轨的货车备用、解除由所在铁路局负责处理。

一、备用、解除的规定

1. 特殊备用车须备满 48 h，军用备用车、专用货车备用车和港口、国境站备用车须备满 24 h，才能解除备用。因紧急任务需要解除备用车时，须经国铁集团调度命令批准，可不受时间限制。

2. 备用车状况需经备用基地检车员检查。备用前，经基地检车员检查证实车辆技术状态良好方可列备；解除前，经基地检车员检查证实车辆技术状态良好方可解备转变为运用车，经检查发现技术状态不良的备用车，应填写“车辆检修通知单”扣修。

二、备用车基地

备用车必须停放在铁路局批准的备用车基地内。港口、国境站备用车必须停放在指定的港口、国境站。凡未停放在指定地点的均不准统计为备用车。备用车在不同基地间不得转移，在同一基地内转移时，须由铁路局以备用车命令批准。

确定或变更备用车基地站名和基地的最大容车量时，须由铁路局批准，以铁路局文件公布并报国铁集团备案。

三、备用车的管理

1. 铁路局、备用车所在站和基地检车员，均须分别建立备用车登记簿，按备用日期、时分、命令号码、地点、车种、辆数、车号、吨位等内容顺序进行登记。

2. 国铁集团、铁路局调度分别建立备用车命令簿，单独规定备用车命令号码。

第四节　专用货车和外国货车的调整

一、专用货车的调整

普通铁路货车无固定配属，在全路通用。机械冷藏车，固定装卸地点循环使用的行包列车、整列集装箱车、罐车、矿石车、煤车，标记载重 90 t 及以上的货车或指定的专用车，实行固定配属制。

专用货车(包括冷藏车、散装粮食车、家畜车、罐车、风动石砟车、散装水泥车、毒品专用车、集装箱专用平车、小汽车运输专用车、基本型号为“D”字的长大货物车和涂有“专用车”字样的一般货车)的调整方法，除按一般货车调整规定办理外，空车应按国铁集团指定的方向、到站回送，有配属站的除国铁集团另有指定外，均应向配属站回送。

专用货车的回送，要按规定填写回送单据。

为使冷藏车、罐车经常保持设备完整，性能良好，各铁路局原则上不得以冷藏车代用其他货车，各种罐车应分类使用。装运危险货物的罐车必须专车专用。

冷藏车必须代用时，需经国铁集团特运调度命令批准，装运危险货物的罐车不得代用。

二、外国货车的调整

外国货车保留或在国境站积压时，要采取优先放行和换装措施，对暂时没有确定到站的进口货物，经国铁集团准许，可换装在我国货车内待发或及时组织卸车。

凡外国空货车(包括利用装该国货物的车辆)，应经由最短径路向所属国回送。经国铁集团调度命令批准，可在国内顺路装车使用。

复习思考题

1. 什么是车流调整？目的是什么？有哪些方法？

2. 为什么说车流调整的主要方法是重车调整？怎样确定停、限装的期限和数量？

3. 什么是集中装车？在什么情况下采用？

4. 空车调整的基本原则是什么？在空车正常调整中应当怎样确定空车的输送径路和数量？

5. 设立备用车的作用是什么？铁路局在备用车调整上有什么权限？

6. 专用货车和外国货车在卸车后应怎样处理？

第三章　调度轮廓计划

月度货物运输计划规定了铁路局一个月货物运输的数量和流向，技术计划进一步规定了为完成国家运输任务所需要的机车、车辆的数量、各区段行车量及应完成运输数量指标和质量指标。上述两种计划都是任务性质的计划而不是作业性质的计划。

铁路调度日(班)计划是作业性质的计划，它具体采取车流调整措施、规定车站的装卸作业任务、安排列车的运行和机车车辆运用、组织运输设备检修，按日实现月度运输计划。调度日(班)计划与月度运输计划和技术计划之间有不可分割的联系，它们共同构成组织运输生产过程的统一的计划管理制度。

铁路调度日(班)计划包括货运工作计划、列车工作计划、机车车辆工作计划和施工日计划。各项计划是紧密衔接、环环相扣的有机组成部分。货运工作计划确定次日管内自装重车和卸空车的分布，为列车工作计划提供自装卸车流的数据；列车工作计划依据推算的管内 18:00 现车、次日自装卸车流和接入车流，计划各区段开行列车的车次；机车车辆工作计划组织机车车辆运用和检修，为开行列车提供动力和载体保证；施工日计划则协调运输和施工部门的工作，组织线路、信号和牵引变电等铁路固定设备安全检测和维修，为运输生产提供良好的设备条件。

为了给各铁路局调度日(班)计划的编制提供框架和控制数字，国铁集团于每日 9:00 前，向铁路局下达次日轮廓计划；铁路局将国铁集团下达的指标分配至本局各地区，于每日 10:00 作出局次日轮廓任务，内容包括地区别卸车数、装车数、分界口列车、车辆交接任务和重点事项等。

第一节　国铁集团调度轮廓计划

为了充分利用铁路的运输能力、保证国家重点物资的运输和铁路各区段、技术站的畅通，国铁集团需要对各局的去向别装车数量进行宏观控制。国铁集团调度台根据各局早 6:00 计划完成情况、汇集的各局车流调度上报的次日运输需求计划、铁路区段通过能力，确定能力不足的铁路区段上的局间分界站(即限制口)和各局通过限制口的装车数量限制，审核次日各局分界站列车交接列数和空重车数，制定次日货运和分界口轮廓计划，于 9:00 前下达各局。

国铁集团货运轮廓计划的格式如表 2-3-1，规定各局次日装往自局和 17 个外局的装车数，并分列装往重点区域的装车数和经过限制口的控制车数，为铁路局货运调度员审批次日装车需求计划提供依据。

表 2-3-1　去向别使用车轮廓计划

日期：2019-9-02　　　　　　　　　　　　　　命令号：　　　　发令人：

局别	装车去向										合计	重点区域						限制口去向			
	哈	沈	京	…	宁	成	昆	兰	乌	青											
哈尔滨																					
沈阳																					
…																					

续上表

局别	装车去向										合计	重点区域						限制口去向			
	哈	沈	京	…	宁	成	昆	兰	乌	青											
乌鲁木齐																					
青藏																					
重点事项																					

分界口轮廓计划按铁路局下达，给出各局间分界站次日应交接的列车数及重、空车数，作为计划调度员编制列车工作计划的依据。其中，列车编组计划和列车运行图规定以空车直达列车向外局排送的空车，必须按图定车次移交外局。在轮廓计划中，优化全路局间分界站空车调整计划是一项难度很大的工作，还需要进行深入的研究，以获取满意可行解。例如，兰州铁路局有安北、海石湾、天水、安口窑、惠农和定边六个局间分界站，其分界站列车交接日计划的格式如表 2-3-2。

表 2-3-2　分界站列车交接日计划情况表

日期：2019-9-02　　　　　　　　　　　　　　　　　　　命令号：　　　发令人：

分界口＼项目		临客	列数	合计	重车	空车											
						计	棚	敞	平	毒	罐车				保	集	…
											计	轻	黏	…			
安口窑	接入																
	交出																
天水	接入																
	交出																
惠农	接入																
	交出																
安北	接入																
	交出																
海石湾	接入																
	交出																
定边	接入																
	交出																
重点事项																	

第二节　铁路局调度轮廓计划

铁路局日间轮廓计划由车流调度员编制。

一、铁路局编制轮廓计划的主要依据

为了确定局轮廓计划，调度所应依据以下资料，推算当日 18:00 各种运用车数：

1. 早 6:00 运输工作完成实际；

2. 次日各站运输需求计划（军运应有军运任务通知书，超限货物应提出批准装运电报）和物资部门的要求；

3. 预计当日 18:00 各类运用车数、车站现在车数和机车分布情况；

4. 次日各分界站接入车种别空车数；向邻局收取次日分界口预计接入车流资料；

5. 次日各分界站接入列车预确报。

二、铁路局轮廓计划的编制过程

铁路局轮廓计划应符合国铁集团轮廓计划的要求，完成月度运输计划的数量指标和质量指标，保证次日 18:00 运用车的正常分布，为下一个工作日打下良好的基础。

计划编制人员从 9:00 接收国铁集团轮廓计划开始，推算当日运用车保有量，收取管内各站次日运输需求计划，确定次日各地区装卸车数，由主管副总经理审批后，于 10:00 前下达。其编制过程如下：

（一）推算车流

合理的运用车分布是良好铁路运输秩序的前提，因而铁路运输调度指挥的重要任务就是采取调度调整措施，保证局管内各类运用车的分布与其承担的运输任务相适应。次日管内各类运用车的来源包括计划日开始时（即今日 18:00）已在管内的各类运用车、次日由局间分界站接入的各类运用车和次日自装卸运用车。其中前两项是客观存在，当局管内运用车分布不正常时，铁路局首先要调整次日自装重车的去向和数量使管内运用车分布趋于正常，在特殊情况下铁路局仅依靠自身力量无法扭转局管内运用车不正常分布时，可以报请国铁集团采取跨局行动加以协助。

1. 推算今日 18:00 现车

推算今日 18:00 管内各种运用车保有量，是为了掌握计划日开始时的运输状态，并且依据运用车保有量与工作量之间的关系确定计划日运输任务。所以在编制局轮廓计划时首先要推算管内运用别的今日 18:00 运用车。

（1）管内工作车

今日卸车有三个车流来源：昨日 18:00 结存的管内工作车、今日（昨日 18:00～今日 18:00）各局间分界站接入的管内工作车和今日管内各站自装的管内工作车。今日卸车资源减去今日全天的卸空车数就得到今日 18:00 结存的管内工作车数。故今日 18:00 管内工作车保有量 $N_{管内}^{今日}$ 可按下式计算：

$$N_{管内}^{今日}=N_{管内}^{昨日}+u_{接入自卸}^{今日}+u_{自装自卸}^{今日}-u_{卸}^{今日} \tag{2-3-1}$$

式中　$N_{管内}^{昨日}$——昨日 18:00 管内工作车保有量，依据 18:00 统计数据；

$u_{接入自卸}^{今日}$——今日早 6:00 修正计划预计全日接入自卸车数；

$u_{自装自卸}^{今日}$——今日早 6:00 修正计划预计全日自装自卸的管内工作车数；

$u_{卸}^{今日}$——今日早 6:00 修正计划预计的全日卸空车数。

（2）移交重车

今日向各分界站移交的重车也有 3 个车流来源，即昨日 18:00 管内结存的移交重车、今日各局间分界站接入的移交重车和今日自装的移交重车。今日 18:00 管内结存的移交重车数为今日移交车资源减去今日交出的重车数。故今日 18:00 移交车保有量 $N_{移交}^{今日}$ 可按下式计算：

$$N_{移交}^{今日}=N_{移交}^{昨日}+u_{自装交出}^{今日}+u_{接运通过}^{今日}-u_{交重}^{今日} \tag{2-3-2}$$

式中　$N_{移交}^{昨日}$——昨日 18:00 移交车保有量，依据 18:00 统计数据；

$u_{自装交出}^{今日}$——今日早6:00预计全日自装的移交车数；

$u_{接运通过}^{今日}$——今日早6:00预计全日接入的移交车数；

$u_{交重}^{今日}$——今日早6:00预计全日交出的重车数。

为了确定次日每一个分界站的移交重车任务，18:00管内结存移交重车应按分界站分别推算。

(3)空车

今日空车来源为昨日18:00结存，今日接入、自卸和解除备用的空车，去向为今日由分界站交出、装车使用和按调度命令列入备用的空车，按下式计算：

$$N_{空}^{今日}=N_{空}^{昨日}+u_{接空}^{今日}+u_{卸}^{今日}+u_{解备}^{今日}-u_{交空}^{今日}-u_{装}^{今日}-u_{列备}^{今日} \tag{2-3-3}$$

式中 $N_{空}^{昨日}$——昨日18:00空车保有量；

$u_{接空}^{今日}$——今日早6:00修正计划预计全日接入空车数；

$u_{卸}^{今日}$——今日早6:00修正计划预计的全日卸空车数；

$u_{解备}^{今日}$——今日计划解除备用车数；

$u_{交空}^{今日}$——今日早6:00修正计划预计全日排空车数；

$u_{装}^{今日}$——今日早6:00修正计划预计全日装车数；

$u_{列备}^{今日}$——今日计划列入备用车数。

(4)运用车保有量

全局今日18:00总运用车保有量为以上三部分运用车保有量之和，即

$$N_{运用}^{今日}=N_{管内}^{今日}+N_{移交}^{今日}+N_{空}^{今日} \tag{2-3-4}$$

可按下式验算：

$$N_{运用}^{今日}=N_{运用}^{昨日}+u_{接入}^{今日}-u_{交出}^{今日}+u_{解备}^{今日}-u_{列备}^{今日} \tag{2-3-5}$$

式中 $N_{运用}^{昨日}$——昨日18:00运用车保有量；

$u_{接入}^{今日}$——今日早6:00预计全日接入运用车数；

$u_{交出}^{今日}$——今日早6:00预计全日交出运用车数；

可以看出，铁路局编制局轮廓计划推算计划日开始时现车的基本数据来自昨日18:00统计和铁路局今日早6:00修正计划。

【例2-3-1】 推算路局今日18:00现车。

*S*局9月9日编制9月10日轮廓计划。推算9日18:00现车的车流资料如下列各表：昨日18:00铁路局各类运用车保有量(表2-3-3)；今日早6:00预计全日装车数(表2-3-4)，全日卸车数(表2-3-5)，*i*地区全日分界站货车出入数(表2-3-6)，*j*地区全日分界站货车出入数(表2-3-7)。

表2-3-3 昨日运用车

地区		运用车	重车						空车
			*i*地区	*j*地区	局计	移交重车			
						*A*口	*F*口	计	
*i*地区	计划	697	327	38	365	70	61	131	201
	实际	696	362	42	404	75	32	107	185
	差	−1	+35	+4	+39	+5	−29	−24	−16

续上表

地区		运用车	重车						空车
			i 地区	*j* 地区	局计	移交重车			
						A 口	F 口	计	
j 地区	计划	589	108	155	263	44	118	162	164
	实际	576	106	178	284	44	103	147	145
	差	−13	−2	+23	+21	0	−15	−15	−19
局计	计划	1286	435	193	628	114	179	293	365
	实际	1272	468	220	688	119	135	254	330
	差	−14	+33	+27	+60	+5	−44	−39	−35

表 2-3-4 早 6:00 预计今日装车

地区		自局			外局			总计
		i 地区	*j* 地区	计	A 口	F 口	计	
i 地区	日计划	208	65	273	90	117	207	480
	6:00 完成	96	31	127	47	58	105	232
	预计全日	208	65	273	90	117	207	480
j 地区	日计划	103	70	173	41	72	113	286
	6:00 完成	48	37	85	17	32	49	124
	预计全日	103	70	173	41	72	113	286
局计	日计划	311	135	446	131	189	320	766
	6:00 完成	144	68	212	64	90	154	356
	预计全日	311	135	446	131	189	320	766

表 2-3-5 早 6:00 预计今日卸车

地区	日计划		六点	
	全日	六时	已卸	预计全日
i 地区	512	230	237	512
j 地区	253	115	120	253
合计	765	345	357	765

表 2-3-6 早 6:00 预计 *i* 地区全日分界站货车出入

分界站		接入							交出		
		重车					空车	合计	重车	空车	合计
		i 地区	*j* 地区	A 口	F 口	计					
A 口	计划	131	33		31	195	106	301	158	131	289
	预计	135	31		30	196	106	302	152	131	283

续上表

分界站		接入							交出		
		重车					空车	合计	重车	空车	合计
		i 地区	*j* 地区	*A* 口	*F* 口	计					
B 口	计划	164		71		235	95	330	232	110	342
	预计	160		79		239	95	334	234	117	351
合计		295	31	79	30	435	201	636	386	248	634

表 2-3-7　早 6:00 预计 *j* 地区全日分界站货车出入

分界站		接入							交出		
		重车					空车	合计	重车	空车	合计
		i 地区	*j* 地区	*A* 口	*F* 口	计					
B 口	计划		97		135	232	110	342	235	95	330
	预计		98		136	234	117	351	239	95	334
F 口	计划	59	56	35		150	62	212	195	29	224
	预计	62	63	42		167	65	232	195	32	227
出入合计		62	161	42	136	401	182	583	434	127	561

根据以上资料，推算结果如表 2-3-8～表 2-3-11。

表 2-3-8　*S* 局今日 18:00 运用车保有量推算表

地区和铁路局	*i* 地区	*j* 地区	*S* 铁路局
昨日 18:00 运用车	696	576	1272
预计本日接入	636	583	534
预计本日解备			
预计本日发出	634	561	510
预计本日列备			
预计本日 18:00 运用车	698	598	1296
技术计划	697	589	1286
与技术计划比较	+1	+9	+10

表 2-3-9　*S* 局今日 18:00 管内工作车保有量推算表

地区和铁路局	*i* 地区	*j* 地区	*S* 铁路局
昨日 18:00 管内重车	362	178	688
预计本日接入管内重车	295	161	291
预计本日自装管内重车	208	70	446
预计本日卸车	512	253	765

续上表

地区和铁路局	i 地区	j 地区	S 铁路局
预计本日 18:00 管内重车	353	156	660
技术计划	327	155	628
与技术计划比较	+26	+1	+32

表 2-3-10　S 局今日 18:00 移交车保有量推算表

地区和铁路局	i 地区				j 地区				S 铁路局		
	A 口	j 地区	F 口	计	i 地区	A 口	F 口	计	总	A 口	F 口
昨日 18:00 移交车保有量	75	42	32	149	106	44	103	253	254	119	135
预计今日接入	79	31	30	140	62	42	136	240	72	42	30
预计今日自装	90	65	117	272	103	41	72	216	320	131	189
预计今日交出	152	98	136	386	160	79	195	434	347	152	195
预计今日 18:00 移交车保有量	92	40	43	175	111	48	116	275	299	140	159
技术计划	70	38	61	169	108	44	118	270	293	114	179
与技术计划比较	+22	+2	−18	+6	+3	+4	−2	+5	+6	+26	−20

表 2-3-11　S 局今日 18:00 空车保有量推算表

地区和铁路局	i 地区	j 地区	S 铁路局
昨日 18:00 空车	185	145	330
预计今日接空	201	182	171
预计今日卸车	512	253	765
预计今日排空	248	127	163
预计今日装车	480	286	766
预计今日 18:00 空车	170	167	337
技术计划	201	164	365
与技术计划比较	−31	+3	−28

2. 预计次日接入重、空车数量

编制次日轮廓计划，不仅需要掌握今日 18:00 现车，而且需要掌握次日各分界站接入重、空车流的预测资料，才能据以确定次日装车调整措施。

次日各局间分界站接入重车流由邻局依据预测数据提供，局管内地区间分界站交换的车流由车流调度员依据局间分界口接入、今日 18:00 结存移交车数和技术计划规定的自局移交车装车数，及移交车周转时间，确定次日地区间移交车预测资料。

设次日局间分界站接入重车流的预测资料如表 2-3-12、接入空车流的预测资料如表 2-3-13，各地区次日接入货车的预测数据如表 2-3-14 和表 2-3-15 所示。

表 2-3-12　*S* 局次日接入重车流预测资料

接入分界站	*A* 分界站			*F* 分界站		
接入去向	*i* 地区	*j* 地区	*F* 分界站	*i* 地区	*j* 地区	*A* 分界站
接入车数	132	30	25	63	58	38
技术计划	131	33	31	59	56	35
差值	+1	−3	−6	+4	+2	+3

表 2-3-13　*S* 局次日接入空车流预测资料

分界站	*A* 分界站							*F* 分界站						
	P	C	N	$G_{黏}$	$G_{轻}$	B	计	P	C	N	$G_{黏}$	$G_{轻}$	B	计
接入车数	26	64			5		95			40		16	8	64
技术计划	29	72			5		106			38		16	8	62
差值	−3	−8			0		−11			+2		0	0	+2

表 2-3-14　次日 *i* 地区接入货车预测资料

分界站		接入						
		重车					空车	合计
		i 地区	*j* 地区	*A* 口	*F* 口	计		
A 口	计划	131	33		31	195	106	301
	预计	132	30		25	187	95	282
B 口	计划	164		71		235	95	330
	预计	194		83		277	94	371
合计	计划	295	33	71	31	430	201	631
	预计	326	30	83	25	464	189	653

表 2-3-15　次日 *j* 地区接入货车预测资料

分界站		接入						
		重车					空车	合计
		i 地区	*j* 地区	*A* 口	*F* 口	计		
B 口	计划		97		135	232	110	342
	预计		109		123	232	108	340
F 口	计划	59	56	35		150	62	212
	预计	63	52	35		150	62	212
合计	计划	59	153	35	135	382	172	554
	预计	63	161	35	123	382	170	552

（二）确定次日车流调整措施

制定局调度轮廓计划的目的在于指导日（班）计划的编制，保持局管内正常的运用车分布：即通过调整向各方向装车的数量以及车辆的解备和列备，保证完成装车和向各分界站的交车任务、并使管内的运用车数量与车站运输设备和线路通过能力相适应。

在制定铁路局轮廓计划时，要根据推算出的今日 18:00 各种运用车保有量及预计次日车流到达情况、上级关于车流调整的指示，确定次日车流调整措施，作为制定次日装车计划和排空计划的依据。

1. 装车调整的目标

在次日出发车流的三项来源中，今日 18:00 管内现车和次日分界口接入车流是客观现实，其数量及分布情况不取决于本局次日的运输组织工作。因此，车流调整工作主要是对自装重车流的调整。

装车调整应尽量接近以下目标：

(1)完成分界站次日空车交车任务，按国铁集团要求的车种、数量和输送方式向分界站排出空车；

(2)完成分界站次日移交重车任务，保证分界站衔接各线的正常车流量；

(3)完成次日装车任务；

(4)使局管内次日 18:00 有正常的运用车分布，即

$$N_{运}^{次日}=N_{运}^{今日}+u_{产生}^{次日}-u_{消耗}^{次日}=N_{计划} \tag{2-3-6}$$

式中 $N_{运}^{次日}$——次日 18:00 该种运用车(管内工作车、移交重车和空车)保有量；

$N_{运}^{今日}$——今日 18:00 该种运用车保有量；

$u_{产生}^{次日}$——次日该种运用车产生的数量；

$u_{消耗}^{次日}$——次日该种运用车减少的数量；

$N_{计划}$——本月技术计划规定的该种运用车保有量。

因而在具体确定次日装、卸车和分界站货车交接任务之前，先要在分析次日运用车分布的基础上，确定次日应采取的装车调整措施。

2. 确定车流调整措施的方法

(1)分析次日运用车分布情况

确定次日装车调整措施，首先要分析局管内的运用车保有量是否正常，即与技术计划的规定相比是否有较大出入。装车调整就是要通过调整自装车流，使运用车的分布趋于正常。S 局次日运用车分布推算结果如表 2-3-16 所示。根据此表，可以清晰地看出局管内次日车流分布的概况。

表 2-3-16 次日 S 局运用车分布

运用车类别			计	管重	移交重车			空车
					外地区	A 口	F 口	
i 地区	今日结存	技术计划	697	327	38	70	61	201
		推算	698	353	40	92	43	170
		差	+1	+26	+2	+22	−18	−31
	次日 A 口接入	技术计划	301	131	33		31	106
		推算	282	132	30		25	95
		差	−19	+1	−3		−6	−11
	合计差		−18	+27	−1	+22	−24	−42

续上表

运用车类别			计	管重	移交重车			空车
					外地区	A 口	F 口	
j 地区	今日结存	技术计划	589	155	108	44	118	164
		推算	598	156	111	48	116	167
		差	+9	+1	+3	+4	−2	+3
	次日 F 口接入	技术计划	212	56	59	35		62
		推算	212	52	63	35		62
		差	0	−4	+4	0		0
	合计差		+9	−3	+7	+4	−2	+3
S 局	今日结存	技术计划	1286	628		114	179	365
		推算	1296	660		140	159	337
		差	+10	+32		+26	−20	−28
	次日接入	技术计划	513	279		35	31	168
		推算	494	277		35	25	157
		差	−19	−2		0	−6	−11
	合计差		−9	+30		+26	−26	−39

(2)装车调整措施

由以上分析可见：次日 S 局运用车保有量与技术计划指标基本相符，但分布并不正常：管内工作车和 A 分界站移交车数量膨胀，而 F 分界站移交车数量不足，空车数量也不足。

进一步分析可以看出：j 地区运用车保有量基本正常；问题主要出在 i 地区，今日结存管内工作车多 26 车、A 口移交车多 22 车，结存和接入的 F 口移交车共减少 24 车、空车减少 42 车。

为恢复管内运用车的正常分布，次日可采取以下车流调整措施：

j 地区次日装本地区卸的重车数量维持不变，少装 i 地区管内工作车 12 车，多装 F 口移交车 18 车。因为管内工作车必须保持数量稳定，才能保证完成卸车任务和提供空车，j 地区不存在管内工作车过剩、空车数量又不很充足，所以在本地区卸的装车不能减少。i 地区管内工作车过剩，减少向该地区装车 12 辆不会对其卸车造成影响。F 口移交车在 j 地区的周转时间是 0.598 d、在 i 地区是 0.423 d，j 地区多装的 18 辆正好弥补 i 地区移交数量的不足。

i 地区 F 口移交车结存和次日接入都偏少，多装又没有空车，困难较大。因而，应加速管内工作车的输送和卸车，以增加空车保有量。保持 j 地区和 F 口移交车的装车数不变，本地区卸的装车数量减少 10 辆、A 口移交车装车减少 15 辆。

(三)确定次日各地区卸车轮廓任务

在任一时刻，铁路局管内总是分布着处于不同作业状态的管内工作车：在装车站待装、正在装车或待发，正在运行途中，在技术站中转，在卸车站待送、待卸，或正在卸车。老的管内工作车卸空了，新的管内工作车又由分界站接入或自管内各站装出。这是车站能够持续、均衡地完成卸车任务的基本条件。

管内工作车在铁路局管内有一定的存续时间，这就是管内工作车的周转时间。依据技术计划的原理，管内工作车保有量与完成的卸空车数保持着一定的比例关系，即 $\theta_{管内}=\dfrac{N_{管内}}{u_{卸空}}$。各铁路局次日应卸车数，可利用这一关系，以今日 18:00 管内工作车保有量 $N_{管内}^{今日}$ 作为次日的平均运用车保有量，以技术计划规定的管内工作车周转时间 $\theta_{管内}$ 作为次日管内工作车的实际平均存续时间，按下式确定：

$$u_{应卸}^{次日}=\frac{N_{管内}^{当日}}{\theta_{管内}} \tag{2-3-7}$$

在车流相对稳定的情况下，一般可以得到比较接近次日实际情况的计算结果。目前各铁路局在制定卸车轮廓计划时均采用这一方法。

但今日 18:00 管内工作车保有量的变化并不一定总是与次日接入和自装车流的变化趋势一致，实际完成的货车周转时间也可能偏离技术计划。如果相差较大，则此式的计算结果就可能产生较大的误差。例如，某铁路局技术计划规定本月每日卸 1 000 车，其中自装自卸 500 车、接入自卸 500 车，管内工作车周转时间为 $\theta_{管}=1.3$ d，则管内工作车保有量标准为 $N_{管内}=u_{管内}\times\theta_{管内}=1\,000\times1.3=1\,300$(车)。如果推算的今日 18:00 管内工作车保有量仅为 1 100 车，则推算次日卸空车任务 $u_{应卸}^{次日}=\dfrac{N_{管内}^{今日}}{\theta_{管内}}=\dfrac{1\,100}{1.3}=846$(车)。如果次日预计接入自卸重车 650 车，次日又采取多装管内的车流调整措施，自装管内工作车 550 车，次日管内工作车总量的实际变化并不大，完成技术计划规定的卸车任务还是有车流保证的。显然，这种计算方法在理论上存在缺陷。

为了更为精确地推算次日卸车轮廓计划，也可利用卸空率计算法，即按次日三类卸车资源(18:00 管内结存、次日接入和自装的管内工作车)的卸空率，按下式计算：

$$u_{应卸}^{次日}=N_{管内}^{今日}\alpha_{结存}+u_{接入}^{次日}\alpha_{接入}+u_{自装}^{次日}\alpha_{自装} \tag{2-3-8}$$

式中 $u_{接入}^{次日}$——预计次日各分界站接入的管内工作车数；

$u_{自装}^{次日}$——根据车流调整计划，预计次日管内各站自装的管内工作车数；

$\alpha_{结存}$、$\alpha_{接入}$、$\alpha_{自装}$——分别为今日 18:00 结存、次日接入和次日自装的管内工作车在次日卸空的概率，简称卸空率。

由于三类管内工作车次日可供在管内输送和进行货物作业的时间长度不同，其卸空率也不同。今日 18:00 已在局管内车站待卸的作业车得到的作业时间最长，通常在次日内均能卸空；今日 18:00 在管内各站待发和次日接入的管内工作车次之；次日自装的管内工作车卸空的概率最低。

上例中，如 $\alpha_{结存}=0.66$、$\alpha_{接入}=0.32$、$\alpha_{自装}=0.08$，则次日应卸车数为：

$$1\,100\times0.66+650\times0.32+550\times0.08=978(车)$$

各种卸空率的数值可以按铁路局日(班)计划的货运工作计划在管内工作车去向表(运货-4)上推定数值确定的数学期望值计算。利用车站货车追踪系统，可以由计算机进行卸空率的自动统计和预测，为运输调度轮廓计划的编制提供可靠的依据。

(四)确定次日装车轮廓任务

铁路局次日的排空和装车任务根据货主及车站提报的次日订车计划、次日管内空车来源、国铁集团下达的局间分界站交空任务和各局装车调整任务确定。运输需求计划表达了运输需求,而次日空车资源、国铁集团规定的装车调整和分界站空车调整任务则反映装车的可能性。

铁路局应完成国铁集团下达的分界口排空任务。如确有困难,在接受国铁集团轮廓计划时,应提出本局面临的具体问题并提出自己的调整意见。在接受任务以后,就应采取必要措施,保证分界口排空任务的实现。

确定次日排空和装车轮廓计划的基本原则是完成排空和装车计划、保证计划日结束时管内正常的空车保有量。

次日空车来源包括今日 18:00 空车保有量、次日接入空车和卸空车:

$$U_{空源}^{次日}=N_{空}^{今日}+U_{接空}^{次日}+U_{卸}^{次日} \tag{2-3-9}$$

式中 $N_{空}^{今日}$——今日 18:00 管内空车保有量;

$U_{接空}^{次日}$——国铁集团轮廓计划规定的次日局间分界站接入空车数;

$U_{卸}^{次日}$——局轮廓计划推算的次日应卸车数。

次日空车去向:

$$U_{空去}^{次日}=N_{排空}^{次日}+U_{装车}^{次日} \tag{2-3-10}$$

式中 $N_{排空}^{次日}$——依据国铁集团轮廓计划,该局次日各分界站排空车数之和;

$U_{装车}^{次日}$——次日本局装车数。

由此,可得次日 18:00 空车保有量:

$$N_{空}^{次日}=U_{空源}^{次日}-U_{空去}^{次日} \tag{2-3-11}$$

为了顺利完成排空和装车,铁路局每日 18:00 的实际空车保有量都应接近技术计划规定的空车保有量。将计算出的次日 18:00 空车保有量与技术计划规定的标准相比较,如果空车保有量过大,应将多余空车以调度命令列入备用;反之,则应解除部分备用车的备用。通过备用车调整,还是不能满足装车需要时,就需要调整装车计划,相应减少装车数。

当次日接入空车和自卸空车数与技术计划接近时,也可将今日 18:00 车种别空车保有量作为次日平均保有量,与次日需要空车保有量相比较,确定备用车、排空和装车调整措施。次日需要空车保有量按下式计算:

$$N_{需空}^{次日}=(U_{排空}^{次日}+U_{装}^{次日})\theta_{空} \tag{2-3-12}$$

式中 $U_{排空}^{次日}$——次日排空车数;

$U_{装}^{次日}$——次日装车数;

$\theta_{空}$——技术计划规定的空车周转时间。

排空和装车计划应按车种分别制定,因为车种间通常难以相互代用。例如,铁路局可能轻油罐车过剩,但敞车不足,而需要排出罐车、接入敞车。

(五)确定次日分界站移交重车轮廓任务

与计算次日卸车轮廓计划一样,次日分界站移交重车轮廓计划可以利用今日 18:00 各分界站移交车保有量和技术计划规定的各分界站移交车周转时间求出,或采用移交率计算。

1. 车辆相关法

依据今日 18:00 移交车保有量和技术计划规定的移交车周转时间确定各分界站移交重车数的计算公式为:

$$N_{次日交重}^{A}=\frac{N_{今日结存}^{A}}{\theta_{移交}^{A}} \tag{2-3-13}$$

式中 $N_{次日交重}^{A}$——次日 A 分界站移交重车计划数;

$N^{A}_{今日结存}$——今日 18:00A 分界口移交车保有量；

$\theta^{A}_{移交}$——技术计划规定的 A 分界口移交车周转时间。

铁路局应分别推算各局间分界站 18:00 点移交车保有量，计算出各分界站次日计划移交车数。

2. 移交率计算法

移交率计算法按下式计算各分界站次日计划移交车数：

$$U^{A}_{次日交重}=N^{A}_{今日结存}\alpha^{A}_{今日结存}+U^{A}_{次日接入}\alpha^{A}_{次日接入}+U^{A}_{次日自装}\alpha^{A}_{次日自装} \tag{2-3-14}$$

式中　$U^{次日}_{接入}$——预计次日接入的管内工作车数；

$U^{A}_{次日接入}$——预计次日由各分界站接入的 A 分界站移交车数；

$U^{A}_{次日自装}$——根据车流调整计划，预计次日自装的 A 分界站移交车数；

$\alpha^{A}_{今日结存}$、$\alpha^{A}_{次日接入}$、$\alpha^{A}_{次日自装}$——分别为今日 18:00 结存、次日接入和次日自装的 A 分界站移交车次日有效移交的概率。

局管内各地区每日上午 9:00 左右编制好地区轮廓计划，铁路局汇总管内各地区轮廓计划，按国铁集团轮廓计划调整后于上午 10:00 前下达，作为编制调度工作日(班)计划的指导。

复习思考题

1. 国铁集团轮廓计划的主要内容有哪些？依据什么编制？有什么作用？

2. 局调度所在制定局轮廓计划时怎样推算车流？这些资料的准确性存在什么问题？按照你自己的思路，提出几项提高资料准确性的措施。

3. 次日车流调整所要达到的目标是什么？怎样制定具体措施？

4. 次日应卸车和移交重车轮廓任务怎样确定？利用车辆相关法计算有什么缺点？怎样改进？

5. 说明确定次日装车数的基本思路。

第四章　铁路局调度日(班)计划的编制

铁路局调度日(班)计划是组织管内次日装卸和行车工作的行动计划,具体规定管内各站货物装卸和各区段列车开行任务。由于日计划的时间跨度大,各局向邻局提报的列车预报数据越往后与实际情况的出入越大。所以通常是先详细制定第一班计划,确定全日的装卸任务和列车开行车次,早 6:00 再依据计划执行情况对第二班计划作出早 6:00 修正。

铁路局日(班)计划遵照国铁集团、铁路局轮廓计划的要求编制。

1. 调度日(班)计划的编制原则

调度日(班)计划的编制应遵守下列原则:

(1)坚持安全生产。

(2)贯彻国家运输政策,保证重点物资运输。

(3)坚持"一卸、二排、三装"的运输组织原则。

(4)优先组织特需、快速货物列车开行,最大限度地组织直达、成组运输。

(5)经济合理地使用机车车辆和其他运输设备,提高运输效率和效益。

(6)组织均衡运输。

(7)按施工计划安排施工,坚持运输、施工兼顾。

2. 国铁集团对铁路局调度工作日(班)计划的指导

国铁集团从全路的高度,宏观掌握各局装卸和分界站货车交接,指导各局采取运输调整措施防止和消除可能发生的困难:

(1)国铁集团调度指挥中心每日根据各局昨日 18:00 各种运用车保有量和备用车分布,各局早 6:00 任务完成情况,预计的今日装卸车、列车交接情况,各局次日货源情况以及国铁集团领导指示和重点运输任务的要求,拟定次日轮廓计划,由国铁集团调度指挥中心于每日 9:00 前向各局下达,作为各局编制日计划的主要依据。

(2)10:00 前收取各局次日轮廓计划,并审查分界口出入和排空计划。

(3)17:00 前收取各局次日计划,形成全路日计划,于 18:00 前下达给各铁路局,国铁集团对局上报的计划有调整时,以命令形式更正。

3. 铁路局调度日(班)计划的编制依据

铁路局调度日(班)计划应满足铁路局月度生产经营计划、列车编组计划、列车运行图、机车周转图、机车车辆检修计划及站段有关技术作业时间标准的要求。依据以下资料编制:

(1)国铁集团下达的轮廓计划。

(2)预计当日 18:00 局管内在途、在站运用车数(重车分去向、其中到达本局和邻局管内的摘挂车流分到站,待卸车、空车分车种);机车、机车乘务员分布情况。

(3)日运输需求计划(军用应有军运任务通知书、超限超重货物提出批示电报)和重点物资待运情况。

(4)次日局间及管内各地区间分界站接入货物列车预确报。

(5)旅客列车临时加开、停运、迂回运输的调度命令。

(6)月度施工计划及主管业务部提报的施工计划申请和设备维修作业计划。

4. 调度工作的主要报表

(1)国铁集团调度工作日况表(运调 1)、部货运工作轮廓计划表(运调 2)、主要分界口出入汇总表(运调 3)以及铁路装卸车汇总表。

(2)铁路局调度工作的主要报表有局调度工作总结表(运调 4)、局调度日间计划表(运调 6)、编组站日(班)列车工作计划表(运调 11 甲)、技术站及区段管内日(班)计划表(运调 11 乙)、局货运工作日况报告(运货 2)、管内工作车去向表(运货 4)、货运工作日况报告附表(运货 5)等。

第一节　货运工作计划

货运工作计划为列车工作计划提供自装卸车流的资料,是铁路局日(班)计划的基础。其内容包括次日站别装车计划和卸车计划:

(1)各站装车需求批准数(包括发站、发货人、品类、到站、到局、车种别装车数。)

(2)各站卸车计划(包括到站、车种、卸车数,整列货物要有收货人及品类)。

(3)特需货物列车、快速货物列车、企业自备车等直达列车和成组装车的列数和辆数。

(4)篷布、集装箱运用计划。

(5)专用货车使用计划。

一、站别装车计划

局管内各站次日装车计划的编制,包括收集和审批各站次日订车计划、汇总并编制品类、去向别装车计划,制定直达列车和成组装车计划及推算自装交出和自装自卸的有效车等。

1. 收集订车计划

次日装车计划是根据管内各站在每日 9:00 前向局调度所货运调度员提报的次日订车计划确定的。车站订车计划根据货主托运整车货物、整车集装箱货物的运单及车站配装的集装箱货物提出,由车站计划货运员汇集,通过计算机网络向铁路局调度所发送。

货运调度员将各站报来的日运输需求计划汇总于"货运工作日况报告附表"(运货 5),提交给调度所货运调度室主任审批。审批工作一般从上午 10:00 开始,最迟不晚于 14:00 结束。运货 5 报表的格式如表 2-4-1 所示。

表 2-4-1　货运工作日况报告附表　　(运货 5)

数据日期:2019 年 10 月 5 日

发站	请求车							承认车				实际装车				单车收入			审批备注	请求类型
	运输计划号码	发货单位	到达		品名	车种	车数	车种	车数	命令		六时完成	六时修正	十八时完成	合计吨数	预计货运	预计货票	收入率		
			铁路局	车站						号码	发令人代码									
a	0201	粮油公司	S	1	玉米	P	2	P	2	316	1	2	2	2	135	5 327	5 329	88.8		
a	0203	车站	R	x	集装箱	X	2	X	2	316	1	2	3	3	210	5 051	7 748	91.8		批补

续上表

发站	请求车							承认车				实际装车				单车收入			审批备注	请求类型
	运输计划号码	发货单位	到达		品名	车种	车数	车种	车数	命令		六时完成	六时修正	十八时完成	合计吨数	预计货运	预计货票	收入率		
			铁路局	车站						号码	发令人代码									
a	0204	车站	*S*	*B*	集装箱	X	1	X	1	316	1	1	1	1	55	6 383	7 942	133.9		批补
a	0205	种业公司	*T*	*y*	玉米种	P	2	P	2	316	1	2	2	2	110	7 193	10 789	119.9		
a	0206	天然面粉厂	*U*	*z*	蚕豆	P	1	P	1	316	1	1	1	1	60	70 88	10 850	118.1		
a	0207	啤酒原料公司	*S*	*E*	麦芽	P	2	P	2	316	1	2	2	2	120	7 944	12 006	132.4		
a	0208	永兴石膏厂	*S*	*F*	石膏粉	P	1	P	1	316	1	1	1	1	60	10 664	13 446	177.7		
…	…	…	…	…	…	…	…	…	…	…	…	…	…	…	…	…	…	…	…	…

2. 审批订车计划

次日订车计划反映了各站次日装车的需要，在符合政策规定、条件又许可时，应全部承认。但在实际工作中，装车有时会受到铁路区段通过能力和空车数量的限制。

由于区段通过能力不能满足运输需求，对通过某局间分界站的装车数必须加以限制时，称该局间分界站为限制口。我国铁路的限制口曾经达到 20 多个，严重制约了国民经济的发展。随着路网的不断完善和技术的进步，铁路的限制口已经越来越少。在国铁集团轮廓计划中，规定了各局次日通过限制口的装车数。在局装车计划中，不能突破这一限制。

铁路局管内次日产生的空车资源包括当日 18:00 在站、在途空车及次日卸空车和接入空车。空车由铁路局调度所统筹安排，完成次日排空和装车任务。根据调度纪律，编制日(班)计划必须坚持“一卸、二排、三装”的运输组织原则，在完成国铁集团规定的向邻局排送空车任务的前提下，安排本局的装车。

货运调度室主任审批请求计划的原则是：

(1)坚持“三先、三后”的物资调运原则，即“先中央后地方、先重点后一般、先计划内后计划外”，贯彻国家运输政策，保证重点物资运输，优先承认紧急抢险救灾、鲜活易腐、三农物资及已积压多日货物的装车，做到确保重点、兼顾一般。

(2)中间站的装车要符合“日历装车计划”，或是上月、上旬未完成计划的补装货物，以及铁路局特批的计划外货物。

(3)不能超过国铁集团、铁路局规定的停、限装限制。

(4)考虑站别卸车和管内车种别空车分布及可装车时间，做到车、货结合，大力组织直达、成组装车，做好配空、挂重运行线间的衔接。

(5)保证完成去向别、车种别、品类别装车任务。

(6)第一班装车计划应达到全日计划的 45%以上。

为了保证订车计划审批的公开、公正，现在许多铁路局采取编制计算机程序由计算机依据实货的分值和排队顺序自动审批的方法制定次日装车计划。货运日计划自动编制时，可以依据服从全路车流调整和运输集中统一指挥的原则对所运输的物资和客户制定评分标准，如表 2-4-2。制定评分标准要注意发往限制局、限制区段的装车必须保证重点物资运输和生产企业正常生产，兼顾其他客户，维护货运营销成果；对剩余运力按请车时间顺序排队，先到先得，系统依据订单的分值由高到低的顺序审批。

表 2-4-2 计算机审批次日订单计划的分值表

分 值	类 型	特 点
100	国家抢险救灾、应急救援、军事运输、路料等军事物资	应急物资
100	调度命令	集中指挥
100	到重点区域的装车	区域装车
100	杂型车	敞车、棚车以外车型
100	特需、点对点、国际货物班列	直达列车
100	鲜活、饮食、冷冻物资	急运货物
60～100	客户分值	
以上各项分值发生冲突时，以最高分为准；同分值之间以订车先后顺序为准。		

订车计划审批后，发送给各站执行。车站依据铁路局承认车计划组织装车。

3. 汇总装车计划，编制品类别、去向别装车计划表

计划审批后填写“货运工作日况报告表(运货 3)”(见表 2-4-3)，并确定直达列车和成组装车计划。

表 2-4-3 货运工作日况报告 (运货 3)

站 名	*i* 地区		*j* 地区		自局计		*R* 局		*T* 局		*U* 局		*B* 分界口		*F* 分界口	
	请求车	日计划	请求车	日计划	请求车	日计划	请求车	日计划	请求车	日计划	请求车	日计划	请求车	日计划	请求车	日计划
a	12	10	5	4	17	14	2	2	2	2	1	1	14	12	3	3
b	9	9	6	6	15	15	2	2	1	1	2	2	11	11	3	3
c	10	7	8	5	18	12	2	2	2	2	2	2	12	9	4	4
d	8	8	7	7	15	15	3	3	1	1	3	3	11	11	4	4
E	25	24	20	18	45	42	16	16	11	11	6	6	41	40	17	17
o	5	5	3	3	8	8	2	2	1	1	3	3	7	7	4	4
p	7	5	4	4	11	9	1	1	2	2	2	2	8	6	4	4
q	6	6	5	3	11	9	2	2	3	3	2	2	8	8	5	5
r	4	4	8	6	12	10	1	1	1	1	2	2	5	5	3	3
F	40	35	30	27	70	62	5	5	4	4	13	13	45	40	17	17
合计	126	113	96	83	222	196	36	36	28	28	36	36	162	149	64	64
6:00 修正	126	113	96	83	222	196	36	36	28	28	36	36	162	149	64	64
12:00 预计																
16:00 预计																

4. 推算自装有效车数

自装有效车数指次日 18:00 之前能够装好的车数。在货运工作计划承认的装车中，有一部分是在计划日的次日才能装完的，这一部分装车为当日无效车；同样，计划日的有效装车不仅包括计划日承认并于当日装好的货车，还包括计划日的前日承认于计划日装好的货车。在

审批完装车计划后，货运调度员要依据次日配送空车和挂线装车安排，计算管内各站计划日能够完成的装车数，如果未能达到月度货运计划规定的指标，应当进行调整。

二、站别卸车计划的编制

局运输工作轮廓计划为局日(班)计划的编制提供了控制数字。为了实现计划任务，还需要具体确定管内各站的卸车计划：推算次日卸车资源，确定其中的有效车数，即次日 18:00 前可以卸空的车数。

铁路局次日应卸车数为：

$$u_{\text{卸}}^{\text{次日}}=N_{\text{今日管内}}^{\text{有效}}+u_{\text{次日自装自卸}}^{\text{有效}}+u_{\text{次日接入自卸}}^{\text{有效}} \tag{2-4-1}$$

式中 $N_{\text{今日管内}}^{\text{有效}}$——今日 18:00 在站、在途的管内工作车中次日 18:00 以前可以卸空的车数，车；

$u_{\text{次日自装自卸}}^{\text{有效}}$——次日管内各站自装的管内工作车中的有效车数，车；

$u_{\text{次日接入自卸}}^{\text{有效}}$——次日由各局间分界站接入的管内工作车中的有效车数，车。

推算工作根据局轮廓计划和推算的车流资料在“管内工作车去向表”(运货 4)上进行，格式如表 2-4-4。由于铁路局管辖的范围较大，通常划分为几个地区，由几个货运调度员分别编制。

该表全面反映了组成铁路局管内各站次日卸车资源的三部分内容：当日 18:00 已在局管内的管内工作车、次日自装管内工作车和次日局间分界站接入的管内工作车。

编制站别卸车计划，实际上就是收集并分析各站次日卸车资源的资料，确定次日各站有效卸车数及实现铁路局卸车轮廓任务所应采取的措施。编制方法如下：

1. 推算当日 18:00 在站、在途管内工作车中的有效车数

当日 18:00 已在局管内的管内工作车包括在站和在途的管内工作车。

(1)在站管内工作车

18:00 在站的管内工作车包括该站待卸车和待发车。次日管内工作车流量的推算工作大约是在 15:00 左右开始的。15:00 当时各站现车有准确的统计数字，15:00～18:00 间为管内各站输送车流的列车一般已有确报，挂运车流的列车车次和到达各站的时刻也已确定。根据这些资料可按下式推算 18:00 管内各站待卸和待发管内工作车数：

$$N_{\text{待卸},i}^{18}=N_{\text{待卸},i}^{15}+U_{\text{到卸},i}^{15-18}-U_{\text{卸空},i}^{15-18} \tag{2-4-2}$$

式中 $N_{\text{待卸},i}^{18}$——预计今日 18:00 在 i 站待卸的车数，车；

$N_{\text{待卸},i}^{15}$——今日 15:00 在 i 站待卸的车数，车；

$u_{\text{到卸},i}^{15-18}$——预计今日 15:00～18:00 间由各次列车挂到 i 站的本站作业车，车；

$u_{\text{卸空},i}^{15-18}$——预计今日 15:00～18:00 间 i 站可以卸空的待卸车数，车。

$$N_{\text{待发}i,j}^{18}=N_{\text{待发}i,j}^{15}+u_{\text{到达}i,j}^{15-18}+u_{\text{自装}i,j}^{15-18}-u_{\text{发出}i,j}^{15-18} \tag{2-4-3}$$

式中 $N_{\text{待发}i,j}^{18}$——预计今日 18:00 在 i 站的 j 站作业车，车；

$N_{\text{待发}i,j}^{15}$——15:00 统计的 i 站结存的 j 站作业车，车；

$u_{\text{到达}i,j}^{15-18}$——预计 15:00～18:00 间由各次列车挂到 i 站的 j 站作业车，车；

$u_{\text{自装},i}^{15-18}$——预计 15:00～18:00 间 i 站可以装好的 j 站作业车，车；

$u_{\text{发出},i}^{15-18}$——预计 15:00～18:00 间 i 站发出的 j 站作业车，车；

i,j 均为局管内车站，i 表示发站，j 表示到站。

表 2-4-4 *S* 铁路局管内工作车去向表(*j* 地区)

2018 年 9 月 10 日　　　　　　　　　　　　　　　　　　计划人魏中华　运货-4

项目		到站 站及列车	*a* 站	*b* 站	*c* 站	*d* 站	*E* 站	*o* 站	*p* 站	*q* 站	*r* 站	*F* 站	合计
现有管重		*a* 站	3				2		2		1	5	13
		b 站		5					3	1			9
		c 站			2		1			3	2	2	10
		d 站				4	2		2			4	12
		E 站	2	1	3	2	20	5	2	4	3	8	50
		o 站					7	3				6	16
		p 站							2				2
		q 站				2							2
		r 站										3	3
		F 站			5	3	14					32	54
		32005	4	2	1	5	20						32
		20006										17	17
		合　计	9	8	11	16	66	8	11	8	6	77	220
自装卸		*a* 站					2/2			5/5		2/2	9/9
		b 站									1/1		1/1
		c 站							4				4
		d 站						1			2		3
		E 站		5							3		8
		o 站		3									3
		p 站			2								2
		q 站	2/2			1/1							3/3
		r 站					4/4						4/4
		F 站	3/3				7		2/2	3/3			8/15
		合　计	5/5	8	2	1/1	6/13	1	2/6	8/8	1/6	2/2	25/52
接入管重	*B* 口	20002										16	16
		20004										11/11	11/11
		20006										5/5	5/5
		31002					14				5/5		5/19
		31004					8		7/7	2/2			9/17
		31006					9/9	2/2	4/4	3/3			18/18
		41002	7	11	9	9	6						42
		计	7	11	9	9	9/37	2/2	11/11	5/5	5/5	16/32	48/128
	F 口	33001					6					5	11
		33003					5/5					7	5/12
		33005					7/7					4/4	11/11
		43001					4/4	7/7	1/1	17/17	12/12		57/75
		计	7	11	9	9	25/59	9/9	12/12	22/22	17/17	20/48	105/203
总　计			21	27	22	26	138	18	29	38	29	127	475
当日不能卸车			5	0	0	1	31	9	14	30	18	22	130
18 时预计次日卸车			16	27	22	25	107	9	15	8	11	105	345

每一车站的 18:00 待卸车和待发车的有效车数应分别推算。由于我国铁路货车一次作业停留时间标准一般都小于 24 h,因而当日 18:00 各站待卸车均可计算为有效车。

推算 18:00 各站待发管内工作车中的有效车数,要根据列车编组计划和列车运行图规定的车流输送办法以及卸车站的作业时间标准,确定待发车的挂运车次及到达各卸车站有效作业车的临界送达时刻和临界车次。在推算时,还应考虑在途列车的早点和晚点情况。

有效作业车的临界送达时刻(又称为有效点)是指有效车送达卸车站的最晚时刻,在有效点及之前送达卸车站的作业车均可在 18:00 前卸空,之后送达的将来不及在到达当日卸空。卸车站衔接的某一铁路方向最后一列为该站输送有效作业车的列车车次称为该方向的临界车次。

各站有效车的临界车次按每一方向确定,凡临界车次及之前送达的作业车为该站有效车,临界车次之后送达车站的待卸车为无效车。

未配备调车机车、待卸车由摘挂列车送达的各中间站的有效车临界送达时刻为,从 18:00 回退摘挂列车自到达至在该站调车和配对货位作业完了的时间及车站卸车作业时间标准,按下式确定:

$$T_{临界,i}=18:00-(t_{摘挂,i}+t_{卸,i}) \qquad (2\text{-}4\text{-}4)$$

式中 $t_{摘挂,i}$——摘挂列车在 i 站甩挂车辆(包括配对货位)的作业时间标准,min;

$t_{卸,i}$——i 站卸车作业时间标准,min。

技术站或配有调车机车的中间站由于作业环节较多,例如送达技术站的作业车要经过列车到达、解体、集结、送车和卸车等作业过程,从车辆到达至卸空可能需要较长的时间,但临界车次的确定原理是相同的,可按式(2-4-5)计算:

$$T_{临界,i}=18:00-(t_{到达,i}+t_{解体,i}+t_{集结,i}+t_{送车,i}+t_{卸,i}) \qquad (2\text{-}4\text{-}5)$$

式中 $t_{到达,i}$、$t_{解体,i}$、$t_{集结,i}$、$t_{送车,i}$、$t_{卸,i}t_{摘挂,i}$——分别为到达解体列车在技术站进行到达作业、解体作业,本站作业车在调车场集结待送、送车和卸车作业时间标准,min。

临界车次按每一方向确定:凡临界车次及之前车次送达的作业车为有效车;反之,为无效车。

以 S 铁路局 j 地区为例,B—E 和 E—F 区段的列车运行图如图 2-4-1 所示。

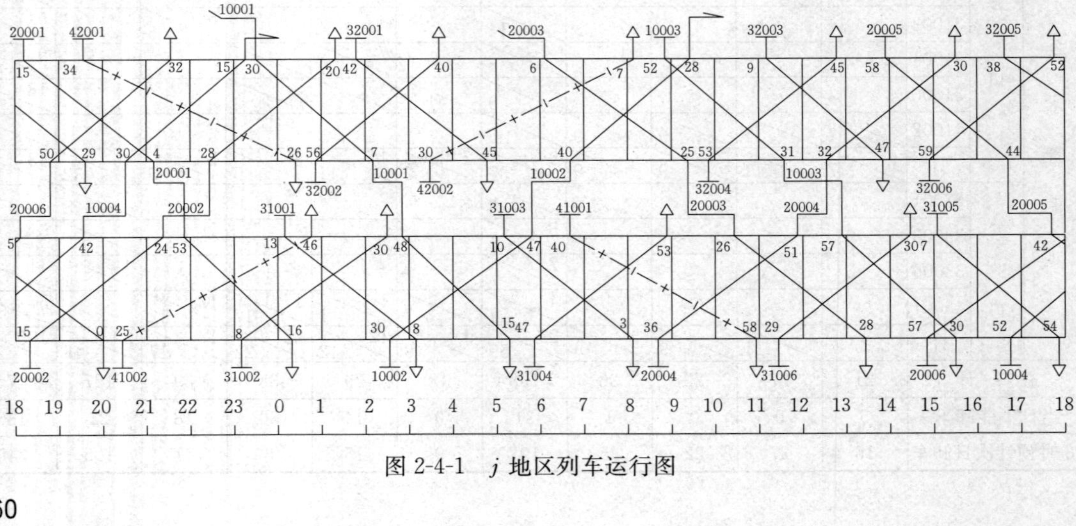

图 2-4-1 j 地区列车运行图

如 S 局 j 地区摘挂列车在各中间站作业的时间标准均为 30 min、卸车作业 3 h，E 和 F 技术站列车到达、解体，和本站作业车集结、送车、卸车作业时间标准合计为 6 h，则 B—E、F—F 区段各中间站有效车临界时刻为 18:00－30 min－3 h＝14:30；其中，第一班有效车的临界时刻为 6:00－30 min－3 h＝2:30。即各中间站凡 2:30 前到达的作业车为第一班有效车，14:30 前到达的作业车为当日有效车。技术站的第一班有效车临界时刻为 0:00，当日为 12:00。

依据运行图，B—E 区段仅有一对摘挂列车。上行 41002 次摘挂列车 20:25 自 B 站出发，0:46 到达 E 站，所以该列挂到 a、b、c、d 各站的作业车均为第一班有效车。下行 41001 次 6:40 从 E 站出发，10:58 到达 B 站，该列挂到区段内中间站的作业车均为第二班有效车。

E—F 区段上行 42002 次 3:30 自 E 站出发，8:07 到达 F 站，该列挂到区段各站的作业车均为第二班有效车。下行 42001 次 19:34 从 F 站出发，0:26 到达 E 站，该列挂到区段内的作业车均为第一班有效车。

E 站上行第一班临界车次为昨日发的 31006，全日临界车次为 42002，；下行第一班临界车次为昨日发的 32005，全日临界车次为 32001。

F 站上行第一班临界车次为 20006，全日临界车次为 32004；下行临界车次要根据与 T 局邻接区段的列车运行图确定，如 F 分界站次日接入的各次列车到达 F 站的时刻分别为：33001 次 23:14，33003 次 7:46，33005 次 13:21，43001 次 16:37，则 33001 为第一班临界车次，33003 为全日临界车次。

(2)18:00 在途管内工作车

18:00 在途的管内工作车是指 18:00 当时编挂在局管内运行的列车中的管内工作车，分为可直接送达卸车站的和到达技术站中转的管内工作车两类。

对于当日 18:00 管内在途列车中可以直接送达卸车站的管内工作车，判断该车次是否是该卸车站的临界车次或之前的车次，是则有效，否则无效。预计晚点列车，按晚点时刻推算。

对于当日 18:00 管内在途列车中到达技术站中转的管内工作车，根据列车运行图查找该次列车到达技术站的时刻；按车流性质确定其在技术站的接续车次；判断最终送达卸车站的列车车次是否为该卸车站的临界车次或之前的车次。依据车流性质和列车编组计划的规定，18:00 在途管内工作车可能需要进行多于一次的中转。

如图 2-4-1 中，j 地区 18:00 在途有 10004 次、20006 次、20005 次和 32005 次四趟列车：10004 次是移交 T 局的列车、20005 次移交 i 地区，这两趟列车都没有挂到 j 地区的货车；32005 次 19:29 终到 E 站，离 41001 次开车还有 11 h 11 min，车流接续时间足够，B—E 区段的 41001 次列车送达中间站的管内工作车也有足够的作业时间。因此，该次列车挂来的 E 站和 B—E 区段的管内工作车流均为有效车。B 站发往 F 站的直通列车 20006 次 21:32 终到 F 站，其挂到 F 站的待卸重车为该站第一班有效车。

2. 次日自装管内工作车

装车站可能是中间站或技术站。

中间站次日自装的管内工作车送往到站的过程有以下三种情况：

(1)由装车站编开的装车地直达列车直接送达卸车站。

(2)装往邻近技术站卸车的管内工作车，由摘挂列车或小运转列车等区段管内列车送达邻近技术站。

(3)装往邻近技术站以远的车站卸车的管内工作车送往邻近技术站中转。

技术站自装和汇集的待发管内工作车送往到站的过程有以下两种情况：

(1)由技术站编组的列车直接送达卸车站，包括由摘挂列车送达邻近区段各站卸车，或由区段、直通、直达列车送达卸车站。

(2)需要由本技术站编开的列车送达途中技术站进行一次或几次中转，才能最后到达卸车站。

可以看出，无论是中间站还是技术站装出的管内工作车，均可能直接送达或需技术站中转。直接送达时，可判断挂线车次是否是卸车站临界车次或之前的车次；需技术站中转时，其有效性由最终接续车次确定。为了加速车辆周转和货物送达速度，周密安排挂线装车和接续列车运行线是非常必要的。

如 B—E 区段 c、d 各站装往 E 及 E—F 区段各站的作业车均可由 41002 挂到 E 站，41002 次可以接续 42002 次，作业时间均够，都是有效车；但 a、b 各站往 E 及 E—F 区段各站的作业车当日来不及挂入 41002 次，为无效车。同理：E—F 区段 o、p 各站装往 E 及 B—E 区段各站作业车也是无效车；F 站、r 站和 q 站装往 E—F 和 B—E 区段各站的作业车由于赶不上 42001 次，故均为当日无效车，所以这部分作业车应当在第二班装车。

又如次日 B 站装往 F 站的重车全部为无效车。因为可以挂运该车流的三趟列车中：20002 次 18:15 从 B 站出发，B 站次日所装重车无法挂运；20004 次 15:30 到达 F 站，当日已不能卸空；20006 次要第二日才能送达 F 站。

3. 次日局(地区)间分界站接入的管内工作车

次日分界站接入列车中管内工作车的到站、车种别车数按邻局预报确定。可由接入列车直接送达卸车站的管内工作车，根据该车次的计划到达时刻和车站作业时间标准确定其是否为有效车；需技术站中转时，其有效性由最终接续车次和卸车站作业时间标准确定。

由 B 站发来的 20006 次 21:32、20002 次 1:20 到达 F 站，所以这两次列车挂到 F 站的作业车为有效车。但 20004 次列车挂到 F 站的管内工作车作业时间不够，是当日无效车。31002 次挂到 E 站的作业车及由接续的 32004 挂到 F 站的作业车均为有效车。31004 次在 E 站不能接续 42002 次，故该车挂往 E—F 区段的作业车为当日无效车。

F 分界站次日接入的各次列车，根据接续车次和车站作业时间标准，33001 挂来的 F 和 E 站的作业车为有效车。33003 接续的 32003 次到达 E 站的时间为 13:47，挂到该站的作业车为无效车。33005 和 43001 次挂来的作业车均为当日的无效车。

次日各站的卸车任务为卸车资源中三部分有效车之和，按下式计算：

$$u_{\text{卸},i}^{\text{次日}}=(u_{\text{待卸},i}^{\text{有效}}+u_{\text{待发},i}^{\text{有效}})+u_{\text{自装自卸},i}^{\text{有效}}+u_{\text{接入自卸},i}^{\text{有效}} \tag{2-4-6}$$

式中 $u_{\text{卸},i}^{\text{次日}}$——$i$ 站次日卸车数；

$u_{\text{待卸},i}^{\text{有效}}$——当日 18:00 在 i 站待卸的管内工作车有效车数；

$u_{\text{待发},i}^{\text{有效}}$——当日 18:00 在管内各站等待送往 i 站的管内工作车中的有效车数；

$u_{\text{自装自卸},i}^{\text{有效}}$——次日管内各站装往 i 站卸车的管内工作车中的有效车数；

$u_{\text{接入自卸},i}^{\text{有效}}$——次日分界站接入各次列车中编挂的 i 站卸的管内工作车中的有效车数。

推算完毕后，在运货 4 的下部汇总各站次日管内工作车总数和无效车数，两者之差即为有效卸车数。

第二节　列车工作计划

为了有效利用机车牵引力和铁路运输能力，我国铁路规定，除摘挂列车、小运转列车和某些特定情况外，列车必须达到规定的重量或长度标准才允许开行。由于局管内每日产生的出发车流去向和数量及各站的装卸任务都有变化、需预留天窗的施工情况不同，以及自然灾害、事故等诸多因素的影响，铁路局管内各区段每日开行的列车并不总是与运行图中铺画的列车运行线完全一致：有的列车运行线可能因车流不足而停运，而有的列车到达站则可能因车流积压，需要增开临时定点列车；还要根据管内各站次日现在车、车种别卸空车数量和装车需要进行空车调配。列车工作计划就是根据变化的车流情况确定的次日管内各区段列车开行计划。

根据局管内作业量的大小，可以将其管辖范围划分为几个内部作业联系比较紧密而相互间作业相对独立的部分，每个部分为一个计划台，设立一名计划调度员负责列车工作计划的编制。

列车工作计划由计划调度员在“编组站日（班）列车工作计划表”（运调 11 甲）和“技术站及区段管内日（班）列车工作计划表”（运调 11 乙）上编制，主要确定次日管内有列车编组任务的车站编开的列车车次、始发和终到时刻，各区段中间站车流的输送方法等，内容包括：

（1）列车到、发及运行计划，包括列车车次、发站、到站、发到时分、编组内容、始发列车车流来源、小运转列车运行计划、机车交路及机车型号。

（2）管内工作车输送计划、各站配空挂运计划和摘挂列车的装卸、甩挂作业计划。

（3）旅客列车临时加开、停运、迂回运输、编组、车辆甩挂计划。

（4）分界站列车交接计划，包括列车车次、到开时分、各列车中去向别重车数和车种别空车数。

（5）专用货车的使用、调整计划。

（6）装载超限超重、军运物资（人员）、剧毒货物车辆，有限制运行条件的机车车辆、自轮运转特种设备挂运和专列开行计划。

（7）区间装卸作业计划。

（8）路用列车运行计划。

“编组站日（班）列车工作计划表”（运调 11 甲）是计划调度员在其上推算各列车编成站次日出发车流，铺画到、发列车运行线的工具。运调 11 甲把一个计划台所辖的几个列车编成站汇集到一张表上，可以一目了然地表示各站次日开行的列车车次。

列车工作计划的编制过程是：

（1）按列车编成站收集车流资料。将推定的 18:00 各去向结存车数填写到该站 18 点“推定”栏；根据到达列车预、确报，按图定或预计到达时分铺画到达列车运行线并标记各去向到达车数；次日本站自装车流按挂线装车安排列入。

（2）选定列车运行线。依据各组号出发车流集结情况，按时间顺序逐条运行线检查各次出发列车的车流，确定是否可以开行，画出可开行列车的运行线。

（3）详细安排各区段管内车流的甩挂计划。各区段开行的列车车次确定以后，再根据各中间站 18:00 结存车、次日装卸计划和技术站管内车流，在“技术站及区段管内日（班）列车工作计划表”（运调 11 乙）上详细安排各区段管内列车的车辆甩挂计划。

运调 11 甲和运调 11 乙确定的列车开行计划还需要机车牵引动力的保证，因此列车工作计划编好后要按区段绘制小时格运行图，送机车调度员安排机车周转、勾画机车交路形成运调 12 交列车调度员、机车调度员执行并报有关人员。

下面就编制运调 11 甲过程中推算车流、选定运行线及编制运调 11 乙的方法加以说明。

一、技术站列车工作计划的编制方法

（一）编制过程

1. 推算车流

铁路局列车工作计划必须保证各列车编成站集结的车流能够及时发出而不产生积压，又要保证自编始发列车均能满轴正点。为此，铁路局调度所计划调度员要在每日 15:00 左右收集列车预、确报资料，推算各列车编成站次日出发车流。

每一个有列车编组任务的车站（包括编组站、区段站和编开始发直达列车的中间站），其次日出发车流都由以下三部分组成：

(1)当日 18:00 本站结存的出发车流。

(2)次日自站装卸产生的重、空车流。

(3)次日到达列车挂来的中转车流，包括：当日 18:00 已在本局管内或外局运行将于次日终到本站的列车带入的中转车流；次日管内或外局车站编开的将于次日到本站解体的列车带入的中转车流。

以上三部分车流可以归结为两大类：18:00 在站、在途车流和次日装卸产生的车流。

在推算车流阶段，每一铁路局都要向邻局通报次日各次交出列车的编组内容，同时从邻局获取次日接入列车预确报。本局向邻局通报的交出列车的编组内容，对于邻局来说就是接入列车的预确报。

车流推算方法如下：

(1)确定当日 18:00 管内在站、在途车流

各站当日 18:00 结存的出发车流，按该站列车编组计划规定的组号推算，其数值为：

$$N_{i,j}^{18}=N_{i,j}^{15}+U_{到达,i,j}^{15-18}+U_{自装,i,j}^{15-18}-U_{出发,i,j}^{15-18} \tag{2-4-7}$$

式中 $N_{i,j}^{18}$——当日 18:00i 站集结的 j 组号车数；

$N_{i,j}^{15}$——15:00 当时 i 站集结的 j 组号现车数。局调度所计划调度员推算后与车站上报的数据进行核对，可得到车站各组号车数的准确数字；

$U_{到达,i,j}^{15-18}$——15:00～18:00 之间由到达解体列车或部分改编中转列车送至 i 站的 j 组号车数，该项资料由列车确报和预报取得；

$U_{自装,i,j}^{15-18}$——15:00～18:00 之间 i 站自装的 j 组号车数，由车站货运调度员根据车站货运作业进度上报；

$N_{出发,i,j}^{15-18}$——15:00～18:00 之间 i 站出发列车挂走的 j 去向车数。由车站调度员（或助理站调）根据车站阶段计划推算后上报局调度所。

当日 18:00 结存出发车流的推算结果填写在运调 11 甲大表列车编成站各组号车流结存栏。

当日 18:00 管内在途车流即当日 18:00 正在管内运行的列车中编挂的车流，这些列车包括：15:00 已在管内运行的列车，和 15:00～18:00 间自局外站编组的列车；15:00 已在邻局管

内运行和 15:00～18:00 间邻局编组，于当日 18:00 前移交本局的列车。

其中，15:00 已在管内运行的列车已有确报；15:00～18:00 间自局编组始发的列车车次按当日列车工作计划的规定，各车次的编组内容依据阶段开始时的站内现车、本阶段本站装好重车的组号别车数、自局外站和外局编组始发本阶段内到达本站列车的确报推定。此时离 18:00 已经很近，依据的资料翔实，因而可以由站调按调车场的车流集结过程推算列车编组内容，上报。

邻局 18:00 前移交本局列车的编组内容依据邻局发来的预确报确定，其推定方法同上。

在进行车流预确报时，列车的编组内容应按到站的列车编组计划给出。例如新丰镇的列车编组计划规定该站发往兰州北站的直达列车的编组内容是“兰州北及其以远”，而这一组号包含了兰州北站往兰青线、兰新线和包兰线的全部组号，如西宁及其以远、格尔木及其以远，哈密及其以远、嘉峪关及其以远、武威南及其以远、打柴沟及其以远，迎水桥及其以远、白银西及其以远等。

(2)次日本站自装车流

次日自装车流依据“挂线装车”计划计入。

(3)次日本站终到列车送达的车流

在当日 15:00 时已有确报的管内在途列车和次日局间分界站接入列车，按确报的车辆到站在该列车运行线标记组号别编组内容；其余列车带入的车流按预报计入。

2. 选定列车运行线

在推算了次日出发车流资源后，接着需要确定各列车编成站的开行车次。

在运调 11 甲上，先将各站 18:00 站存车数据分别填记在各站当日结存栏；按列车运行图规定的到达时分或预计到达时分，画出次日在该站终到或有车辆甩挂作业列车的运行线并将其编组或摘车内容标注在相应的车流栏；根据自装、卸车流的挂线装、卸计划，列入车站的车辆集结内容。至此，次日自编出发列车的车流资料已收集完毕。

在选定列车运行线之前，应大致计算各去向全天有效集结车数，确定要避免车流积压次日各列车到达站应开行的列数，检查旬计划选定的分号运行图规定开行的车次是否能满足次日车流输送的需要。

接着，按规定的列车车次，逐条运行线检查是否有足够的车流、车流接续时间是否满足要求，具体选定运行线。

《铁路运输调度规则》(普速铁路部分)规定：

(1)列车工作计划必须有全日车次和全日编组内容。编制列车工作计划必须有可靠的资料，禁止编制无车流保证的空头计划。各区段日计划列数，要按列车运行图做到基本均衡。

(2)实行分号运行图时，选定列车车次、日计划列数，应以分号列车运行图为基础，首先保证核心列车开行，当分号列车运行图的列车开满后，可开行基本列车运行图的列车车次；增开的跨局列车由两铁路局协商确定。

(3)列车运行图规定的货物列车是否开满，跨局列车以分界站全日交接列车计算；铁路局管内列车以编组站或区段站全日发出列车计算；列车运行图规定在中间站始发和到达的列车未开满，但贯通全区段运行的列车已开满时，可视为列车运行图已开满。

(4)列车工作计划要确保排空列车的开行。第一班计划的排空车数必须达到全日计划的45%以上。

(5)始发列车计划应按列车运行图规定的时分制定。中转列车可按预计到达时分，在分号列车运行图中选定紧密衔接的适当运行线。

图定车次贯通到底的直达货物列车，在接续的区段站或编组站因晚点不能使用原图定运行线，在制定日(班)计划时，准许利用图定的直达、直通列车运行线开车，但必须保持原车次不变。

(6)摘挂列车与其他货物列车运行线不得互相串用。

(7)在中间站始发或终到的列车，如列车运行图规定为通过时分，在编制日(班)计划时，应另加起停附加时分。

(8)开行临时定点列车的规定：

①基本列车运行图的列车开满后，方准加开临时定点的列车车次(特需，快速货物列车除外)。

②始发列车无适当车次使用时，可制定临时定点列车计划，其旅行时间不得超过本区段内同类列车最长旅行时间。跨局运行时，须征得邻局的同意。

③开行列车运行图以外的阶梯直达列车只限于作业站间可临时定点。

④挂有运行条件限制机车车辆的列车、有时间限制的军用列车和在区间整列装卸的列车，不能利用列车运行图中的运行线时，可开行临时定点列车。

挂有运行条件限制机车车辆的列车、在制定日(班)计划时，允许只定始发和到达时分，运行时分可在 3～4 h 列车运行调整计划中确定。

⑤途中停运的列车，恢复运行时应利用空闲运行线。确无适当运行线可利用时，方准开行临时定点列车到达前方第一个技术站。

(9)分界站当日晚点未交出的晚点列车，需纳入次日计划。接近 18:00 的晚点列车，来不及纳入次日计划时，准许 18:00 后晚点交出。

(10)原则上不准编制跨铁路局的超重、超长列车计划，必须时，须征得邻局的同意。

(11)挂有装载超限超重、剧毒品货物车辆和运行条件限制机车车辆的列车跨局运行时，应向邻局重点预报。

(12)班计划一经确定，必须维护计划的严肃性，在执行中原则上不准变更列车车次和整列方向别的编组内容；跨局列车遇有特殊情况必须变更日(班)计划确定的列车车次和整列方向别的编组内容时，要预先征得邻居的同意。

(13)日(班)列车工作计划编制后，相邻铁路局调度所必须主动将分界站列车交接计划(包括车次、时分、编组内容、机车交路)核对一致后，方准上报国铁集团批准。

(14)严格执行列车编组计划，遇特殊情况违反编组计划时，须铁路局计划调度员准许并发布调度命令(跨局时须经国铁集团调度命令准许)。

(二)提高列车工作计划编制质量的措施

当前，由于各局向邻局预报次日移交列车的编组内容都是在本局的列车工作计划尚未编制的情况下做出的，因而预报资料往往与实际情况出入较大，影响到计划的准确性和兑现率。

在计划编制和调度指挥已经实现信息化的前提下，可以利用循序递进法编制列车工作计划：依据当日最后阶段各列车编成站比较翔实的在站和接入车流资料，做出次日第一阶段列车工作计划，并据此向邻局预报；然后根据第一阶段结存车流、第二阶段管内各站自装卸车流和邻局预报的接入车流资料，完成次日第二阶段计划，再向邻局预报……直至计划编制工作结束。这样，计划编制工作从初始阶段向最后阶段逐步推进，使铁路局的列车预报始终建立在已经编制完成的阶段列车工作计划的基础上，从而提高计划的准确性。

1. 阶段列车工作计划编制方法

按阶段编制列车工作计划的关键在于推算车站上阶段结存车流和确定本阶段挂线装车安排，以次日第一班第 k 阶段为例（$k=1$、2、3、4）编制过程如下：

（1）推算本站第 k 阶段出发车流资源

i 站次日第 k 阶段 j 组号出发车流资源 $R_{i,j}^{k}$ 包括阶段开始时 i 站集结的 j 组号现车数 $N_{i,j}^{k}$、阶段内自装的 j 组号车数 $U_{自装,i,j}^{k}$ 和阶段内由到达解体列车或部分改编中转列车送至 i 站的 j 组号车数 $U_{到达,i,j}^{k}$，即

$$R_{i,j}^{k}=N_{i,j}^{k}+U_{自装i,j}^{k}+U_{到达i,j}^{k} \tag{2-4-8}$$

我国铁路区段的里程通常在 100～200 km，即使跨区段列车也要运行 2～3 h，所以阶段内本站到达解体列车均为上阶段及以前管内和外局编组的终到列车，而确定自编列车编组内容的唯一不确定因素是自装货车的挂线车次。因而，精确推算车流应当抓住挂线装车这一核心问题。

（2）选定本站第 k 阶段出发列车车次

编制列车工作计划时，按车流集结过程推算出发车流，车流以先进先出原则编入列车。在图上从本阶段开始依时间顺序逐条检查运行线是否可以开行及编组内容。选定的列车运行线必须满足车流量和接续时间两项标准，即：编挂的车流必须是列车编组计划规定的组号，挂入车流的数量达到列车平均编成辆数（摘挂列车除外）；选定的全部车流加入集结的时刻必须早于该次列车的集结临界点。

到达解体列车中编挂的中转车流在技术站要经过到达、解体、集结、编组和出发作业，本站作业车装卸完毕后要经过取车、编组和出发作业，才能编挂在新的列车中从车站出发。车辆在这一过程消耗的最少时间称为中转车流和作业车在站接续时间标准。对于每一自编始发列车都存在一个时间点，在这一时间点之前加入集结的车流可以编入该列车，之后加入集结的车流将由于作业时间不足而不能编入该列车。这一时间点称为该次列车的车流集结临界点。

设 c_l 为图定 l 到达站的一条运行线，$F_l=(f_{l_1},f_{l_2},\cdots,f_{l_n})$ 为按加入集结时间排序的该次列车集结各车组的车数，$T_l=(t_{l_1},t_{l_2},\cdots,t_{l_n})$ 为集结的各车组加入集结的时间，t_l 为该次列车中转车流和作业车流的集结临界点，m_l 为方向上列车的编成辆数，则 c_l 可以开行的必要和充分条件为：

$$\sum_{i} f_i \geqslant m_l \tag{2-4-9}$$

$$t_{l_i}<t_l \quad (i=1,2,\cdots,n)$$

式中　n——参与集结的车组数。

（3）下阶段开始时车站出发车流量

i 站次日第 $k+1$ 阶段开始时集结的 j 组号重车数可按下式计算：

$$N_{i,j}^{k+1}=R_{i,j}^{k}-U_{出发,i,j}^{k}=N_{i,j}^{k}+U_{自装,i,j}^{k}+U_{到达,i,j}^{k}-U_{出发,i,j}^{k} \tag{2-4-10}$$

式中　$U_{出发,i,j}^{k}$——次日第 k 阶段内 i 站出发列车挂出的 j 组号车数。

精确推算的本阶段末结存车流资料为开始下一阶段列车工作计划的编制提供了基础。

2. 列车工作计划编制过程的启动

编制车站次日列车工作计划从当日最后阶段开始，以推算当日 18:00 过表列车编组内容和各站在站、在途车流数据。推算过程与编制次日各阶段列车工作计划的作业过程基本相同：推算出发车流；检查落实各次自编始发列车运行线的编组内容；计算阶段末各组号剩余车流。不同之处在于当日最后阶段的列车工作计划已经存在且正在执行，推算当日 18:00 结余的车流资源只是推演当日最后阶段列车工作计划的执行情况，依据的车流资料是齐全、精确的；而次日各阶段列车工作计划有待编制，且缺乏准确的车流资料。

(1)推算出发车流

本站当日最后阶段出发车流包括 15:00 在站车流、自装卸车流和接入车流。

我国铁路技术站和作业量较大的货运站都建立了货车管理信息系统，连续追踪站内货车的数量和状态变化。阶段开始时，即 15:00 当时，车站各组号出发车流量的准确数据可以通过检索车站货车数据库获得；没有建立货车追踪系统的车站，可以由车站助调利用毛玻璃板统计车站的车流变化。车站 15:00 出发车流量记为：

$$N_i^{15} = \sum_{j=1}^{r} n_{i,j}^{15} \tag{2-4-11}$$

式中 N_i^{15}——15:00 时 i 站的总出发车流量；

$n_{i,j}^{15}$——15:00 时 i 站集结的 j 组号车数；

r——列车编组计划规定 i 站出发车流划分的组号数。

15:00～18:00 间车站自装重车均处于货物作业过程中，其中可以在当日装车完毕的货车由车站货运调度员根据车站装卸作业进度上报调度所：

$$N_{自装i}^{15-18} = \sum_{j=1}^{r} n_{自装i,j}^{15-18} \tag{2-4-12}$$

式中 $N_{自装i}^{15-18}$——预计在 15:00～18:00 间自站装好的车数；

$n_{自装i,j}^{15-18}$——15:00～18:00 间 i 站装车完了的 j 组号车数。

15:00～18:00 间到达本站的车流包括 15:00 管内在途列车、15:00～18:00 间局管内其他车站编组的列车和由局间分界站接入列车中将于 15:00～18:00 间到达本站的车流，这些列车均已有确报。

其中直达、直通和区段列车的编组内容由列车确报提供；摘挂和小运转列车则需要根据列车出发确报和运行途中车辆甩挂计划推算，即带到 i 站的 j 组号车数为摘挂列车始发站和区段内各中间站挂入列车的 j 组号车数之和，个别按照调度命令在运行途中有甩挂作业的直达、直通和区段列车，也应按车辆甩挂计划修改终到的列车编组内容。这部分出发车流可按下式计算：

$$N_{接入i}^{15-18} = \sum_{j=1}^{r} \left(\sum_{s=1}^{S} n_{s,i,j}^{15-18} + \sum_{t=1}^{T} n_{t,i,j}^{15-18} + \sum_{u=0}^{U} n_{t,u,i,j}^{15-18} \right) \tag{2-4-13}$$

式中 $N_{接入i}^{15-18}$——15:00～18:00 间到达 i 站的中转车流量；

$n_{s,i,j}^{15-18}$——第 s 次直达、直通或区段列车带到 i 站的 j 组号车数；

S——15:00～18:00 间到达 i 站解体的直达、直通或区段列车数；

$n_{t,i,j}^{15-18}$——第 t 次摘挂列车在始发站编挂到 i 站的 j 组号车数；

$n_{t,u,i,j}^{15-18}$——第 t 次摘挂列车在运行途中进行甩挂作业的中间站 u 挂上的带到 i 站的 j 组号车数；

T——15:00～18:00 间终到 i 站的摘挂列车或小运转列车数；

U——第 t 次摘挂列车或小运转列车在运行途中有车辆甩挂作业的站数。

(2)推定 15:00～18:00 间本站发出列车的车次及其编组内容

车站当日最后阶段编组出发列车的车流来源确定以后，按列车到达站列车编组计划划分的组号做出预报。设：兰州北站某日 15:00 调车场结存宝鸡东及其以远车流 20 辆，当日 15:30 西宁方向到达 32008 次挂来该去向 15 辆，16:00 车站货场装好该去向车流 9 辆，16:40 打柴沟方向到达 27032 次挂来 16 辆，如图 2-4-2 所示；车流产生的时间和内容如表 2-4-5 所示；列车编成辆数为 54 辆；宝鸡东站中转车流和自站装卸车流接续时间标准均为 1 h。则可以确定图定 17:56 出发开往宝鸡东的 28004 次列车的编组内容为：宝鸡东—新丰镇间 19 辆，西安西及其以远 5 辆，略阳卸 10 辆，广元南及其以远 20 辆。

在编制列车工作计划时，各阶段自编始发列车的编组内容按车流的集结过程推算，但当日最后阶段有条件按调车场的集结过程推算，使得到的列车预报更为精确。

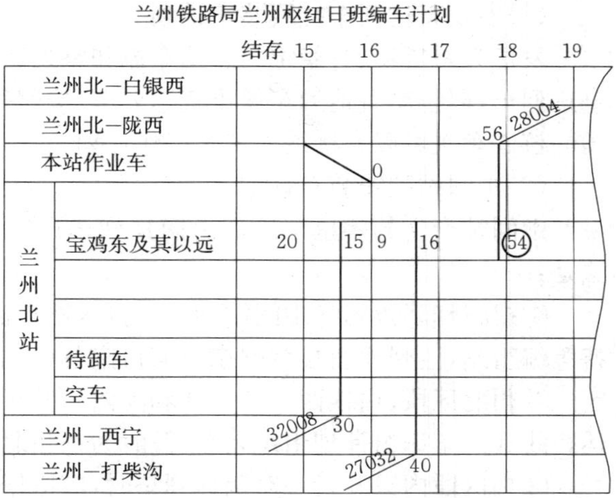

图 2-4-2　推定自编始发列车编组内容

表 2-4-5　兰州北站某日最后阶段宝鸡东及其以远出发车流的集结情况

车流来源	中入集结时间	到　站	车　种	辆　数	到站组号
结存	13:15	卧龙寺	P	8	宝鸡东—新丰镇摘挂车流
结存	14:25	武功	C	5	宝鸡东—新丰镇摘挂车流
结存	14:40	江油	C	7	广元南及其以远
32008	15:30	略阳	P	10	略阳卸
32208	15:30	西安西	C	5	西安西及其以远
本站作业车	16:00	天回镇	P	3	广元南及其以远
本站作业车	16:00	阳平	P	6	宝鸡东—新丰镇摘挂车流
27032	16:40	马角坝	C	8	广元南及其以远
27032	16:40	二郎庙	P	2	广元南及其以远
27032	16:40	三江坝	C	6	广元南及其以远

(3)确定当日 18:00 在途车流和各站结存车流

当日 18:00 正在管内运行的列车包括当日 15:00 已在管内运行的列车以及 15:00～18:00 间自局编组始发的列车和由局间分界站接入的列车，均有确报或准确的预报。这些列车将在次日第一阶段或以后阶段在本局管内终到或移交给外局。自编管内列车预报用于进一步推算本局列车终到站的出发车流；自编移交列车的预报用于向邻局、途经和终到的外局预报列车的编组内容。

在当日最后阶段管内各站出发列车编组内容确定以后，按式(2-4-3)即可推算出当日 18:00 管内各站结存的各组号车流量。

3. 挂线装车计划的确定

自装卸车流是自编始发列车的重要车流来源。在运输日常组织中，挂线装车是优化车站作业过程的重要措施，同时也可为列车工作计划的编制提供较为准确的车流资料。列车主要在技术站编组，少数中间站也可能组织始发直达列车。

(1)始发直达列车挂线装车计划

发送大宗货物、有稳定的直达车流和整列装卸能力的货运站，应按月度运输方案组织始发直达列车，以空车直达列车保重直达列车，按照每天固定的车次开行。这些列车作为列车运行图的核心车次可以直接纳入列车工作计划。

(2)中间站挂线装车计划

中间站产生的零星车流都由摘挂列车送往邻近技术站改编。组织中间站挂线装车的方法是：

①枢纽和区段内各中间站均应以技术站车流需要为核心组织挂线装车。例如，兰州北为特等编组站，兰州枢纽自兰州东至河口南各中间站、兰州北站邻接的打柴沟—兰州西区段、西宁—兰州北区段、白银西—兰州北和陇西—兰州北区段各中间站都应按照兰州北站出发列车运行线和列车编组计划组织装车，及时为兰州北站提供车流。

②当区段内只开行一对摘挂列车时，应依据上、下行摘挂列车到达车辆甩挂站的时间组织各中间站的装卸作业，保证作业车辆能在当日挂走；只能在第二天才能挂运的顺向车流车辆，应安排在第二班装车，以减少车站停时。

③当区段内开行多对摘挂列车时，应根据中转车流在技术站接运车次的车流需要安排中间站装车。

(3)技术站挂线装车计划

为了保证均衡作业，技术站通常都采用定点取送的方式组织装卸作业。技术站挂线装卸方案的制定方法为：

①首先将次日承认车按组号分组，确定各组号次日装车数。

②技术站的每个自编始发列车到达站可能有一条或多条运行线，此时可均衡分配该组号的装车数，注意按一批托运的货物所装的车辆应挂运在同一列车，不应拆散。

③同一组号的重车应按列车终到站列车编组计划的组号细分，如兰州北站装往宝成线二郎庙的重车对于兰州北是宝鸡东及其以远车流，但对于宝鸡东站则是广元南及其以远。当技术站编组的某一列车到达站有多条运行线时，该组号车辆的装车顺序还应按出发列车在终到站接续列车的组号组织装车。

④在选定出发列车运行线时，如发现车流不足，应调整自站挂线装车的数量。

4. 推算车站本阶段编组出发列车的编组内容

在确定自编始发列车编组内容时，对当日最后阶段采用按调车场的车流集结过程推算，可以更为准确地推定这一阶段自编列车的编组内容，但在编制次日列车工作计划时，不可能细致地考虑到各站的调车作业安排，只能按车流的集结过程推算。

技术站次日出发车流按组号建立队列，车流依在站产生的时间顺序进入队列；选定列车运行线时，在队列出口根据该列车图定出发时刻和车流接续时间标准，依次确定各车组是否能编入列车，判定列车是否能达到满轴（摘挂列车除外），将列车编组内容按列车终到站的列车编组计划划分组号。本阶段各次列车运行线及其编组内容确定以后，即可用于向邻局预报和下一阶段的计划编制工作。

车流预报不准是影响列车工作计划编制质量的瓶颈，循序递进法以挂线装车安排为突破口，依据次日实际出发车流资源，按阶段精确推算次日各次自编列车的编组内容，使阶段列车预报建立在编制完成的上阶段列车工作计划的基础上，克服了车流预报和计划编制的相互制约关系，为日（班）计划列车工作计划的编制提供了理论依据和实际方法。

二、编制区段管内零星车流输送计划

1．中间站输送车流的基本要求

（1）对主要厂矿或大量装车站尽量组织直达和成组，按旬计划规定的日历安排，按阶段均衡输送。

（2）对短途的大量货源，按旬计划或运输方案采用固定车底循环运用。

（3）对货源较少的中间站，隔日或分段、分上下行方向通过摘挂列车输送。

（4）对同一去向货流较多的区段，按日历采取定线、定量的阶梯直达或成组输送。

需要整列输送的管内车流应在运调 11 甲上安排。

2．安排区段管内零星车流的配送

区段管内零星车流输送计划安排对中间站配空送重和挂运装卸作业完了的车辆，在“技术站及区段管内日（班）列车工作计划表（运调 11 乙）”上编制（格式如图 2-4-3）。

装车计划	18:00存车
A—C/C3，T局/C2	F/3，空C4
E—F/N3，D/P5	T局/4，空P10N3
F/P4，A口/P3，E—F/C1	空P5C1
A—B/P2，R局/C3	E/2

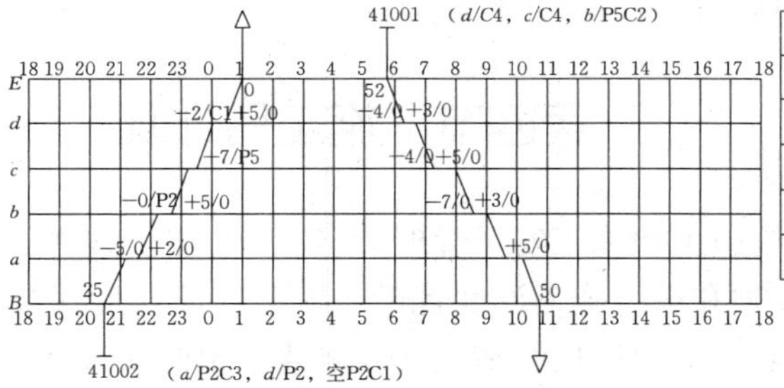

车辆挂运计划	
41002	41001
F/3,T局/4	A—C/3
T局/4,E—F/3,空P5	D/5
F/4,E—F/1	A口/3
E/2	A—B/2,R局/3

图 2-4-3　区段管内车流输送计划

图 2-4-3 以 S 铁路局的 B—E 区段为例，制定了次日区段内各中间站的车辆甩挂计划。该区段只开行一对摘挂列车，空车流向为棚、敞车向上行、平车向下行流动。编制计划时，首先把各站预计当日 18 点运用车（空车、待卸车按车种，待发重车按去向）填入 18:00 结存栏；然后根据技术站列车到发计划、各站次日装卸任务及站存车情况，确定摘挂列车和小运转列车预计在中间站作业甩挂的车流内容，便于中间站按车辆挂运车次组织本站装卸。

第三节　机车车辆工作计划

货运工作计划决定了次日管内自装卸车流的流向和流量，为列车工作计划提供部分车流资料；列车工作计划确定各区段开行的列车车次；日（班）计划编制接着需要解决的是牵引动力和车辆供应问题。

一、机车工作计划

在机车工作计划中，机车调度员综合安排管内各机务段机车的运用、检修和备用台数，铺画机车周转图(运调12)和安排检修计划。机车工作计划的主要内容包括：

(1)编制各区段机车周转图，为每一计划开行车次指定牵引机车和乘务组。

(2)编制机车大、中、辅(小)、临修、回送计划及提出机车工作的重点要求。

(3)计算沿线走行公里、运用台数和日车公里等机车运用指标。

在机车周转图中，要严格按照机车在基本段和折返段所在站停留时间标准和机车乘务员劳动时间标准安排机车交路；不准编制反交路计划，消除对放单机，减少单机走行；对于紧交路应制定保证实现的组织措施。

在当前普遍采用机车长交路的条件下，对于在本局管内担当牵引任务的外局配属机车，特别是本局司机驾驶时，要加强运用管理，注意机车的保养、防止粗暴操作，及时处理故障、紧凑安排交路，提高机车运用效率。

二、车辆工作计划

车辆工作计划安排局管内车辆段各作业地点客、货车辆的检修任务，包括：

(1)国铁货车、自备货车和非提速车的厂修、段修、辅修计划和客车段修、辅修计划。

(2)各沿线车站停留故障车检修计划。

(3)跨铁路局及铁路局管内客、货检修车回送计划及重点要求。

机车车辆工作计划为运输日常工作提供牵引动力和运载工具的保证。

第四节　施工日计划

为加强铁路营业线施工和施工安全管理，做到运输、施工兼顾，铁路局调度所设施工调度室，负责编制施工日计划和进行施工调度管理。施工日计划是铁路局调度所施工调度室根据月度施工计划及主管业务部门提报的施工计划申请编制的次日0：00～24：00施工计划。主要内容包括：

(1)施工编号、等级、项目；

(2)施工日期、作业内容、地点和时间；

(3)施工限速、行车方式变化及设备变化；

(4)施工单位及配合单位、施工负责人；

(5)路用列车进出区间开行方案。

由施工调度员负责编制、下达施工日计划，发布运行揭示调度命令，施工调度命令，协调组织施工按计划进行，确保施工期间行车安全。

一、铁路施工管理的基本概念

1. 施工天窗和维修天窗

营业线施工是指影响营业线设备稳定、设备使用和行车安全的各种施工，分为施工作业和维修作业。在运行图中为施工作业和维修作业预留的时间分别称为施工天窗和维修天窗。

(1)施工天窗和维修天窗的区别

两者的区别在于：维修天窗内安排的作业项目，作业开始前不需限速，结束后须达到正常放行列车条件；由于施工作业和维修作业的复杂程度和作业量不同，要求的天窗时间也不同。

为技改工程、线路大中修及大型机械作业、接触网大修预留的施工天窗不应少于 180 min；为电气化双线预留的维修天窗不应少于 90 min、单线不应少于 60 min，非电气化双线不应少于 70 min、单线不应少于 60 min。天窗时间和位置在编制列车运行图时确定，铁路局调整繁忙干线和影响跨局运输的干线天窗必须报国铁集团调度部批准。

双线车站同时影响上下行正线的渡线道岔或影响全站信号设备正常使用的电务为主、工务综合利用的设备检修，每月应保证 2 次，每次不少于 30 min 的封锁时间。编组、区段站，可按接发列车方向划分联锁区，按联锁区每月应保证 1 次不少于 30 min 封锁时间；技术站每个供电臂每月应保证 1 次不少于 30 min 封锁停电时间。具备条件的电气化双线区段，应适当安排垂直检修天窗。

维修天窗在时间安排上应与施工天窗重叠套用，各项施工、维修作业要采用平行作业的方式，综合利用天窗，提高天窗的利用率。

(2)施工慢行的有关规定

施工后，要严格按照运行图预留的慢行附加时分控制线路慢行处所，原则上单线 1 个区段慢行处所不超过 2 处，双线 1 个区段每个方向慢行处所不超过 2 处，同一区间内慢行处所不超过 1 处。针对施工需要，编制了施工分号运行图时，可依据慢行附加时分，适当增加施工慢行处所。滚动施工阶梯提速，按一处慢行处所掌握。施工后产生的慢行在 12 小时以内恢复常速时，可不统计慢行处所。

施工慢行区段依据《铁路营业线施工安全管理办法》附件的规定划分，例如京沪线为繁忙干线，划分为北京—天津西、天津西—德州、德州(不含)—济南、济南—兖州、兖州—利国(不含)、利国—徐州、徐州—蚌埠、蚌埠—南京、南京—常州、常州—上海等 10 个慢行区段。

2. 施工等级的划分

根据施工对路网运输工作的影响程度，营业线施工等级分为三级。

(1)划分施工等级的规定

Ⅰ级施工的范围包括：繁忙干线封锁 5 h 及以上、干线封锁 6 h 及以上或繁忙干线和干线影响信联闭 8 h 及以上的大型站场改造、新线引入、信联闭改造、电气化改造、CTC 中心系统设备改造施工。繁忙干线和干线封锁 2 h 及以上的大型上跨铁路结构物施工；中断繁忙干线 6 h 及以上或干线 7 h 及以上且同时中断两站以上行车通信业务的通信网络设备施工。

Ⅱ级施工的范围包括：繁忙干线封锁正线 3 h 及以上，影响全站(全场)信联闭 4 h 及以上的施工；干线封锁正线 4 h 及以上，影响全站(全场)信联闭 6 h 及以上的施工；繁忙干线和干线其他换梁施工；繁忙干线和干线封锁 2 h 以内的大型上跨铁路结构物施工；中断繁忙干线 4 h 以上或干线 5 h 以上且同时中断两站以上行车通信业务的通信网络设备施工。

除Ⅰ级、Ⅱ级施工以外的各类施工都归于Ⅲ级施工。

(2)施工的领导责任

为加强营业线施工的组织领导，铁路局、站段针对每次施工应成立相应的施工领导小组：

Ⅰ级施工由铁路局主管运输副总经理、有关主管副总经理担任施工领导小组正、副组长，成员由行车组织、设备管理、建设、设计、施工、监理、安监等有关部门和单位负责人组成。

Ⅱ级施工由铁路局运输部、有关业务部主管副部长担任正、副组长，成员由行车组织、设备管理、建设、设计、施工、监理、安监等有关部门和单位主管人员组成。

Ⅲ级施工由车务段(直属站)主管副段长(副站长)、设备管理单位主管副段长(或以上单位的指定人员)担任施工领导小组正、副组长，成员由行车组织、设备管理、建设、施工等有关单位成员组成。

3. 集中修

集中修是集中调配施工机械、人员、路料，综合利用施工天窗，在短时期内集中完成一条线路行车设备大中修和技术改造任务的施工组织形式。集中修有利于提高施工效率和质量，有利于减少施工对运输的整体影响，主要适应于通过能力紧张的繁忙干线。

集中修的施工时间根据施工工作量来确定，可集中安排一段时间，也可分段进行施工。为做好集中修工作，一般需调整施工分号运行图，在运输条件许可的情况下，施工天窗、施工慢行附加时分和处所可适当增加，同时，相应采取整体运输调整措施，为集中修创造条件。在完成集中修的地段，国铁集团将适当调整维修天窗和作业次数。

集中修的施工计划由铁路局编制，先编制总体施工计划，根据施工进度，在总体施工计划的基础上适时进行计划调整，以旬或周计划的方式组织实施。施工计划报运输局有关部门备案。

铁路局要加强集中修的组织管理，成立集中修领导小组，领导小组成员参照Ⅰ级施工领导小组，全面负责施工方案、施工计划、施工组织协调、施工安全管理等工作，领导小组可指定人员具体负责集中修日常协调组织工作。根据集中修范围，可分片区成立集中修施工管理小组，负责本片区的施工组织协调实施工作。

4. 施工登记、销记程序

进行施工和维修作业时，施工负责人应确认已做好一切施工准备，于施工开始前 40 min，由施工负责人(或驻站联络员)在车站行车设备施工登记簿内登记，通过车站值班员向列车调度员申请施工，车站值班员应尽速与列车调度员联系，由列车调度员向有关车站和单位发布实际施工调度命令。

封锁施工时，施工单位在车站行车室设驻站联络员，施工地点设现场防护员。驻站联络员与现场防护员要保持随时通信状态，掌握施工现场和列车运行情况，做好邻线通过列车时的安全防护，发现异常及时通知车站值班员和施工负责人。

施工单位应在实际施工调度命令的起止时间内完成施工作业，施工单位作业完成后，经施工、设备管理单位检查达到放行列车条件，由施工负责人(或驻站联络员)、设备单位检查人(或设备单位指定人员)办理开通登记(施工销记)，车站值班员签认后，由车站值班员报告列车调度员开通线路。

对扰动道床不能预先轧道的线路、道岔施工，开通后第一趟列车不准为旅客列车，大型机械施工经过稳定车作业，施工后经过单机或重型轨道车牵引的施工列车可视为轧道。速度 160 km/h 以上区段施工和维修作业开通后，第一趟列车不准为动车组。

铁路建设项目新线施工中的正、站线线路在验交开通前要经过机车多次轧道(正线轧道 50 次、站线轧道 30 次)、检查、整修或大型养路机械整道，直至达到《工程施工质量验收标准》要求，经验收交接后方可开通。

5. 施工计划

施工计划分为年度轮廓施工计划、月度施工计划和施工日计划。国铁集团调度指挥中心负责编制全路繁忙干线集中修年度轮廓计划，审批繁忙干线、干线国铁集团管施工项目月度施工计划和繁忙干线、干线分界口施工停运计划；铁路局运输部负责组织编制本局年度轮廓施工计划、月度施工计划；铁路局调度所负责编制施工日计划，繁忙干线国铁集团管施工日计划须由铁路局调度所报国铁集团调度指挥中心审核。

二、施工日计划

1. 施工日计划的基本内容

施工日计划规定次日 0:00～24:00 本局管内所进行的施工和维修任务，主要内容包括线路施工后的限速要求和次日施工项目。

(1)施工计划的申报

施工单位于施工前 3 d 将施工计划经“运输调度管理系统 TDMS”施工调度管理子系统报铁路局主管业务部，其中，建设项目施工计划应先报项目管理机构预审，再报主管业务部。主管业务部审核后，于施工前 2 d 9:00 前向调度所施工调度室提报施工计划申请。

Ⅰ级施工和繁忙干线国铁集团管施工项目，铁路局调度所于施工前 2 d 15:00 前将施工计划申报国铁集团调度指挥中心，国铁集团调度指挥中心根据国铁集团繁忙干线月度施工计划和批准的施工文电进行审核后，于施工前 2 d 18:00 前反馈相关铁路局调度所。

(2)施工日计划的审批和下达执行

编制施工日计划以月度施工计划为依据，施工调度室将主管业务部提报的施工计划与月度施工计划(临时施工与批复文电)进行核对，发现有与计划不符、擅自扩大施工范围等情况应予以纠正。

施工日计划，经铁路局运输部主管副部长或调度所主任(副主任)审批后，纳入调度日计划。施工调度室于施工前 1 d 12:00 前(0:00～4:00 执行的施工日计划于前 1 d 8:00 前)将施工日计划下达有关机务段和车务段(直属站)，发送主管业务部处，相关列车调度和计划调度台，主管业务部负责通知施工单位、配合单位，车务段(直属站)负责通知相关车站。

铁路局所管设备越过局间分界站延伸至邻局调度指挥区段时，延伸段的施工由施工单位向本局提报施工方案，本局按规定程序审核。施工方案审核后，由施工单位于每月 9 日前向邻局运输部提报次月施工计划(附带施工方案审核资料)，由邻局安排月度施工计划，国铁集团管施工项目由邻局按规定报国铁集团审批。施工单位于施工前 3 d 将施工计划报本局主管业务部处，经主管业务部处审核后，于施工前 2 d 9:00 前向邻局调度所施工调度室提报施工计划申请，由邻局调度所编制、下达施工日计划，发布相关运行指示和施工调度命令。施工现场组织实施工作由本局负责。

在线间距不足 6.5 m 地段进行清筛、成段更换钢轨及轨枕、成组更换道岔、成锚段更换接触网线索作业时，邻线列车应限速 160 km/h 及以下，并按规定进行防护。铁路局调度所编制施工日计划时，应注明施工单位在提报施工计划时提出的邻线限速条件，由调度所及时向有关车站、动车组、机务段发布限速调度命令和运行揭示调度命令。

(3)施工日计划的变更

月度施工计划原则上不准变更。特殊情况必须进行调整时，由施工单位提前 5 d 向铁路局主管业务部门和运输部提出书面申请，由运输部调整施工计划。涉及 LKJ 基础数据变化的施工日期不得提前。

纳入月度施工计划的施工项目原则上不准停止施工，因专特运及调整车流等原因停止施工时，经主管运输副总经理(总调度长)批准并于前日 14:00 前以调度命令通知有关单位。已批准的国铁集团管理的施工项目需停止施工时，须经国铁集团调度指挥中心主任(副主任)批准。对于停止的施工，国铁集团调度部和铁路局调度所应尽快重新安排，因停止施工引起的本月未按月计划完成的连续性施工，可顺延至下月。

未纳入月度施工计划的施工项目原则上不准进行施工。特殊情况必须施工时，由施工单位提出施工申请，并签订安全协议，制定安全措施，通过主管业务部门审查，经主管运输副总经理(总调度长)批准，由运输部安排施工。须增加繁忙干线国铁集团管施工项目时，铁路局提前 5 d 向国铁集团调度部提出申请电报，涉及需修改 LKJ 基础数据的，必须提前 15 d 提出申请电报，经调度部批准后，方可安排施工。

对突发性设备故障和灾害的紧急抢修及轨道状态超过临时补修标准处所的临时补修等临时封锁要点施工。按下列程序办理：

需临时封锁要点时，由设备管理单位向铁路局主管业务部提出申请，主管业务部门审查，经主管运输副总经理(总调度长)批准后，由调度所安排施工；

危及行车安全需立即抢修时，设备管理单位按规定登记，通过车站值班员报告铁路局列车调度员，经调度所值班主任批准，发布调度命令进行抢修。设备管理单位同时通知配合单位和铁路局主管业务部。

(4)施工考核和安全奖惩制度

加强对施工的考核工作，建立经济考核制度和奖惩办法，对施工计划和施工、维修天窗的兑现率、利用率进行考核。运输部门考核兑现率，兑现率是指运输组织部门实际给点时间、次数与计划时间、次数之比。设备管理部门考核利用率，利用率是指施工单位实际作业时间、次数、工作量完成与计划时间、次数、工作量之比。根据实际情况，确定“两率”基数，严格按月考核。对超过“两率”基数的要给予奖励，对达不到“两率”基数的要给予处罚。

第五节　日计划的审批和下达

铁路局调度工作日(班)计划于每日 17:30 前编制完成后，由主管运输副总经理(总调度长)审批后下达执行。审批日班计划时应注意检查：

(1)装车计划：检查品类、去向，是否符合旬计划；

(2)卸车计划：是否达到应卸车标准；

(3)各分界站排出空车：排出空车的车种别数量是否符合局轮廓计划的要求，空车直达列车的车流有无保证；分界站交车是否均衡，重点配空列车和排空安排均衡；

(4)编组站出发列车是否均衡，车流有无积压；

(5)机车运用：机车交路安排是否合理；

(6)能否保证主要技术指标达到月计划标准。

铁路局日(班)计划经分管运输副总经理(总调度长)批准后，于 17:00 前报国铁集团，17:30 前以调度命令下达站段。18:00～21:00、6:00～9:00 的列车工作计划，应分别提前在 16:00、4:00 前下达有关站、段。对车次的考核仍以正式下达的日(班)计划为依据。

日计划的前半日计划就是第一班计划，无须另行编制，第二班计划的编制属于对日计划修正的性质。在第一班计划完成实际的基础上，根据实际情况，部分地修正装卸车计划、调整列车车次、时刻、编组内容和机车交路。

第二班的调整计划，由调度所值班主任负责，各工种调度人员参加，按照国铁集团批准的日计划进行调整编制，6:00 前以调度命令下达站、段。

复习思考题

1. 铁路局调度工作日班计划主要内容是什么？

2. 审批次日订车计划依据那些基本原则？

3. 推算各站次日应卸车数时，怎样确定次日卸车资源？什么是有效车，怎样推算？

4. 次日管内各编车站出发车流包括那些部分？提高车流推算精度的困难在哪里？怎样解决？

5. 编制次日区段内车辆甩挂计划时，怎样确定空车配送计划？为什么在中间站应尽量组织货车双重作业？配送空车为什么要符合空车流向且考虑第三日的装车需要？

6. 什么是机车周转图？怎样铺画？

第五章　列车运行调整

列车运行图规定了每一趟客、货列车在区段内各站发、到的时刻，从而也就规定了列车在站始发、通过、停车和停站时分、终到，以及列车间交会和越行关系。显然，只要严格按图行车，就能保持良好的运输秩序，顺利完成运输任务。

但是，在运输日常工作中，由于运量变化、作业延误、不利天气、施工影响、指挥失误、自然灾害、设备故障、行车事故等种种原因，列车很难完全按图运行，早点、晚点或停运、增开的情况经常发生，而个别列车运行条件的变化常常形成连锁反应，影响到其他列车的运行。因而必须根据实际情况周密计划列车在区段内的运行：何时从车站出发、是否需要加速运行、列车会让的地点和方式、列车在站作业的内容和时间限制等。

采取各种调度措施，使管辖调度区段内的列车恢复按运行图规定的时分运行、正点或早点或不增晚地移交相邻调度区段或在本区段终到的过程，称为列车运行调整。

列车运行调整的目的在于保持按图行车的良好运行秩序，从而提高列车旅行速度和各项运输指标，使铁路运输保持较高的整体经济效益。

第一节　列车调度员的基本职责和作业程序

铁路局管辖的线路依据区段长度、车站数量、列车密度和设备条件划分为调度区段，每一调度区段的行车工作由一名列车调度员管辖指挥。在蒸汽机车时代，通常调度区段与铁路区段的划分一致；随着机车长交路的实施、铁路运输管理信息化程度的提高，列车调度员已经有条件在更大的范围内实行调度指挥，调度区段有合并延长的趋势，可能包含 2～3 个区段。

铁路行车调度工作实行单一指挥的原则：一个调度区段与行车有关的一切工作只能由当班的该区段列车调度员统一指挥。列车调度员通过编制和执行阶段计划实现列车运行调整。

一、基本职责

列车调度员负责组织本区段各站实现列车运行图、列车编组计划、运输方案和调度工作日(班)计划。其主要职责是：

1. 通过向车站下达班计划，编制和组织实现列车运行调整 3～4 h 阶段计划，指挥列车运行，组织晚点列车恢复正点，保证列车接续及机车交路，掌握机车乘务员的劳动时间。

2. 及时发布行车调度命令和指示，与各工种调度员和与行车有关人员密切配合，确保完成本区段运输任务。

3. 随时注意列车在车站到发和区间运行情况，特别是重点列车的运行。接到危及行车安全的报告后，及时采取果断措施，防止事故的发生。遇发生行车事故时，要立即采取有效措施，会同有关人员及时处理，缩小影响、减少损失，并及时汇报。

4. 正确掌握及推算车站现车，按时提供本区段各站运用车、备用车分布情况及列车过表位置。

5. 及时、准确、清晰、完整地抄收和填记各种图表。

二、作业程序

行车调度工作关系到行车安全和运输效率的大事，必须做到周密计划、精心组织。为此，各铁路局都为列车调度员制定了相应的作业程序。列车调度员应严格调度纪律，明确岗位职责，实现标准化作业。以某铁路局调度所制定的列车调度员作业程序为例，内容如下：

1. 19:20～19:30(7:20～7:30)

班前了解本调度区段列车到、开计划，机车交路，技术站、货运站作业情况，中间站装卸、配空任务，接触网和线路施工计划及军用列车、挂有重点或超限货物列车的运行条件，邻台列车正、晚点情况等，做到对管辖区段的本班任务和现状大致心中有数。

2. 19:30～19:50(7:30～7:50)

参加接班会，听取上班工作情况概要、领导指示、有关文电、命令及重点事项，作好记录。

3. 19:50～20:00(7:50～8:00)

与交班调度员办理交接，确认核实交接项目无误后，在交接班登记簿上签字。

4. 20:00～22:00(8:00～10:00)

接班后，向有关站段核实站存车及车流接续、线路占用、机车整备、交路等情况，根据日班计划和列车运行实际检查第一阶段计划的执行情况、制并下达第二阶段运行调整计划(21:00～0:00或9:00～12:00)。召集本区段各站电话会议，传达领导指示、有关文电、重点要求事项，布置阶段计划：列车到开、会让，车站装卸、甩挂，设备维修、施工安排等。

5. 22:00～0:00(10:00～12:00)

监督列车运行调整计划的兑现，监督中间站装卸及配空、车辆甩挂，军运列车开行情况，及时解决出现的问题。

延伸列车运行调整计划，于23:00(11:00)前下达第三阶段计划。

0:00(12:00)全呼全区段校对时钟。

6. 0:00～3:00(2:00～15:00)

监督列车运行调整计划的兑现，监督中间站装卸及配空、车辆甩挂，军运列车开行情况，及时解决出现的问题。推定6:00(18:00)各站现车，过表列车位置，向计划调度员提供车流资料。

提前1h下达第四阶段计划。

6:00(18:00)全呼全区段校对时钟。

7. 3:00～6:00(15:00～18:00)

监督列车运行调整计划的兑现，监督中间站装卸及配空、车辆甩挂，军运列车开行情况，及时解决出现的问题。编制并下达下一班第一阶段计划，做好列车过表工作。

8. 6:00～8:00(18:00～20:00)

监督列车运行调整计划的兑现，监督中间站装卸及配空、车辆甩挂，军运列车开行情况，及时解决出现的问题。认真填记交接班登记簿。

9. 7:50～8:00(19:50～20:00)

与接班调度员办理交接。

10. 8:00～8:30(20:00～20:30)

参加交班会。听取值班主任的班工作总结，任务完成、安全生产情况，解答领导提出的问题。

第二节　实绩和计划列车运行线

专门印制的本调度区段列车运行图纸是列车调度员进行调度指挥的工具。列车调度员利用在其上铺画的列车实绩运行线和记载的列车确报，了解本区段列车的当前位置和编组内容，利用铺画的阶段计划指挥列车运行。

《铁路运输调度规则》规定所有调度图表均统一用草绿色印制，并规定了实绩列车运行线和运行整理符号的图形和颜色，计划运行线用黑线表示。

为了避免在交接班时，因接班调度员又要熟悉情况还要编制计划而造成忙乱，我国铁路通常 20:00(8:00)接班。此时，该班的第一阶段计划已由交班调度员编制完毕，并已开始执行。这就给接班调度员以缓冲的余地。

一、实绩列车运行线

当列车到达、出发和通过时，车站值班员要向列车调度员报点，列车调度员在运行图纸上标记列车在该站的到、发时刻，铺画列车实绩运行线。依据列车在区段内各站实际到、发和通过时刻铺画的列车运行线记录了列车在区段内运行的实绩，称为实绩列车运行线。因而，通过列车实绩运行线可以清楚地看出有哪些列车正在该区段运行、这些列车在该区段的运行轨迹以及当前位置。

二、计划列车运行线

通常，把一个班的 12 h 分为 4 个阶段，每个阶段 3 h。列车调度员要根据现场的实际情况和列车的当前位置继续向前铺画出下一阶段的列车运行线，此即为列车运行调整计划。组成阶段计划的列车运行线是用于行车调度指挥、尚未实现的列车运行线，称为计划运行线。

在铺画计划运行线时，列车调度员要努力使晚点列车恢复正点，保证按图行车。因此，阶段计划是列车调度员智慧和经验的结晶，编制和执行阶段计划是列车调度员的基本职责。

当区段行车量不大，通过能力有较大富余时，阶段计划的时间间隔可以延长至 4 h；而当区段行车量较大，通过能力利用已达较高程度时，时间间隔应适当缩短。因为在能力利用率较高的区段，列车之间的影响也较大，使新的情况发生时后面铺画的计划线难以实现，而需要重铺。由于列车运行调整的阶段计划一般为 3～4 h，所以阶段计划又称为 3～4 h 列车运行调整计划。

阶段计划应在阶段开始前 1 h 编制完毕、下达给本调度区段内的车站值班员，使车站对下一阶段的列车运行方法(停车还是通过，交会或越行哪趟列车，在站或区间进行什么作业)心中有数。精心编制的阶段计划是列车调度员回答车站值班员询问的依据。

三、实绩运行图

随着时间的推移，计划运行线逐步实现，代之以列车实绩运行线，然后新的阶段计划又铺画出来。这样到当日的两班结束时，运行图纸上将只剩下实绩线。此时尚在本区段内运行的列车需要铺画到下一日的运行图上去，称为过表。跨两日运行的列车称为过表列车。

完成的列车运行图记录了当日两班调度员的工作，交班后送调度所分析室，进行列车运行和调度调整工作分析。

2003年以来，我国铁路运输调度已经实现了信息化，随着铁路运输调度信息系统DMIS(Dispatching Management Information System)及随后形成的运输调度控制系统TDCS(Transportation Dispatching Control System)在全路调度所投入运用，行车调度员已经告别了手工运行图和直尺、铅笔、橡皮等调度工具。系统自动采集列车到、发和通过点铺画实绩运行图，自动生成列车运行调整的阶段计划，并利用一个屏幕同时显示列车运行实绩和列车运行调整计划，中间以时间轴作为分界。如果行车调度员对于生成的阶段计划不满意，可以通过鼠标拖动修改，由系统自动调整。调度员还可以调出邻台列车实绩运行图，了解本台接入列车的正晚点情况；利用调度命令模板，填写调度命令，由系统转发。调度工作日结束时，可以打印各调度台完成的列车实绩运行图，供调度所分析室进行列车运行分析。

第三节　列车始发组织工作

列车正点出发是列车正点运行和维护良好的区段行车秩序的基础。通过周密组织，列车出发正点容易实现；但如果出发晚点，恢复正点则要困难得多，并影响其他列车。因此，必须在列车出发前，做好各方面的工作，确保列车正点出发。

一、旅客列车出发组织

旅客列车晚点，会耽误旅客的宝贵时间，严重影响铁路的声誉。同时，由于旅客列车的列车等级高，货物列车必须等会或待避旅客列车，对运输秩序造成的干扰也更大。所以一般都把旅客列车的出发和运行作为关键工作。

1. 始发旅客列车的出发组织工作

旅客列车的始发工作涉及客车车底的整备、检修、客运机车整备、出库，客运乘务组和运转车长出乘，行包装卸、旅客放行等方面，分别由车辆调度员、机车调度员、客运调度员、列车调度员等工种督促各有关部门按时完成各项工作，确保旅客列车出发正点。

列车调度员应做好始发旅客列车的车底取送，行包、邮件装车，机务段机车出库等工作的检查督促，及时解决临时发生的问题，保证列车正点出发。

当列车车底到达晚点，造成折返时间不足时，应及时通知和组织车站、客车车辆段、客运段等部门，加速进行各项检修和整备作业。必要时，可不送客车整备线，而直接在到发线上整备，以缩短作业时间。若晚点较多，利用原车底不能正点发车时，可考虑使用备用车底。

2. 邻区接入旅客列车的出发组织工作

对于由邻区接入的旅客列车，列车调度员应及时查看邻台实绩运行图，及时了解列车的运行情况，向客运调度员了解本区段旅客、行包作业量，做到心中有数。列车晚点到达时，应与客运调度员取得联系，加强旅客乘降和行包装卸组织，缩短在本调度区段接入站的停站时间，保证在本区段正点发车。如晚点较多，在本区段已不能正点出发，则应及时作出列车运行调整计划，尽量减少对其他列车的影响，并采取快速作业、区间赶点等措施，争取交出正点，或不增晚。

二、货物列车出发组织

1. 始发货物列车的出发组织工作

列车调度员对货物列车的出发组织工作主要在于检查出发车流、督促车站按时编车、监督机务段运用车间按时派送机车出库。

发现编组站某次出发列车车流不足时,应有预见地及早组织小运转列车,将枢纽及该站邻近区段产生的车流及时送往编车站;或加快放行供流列车,组织车站优先该列车的到达和解体作业。

当由于到达列车晚点,机车赶不上交路时,应与车站和机车调度员联系,快速放行机车入库、组织整备或选派待班机车担当自编始发列车的牵引任务。

由于列车运行调整的需要,组织货物列车早点始发时,应及早通知车站调整解编顺序、提前编车,机务段及时放行牵引机车出段。但早点时间不应超过 15 min。

2. 邻区接入货物列车的出发组织工作

按图定接续运行线运行的中转列车早点或晚点到达技术站时,可利用空闲运行线运行,但车次不能更改,仍应使用日班计划车次。

第四节　列车运行调整计划

在实际工作中,列车运行偏离图定时刻的现象是经常发生的。由于出发车流不足、编组延误、列车晚点从邻区段到达,客车车底检修和整备时间不足,机车整备时间不足、出库不及时等原因都可能造成列车出发晚点;由于列车途中运缓,旅客超员、行包装卸量增加使列车作业停站时间延长,受其他列车早点或晚点影响,由于站内满线造成到达列车机外停车待接,机车临时故障,恶劣天气等原因,则可能造成列车运行晚点;列车早点出发或早点到达;由于运量增加,需加开在图定运行线的空当中运行的临时定点列车;因车流不足,部分列车停运。在以上情况下,为保持或恢复按图行车的良好运行秩序,就需要制定列车运行调整计划。

一、列车运行调整的目标

列车运行调整的目的在于安全地实现本调度区段列车工作计划规定的车流输送任务,使晚点列车尽可能恢复正点,最大限度地减少晚点和早点列车对其他列车正点出发和运行的影响,保证按图行车的良好运行秩序,提高货物列车的旅行速度。

二、列车运行调整的原则

列车运行调整关系重大,列车调度员必须严格遵守调度纪律,周密计划,监督实施。列车运行调整应当遵循以下原则:

1. 单一指挥

为了保证行车安全和进行有效的调度指挥,行车工作必须严格执行单一指挥的原则。列车调度员是一个调度区段行车的统一指挥者,有关行车人员必须执行列车调度员的命令、指示,不得违反。

2. 按图行车

列车调度员应熟悉主要行车人员和机车、车辆、线路、通信信号、桥隧等设备情况,掌握天气变化对行车工作影响的规律，组织行车有关人员协调动作，保证列车按列车运行图正点运行。

3. 下级调度必须服从上级调度的指挥

列车调度员应按班计划和上级命令指挥行车。相邻铁路局间在排送空车、分界站列车交接工作上应保持密切联系，对出现的问题，双方要主动协商解决，当双方意见不能一致时，应上报国铁集团调度。一经上级调度决定，有关人员必须无条件服从。

4. 按列车等级顺序调整的原则

当列车运行偏离了列车运行图规定的时刻时，除特殊情况外，要按"先客后货、先跨局后管内"的原则和下列等级顺序调整：

(1)旅客列车(动车组列车，特快、快速、普通旅客列车)。

(2)特快货物班列。

(3)军用列车。

(4)货物列车(快速货物班列，快运、重载、直达、直通、冷藏、自备车、区段、摘挂、超限及小运转列车等)。

(5)路用列车。

5. 提高列车区段速度

进行列车运行调整时：在可能的条件下，例如与停运的列车运行线交会，应尽量使货物列车不停车通过车站；列车早点到达时，可以提前发车，以提高列车旅行速度。但为了不影响旅客乘车，旅客列车在有停点的车站早点到达时，不能提前开车。

6. 安全生产原则

发布调度命令必须符合现场的实际情况，符合有关规章、制度的规定，能有效解决存在的问题，确保行车安全；当收到发生危及行车安全状况的信息时，必须果断处理，正确、及时地发布调度命令至所有受令人员，组织列车安全运行。

三、列车运行调整计划的主要内容

列车调度员要根据列车实际运行情况及时铺画和下达 3～4 h 列车运行调整计划。其主要内容为：

1. 车站列车到、发时分和列车会让计划。
2. 列车在中间站作业计划。
3. 区段装卸车和施工计划。
4. 重点列车注意事项。

四、列车运行调整的基本方法

列车调度员进行列车运行调整时，一般可采用如下方法：

1. 组织列车赶点或早点出发

(1)组织列车赶点

为使晚点列车恢复正点，或为了使列车赶到指定的车站会车，或为了赶机车交路、车流接续等的需要，要求司机以高于列车运行图规定的速度快速运行来缩短列车区间运行时分，称为列车赶点。列车调度员在组织列车赶点时，应根据列车重量、长度、机车状况、乘务员的技术水平、线路纵断面情况及允许速度、天气条件，提出加速运行的要求。

当列车晚点或需要列车赶到指定车站会车而运行时间不足时，列车调度员常组织列车赶点。如图 2-5-1 所示，10002 次图定通过 c 站，在 b 站等会 10003 次，由于在 d 站出发时晚点 2min，按正常区间运行时分，将造成 10001 次晚点 2min 从 c 站开出、10003 次在 b 站机外停车，并将进一步影响到其他列车的运行。列车调度员如能组织 10002 次在 d—c 区间和 c—b 区间分别赶点 1min，则 10002 次到达 b 站时已恢复正点，不会影响 10003 次正点通过，再组织 10001 次在 c—d 区间赶点 1min，很快就可以消除 10002 晚点的影响。

又如图 2-5-2 所示，下行货物列车在 b—c 区间纯运行时分 16 min，列车起动、停车附加时分分别为 2 min 和 1 min，列车不同时到达车站时间间隔 4 min，31007 次列车图定 20:48 到达 b 站等会 T72，20:54 从 b 站出发，21:13 通过 c 站。由于 T72 次特快晚点 33 min 于 21:09 通过 c 站，影响了 31007 次列车正点运行。如 31007 改为在 c 站等会 T72，到达 c 站的时间是 20:48＋2 min＋16 min＋1 min＝21:07，不满足列车的车站间隔。列车调度员在阶段计划中，令 31007 次在 a－b 和 b－c 区间分别赶点 1 min，于 21:05 赶到 c 站等会 T72，21:01 从 c 站出发，保证了 31007 正点运行。

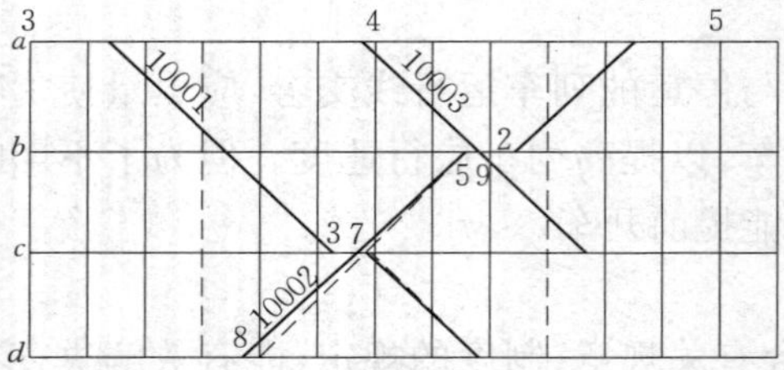

图 2-5-1　组织列车赶点

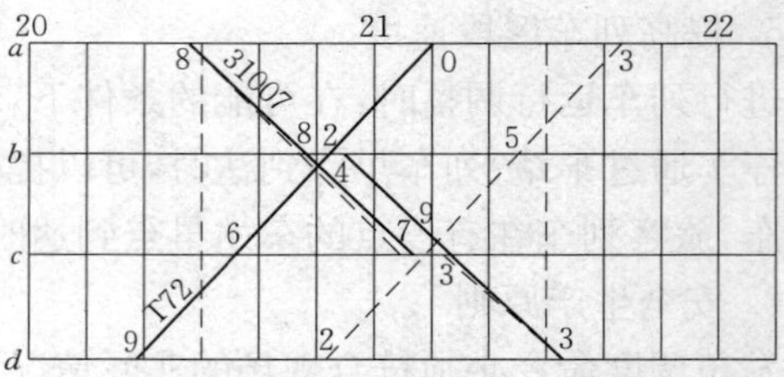

图 2-5-2　指示列车赶到指定车站会车

列车调度员在组织列车赶点时，应了解列车在区间的图定运行速度与线路、机车车辆允许速度的差值及司机的技术水平，对赶点的最大幅度做到心中有数，防止盲目地要求司机超速行驶，造成安全隐患。为了顺利地贯彻调度意图，还必须提前通知有关的车站值班员和司机，简明、扼要地向他们说明情况、需要采取的措施及注意事项，使他们及早做好心理和技术准备。此外，在组织列车赶点时，还应计划周密，提高计划的准确性，情况发生变化要及早通知司机，避免使司机无谓赶点，或前面赶点、后面延误，以至丧失服从调度指挥的信心。

(2)组织技术站始发或中转列车早开

列车在运行图或日(班)计划规定的出发时刻之前提早开出，称为列车早开。组织列车早开以赶上在指定站交会，也是列车调度员采用的运行调整方法之一。但有停点的旅客列车及混合列车不准早开。

如图 2-5-3 所示，20013 次列车图定 7:28 从 A 站出发，7:48 在 b 站停车等会 12012 次。当日 12012 次晚点 19 min，于 8:11 到达 b 站。如 20013 次仍在 b 站等会也将晚点，但因时间不足又不能铺画到 c 站。如能组织 20013 次提前 14 min 从 A 站出发，则可于 7:51 赶到 c 站与 12012 次会车，避免了 20013 次列车运行晚点。由于 20013 次早点到达，又为调度调整提供了余地。

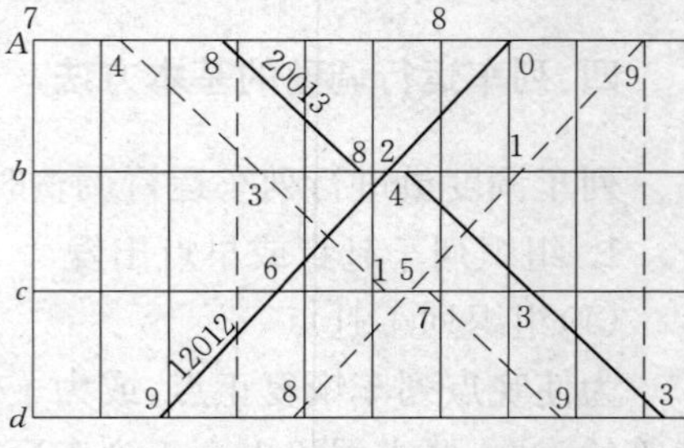

图 2-5-3　组织始发或中转列车提前从技术站发车

(3)组织列车早点出发并赶点

如图 2-5-4 所示，40003 次摘挂列车图定在 b、c 站均停站作业，根据当日情况，40003 次 b 站没有作业，而在 c 站作业量大。为了保证列车 c 站有足够的作业时间，可组织 40003 次通过 b 站，到 c 站会 10002 次。但 A—b 和 b—c 两区间下行货物列车纯运行时间 17 min、15 min，加起停附加时分 3 min，计 35 min，将于 7:19 到达 c 站，与 10002 的间隔时间只有 1 min，不足不同时到达时间间隔。在 b 站等会 10002 又会因 c 站作业时间不足，不得不晚点出发，进而影响其他列车运行。如列车调度员有预见地组织 40003 次列车早点从 A 站出发，只有 2 min 的余地，在 A—b 和 b—c 两区间再赶点 1min，可于(6:42＋2 min＋32 min＋1 min)－1 min＝7:16 赶到 c 站会 10002，则可延长 40003 在 c 站的作业时间，避免了从 c 站晚点出发。

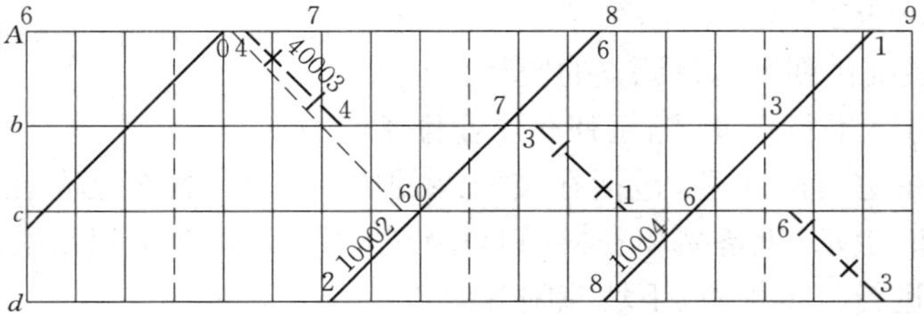

图 2-5-4　根据作业需要组织摘挂列车运行

2. 变更列车的会让地点和会车方式

列车调度员在组织列车运行时，应尽量减少列车等会和待避的停站时间，消除不必要的停站，提高列车的旅行速度。

(1)变更会车地点

在图 2-5-2 中，T72 次晚点 33 min，31007 次如仍在 b 站等会 T72 次也将晚点 33 min，而且会影响到其他列车的运行。改在 c 站会车后，保持了 31007 正点运行。

(2)变更会车方式

图 2-5-5 表示，31001 次图定 16:32 在 d 站停车等会 31002 次，由于预计晚点 8 min 到达 d 站(如通过，减停车附加时分 1 min，实际晚 7 min)，列车调度员在列车运行调整计划中改为 31002 次提前 2min 从 B 站出发于 16:34 赶到达 d 站等会，让 31001 次 16:39 通过 d 站，早点 1 min 到达终点 B 站，31002 次在 d 站于 16:41 出发，晚点 7 min(包括起动附加时分)，有望在到达 A 站前恢复正点。

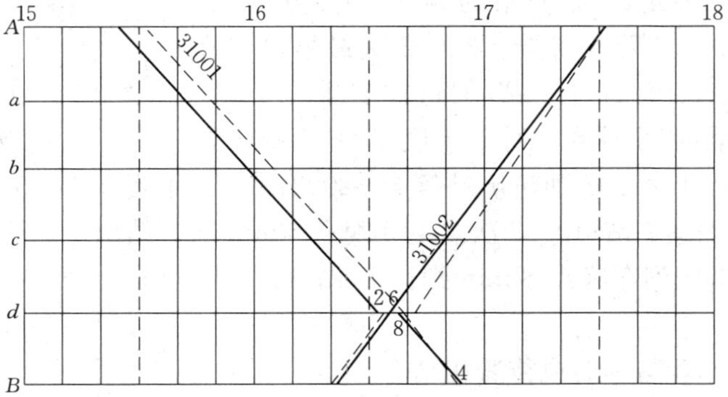

图 2-5-5　变更列车会让方式

当根据日(班)计划某一图定列车停运因而其对向列车因会车次数减少而早点运行时,变更列车会车地点和会车方式,往往可以使部分列车早点终到、部分列车早点运行。如图 2-5-6 中 11003 当日停运,列车调度员组织 31002 通过 a 站,早点 8 min 到达 A 站;安排 21004 通过 b 站到 a 站等会 21005、11002,通过 c 站在 b 站等会 21005、31004,通过 d 站到 c 站会 21005,同时安排 21005、31001 早点出发。列车早点终到可以提高列车旅行速度,加速机车、车辆周转,及早为技术站提供出发车流;列车运行早点则可以为列车调度员提供列车运行调整的便利。

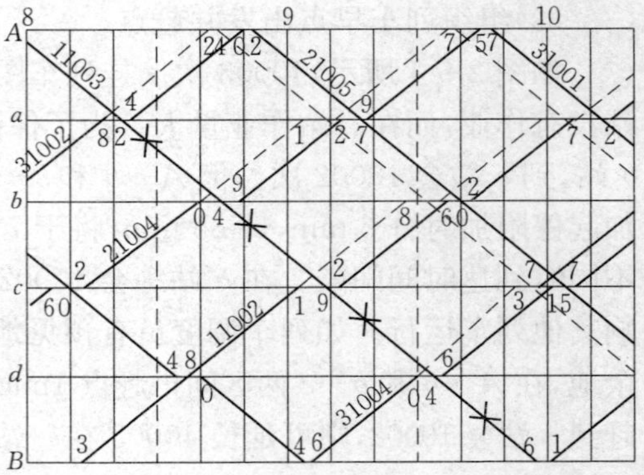

图 2-5-6 利用停运列车运行线提高旅速

3. 组织车站快速、平行作业,缩短列车作业停站时分

列车在运行途中进行的作业,包括在技术站的中转作业,旅客列车在客运站办理旅客乘降、行包和邮件装卸、上水、进备品和餐料、卸垃圾袋,摘挂列车在中间站甩挂车辆,列车在进入长大坡道的后方站进行技术检查、下坡凉闸等。

(1)缩短停站时间

为了使晚点列车恢复正点,列车调度员应把握压缩列车区间运行时分和在站作业时间两项可能性。对于晚点列车,缩短在有作业车站的停站时间是减少晚点或恢复正点的非常有效的方法。在采用这一方法时,列车调度员应及时与车站和列车乘务组联系,组织车站提前作好准备,进行快速作业,按可能发车的最早时刻发出列车。

(2)利用列车接续的宽余时间

在运行图中,列车在站的停点,特别是在技术站,往往有一定弹性。图定停站时间的宽余部分,也是列车调度员可以利用的运行图资源。

例如,图 2-5-7 所示,直通列车在 B 站的无改编中转作业时间标准为 40min,图定 10003 次列车在 B 站的接续时间为 55min。10001 图定 20:40 通过 k 站,由于晚点 6min 造成 32002 次列车晚点至 20:48 可以从 k 站发车,并进一步影响到 10003 次在 j 站机外停车。考虑到 10003 次在 B 站的接续时间有宽余,决定改变 j 站的列车交会方式:让 32002 次列车通过、10003 停车等会。32002 次最早可以在 20:43 从 k 站发车、21:08 通过 j 站,但这样安排与 10003 间的不同时到达间隔时间不足。列车调度员令:10003 在 i—j 区间赶点 1 min,于 21:07 到达 j 站等会 32002;32002 推迟至 20:51 从 j 站出发、21:11 通过 j 站,可以正点到达 i 站;10003 次 21:13 晚点 6 min 从 j 站出发。这一措施,使 32002 次列车免于晚点,10003 次列车晚点 8 min 到达 B 站,可以正点由 B 站出发,消除了 10001 次列车晚点的影响。

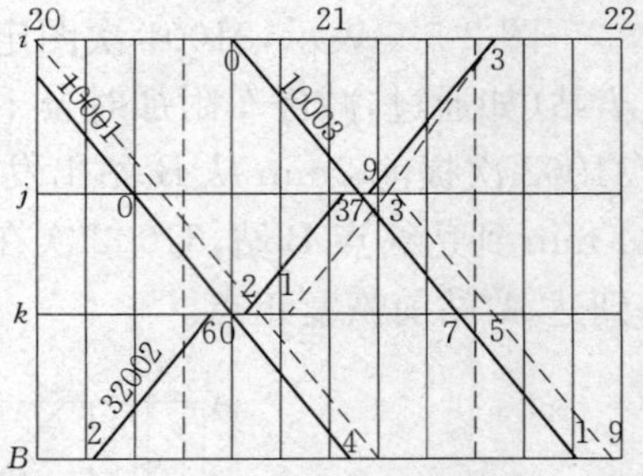

图 2-5-7 利用图定停站时间的宽余部分

(3)使列车停站作业与等会或待避相结合

如图 2-5-8 所示,10002 次图定在 d 站技术作业停站 20 min,在 a 站待避 K76 次。由于邻区段接入晚点 39 min,列车调度员将待避地点改在 d 站,11:33 由 d 站出发,12:32 通过 a 站

（停车附加时分 1 min），12：51 到达 *A* 站（启动附加时分 2 min），晚点 16 min，减少晚点 23 min。

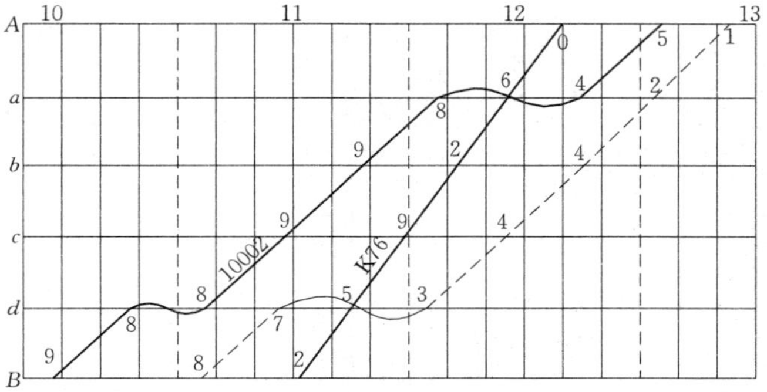

图 2-5-8　变更越行地点使列车技术停站与待避相结合

在可能的条件下，将货物列车待避旅客列车的停车站选择在相邻两区间列车运行时分均较小的车站，可以减少列车停站时间。

4. 组织反方向行车及列车合并运行

在双线半自动闭塞区段，也可以利用反方向线路的空闲时间放行列车。这时，列车调度员应发布调度命令，停止反方向线路基本闭塞设备的使用，改为电话闭塞、引导接车，待列车到达后再恢复基本闭塞设备的使用。

当由于运行图天窗，在施工区段的两侧有列车积压时，可以开行组合列车，以缩短恢复正常运输秩序的时间。

5. 组织列车早点到达

运输生产形势复杂多变，列车调度员应当根据实际需要采取不同运行调整措施。当机车紧交路、车流接续时间不足、管内工作车欠缺、或为完成分界站排空交重任务，应有预见地组织列车早点到达。

在实际编制列车运行调整计划时，制约因素很多，难度较大，需要综合考虑，寻求最优方案。

复习思考题

1. 铁路运输调度的组织机构及其职责是什么？
2. 什么是车流调整？有哪些调整方法？
3. 在铁路局轮廓计划中怎样确定次日应卸车、移交车和装车数？
4. 路局调度工作日（班）计划包括哪些内容？怎样确定各站次日出发车流？
5. 列车运行调整的目的是什么？有哪些方法？

第三篇

铁路特种货物运输调度

在铁路运输中，超限、超重，鲜活货物和危险货物要求特殊运输条件，才能保证运输安全。在车站行车工作和调度指挥中，必须根据特种货物的性质，严格按照国铁集团规定的方法组织运输。

第一章　超限、超重货物运输

货物装车后，车辆停留在水平直线上，货物的任何部位超出机车车辆限界或车辆行经半径为 300 m 的曲线时，货物的计算宽度超出机车车辆限界者，称为超限货物。装车后，重车总重活载效应超过桥涵设计标准活载（中-活载）的货物，称为超重货物。

铁路基本限界是为保证运输安全而规定的建筑物、运输地面设备以及机车车辆在线路上不能逾越的轮廓尺寸线，分为建筑限界和机车车辆限界。建筑限界是位于铁路线两侧及上方的建筑物不容许侵入的轮廓线；机车车辆限界是机车车辆本身及其装载的货物不容许超出的轮廓线。

机车车辆在运行中由于受到线路不平顺、过弯道、车轮踏面损伤等原因的冲击，车体会发生振动并产生一定程度的横向和纵向偏移，其偏移量随着列车运行速度的提高而增加。因而建筑限界与机车车辆限界之间必须留有大于机车车辆最大偏移量的安全空间。由于超限货物在装车以后超出了机车车辆限界，压缩甚至超越了这一安全空间，因而可能造成在运行或在站停车的过程中与沿线建筑物或邻线机车车辆发生碰撞的严重后果。

铁路桥梁、涵洞是根据预设的恒载、活载和偶然荷载设计和建造的，具有必要的强度和承载能力。显然，铁路机车车辆通过桥涵的活载效应应当小于《铁路桥涵设计规范》规定的标准活载。但超重货物装车后的重车总重活载效应不同程度地超越了桥涵设计标准活载，如果途经桥涵的强度余量不足，就可能引起桥涵结构的破坏而危及行车安全。

所以，运输超限、超重货物的关键在于确定车辆的运行径路和制定有效的安全措施。运输超限货物需要详尽地掌握货物发、到站之间各超限、超重办理线路建筑限界的最新资料，考虑多方面的因素，确定能够保证超限货物运输安全，又对正常运输秩序影响最小的车辆运行径路、在沿途各停车站的停留线路以及在车辆通过时必须临时拆除的沿线铁路设备及保证运输安全的措施；运输超重货物需要详尽地掌握径路上各线全部桥涵的相关最新技术资料，确定径路上是否全部桥涵强度的储备都能满足该等级超重货物的运输要求，最终选定一条稳妥、安全的输送径路。

第一节　超限、超重货物等级划分

一、超限货物的等级

根据货物的超限程度，超限货物分为一级超限、二级超限和超级超限。

1. 一级超限

货物装车后，自轨面起高度在 1 250 mm 以上超出铁路机车车辆限界，但未超出一级超限限界的货物为一级超限货物。

2. 二级超限

货物装车后，超出一级超限限界、未超出二级超限限界，以及自轨面起高度在 150 mm 至未满 230 mm 间超限、但未超出二级超限限界的货物为二级超限货物。

3. 超级超限

货物装车后，超出二级超限限界，以及自轨面起高度在 230～1 250 mm 间超限的货物为超级超限货物。

各级超限限界如图 3-1-1 和 3-1-2 所示。

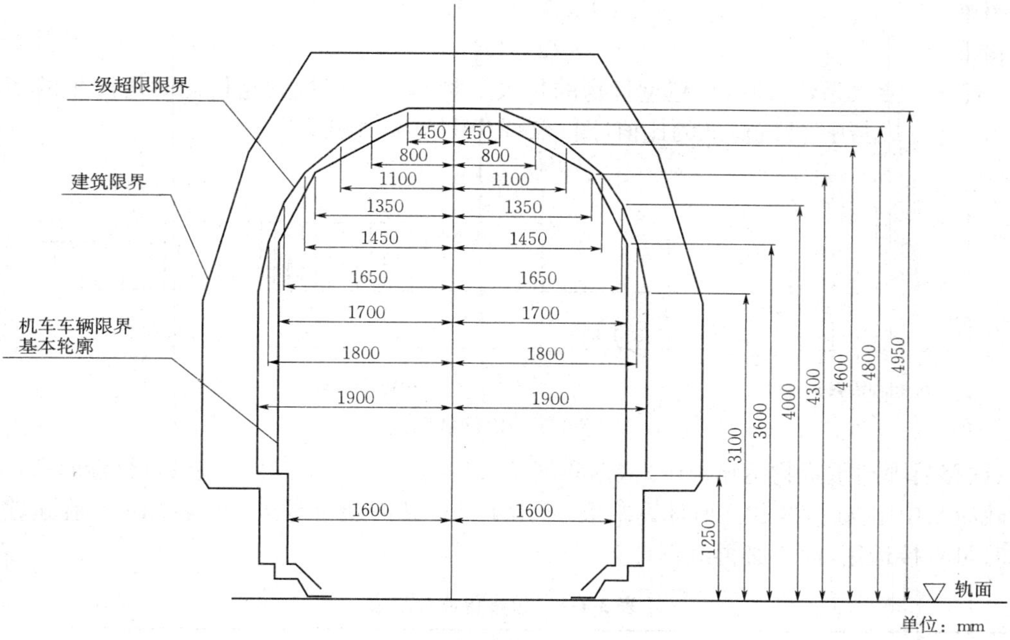

图 3-1-1　一级超限限界

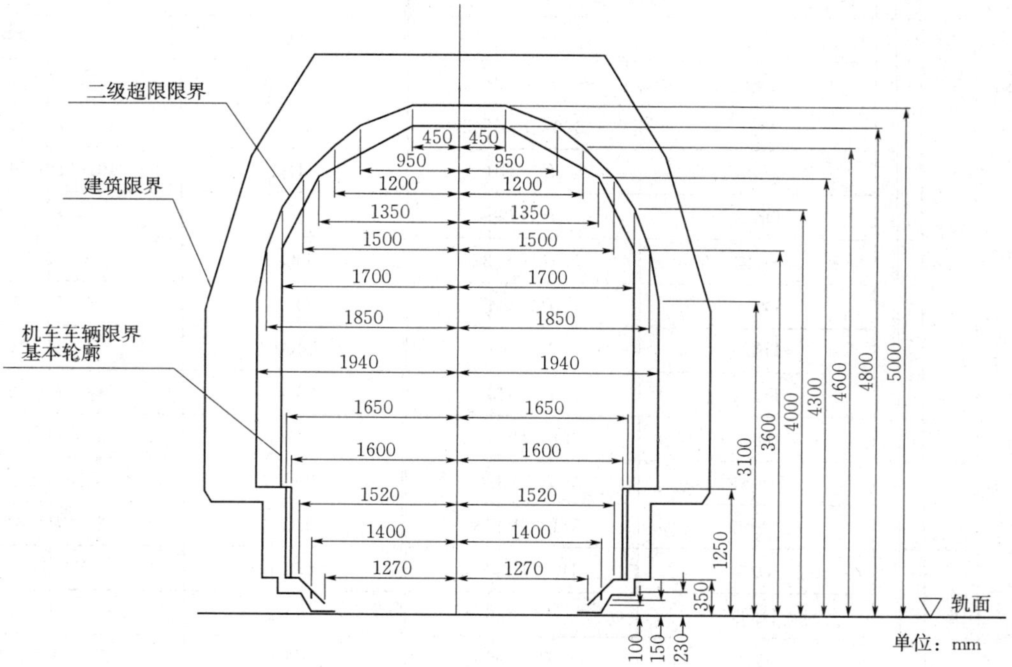

图 3-1-2　二级超限限界

二、超重货物的等级

根据货物的超重程度，超重货物分为一级超重、二级超重和超级超重三个等级。

一级超重　　$1.00<Q\leqslant 1.05$

二级超重　　$1.05<Q\leqslant 1.09$

一级超重　　$Q>1.09$

式中　Q——活载系数，即装载超重货物的长大货物车重车通过铁路桥涵时所产生的活载效应与中-活载标准的比值，图 3-1-3 为中-活载图式。

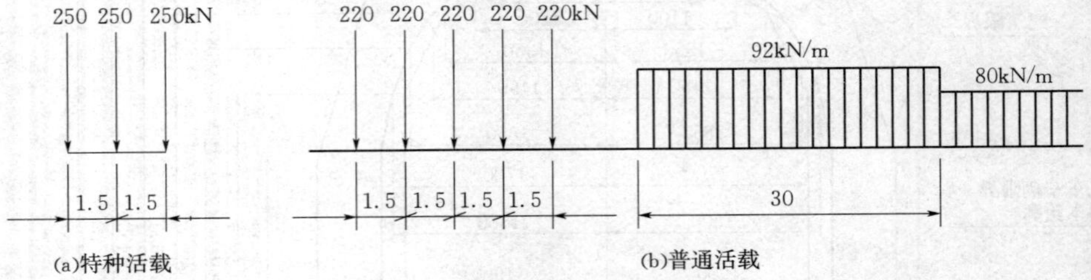

图 3-1-3　中-活载图式

《铁路超限超重货物运输规则》依据我国长大货物车不同的货物装载量过桥涵时所产生的活载效应与中-活载标准的比值计算结果，给出了其达到的超重等级（见表 3-1-1），在运输超重货物时可直接运用，而不必再进行计算。

表 3-1-1　超重货物分级表

项目 等级	长大货车型号	重车总重 P(t)	长大货车型号	重车总重 P(t)
一级	D2	$P>314$	D28	$369<P\leqslant 388$
	D2A	$P>329$	DK29	$370.8<P\leqslant 389.5$
	D2G	$326<P\leqslant 342$	D30G	$437<P\leqslant 459$
	D18A	$P>310$	D32	$491<P\leqslant 515$
	DK23	$P>296$	350 t 落下孔车	$490<P\leqslant 514$
	D23G	$310<P\leqslant 326$	DQ35	$P>508$
	D25A	$P>374$	DK36	$P>545.7$
	DA25	$P>361$	DK36A	$P>521.3$
	D32A	$P>545$	D38	$543<P\leqslant 571$
	D26	$371<P\leqslant 390$	D45	$580<P\leqslant 609$
	D26AK	$P>332$	DA37	$P>542.2$
	D26B	$371<P\leqslant 390$	DQ45	$585<P\leqslant 615$
二级	D2G	$342<P\leqslant 355$	350 t 落下孔车	$P>514$
	D23G	$P>326$	D32	$515<P\leqslant 535$
	D26	$P>390$	D38	$571<P\leqslant 592$

续上表

等级＼项目	长大货车型号	重车总重 P(t)	长大货车型号	重车总重 P(t)
二级	D26B	$P>390$	D45	$609<P\leqslant632$
	D28	$P>388$	DQ45	$615<P\leqslant638$
	D30G	$P>459$	DK29	$P>389.5$
超级	D2G	$P>355$	D45	$P>632$
	D32	$P>535$	DQ45	$P>638$
	D38	$P>592$		

以上均为货物装载无偏心情况，如有偏心，则应按实际装载偏心另行计算等级。

第二节　超限、超重货物的运输条件

超限货物装车后的轮廓超出了机车车辆限界、超重货物装车后的活载效应超出了铁路桥涵的中-活载标准，在铁路运输过程中存在着不安全因素。铁路之所以还能承运超限货物，是因为铁路建筑限界与机车车辆限界间的安全空间还有可利用的余量，可以采取降低列车运行速度或临时拆除个别线旁运输设备等措施保证运输安全，还因为各铁路线上方的净空是不一样的，例如修建在空旷戈壁滩上的铁路线显然比桥梁隧道密集的铁路线有更大的线上净空，在广阔的路网上可以有较大的安全径路选择余地；铁路之所以能够承运超重货物，是因为各线桥涵在中-活载标准之上可能具有不同的强度储备量，能够承受更大的剪力和弯矩，有的线路桥涵较少，可以在路网上为超重货物找到安全的通道。

一、超限、超重货物办理线路和车站的规定

为了保证运输安全，超限、超重货物只能在国铁集团核准的超限、超重货物办理线路办理；办理超限、超重货物的车站(含与车站接轨的专用线、专用铁道)必须位于超限、超重货物办理线路上，由铁路局自行规定审批办法，将批准的车站报国铁集团备案，并及时在中国铁路 95306 网站公布。

铁路局应根据超限、超重货物的运输需要，统筹规划管内办理线路和车站，不断完善超限超重货物运输网络，提升运输效率和服务能力。

确需在非超限、超重货物办理站办理超限、超重货物运输的，按铁路军运有关规定办理。

1. 办理超限、超重货物的线路应具备的基本条件

(1)线路已开通使用并办理普通货物运输。

(2)线路建筑限界和桥隧承载能力满足超限、超重货物运输安全要求。

(3)相关运输站段有合格的超限、超重货物运输专业技术人员。

(4)有健全的超限、超重货物运输安全管理制度和事故施救信息网络。

线路开办超限、超重货物运输业务，由铁路局超限超重货物运输部门牵头组织，向国铁集团货运部提交下列材料：

(1)铁路线路开通运营并办理普通货物运输的证明材料。

(2)线路名称、起讫站、全长、线路等级、线路类型(单、双线)、线路允许速度、电气化接触网

最低高度、最小线间距、最大限制坡度、最小曲线半径、最大外轨超高值、钢轨类型、最小道岔号数、桥梁数量、隧道数量等线路基本条件的有关材料。

(3)线路综合最小限界,车站接发超限列车固定线路,侵限设施设备现状及整治措施。

(4)全线超重车通行径路上的桥涵类型、数量、承载能力(活载系数及允许通过超重货物等级),病害桥梁现状及整治措施。

(5)相关管理人员和作业人员的配备情况及培训合格证明材料。

(6)相关业务和安全管理制度,包括:铁路局超限超重货物运输管理办法、限界管理办法、事故施救信息网络;相关站段超限超重货物运输管理办法。

2. 办理超限、超重货物发送、到达的车站应具备的基本条件

(1)所在铁路线路已开办超限、超重货物运输。

(2)车站已开办货运业务。

(3)车站接发超限、超重列车固定线路和准许通行超限、超重车线路的实际建筑限界和桥涵承载能力满足超限、超重货物运输安全要求。

(4)有合格的超限超重货物运输专业技术人员。

(5)有健全的超限、超重货物运输管理制度。

车站要办理超限、超重货物运输业务应向铁路局提出申报材料,并得到批准。

铁路局和车站应严格按照批准范围办理超限、超重运输业务,并切实加强限界和桥涵承载能力管理,确保超限超重货物运输安全。

3. 铁路线路、车站办理超限、超重货物运输资质的重新认定

(1)线路发生以下变化,应重新申请办理超限、超重货物运输业务:

①单线线路完成复线改造。

②线路起讫站、走向、里程等发生实质性变化。

③确需重新申请办理超限、超重货物运输业务的其他情形。

(2)线路限界、桥涵承载能力等因素发生重大变化、整治完成前影响超限、超重车正常通行不超过 1 个月的,铁路局应提前 10 d 提出临时停办申请,报国铁集团审核、公布。

无法整治恢复,确需取消超限、超重货物运输业务,或整治完成前影响超限、超重车正常通行超过 1 个月的,由铁路局提前 30 d 提出取消办理线路申请,报国铁集团审核、公布。

(3)车站办理条件发生重大变化,不再满足超限、超重货物运输需要的。由车站提出取消办理站申请,经铁路局审核后报国铁集团货运部备案,铁路局及时更新中国铁路 95306 网站相关信息。

二、超限、超重货物的受理和承运

由于超限超重货物的特殊性质,车站在受理和承运超限、超重货物时,必须严格执行《铁路超限超重货物运输规则》的相关规定。

1. 车站受理超限、超重货物必须向上级部门请示装运办法

综上所述,运输超限、超重货物的关键在于选择一条安全的径路。车站只是路网上的一个点,不具备确定超限、超重车运行径路的条件,因而能否受理必须向铁路局请示。

(1)受理站应具有办理超限、超重货物资质

受理超限、超重货物运输的车站必须是经铁路局批准、已报国铁集团备案,并在中国铁路

95306 网站公布，因而具有办理资质的车站。

(2)发站向铁路局提出超限、超重运输申请电报

车站在受理超限、超重货物时，应认真审查托运人提出的货物技术资料，检查相关证明文件是否齐全有效、符合规定，且货物到站(含专用线、专用铁路)具备超限、超重货物运输条件，以超限、超重运输申请电报，向铁路局货运主管部门申请装运办法。跨三局及以上的各级超重货物及超级超限货物，由铁路局审查后向国铁集团货运部提出申请。

2. 国铁集团、铁路局及时制定确认电报

国铁集团、铁路局接到超限超重货物运输申请电报后，应细致地分析发、到站之间各径路的最小限界、桥涵强度余量以及对于其他运输的影响等因素，确定车辆运行径路、挂运办法及安全措施，包括临时改变建筑物和固定设备，向各有关单位发布确认电报，明确装运办法。

发布确认电报时，应加强与相关铁路局的沟通协调，做到情况明、无遗漏、措施实、责任清，确保运输安全。铁路局接到国铁集团发布的确认电报后，要及时确认、转发。

超限货物装车时间距确认电报发布时间不足 3 个工作日的，发局应与沿途各局进行确认后再发布确认电报。

3. 装车站实行装车质量签认制度

车站接到铁路局确认电报后，通知托运人办理其他货运手续，并及时组织装车。装车后，车站应对确认电报进行复核，发现货物装后尺寸、重车重心高度等数据超出确认电报范围的，发站须重新向铁路局拍发超限超重货物申请电报。

4. 挂运特种型号的重型车辆应开行超限超重货物专列

装有以下车型装运的超限、超重货物，应开行超限超重货物专列：

(1)钳夹车。

(2)标记载重 260 t 及以上的落下孔车。

(3)标记载重 300 t 及以上的凹底平车。

其他需要采取全程派人监护、检测运行等特殊安全保障措施的重车，也可以开行超限超重货物专列。

5. 没有运行条件限制的超限车，可不按超限货物办理

装车后超出机车车辆限界基本轮廓的货物，经国铁集团批准，可不按超限货物办理。

三、超限、超重车的运行组织方法

挂有超限货物车辆、并以超限货物列车车次开行的列车称为超限列车。

1. 超限、超重车的装车和挂运

(1)发站挂运超限、超重车必须向铁路局调度所拍发挂运申请电报

车站接到局指示装运办法的文电以后，组织发货单位提报运货五，经局调度工作日班计划货运工作计划批准后依据文电规定的装载加固方法装车，装好后在车底板上标注检查线，在货物两侧书写“×级超限”，运单上应附有“超限货物运输记录”。

发站或中转站在挂运超限、超重车前，应向铁路局调度所拍发挂运申请电报。挂运跨及两个铁路局的超限、超重车辆，调度所还需向邻局预报。

(2)铁路局调度所将超限、超重车的挂运纳入日(班)计划、下达挂运调度命令

铁路局调度所接到车站挂运申请或邻局预报后，认真核对超限、超重货物运输确认电报，

制定管内运行条件，填写“超限超重车辆挂运通知单”，纳入日(班)计划，并将管内运行条件以调度命令下达有关站段。

有运行限制的超限车，即限制运行速度、停止邻线会车或双线反方向行车，除有特殊指示外，禁止编入直达、直通列车。超限车一般应编入摘挂列车或区段列车。超限车集中以超限货物列车车次挂运，对于充分利用区段通过能力，提高旅速和列车运行调整都有积极作用。

(3)车站挂运

车站依据调度命令将超限、超重车编入列车，并将调度命令交值乘司机。为了保证作业安全，装有二级及以上超限货物的车辆禁止溜放；超重货物一般用大型凹底平车、落下孔车、钳夹车等特种用途车装运，因而超重车禁止溜放。

2. 超限列车的运行条件

列车调度员管辖调度区段有超限、超重列车开行时，应将特调提供的运行条件和注意事项向本区段内各站布置，组织各站按《站细》规定的到发线接发超限、超重列车。

(1)超限车在运行过程中的速度限制：

超限货物的任何超限部位与建筑物或设备之间的距离(简称限界距离)，在 100～150 mm 之间时，速度不得超过 15 km/h；限界距离在 150～200 mm 之间时，速度不得超过 25 km/h；限界距离不足 100 mm 时，由铁路局根据实际情况制定办法。

(2)挂有超限车的列车运行在双线、多线或并行单线的直线地段与邻线列车会车时，取决于邻线列车的运行速度，应遵守下列规定：

①邻线列车运行速度小于等于 120 km/h 的，两运行列车之间的最小距离大于 350 mm 者不限速，300～350 mm 之间者运行速度不得超过 30 km/h，小于 300 mm 者禁止会车。

②邻线列车运行速度大于 120 km/h 小于等于 160 km/h 的、两运行列车之间的最小距离大于 450 mm 者不限速，400 mm 至 450 mm 之间者运行速度不得超过 30 km/h，小于 400 mm 者禁止会车。

③邻线列车运行速度大于 160 km/h 的，禁止会车。

(3)装载的货物与接触网带电部分的距离小于 350 mm 时，接触网必须停电。挂有装载这种超限货物车辆的列车，通过电气化区段时，须改由内燃机车牵引。

在线路平面海拔高度超过 1 000 m 时，应按每超过 100 m 增加 3. 5 mm 的附加安全距离计算，不足 100 m 时四舍五入计算。

四、途中检查和卸车

1. 超限、超重车的途中检查

超限、超重车途中检查按区段负责制进行，途中检查站应按下列内容检查超限、超重车，并在超限、超重运输记录上记录，签认检查结果。

(1)有无超限、超重货物运输记录，填写是否完整；

(2)货物两侧明显位置，是否有超限、超重等级标识；

(3)是否标画有检查线，货物装载加固是否良好，加固材料是否有松动或损坏。

2. 卸车

到站应根据确认电报确定卸车地点和货位，科学制定卸车方案，确保安全。收货人在货场自卸的，车站应与收货人签订卸车协议，明确安全责任，并在卸车前与收货人办理完货物交付手续。

复习思考题

1. 什么是超限货物？什么是超重货物？

2. 车站办理超限、超重货物运输为什么必须向铁路局货运主管部门申请装运办法？为什么跨三个及以上铁路局的各级超重货物和超级超限货物报铁路局审查后，还必须向国铁集团货运部提出申请？

3. 什么是桥涵设计标准活载？什么是重车总重活载效应？

4. 铁路局、国铁集团调度在制定超限超重货物运输确认电报确定车辆走行径路时主要考虑哪些问题？

5.《超规》对于超限、超重车的区间运行速度有什么限制？

第二章　铁路鲜活货物运输

鲜活货物是指在铁路运输过程中需要采取制冷、加温、保温、通风、上水等特殊措施，以防止发生腐烂、变质、冻损、生理病害、病残死亡等问题的货物，或托运人认为须按鲜活货物办理的货物，分为易腐货物和活动物两类。

易腐货物包括肉、蛋、乳制品、速冻食品、冻水产品、鲜蔬菜、鲜水果、花卉以及种子、苗木和其他繁殖材料等，按其热状态又分为冻结货物、冷却货物和未冷却货物。冻结货物是指经过冷冻加工或处于冻结状态的易腐货物；冷却货物是指经过冷却处理，温度在冻结点以上的易腐货物；未冷却货物是指未经过任何冷处理，完全处于自然状态的易腐货物。

活动物是指具有生命体征的动物，包括活禽、畜、兽、蜜蜂、鱼苗、水产品等。

由于在运输过程中易腐货物需要防止腐败、保持新鲜度，植物繁殖材料和活动物需要保持生命活力，因而运送鲜活货物要按照货物性质、容许运输期限及运送全程的季节和气候条件，选择合适的车辆、装载和运送方法，并根据需要采取预冷、制冷、加温、保温、通风、上水或押运等措施，以最大限度地保持货物质量；在行车组织方面，对于运到期限也有更加严格的要求。

第一节　铁路鲜活货物运输的基本要求

一、避免造成疫情或病虫害的扩散

鲜活货物通常作为食品、饲料或生物种源，可能受到疫情和病虫害感染，而携带了病毒、病菌和寄生虫的鲜活货物会使疫情和病虫害蔓延，对人、畜及沿途和周边地区的生态造成危害，因而必须严密防范、加强检疫，妥善处理已受到污染的鲜活货物。

托运需要检疫的鲜活货物时，托运人应按国家有关规定提出检疫证明，在货物运单“托运人记事”栏注明检疫证明的名称和号码。车站凭此办理运输，并在铁路货运电子商务系统中留存证明文件的影印资料。入境的国际铁路联运鲜活货物，凭海关的放行通知办理。不能提交检疫证明，或检疫未通过的鲜活货物不能托运。

应提交检疫证明的鲜活货物包括：

(1)动物和动物产品。

(2)列入农业部公布的应检疫植物、植物产品名单的植物和植物产品，以及来源于发生疫情的县级行政区域的蔬菜产品。

(3)种子、苗木和其他繁殖材料，不论是否列入应施检疫的植物、植物产品名单和运往何地。

(4)法律法规规定的其他情况。

二、满足运输条件

为延续鲜活货物的良好状态，应使鲜活货物从承运到交付的运输全过程中始终处于其所需要的特定条件下。

1. 装运易腐货物应使用冷藏车或冷藏集装箱

易腐货物运输有温度、湿度等运输条件的要求，应使用冷藏车或冷藏集装箱装运；但在一定季节和区域，自然条件可以满足运输要求，经托运人确认不影响货物质量的，承运人可以根据托运人的要求，使用棚车或通用集装箱装运。

2. 严格按照《铁路鲜活货物运输规则》规定的运输条件办理

《铁路鲜活货物运输规则》"易腐货物机械冷藏车运输条件表"明确规定了各类易腐货物在运输过程中应保持的热状态、承运温度和运输温度、适用的包装及装载方法，应当严格遵守。

运输"易腐货物机械冷藏车运输条件表"未列名的易腐货物时：

(1)如运输条件可以比照类似品名货物，托运人应与发站和乘务组商定运输条件，签订运输协议，并将比照的品类顺号、货物品名、运输条件记录在货物运单"托运人记事"栏和"机械冷藏车作业单"内；

(2)如无法比照其他品名办理，应进行试运。试运前，托运人与发站商定运输条件，提出"铁路易腐货物试运申请表"；发站报铁路局批准后组织试运，铁路局将有关情况报国铁集团备案并抄送相关铁路局；托运人应将试运批准号和运输条件记录在货物运单"托运人记事"栏和"机械冷藏车作业单"内；试运结束后，发站应将试运总结报铁路局，铁路局报国铁集团。

为减轻因运输条件不当而造成的货损，发站在确认首批试运货物安全抵达到站后，方可发出次批试运货物；同一发站、品名和运输条件的货物，首批试运不得超过 4 车。试运期不得超过 1 年。

试运期间，如货物在运输过程中发生腐烂、变质、冻损等问题，须立即停止试运。发站应组织有关人员分析损失原因，将结果报铁路局。需要继续试运的，必须制定改进措施，重新办理试运手续。

试运成功后，可以将该品名易腐货物的运输条件纳入"易腐货物机械冷藏车运输条件表"。

3. 在装车、卸车和搬运工作中应采取的防护措施

防止货物在装卸、车站、托运人和收货人应采取必要的防护措施搬运过程中出现腐烂、变质、冻损、污染、生理病害、病残死亡等问题。

4. 托运猛禽、猛兽时的运输条件和防护方法

托运人应与发站商定运输条件和运输防护方法，报送铁路局批准。跨局运输时，发送铁路局应将商定的事项通知相关铁路局。托运人应在货物运单"托运人记载事项"栏内注明商定的运输条件和运输防护方法。

三、保证快速、无延误地办理各项作业

由于无论铁路采取多么周密的运输措施，鲜活货物的新鲜度或活力总是不可避免地处于下降的过程中，因而必须加强运输组织，尽量缩短其运输过程，及早交付收货人。

1. 车站及相关人员办理鲜活货物运输不能延误

发站承运易腐货物以后，应在货物运单"承运人记事"栏标注"△K"(表示装运的是易腐货物，要快)，并将该标记转记在列车编组顺序表"记事"栏内。

2. 车站、托运人和收货人应密切配合

车站、把运人和收货人应及时做好装车、卸车和搬运工作，并采取必要的防护措施，防止货物在装卸、搬运过程中出现腐烂、变质、冻损、污染、生理病害、病残死亡等问题。

3. 采用快速货物列车运送

在鲜活货物运量集中的区段，应开行鲜活货物或以鲜活货物为主的班列、直达、快运等快速货物列车。在其他区段，应积极组织挂运快速货物列车。对装有鲜活货物的车辆，除由于在中间站装、卸车可以编入摘挂、小运转列车外，均应编入快运列车或直达、直通、区段列车。

4. 优先办理鲜活货物运输的各项作业

在运输组织方面，做到鲜活货物"六优先"，即优先受理、优先配空、优先进货装车、优先取送、优先编组、优先挂运。

5. 重点掌握鲜活货物列车、车辆的运输调度工作

各级调度对装有鲜活货物的列车、车辆应重点掌握，防止途中积压。

第二节　易腐货物运输

一、承运和装车

1. 承运条件

(1)选择合适的运输条件

托运人选择的车型、装载方法和运送方法应当与货物的性质、运输期限、运送全程的季节和气候条件相适应。例如，我国东北地区冬季气温常在－20℃，在这一季节运送冷冻肉类食品，可以使用棚车，而不必使用冷藏车；但在我国江南地区，即使在冬季运送肉类食品也必须使用冷藏车；冬季从东北运送肉类食品到广州，气温变化幅度很大，使用棚车装运就不能保证货物全程运输安全，也必须使用冷藏车。

(2)托运的鲜活货物及其包装必须符合要求

托运的鲜活货物必须质量良好，包装适合货物性质并能保证铁路运输安全。

2. 对承运人的要求

承运鲜活货物时，车站货运员要根据《铁路鲜活货物运输规则》对鲜活易腐货物的质量、包装和热状态进行检查。在承运时应注意鲜活易腐货物的运到期限和容许运送期限。

容许运送期限是根据货物的品种、成熟度、热状态，在规定的运送条件下，能保持货物质量的期限。容许运送期限由托运人在货物运单"托运人记载事项"栏内注明，车站负责审查。易腐货物容许运输期限须大于铁路运到期限 3 d 以上。

对于货物质量、包装、温度等方面的检查结果应填写"冷藏车作业单"，每车填写一份，与货物运单一起随车递至到站保存备查，以便积累运输经验，同时作为分析处理货运事故的依据。

3. 装车条件

在装运鲜活易腐货物时，应根据货物的种类、数量、热状态、外界温度和运送距离选择适宜的车辆。在装车后要认真对车辆进行技术检查和货运检查。冷藏车在装车前应进行预冷，最好将其预冷到货物所要求的运输温度。此外，同车装载的鲜活易腐货物应具有相同的运输条件要求，以保证全车货物的完好。

4. 装运鲜活易腐货物车辆所需运输条件的标记

(1)装运活动物的车辆禁止溜放。承运活动物时，发站应在货物运单"承运人记事"栏标注"活动物"和"禁止溜放"，并转记在列车编组顺序表上该车的"记事栏"内。

(2)冷藏集装箱(无论空重)、机械冷藏车、BX 型车组禁止溜放。

二、易腐货物车的运行组织

易腐货物车运行组织的基本原则是“安全、快捷”。

(1)冷藏车乘务员应按《铁路易腐货物运输规则》规定或商定的温度要求保持车内温度，在装车后及运输途中，每 2 h 记录一次车内温度，6 h 填写一次“机械冷藏车作业单”。使用机械冷藏车装运水果、蔬菜和其他需要通风运输的货物时，应根据具体情况定期进行通风作业。

(2)BX 型冷藏集装箱车组乘务员应做好途中供电工作，并在沿途车辆技检作业时对冷藏集装箱温度进行检查和记录。未配备冷藏车乘务组的，车辆配属单位要做好远程监控和应急处置。

(3)机械冷藏车、BX 型车组应编挂在列车中部，乘务组应提前拍发电报将有关情况通知前方上水站做好上水准备。

(4)装有易腐货物的车辆，运输途中不得保留积压。必须保留时，保留站应立即向铁路局调度、货运部门报告，同时采取措施妥善处理，并在货票记事栏记明滞留原因和时间。

(5)机械冷藏车、BX 型车组(不具备供电功能的除外)禁止溜放。车站应在冷藏集装箱的货物运单、特殊货车及运送铁路用具回送清单内注明“禁止溜放”。BX 型车组途中不得拆解。

(6)装有易腐货物的车辆因技术状态不良等原因发生滞留不能继运时，应及时报告铁路局调度，并尽量组织按原运输条件倒装。

三、易腐货物的到达交付

鲜活易腐货物具有容易腐败变质的特点，即使在规定的条件下保管和运输也仍然没有停止其腐坏的过程。因此，在铁路运输过程中除技术上需要采取特殊措施外，凡进行装车、取送、编解、挂运、加冰、加盐等作业，都应该密切配合，实行快速作业。根据我国铁路运输条件，为了保证冷藏车快速运行，除了必须建立和健全取送、预确报、编挂等制度外，还应对冷藏车的运行实行监督制度。除车站监督外，铁路局调度应按车号掌握冰冷藏车的运行，使每辆冷藏车从装车开始直到卸车为止，都处在集中监督之下，以便提高冷藏车运用效率。

我国铁路组织鲜活易腐货物和活口车合编的快运货物列车，实行定停站点、定运行线、定编组顺序和定在站停车轨道等“四固定”制度，为加速冷藏车的运行提供了值得借鉴的经验。鲜活易腐货物卸车时，车站应把货物的状态和温度情况、卸车时间等记入“冷藏车作业单”，存站备查。遇有腐坏变质情况，车站应会同收货人检查确认腐损程度，并编制货运记录，以作调查事故判定责任的根据。

第三节　活动物运输

一、装运活动物车辆的选择

装运活动物应选用家畜车、家禽车、活鱼车等专用车辆，或有窗的棚车。

装运牛、马、骡、驴、骆驼等大牲畜，应使用带有㉤标记(表示车内有拴马环)的木地板货车，并采取有效措施将活动物拴紧；不得使用铁地板货车，确因木地板车辆不足，需要使用其他货车时，应采取衬垫等防滑措施。

装运活鱼不得使用全钢棚车及车窗不能开启的棚车。托运人随车携带增氧机时，必须佩带1至2只灭火器。随车携带的动力用柴油不得超过100 kg。柴油应盛装小口塑料桶内，口盖必须拧紧，严密不漏。严禁使用汽油动力增氧机，严禁携带汽油上车。

二、装运活动物车辆的调车作业限制和上水要求

由于车辆在溜放过程中可能产生撞击和震动，对动物产生惊扰，因而装运活动物的车辆禁止溜放。承运活动物时，发站应在货物运单"承运人记事"栏标注"活动物"和"禁止溜放"，并转记在列车编组顺序表"记事"栏内供车站编制调车作业计划时参考。

托运人提出上水要求的，发站在货物运单上注明。

三、装运活动物车辆在列车中的编挂限制

装载活动物的车辆原则上不得与乘坐旅客的车辆编挂在同一列车内。确需编挂在同一列车内时，应与乘坐旅客的车辆隔离1辆以上。

装蜜蜂的车辆与装载农药的车辆原则上不能编挂在同一列车内。如因车流不足、分别挂运有困难，在本次列车运行全程不发生列车折角转向运行的条件下，可编入同一列车内，但应将蜜蜂车挂在农药车之前，隔离4辆以上。同样，蜜蜂车和生石灰车编在同一列车内，蜜蜂车应在生石灰车前隔离2辆以上。

四、装运活动物车辆押运的规定

活动物在运输途中，需专人饲喂、饮水、照料和看护。因而运输活动物时，托运人必须选派熟悉动物特性的人员每车1～2人随车押运，托运人要求增派押运人时。须经发站承认，合计人数不得超过7人。

为放蜂需要带的狗，必须装在铁笼内，并交验检疫证明。

复习思考题

1. 什么是鲜活货物？分为哪两大类？
2. 什么是易腐货物，按其热状态分为几类？
3. 铁路鲜活易腐货物运输的基本要求是什么？
4. 活动物车在站进行调车作业和列车运行途中有什么具体规定？
5. 鲜活货物运输的基本要求是什么？

第三章 铁路危险货物运输

在铁路运输中，凡具有爆炸、易燃、毒害、感染、腐蚀、放射性等危险特性，具运输、装卸和储存保管过程中，容易造成人身伤亡和财产损毁或者环境污染而需要特别防护的货物，均属于危险货物。铁路运输的危险货物按其主要危险性和运输要求划分为爆炸品，气体，易燃液体，易燃固体、易于自燃的物质、遇水放出易燃气体的物质，氧化性物质和有机过氧化物，毒性物质和感染性物质，放射性物质，腐蚀性物质、杂项危险物质和物品 9 类。不属于上述 9 类危险货物，在铁路运输中易引起燃烧、需采取防火措施的货物属于易燃普通货物。

危险货物由于其特殊性质，为了保证作业安全，在铁路运输行车组织方面需要采取某些特殊防护措施。

第一节 铁路危险货物承运人、托运人资质许可制度

办理危险货物运输在地点、人员和设备方面都有严格的要求，不是所有货运营业站都可以办理的。铁路危险货物运输的承运人和托运人必须经国铁集团批准的铁路危险货物资质鉴定中心审核，取得铁路危险货物承运人、托运人资质。危险货物承运人、托运人资质每年都需进行复审。铁路危险货物的承运人和托运人只能按照资质证书规定的办理限制办理指定品名的发送、到达危险货物，不能超范围经营。

一、危险货物办理站

危险货物办理站是指站内或接轨的专用线、专用铁路办理危险货物发送、到达业务的车站，按类型分为三种：

(1)站内办理站：仅在站内办理危险货物业务的车站。

(2)专用线接轨站：仅在接轨的专用线、专用铁路办理危险货物业务的车站。

(3)兼办站：在站内和接轨的专用线均办理危险货物业务的车站。

二、办理限制管理

危险货物的办理限制是指铁路危险货物运输只允许在有资质的危险货物办理站办理，每一危险货物办理站只能办理规定品名的发送、到达危险货物。

1. 危险货物办理站由铁路局统一规划

铁路局根据危险货物运输需求，对办理站统一规划，科学合理布局。

2. 危险货物办理站的危险货物装卸、储存作业场所和设施的安全生产条件需通过安全评估

国铁集团批准设立的安全评估机构应严格按照有关法律、法规、规章和标准等规定开展评估工作，写出安全评估报告，并对评估结果负责。被评估单位应落实安全评估报告中的整改方

案，消除安全隐患。

3.《铁路办理站危险货物办理限制》中增加或修改的内容须经铁路局确认并报国铁集团货运部公布

新增爆炸品、剧毒品、放射性物质和气体类危险货物办理限制时，由铁路局确认后将安全评估报告等相关材料报国铁集团货运部批准公布。

在站内办理时，办理限制包括办理站名称、发送品名、到达品名及相应的装运方式；在接轨的专用线办理时，办理限制包括接轨站、专用线名称，发送品名、到达品名及相应的装运方式；专用线共用时，还应包括共用单位名称、发送品名、到达品名及相应的装运方式。

第二节　危险货物运输的规定

由于危险货物的特殊性质，装运危险货物的车辆可能需要特殊防护或在调车作业和列车编组时须遵守特殊规定，包括停止制动机作用、禁止溜放或限速连挂以及列车编组隔离限制等。

一、须停止制动作用的车辆

铁路运输的危险货物品类繁多，物理、化学性质差异很大，要求的运输条件各异。为了保证运输安全，《铁路危险货物运输规则》针对不同危险货物做出了 77 项特殊规定，在“铁路危险货物品名表”第 12 栏中用数字标注、具体条文在第八部分“铁路危险货物运输特殊规定”中给出。例如在 12 栏中如果标注了“4”或“26”，即表示该品名的货物只能使用棚车装运，并且必须关闭制动支管上的“截断塞门”，使该辆车的制动主管仍畅通，不影响列车中其他车辆的制动作用，但“截断”了该车副风缸和制动缸之间的通路，从而使该车失去制动作用，此即“关门车”。其中：“4”表示“只能使用停止制动作用的棚车装运”；“26”表示“含氮≤12.6%，含水或其他润湿剂＜32%的硝化纤维素，限按整车办理，并仅限使用停止制动作用的棚车装运”。

装运这类货物的车辆之所以需要“关门”，是因为某些易爆物品对高温和火花敏感，为防止车辆制动时闸瓦与车轮踏面摩擦产生的高温和火花引发事故，必须停止制动机的制动作用。发送这类货物的运单右上角须打上“停止制动”的印记，在列车编组顺序表中该车的“记事”栏填写“关门”字样。

在调车作业中，调车组应注意“关门车”在车列中的位置，在选闸时不应使用“关门车”的手闸；在列车中编挂时，注意《技规》对关门车“三二一”的规定，如列车中关门车的数量超过现车总辆数的 6%还应计算每百吨闸瓦压力。

二、禁止溜放和限速连挂

装运危险货物的车辆如受到较强撞击，可能危及行车安全，例如可能引起爆炸、造成包装破碎而引起燃烧、毒害等严重后果。由于溜放的车辆与停留车连挂时难免受到震动，因而《危规》依据危险货物的性质，规定了“禁止溜放”和“限速连挂”的调车作业限制（见表 3-3-1）。“禁止溜放”的车辆禁止从驼峰解体，也不能进行平面调车的溜放作业；“限速连挂”的车辆可以从驼峰解体和进行平面调车的溜放作业，但与停留车连挂的速度不能超过2 km/h。

装车后“禁止溜放”“限速连挂”的危险货物在承运时，应在运单、货票上加盖红色“禁止溜放"或"限速连挂"印章，编入列车后应在列车编组顺序表该车的"记事栏"填记"J"(禁止溜放)、"U"(限速连挂)。车站在进行调车作业时，应严格执行。

表 3-3-1　铁路车辆禁止溜放和限速连挂表

顺号	种　类	禁止溜放(调动这些车辆时禁止溜放和由驼峰上解体)	限速连挂(溜放或从驼峰上解体，车辆连挂速度不得超过 2 km/h)
1	爆炸品	有整体爆炸危险的物质和物品；有迸射危险，但无整体爆炸危险的物质和物品；有燃烧危险并有局部迸射危险或这两种危险都有，但无整体爆炸危险的物质和物品	不呈现重大危险的物质和物品；有整体爆炸危险的非常不敏感物质；无整体爆炸危险的极端不敏感物质
2	气体	罐车(含空罐车)和钢质气瓶装载的易燃气体、毒性气体	非易燃无毒气体； 钢质气瓶以外其他包装装载的气体类危险货物
3	易燃液体	乙醚、二硫化碳、石油醚、笨、丙酮、甲醇、乙醇、甲苯	除禁止溜放栏内规定以外的装入玻璃或陶瓷容器的易燃液体；汽油
4	易燃固体、易于自然的物质，遇水易燃气体的物质	硝化纤维素、黄磷、硝化纤维胶片	三硝基苯酚[含水＞30%]，六硝基二苯胺[含水＞75%]，三乙基铝，浸没在煤油或密封于石蜡中的金属钠、钾、铯、锂、铷、硼化物
5	氧化性物质和有机过氧化物	过氧化氢、过氧化钠、过氧化钾、氯酸钠、氯酸钾、高氯酸钠、硝酸胍、漂粉精和有机过氧化物	除禁止溜放栏内规定以外的装入玻璃或陶瓷容器的氧化性物质和有机过氧化物
6	毒性物质和感染性物质	玻璃瓶装的氯化苦、硫酸二甲酯、四乙基铅(包括溶液)、一级(剧毒)有机磷液态农药、一级(剧毒)有机锡类、磷酸三甲苯脂硫代膦酰氯	禁止溜放栏内的货物装入铁桶包装时； 除禁止溜放栏内规定以外的装入玻璃或陶瓷容器的毒害性物质
7	放射性物质(物品)	二、三级运输包装或气体的放射性货物	

续上表

顺号	种　类	禁止溜放(调动这些车辆时禁止溜放和由驼峰上解体)	限速连挂(溜放或从驼峰上解体,车辆连挂速度不得超过 2 km/h)
8	腐蚀性物质	罐车装载以及玻璃或陶瓷容器盛装的发烟硝酸、硝酸、发烟硫酸、硫酸、三氧化硫、氯磺酸、氯化亚砜、三氯化磷、五氧化磷、氧氯化磷、氢氟酸、氯化硫酰、高氯酸、氢溴酸、溴	除禁止溜放栏内规定以外的装入玻璃或陶瓷容器的腐蚀性物质
9	特种车辆	非工作机车、轨道起重机、机械冷藏车、大型的凹型和落下孔车,空客车及特殊用途车(发电车、无线电车、轨道检查车、钢轨探伤车、电务试验车、通信车),检衡车	
10	特种货物	按规定"禁止溜放"的军用危险货物和军用特种货物	
11	其他车辆	搭乘旅客的车辆,国铁集团公司临时指定的货物车辆	乘有押运人员的货车
12	贵重精密货物	由发站和托运人共同确定的贵重的以及高级的精密机械、仪器仪表	电子管、收音机、电视机以及装有电子管的机械
13	易碎货物	易碎的历史文物,易碎的展览品,外贸出口的易碎工艺美术品,易碎的涉外物资(指各国驻华使、领馆公用或个人用物品,外交用品,国际礼品,展品,外侨及归国华侨的搬家货物)	鲜蛋类,生铁制品,陶瓷制品,缸砂容器,玻璃制品以及用玻璃、陶瓷、缸砂容器盛装的液体货物

注:除序号 1、2、9、10、11"禁止溜放"外,其他禁止溜放的货物可向空线溜放

三、编组隔离限制

为保证运输安全、减轻发生事故时可能造成的危害,装运危险货物的车辆在编入列车时,相互之间、与机车和载人、载运活动物的车辆之间需用一定辆数装运普通货物的车辆或空车隔开的规定称为编组隔离限制。《铁路技术管理规程》(普速铁路部分)附件 10 给出了具体隔离限制(见表 3-3-2),车站在编组列车时,装载危险货物的车辆在列车中的编挂位置必须满足规定的隔离要求。

表 3-3-2 铁路车辆编组隔离表

货物种类（品名编号）		隔离标记	距牵引的内燃、电力机车，推进运行或后部补机及使用火炉的车辆	距乘坐旅客的车辆	距装载雷管及导爆索(11001、11002/11007、11008)的车辆	距装载除雷管及导爆索以外爆炸品的车辆	距装载易燃普通货物的敞车、平车	距装载高出车帮易窜动货物的车辆	备注
气体(含空罐车)	易燃气体 非易燃无毒气体 毒性气体	△1	4	4	4	4	2	2	运输气体类危险货物重、空罐车时，每列编挂不得超过 3 组；每组间的隔离车不得少于 10 辆
一级易燃液体 一级易燃固体 一级易于自燃的物质 一级氧化性物质 有机过氧化物 一级毒性物质(剧毒品) 一级酸性腐蚀性物质 一级碱性腐蚀性物质 一级其他腐蚀性物质		△2	2	3	3	4	2		运输原油时，与机车及使用火炉的车辆可不隔离；运输硝酸铵时，与机车及使用火炉的车辆隔离不少于 4 辆
放射性物质(物品) (矿石、矿砂除外)		△3	2	4	×	×	2	1	×标记表示不能编入同一列车

续上表

货物种类（品名编号）		隔离标记 \ 最少隔离辆数 \ 隔离对象	距牵引的内燃、电力机车，推进运行或后部补机及使用火炉的车辆	距乘坐旅客的车辆	距装载雷管及导爆索（11001、11002/11007、11008）的车辆	距装载除雷管及导爆索以外爆炸品的车辆	距装载易燃普通货物的敞车、平车	距装载高出车帮易窜动货物的车辆	备注
七〇七	非易燃无毒气体	△4	4	4	4	4	4	2	一级与二级编入同一列车时，相互隔离2辆以上，停放车站时相互隔离10 m以上，严禁明火靠近
	毒性气体	△5	4	4	4	4	4	2	
敞车、平车装载的易燃普通货物及敞车装载的散装硫黄		△6	2	2	2	4			装载未涂防火剂的腐朽木材的车辆，运行在规定的区段和季节须与牵引机车隔离10辆，如隔离有困难时，由铁路局与邻局协商规定隔离办法
爆炸品	雷管及导爆索（11001、11002、11007/11008）	△7	4	4		4	2	2	
	除雷管及导爆索以外的爆炸品	△8	4	4	4		2	2	

此外,《危规》规定,同一托运人、同一到站的气体类 6 辆重(空)罐车以内编为 1 组,每组押运人不得少于 2 人。每列编挂不得超过 3 组。每组间的隔离车不得少于 10 辆(原则上需要用普通货物车辆隔离)。

复习思考题

1. 什么是危险货物?危险货物办理站、危险货物办理限制?
2. 什么是关门车?关门车在列车中的编挂有什么限制?
3. 在调车作业中为什么某些装载危险货物的车辆禁止溜放和限速连挂?
4. 装载危险货物的车辆在列车中的编挂位置有什么限制?
5. 在行车工作中,对装载危险品车辆的作业应注意哪些事项?

第四篇

铁路运输统计分析

铁路运输统计和分析考核铁路运输生产成效，为铁路运输调度指挥提供决策依据，是铁路运输管理的重要组成部分。我国铁路运输统计采用18点结算制，当日为昨日18:00(不含)至今日18:00(含)，因而铁路运输统计又称为十八点统计。铁路运输统计包括铁路货车统计，铁路客车统计，铁路机车统计，铁路旅客运输统计，铁路货物运输统计，铁路行李、包裹运输统计和铁路运输收入统计等。本篇将重点介绍与铁路运输组织关系最紧密的铁路货车统计和列车运行统计。

铁路货车统计依据《铁路货车统计规则》的规定进行，分为分界站货车出入统计、现在车统计、货车停留时间统计、货车运用效率统计、货物列车正点统计、装卸车统计、货车运用工作量统计、货车检修统计、不良货车统计和运输过程统计等共10类，铁路旅客列车正晚点统计依据《铁路旅客列车正晚点统计规则》的规定进行。

第一章　现在车和货车出入的基本概念

铁路货物运输是依靠铁路货车进行的，车站是铁路运输生产的基地，全国路网划分为 18 个铁路局，在国铁集团的统一调度指挥下利用货车办理货物运输业务。进行货车统计首先要分清货车的运用状态和货车出入铁路局、车站的规定。

第一节　现在车的基本概念

现在车是指某一时刻，处于车站、铁路局管内的铁路货车现有数，例如 18:00 现车、早 6:00 现车。

一、现在车的分类

现在车可以按车种、产权和运用状态分类。

1. 按车种分

为了保证货物运输安全和提高运输效率，铁路货车的构造必须适应货物的性质而分为不同的车种。铁路货车的车种主要包括棚车、敞车、普通平车、两用平车、轻油罐车、黏油罐车、其他罐车、冷藏车、集装箱车、矿石车、长大货物车、毒品车、汽车运输车、散装水泥车、散装粮食车、特种车及其他货车等 17 类。其中棚车、敞车及普通平车适用货物较多，称为通用货车；其余车种以及涂有“专用车”字样的一般货车分别用于装载不同的特定货物称为专用货车。我国铁路使用如表 4-1-1 所示的基本记号标记货车的车种，再用车型表示同一车种下的不同型号，如 C_{62A} 表示 62A 型敞车。

表 4-1-1　铁路货车车种分类

主要类型	棚车	敞车	普通平车	两用平车	轻油罐车	黏油罐车	其他罐车	冷藏车	集装箱车	矿石车	长大货物车	毒品车	汽车运输车	散装水泥车	散装粮食车	特种车	其他
基本记号	P	C	N	NX	GQ	GN	GT	B	X	K	D	W	J	U	L	T	

2. 按产权所属分

铁路货车按产权分为国铁货车、企业自备货车、内存货车和外国铁路货车。

国铁货车是指属于国家铁路资产，涂有铁路路徽，按国铁集团统一规定涂打车型标记、编号的货车。涂有铁路路徽，按中国铁路统一规定运用管理、涂打车型标记、编号的企业资产货车，统计为国铁货车。在《铁路货车统计规则》中对货车的每一基本车种、车型都规定了固定的编码范围，每一辆国铁货车都用 7 位数字车号唯一标识，例如车号为 3013879 的货车为 P_{80} 型棚车。

企业自备货车是指企业(包括铁路局、合资铁路、地方铁路及其下属企业)资产并取得“自备铁路车辆经国家铁路过轨运输证”(以下简称“过轨运输证”)的货车。企业自备货车的标志是车号左起第一位为“0”、第二位非“0”,车体标明“×××自备车”、没有铁路路徽。

内存货车是属于企业(包括合资、地方铁路及其下属企业)资产,但未取得“过轨运输证”,仅在本企业内承担社会运输任务的货车。

外国货车是属于国外资产的铁路货车。

3. 按运用状态分

货车按运用状态分为运用车和非运用车两类。

(1)运用车

运用车是指参加铁路营业运输的国铁货车、企业自备货车、外国铁路货车、内存货车、企业租用货车、军方特殊用途重车。

参加铁路营业运输的国铁货车、企业自备货车和外国铁路货车不论重、空均统计为运用车,而内存货车、企业租用货车和军方特殊用途车的空车须向指定地点回送,铁路无权运用,因而只有重车才统计为运用车。运用车又分为重车和空车。

运用重车是指:

①实际装有货物并具有货票的货车。

②卸车作业未完的货车。

③倒装作业未卸完的货车。

④以“特殊货车及运送用具回送清单”(见表 4-1-2)手续装载整车回送铁路货车用具(国铁篷布、空集装箱及军用备品等)的货车。

表 4-1-2 特殊货车及运送用具回送清单

<table>
<tr><td>发站</td><td></td><td>到站(局)</td><td></td><td>经由</td><td></td></tr>
<tr><td>车种车号</td><td></td><td>车种车号</td><td></td><td>回送命令号码</td><td></td></tr>
<tr><td colspan="3">回送之货车或运送用具</td><td colspan="3">附注</td></tr>
<tr><td>种类</td><td>号码</td><td>数量</td><td colspan="3" rowspan="4"></td></tr>
<tr><td></td><td></td><td></td></tr>
<tr><td></td><td></td><td></td></tr>
<tr><td></td><td></td><td></td></tr>
<tr><td></td><td></td><td></td><td colspan="3" rowspan="3">站日期戳　发站负责人签字
到站日期戳　到站负责人签字</td></tr>
<tr><td></td><td></td><td></td></tr>
<tr><td></td><td></td><td></td></tr>
</table>

⑤填制货票的游车。

运用空车是指：

①实际空闲的货车。

②装车作业未完的货车。

③倒装作业未装完的货车。

④运用状态下的机械冷藏车的工作车。

⑤循环快运列车中装载装卸工具的车辆。

(2)非运用车

非运用车是指不参加铁路营业运输的国铁货车(包括租出空车),在专用线、专用铁路内的已获得"过轨运输证"的本企业自备货车及没有(租用)专用线、专用铁路企业的回到过轨站的企业自备空车,内存空车、军方特殊用途空车以及国铁特种用途车。非运用车包括以下九类：

①备用车

备用车是指为了保证完成临时紧急运输任务的需要所储备的技术状态良好的国铁空货车,分为特殊备用车、军用备用车、专用货车备用车和国境、港口站备用车。

②检修车

检修车是指定检(厂修、段修、辅修和轴检)到期或过期而扣下修理、摘车临修、事故破损、等待报废和回送检修等的铁路货车。

③代客货车

代客货车是根据国铁集团命令用以运送人员、行李及包裹的货车。

④路用车

路用车是指国铁集团批准为铁路单位运送非营业运输物资或用于特殊用途的货车。路用车分为特种用途车和其他路用车。特种用途车指为路内特殊用途的需要而专门制造不能装运货物的车辆,如试验车、发电车、轨道检查车、检衡车、除雪车等;上述车辆以外的路用车为其他路用车。

⑤洗罐车

洗罐车是指为保证油品质量而进行罐内清洗的良好卸后罐车。

⑥整备罐车

整备罐车是指在指定地点进行技术整备的整列(成组)固定编组石油直达罐车。

⑦租出空车

租出空车是指企业租用的国铁货车空车、新造及由国外购置的货车在交付使用前的试运转空车和部队训练使用的国铁货车。

⑧在本企业内的过轨自备车和内存空车

在本企业内的过轨自备车指在企业专用线、专用铁路内的已取得"过轨运输证"的该企业自备货车,包括没有(租用)专用线、专用铁路企业的回到过轨站的自备空车。内存空车没有承担社会运输任务,统计为非运用车。

⑨军方特殊用途空车指军方用于军事运输等特殊用途的空货车(车体基本记号标明为客车的除外)。

二、运用车和非运用车转变时刻的确定

1. 备用车的备用和解除时间

备用车的备用和解除必须经国铁集团备用车命令批准。备用车的备用和解除时间根据国铁集团、铁路局当日调度命令批准，由车站调度员或值班员填写“运用车转变记录（运统 6）”并签字的时分起算。

运用车转变记录是车站用以登记租出、备用、代客、路用等货车分类的转变情况，其格式如表 4-1-3 所示。

表 4-1-3　运用车转变记录　　（运统 6）

由______车转入______车　　　　国铁集团令第____号局令第____号

车　种	车　号	车　种	车　号	记　事

车站签字________使用单位签字________车辆段签字________

签字时分____________月________日________时________分

备用车须备满 48 h，但不得超过 3 个月。备用时间不满或无令动用时，自备用时起按运用车统计；因紧急任务需要，经国铁集团批准解除时，不受此项限制。超过 3 个月未解备，自超过时起按运用车统计。

2. 检修车的起止时分

检车人员填发的“车辆检修通知单（车统 23）”（如表 4-1-4 所示）是统计该车为检修车并禁止越出站区运行的依据。

在有检车人员的车站，由车站在车辆部门送交的“车辆检修通知单（车统 23）”上签字时分起统计为检修车；也可以由站段双方根据具体情况协议规定间隔时间，自列车技术检查完了时起至将“车辆检修通知单”交到车站时止，在规定间隔内送到车站按实际交到时分起算，在规定间隔时间后送到时，按规定间隔时间起算；对扣修的重车需要卸车修理时，应在“车辆检修通知单”中注明，按卸车完了通知车辆部门的时分起算。

在无检车人员的车站，对临时发生故障的车辆不能挂入列车运行时，不论重、空车均由车站值班员通知管辖车辆段或列检人员，自通知时起，站段双方均计算检修车。由车站在当日行车日志空白栏内填记双方姓名、通话时间、车种车型、车号、车辆故障原因，作为统计依据。车辆部门接到通知后应立即前往检查，并补发“车辆检修通知单（车统 23）”，经鉴定不需要修理或在站已修竣的车辆，填发“检修车辆竣工验收移交记录（车统 33 并车统 36）”予以撤销；重车需要卸空后修理的，应在“车辆检修通知单（车统 23）”中注明，按卸车完了通知车辆部门的时分起算。

“检修车回送单（车统 26）”（见表 4-1-5）是统计该车为检修车但允许向指定的车辆段或车辆工厂回送及在回送途中统计为非运用车的依据。根据“检修车回送单（车统 26）”，在车辆段管界内，自车辆接入时起统计检修车，交出时撤销检修车。

表 4-1-4　车辆检修通知单　（车统 23）

本单据填发一式三份，车站签字后，一份交车站，一份交车辆修理单位，一份自存。

1. 填发日期________年____月____日____时____分
2. 编号________送交________车站
3. 车次________车辆停留在______线
4. 车种车型______车号________轴数____标记载重____空重别____
5. 是否需要倒装____车站通知倒装完毕时间____年____月____日____时____分
6. 修程________检修车辆送往修理的单位名称________________
7. 主要故障情况____

____
8. 前次定检情况：厂修年月________单位________检修周期______年
   段修年月________单位________检修周期______年
   辅修年月________单位________检修周期______月
   临修年月日________单位________空重别
9. 扣车单位________车辆段________________作业场（印章）
   ________班组________________检车员（签字）
10. 车站值班员（签字）________________
11. 车站值班员签字日期______年____月____日____时____分
12. 检修车进入检修线日期______年____月____日____时____分
13. 检修单位检查人员（签字）________________

说明：1. 本单据作为车辆检修扣留的原始依据，在发出车统 23 并车统 26 前，是计算检修车的依据。
　　2. 第 1～9 项有车辆部门填写，第 10/11 项有车站填写，第 12/13 项修整单位填写。

注：原式样上有红色斜杠。

表 4-1-5　检修车回送单　（车统 26）

本单据填发一式两份，交车站签字后，一份交车站随货运票据送至到达地点，一份自存。

1. 填发日期________年____月____日____时____分
2. 编号________回送命令号________
3. 车种车型______车号______轴数
4. 回送局______及车站
5. 到达局______及车站（工厂、车辆段检修车间或站修作业场所在站名称）________
6. 车辆编挂位置等特殊要求________________________________
7. 扣车回送修程（含临修）________________主要故障情况________

____
8. 前次定检情况：厂修年月________单位________检修周期______年
   段修年月________单位________检修周期______年
   辅修年月________单位________检修周期______月
   临修年月日________单位________空重别
9. 填发单位________车辆段________________作业场（印章）
   填发人员（签字）________
10. 经由分界站名称________办理回送的车站值班员（签字）________
11. 回送车挂运车次________日期____年____月____日____时____分
12. 检修车到达工厂、车辆段检修车间或站修作业场所在站日期______年____月____日____时____分
13. 检修车到达的车站值班员（签字）________________
14. 检修车进入检修线日期______年____月____日____时____分
15. 接到检修车的人员姓名（签字）________________

修竣的货车由车站在“检修车辆竣工验收记录(车统33并车统36)”(见表4-1-6)上签字时起转入运用车。铁路车辆工厂修竣的货车,如规定以工厂自备机车取送时,由车辆送到规定交接地点,车站在“检修车辆竣工验收记录(车统33并车统36)”上签字时转入运用车。

表4-1-6　检修车辆竣工验收移交记录　　　(车统33并车统36)

______单位名称　　　　　　　　　　　　　　　　　　　　　第______号

以下______修程的车辆已检修竣工,并经国铁集团(铁路局)驻______厂(公司、段)车辆验收室验收,确认技术状态合格,可交付使用。兹将下列检修竣工车辆由______(单位名称)交给______局______站。

顺号	车种车型	车号	更改项目			加改项目			加价项目			减价项目		属局段	指定到达局名及站名	备注
1	2	3	4	5	6	7	8	9	10	11	12	13	14	15	16	17

本页小计______辆,本页累计______辆

______(单位名称)代表盖章______　　　　日期____年__月__日

国铁集团(铁路局)驻____车辆验收室代表盖章______　　　　日期____年__月__日

接收人______局____站代表盖章______　　　　日期____年__月__日

客货车配属局(段)代表盖章______　　　　日期____年__月__日

成组运行的铁路货车(如机械冷藏列车中的车辆),发生故障需要扣留时,应逐辆填发车辆检修通知单(车统23),按检修车统计。修竣后对未施修的车辆,在“检修车辆竣工验收移交记录(车统33并车统36)”上注明“撤销”字样。

整备罐车超过整备规定时间(6 h)继续整备时,从超过时起按检修车统计。

3.“代客”货车的转变时刻

车站接到国铁集团代客命令后,由车站和检车人员在“运用车转变记录(运统6)”上签字时起转入“代客”,使用完了时,填制“运用车转变记录(运统6)”转回运用车。代客空车根据调度命令以客运车次回送时,按代客统计;以货运车次回送时,按挂运凭证(回送清单、调度命令等)实际统计,无挂运凭证按运用车统计。

“代客货车”装载货物填制货票时,自代客或回送到达时起按运用车统计。

行包专列上编挂的行包专用货车,不论重车、空车,按代客货车统计。

4. 路用车的转变时刻

国铁集团批准的“路用车使用证明书”是统计路用车的依据,使用单位自收到车辆并在“运用车转变记录(运统6)”上签字时起,至使用完了交回车辆并填制“运用车转变记录(运统6)”转回运用车时止按路用车统计。使用单位应按规定涂打路用车使用标记。路用车只准在批准的使用期限、区段和用途的范围内使用,对违反使用规定的路用车,按运用车统计。

路用车装运货物并填制货票时,在重车状态下按运用车办理。

防洪备料车是根据国铁集团(铁路局)命令为汛期防洪抢险指定储备一定数量防洪备料的重车,在重车储备停留状态下按路用车统计,其他状态按运用车统计。

5. 洗罐车的转变时刻

由洗罐单位填制"车辆装备单(车统 24)"(见表 4-1-7)送交车站签字时起计算为洗罐车;洗刷完了,由车站人员在"罐车洗刷交接记录单(车统 89)"(见表 4-1-8)上签字时起转回运用车;企业自备车发生洗罐时,洗罐单位一律填发"企业自备车装备单(车统 24Q)"统计为洗罐车,洗刷完了,填发"企业自备车洗刷交接记录单(车统 89Q)"转回运用车。为进行检修而洗罐时,应列入检修车内。

由企业自行洗罐不能执行上述办法时,由铁路局规定平均洗罐时间(最长不能超过 4 h),自货车送入洗罐交接地点至规定时间止按洗罐车统计。

表 4-1-7 车辆装备单 (车统 24)

本通知由检车人员填写三份,一份自存,一份送交车辆段技术室,一份交车站。

第______号

安装事项________________________

指定送往________________线

车 种	车 号	车辆所在地点

通知送入指定线 年 月 日 时 分

实际送入 年 月 日 时 分

安装完了 年 月 日 时 分

收到单据的车站值班员签字

检车员签字

编制人签字

说明:

1. 凡良好车辆送往指定线或厂段线进行装备洗罐等工作时均应填写本单据。不另发车统 23。
2. 安装完了时分根据车统 33 并车统 36 站长签字时分填写。

表 4-1-8 罐车洗刷交接记录单 (车统 89)

本单编制三份,一份自存,一份交车站,一份交段会计室。

年 月 日 第 号

车种	车号	专用种别	轴数	载重吨位	原装油名称	采取的洗罐方法	洗罐后指定装油名称	洗罐时分					
								入线			竣工		
								月	日	时分	月	日	时分

上项罐车业经洗刷完了并验收合格

交车人 洗罐站职名 姓名 签字

验车人 职名 姓名 签字

车站值班员签收 月 日 时 分 签字

6. 整备罐车转变时刻

进行技术整备的整列固定编组石油直达罐车，在到达整备站时，按运用车统计；送入配属段整备线进行技术整备时，根据车辆部门填发的“车辆装备单(车统24)”送交车站签字时起6 h内按整备罐车统计。超过6 h车辆部门应填发“车辆检修通知单(车统23)”按检修车统计。整备完了由车站在“检修车辆竣工验收移交记录(车统33并车统36)”上签字时起转回运用车。

7. 租出空车转变时刻

由车站与使用单位在“运用车转变记录(运统6)”上签字时起转入企业租用车或转回运用车。部队使用停留车辆训练，按轴、按日核收使用费时，由交付使用至使用完了交回时止，按企业租用空车统计；在训练期间随同列车挂运核收80%运费时，自列车出发时起至到达时止，对装运物资的货车按运用车统计，运送人员的棚车按“代客”统计；用铁路机车单独挂运核收机车使用费时，按企业租用空车统计。

8. 过轨企业自备车运用与非运用转变时分的确定

对出入本企业专用线、专用铁道的企业自备车及没有(租用)专用线、专用铁路企业的回到过轨站的自备空车，以将车辆送到交接地点时分为准。内存货车卸车完了统计为非运用车，装车完了统计为运用车。

9. 军方特殊用途车空车转变时刻

军方用于特殊用途重车自卸车完了时刻起统计为非运用车。

第二节　铁路局、车站货车出入统计的规定

铁路局、车站现在车数量的变化是由于货车出入引起的，要掌握铁路局、车站的现在车保有量，就必须做好货车出入的统计。另一方面，车站现在车(即在车站作业的车辆)只能是车站出入的车辆，并不是所有经过车站或在车站停留的货车都统计为该站出入，局间分界站出入的车辆也不全部是铁路局出入的车辆。因此，必须明确铁路局、车站货车出入的含义。

货车出入铁路局、车站包括随同列车出入和不随同列车出入两种情况。

一、随同列车(包括单机、轨道车)出入的货车

1. 铁路局

为经分界站与邻局或国外相互交接的货车。

2. 编组站、区段站

在该站终到或有中转作业列车上的全部货车为该技术站出入的货车。

3. 中间站

(1)实际摘挂的货车以及终到和停运列车上的货车，计算为车站出入的货车。停运列车又称为保留列车，是指由于自然灾害、事故等原因列车不能继续运行，而在途中站停运并摘走机车的列车。当不具备摘机车条件时，根据调度命令可视同机车摘走。

(2)中间站利用列车停站时间进行装卸作业的货车(循环快运货物列车挂运的零快货车及沿途零担车除外)，虽未进行摘挂作业，亦统计为货车出入。

(3)在中间站进行组合或拆组的重载(长大)列车上的货车，统计为货车出入。

(4)在车站办理货运手续、进入邻接区间装卸的货车，不论在该站是否停留、以列车方式还

是调车方式进入区间，均统计为该站出入的货车。

随同列车出入的货车，其出入时分以列车实际出发、到达或通过时分为准。

二、不随同列车出入的货车

不随同列车出入的货车包括新购货车、报废货车、拨交货车以及加入、退出的企业自备货车、内存货车五类。

1. 新购入的货车

由车站在“新造车辆竣工验收移交记录（车统1并车统13）”（见表4-1-9）上签字时起加入。

表4-1-9　新造车辆竣工验收移交记录　　（车统1并车统13）

（单位名称）

根据________合同，以下新造车辆已竣工，并经国铁集团驻______厂（公司）车辆验收室验收，确认技术状态合格，可交付使用，兹将下列新造竣工车辆由________（单位名称）移交给______局____站

顺号	车种车型	车号	加价项目			减价项目			属局段	指定到达局名及站名	备注

本页小计：　　　　辆

厂（公司）代表盖章：　　　　日期：　年　月　日（产品验收专用章）

国铁集团（铁路局）驻　　厂（公司）车辆验收室代表盖章：　　　　日期：　年　月　日

接收人：　　局　　站代表盖章：　　　　日期：　年　月　日　时　分

客货车配属局（段）代表盖章：　　　　日期：　年　月　日

2. 报废车

根据国铁集团批准的“货车报废记录单（车统3）”（见表4-1-10），车站由接到计统部门或车辆部门通知的时分起剔除。

3. 拨交货车

根据国铁集团命令拨交其他部门或由其他部门拨交国铁集团的货车，以双方在“车辆资产移交记录（车统70）”（见表4-1-11）上签字时起分别计算转出或转入。

4. 企业自备车的加入、退出

（1）加入

新取得“过轨运输证”的，由该企业自备车过轨车站根据“过轨运输证”“车辆检修合格证明”“检修车辆竣工验收移交记录（车统33并车统36）”，核实现车并填制货票后加入；新出厂的，自车站在“新造车辆竣工验收移交记录（车统1并车统13）”上签字时起加入；一次性过轨的企业自备车自车辆送到车站并填妥货票时起加入。

（2）退出

“过轨运输证”到期交回注销的企业自备货车，办理过轨车站、车辆存放车站根据国铁集团定期公布的“不再参加铁路局、控股合资铁路过轨运输的企业自备货车”，核实现车后退出；一次性过轨的，自车辆到达货票记载车站时退出；运行途中报废的企业自备货车由统计现在车的

单位退出并电报通知自备车管理部门及办理过轨站销账。

表 4-1-10 货车报废记录单 （车统 3）

国铁集团批准章

本单填写四份，报国铁集团车辆部。经批准后一份存留；一份送计统部门；二份送回铁路局车辆处或工厂，其中一份经车辆处返回车辆段，送回工厂的二份由工厂将另一份报铁路局车辆段。

报废车记录

__________停留于__________地点，由于__________________

（车种、车号） （站段工厂） （年月日地点发生事故或自然耗损）

1. 中梁____________________
2. 侧梁____________________
3. 端梁____________________
4. 枕梁____________________
5. 横梁____________________
6. 车体（如棚车、车体、罐体）____________________
7. 转向架（型号）____________________
8. 车钩及缓冲器____________________
9. 制动装置____________________
10. 其他____________________

参加鉴定人员（单位、姓名）

__________ __________ __________

铁路局章 车辆段章 铁路工厂章

铁路局审核意见

（工厂）____________________

表 4-1-11 车辆资产移交记录 （车统 70）

于____年____月____日由车辆段长________站长________企业代表________组成的委员会，根据国铁集团____年____月____日____字____号国铁集团令编制本记录，以便由国铁集团车辆中转入________资产台账内。该车配属于 局，车种____，车号________，轴数____，载重量____吨、轴距______毫米，制动机型______，车钩型______，制造年度及厂名________前次定期检修时间和修程________、车辆技术状态________

（厂、段修） （良或不良）

委员会组成者

________车辆段段长________签字

________站站长________签字

领收的企业代表________签字

5. 内存货车的加入、退出

新购内存货车(含一次性过轨后的货车)自到达本企业时起加入;自内存货车报废时起退出,已办理一次性过轨的货车自离开本企业时起退出。

复习思考题

1. 什么是现在车?现在车按照其车种、产权和运用状态怎样分类?

2. 什么是运用车?

3. 什么是非运用车?分为几类?企业自备货车和内存货车的运用状态怎样确定?

4. 回送检修的货车,从到达车站、车站在车统26上签字、由车站发出、编挂在回送列车上运行、到达检修站、在车辆段或车辆工厂修竣,各时间点之间统计为运用车还是非运用车?

5. 货车出入铁路局和车站有几种情况?统计"出"和"入"依据哪些资料?

第二章　分界站货车出入统计

分界站货车出入统计反映铁路局间，国内与国外铁路间的列车、货车出入情况，作为统计铁路局货车现有数、考核列车、货车交接计划完成情况及进行运输财务清算的依据。分界站货车出入统计分别按国铁货车（BYB-1）和企业自备车（QYB-1）填报，为日、旬、月、季、年报，由分界站统计室人员编制，于每日 18:00 上报本局和邻局调度所统计室。铁路局调度所统计室汇总本局各分界站上报的 BYB-1 和 QYB-1 生成铁路局的 BYB-1 和 QYB—1，并合成综合 YB-1，上报国铁集团计划统计部。

分界站货车出入报表（运报—1）的格式，见表 4-2-1。表中分界站出入运用车按车种别重、空车统计，车种均细分为棚车、敞车、普通平车、两用平车、轻油罐车、黏油罐车、其他罐车、冷藏车、集装箱车、矿石车、长大货物车、毒品车、汽车运输车、散装水泥车、散装粮食车、特种车和其他 17 类；非运用车按检修车、代客货车、路用车、租出空车和军方特殊用途车分类统计，其余 4 类非运用车，即备用货车、洗罐车、整备罐车和在本企业内的企业自备车，不会发生分界站出入。

表 4-2-1　分界站货车出入报表　　（运报—1）（YB-1）

局名或年月	入															出														入	入	出	出	入	入	出	出
	列车列数	货车合计	运用车									非运用车				列车列数	货车合计	运用车								非运用车				快运货物班列列数	快运货物班列车数	快运货物班列列数	快运货物班列车数	货物快运列车列数	货物快运列车车数	货物快运列车列数	货物快运列车车数
			合计	重车				空车					其中					合计	重车				空车				其中										
				计	棚车	…	其他	计	棚车	…	其他	合计	检修车	…	军方特殊用途空车				计	棚车	…	其他	棚车	…	其他	合计	检修车	…	军方特殊用途空车								
	1	2	3	4	5	…	21	22	23	…	39	40	41	…	45	46	47	48	49	50	…	66	67	…	84	85	86	…	90	91	92	93	94	95	96	97	98

编报人（盖章）　　编报人　　单位领导（盖章）　　上报日期：　年　月　日

第一节　编制依据

分界站出入的货车是通过列车交接实现的。分界站货车出入统计报表依据分界站出、入列车的“列车编组顺序表（运统 1）”、车号自动识别系统提供的列车确报与列车实际编成的核对信息和“行车日志（运统 2 或运统 3）”编制。经核实的当日列车确报为编制运报-1 的原始资料。

运统 1（见表 4-2-2），提供列车的编组内容，列车中有装载回送国铁检修车的车辆时须另填一份运统 1,填记被装载车辆的车种、车号及辆数,并注明“第×××××次列车运统 1 附件”;车号自动识别系统(AEI,Auto Equipment Identification)的地面识别设备安装在车站的进站和出站咽喉,用以自动读取进站或出站列车的编组顺序,以便由系统自动检查列车的实际编成是否与列车确报一致,作为分界站统计出入车数的依据。运统 2 或运统 3(见表 4-2-3 和表 4-2-4),提供列车出入分界站的到、发时分,用以判断所使用的运统-1 是否为当日的有效数据。

人工编制报表时,使用“货车出入登记簿”(运统 4)或“号码制货车停留时间登记簿”(运统 8)按小时结算分界站出入车数,以便于在 18:00 前后及时完成统计工作,向铁路局调度所统计科传送。

表 4-2-2 列车编组顺序表 (运统 1)

________站编组________站终到 经由站________ ________年____月____时____分 ______次列车

自首尾(不用字抹销) 制表者 检查者

顺序	车种	罐车油种	车号	自重	换长	载重	到站	货物名称	发站	篷布和小型箱栏	票据号	收货人或卸线	车辆使用属性	记事

自编组站出发及在途中站摘挂后列车编组

站名	客车				货车					其他	合计	自重	载重	总重	换长	铁路篷布合计
	合计	担当局	其中行李车	担当局	重车	客车	非通用车									
								代客	P65							
合计																
企																
国铁																
集																
特																
行																

到达时间 月 日 时 分 交接时间 时 分 车长签章

表 4-2-3　中间站行车日志

（运统 2）

年　　月　　日　　　天气：

<table>
<tr><td colspan="15">到　　达</td><td colspan="17">出　　发</td><td rowspan="4">本务机调车</td><td rowspan="4">列车停站超过规定时间的原因</td><td rowspan="4">记事</td></tr>
<tr><td rowspan="3">列车车次</td><td rowspan="3">接车股道</td><td colspan="4">时　分</td><td colspan="3">摘车辆数</td><td rowspan="3">占用区间凭证号码</td><td colspan="5">电话记录号码</td><td rowspan="3">列车车次</td><td rowspan="3">发车股道</td><td colspan="4">时　分</td><td colspan="3">挂车辆数</td><td colspan="2">列车编组</td><td rowspan="3">占用区间凭证号码</td><td colspan="5">电话记录号码</td></tr>
<tr><td rowspan="2">同意邻站发车</td><td rowspan="2">邻站发车</td><td colspan="2">本站到达</td><td colspan="2">运用车</td><td rowspan="2">非运用车</td><td rowspan="2">承认闭塞</td><td rowspan="2">列车到达补机返回</td><td rowspan="2">取消闭塞</td><td rowspan="2">出站（跟踪）调车</td><td rowspan="2">出站（跟踪）调车完毕</td><td rowspan="2">邻站同意发车</td><td colspan="2">本站发车</td><td rowspan="2">邻站到达</td><td colspan="2">运用车</td><td rowspan="2">非运用车</td><td rowspan="2">换长</td><td rowspan="2">总重（t）</td><td rowspan="2">承认闭塞</td><td rowspan="2">列车到达补机返回</td><td rowspan="2">取消闭塞</td><td rowspan="2">出站（跟踪）调车</td><td rowspan="2">出站（跟踪）调车完毕</td></tr>
<tr><td>规定</td><td>实际</td><td>重车</td><td>空车</td><td>规定</td><td>实际</td><td>重车</td><td>空车</td></tr>
<tr><td>1</td><td>2</td><td>3</td><td>4</td><td>5</td><td>6</td><td>7</td><td>8</td><td>9</td><td>10</td><td>11</td><td>12</td><td>13</td><td>14</td><td>15</td><td>16</td><td>17</td><td>18</td><td>19</td><td>20</td><td>21</td><td>22</td><td>23</td><td>24</td><td>25</td><td>26</td><td>27</td><td>28</td><td>29</td><td>30</td><td>31</td><td>32</td><td>33</td><td>34</td><td>35</td></tr>
<tr><td></td><td></td><td></td><td></td><td></td><td></td><td></td><td></td><td></td><td></td><td></td><td></td><td></td><td></td><td></td><td></td><td></td><td></td><td></td><td></td><td></td><td></td><td></td><td></td><td></td><td></td><td></td><td></td><td></td><td></td><td></td><td></td><td></td><td></td><td></td></tr>
<tr><td></td><td></td><td></td><td></td><td></td><td></td><td></td><td></td><td></td><td></td><td></td><td></td><td></td><td></td><td></td><td></td><td></td><td></td><td></td><td></td><td></td><td></td><td></td><td></td><td></td><td></td><td></td><td></td><td></td><td></td><td></td><td></td><td></td><td></td><td></td></tr>
</table>

<table>
<tr><td rowspan="4">车站值班员</td><td>值班时间</td><td>姓　名</td></tr>
<tr><td></td><td></td></tr>
<tr><td></td><td></td></tr>
<tr><td></td><td></td></tr>
</table>

表 4-2-4　编组站(区段站)行车日志

（运统 3）

到达																		出发																		
		时分						列车编组			电话记录号码									时分						列车编组				电话记录号码						
				本站到达																		本站到达														
列车车次	到发线	同意邻站发车	邻站发车	规定	实际	机车入库	机车型号	车数	换长	总重	承认闭塞	列车到达补机返回	取消闭塞	出站(跟踪)调车	出站(跟踪)调车完毕	占用区间凭证号码	记事	列车车次	出发线	机车出库	邻站同意发车	规定	实际	邻站到达	机车型号	车数	换长	总重	列车出发晚点原因	承认闭塞	列车到达补机返回	取消闭塞	出站(跟踪)调车	出站(跟踪)调车完毕	占用区间凭证号码	记事
1	2	3	4	5	6	7	8	9	10	11	12	13	14	15	16	17	18	19	20	21	22	23	24	25	26	27	28	29	30	31	32	33	34	35	36	37

车站值班员

值班时间	姓　名

第二节　编制方法

国铁货车(BYB-1)统计分界站出、入的国铁货车数；企业自备货车(QYB-1)统计分界站出、入的企业自备车和外国货车数；综运报-1 则综合反映分界站全日出入的货车数，其各栏为国铁货车运报-1 和企业自备车运报-1 相应各栏统计数字之和。编制方法如下：

1. 列车列数

为实际出、入分界站除小运转列车外的货物列车列数，根据列车车次分别按国铁列车和企业自备车列车统计。

2. 现在货车出入数

为出入分界站的所有列车(包括旅客列车、快速班列、单机和路用列车)上所挂货车以及在货车上装载的回送国铁检修车，按运用车和非运用车分别统计。快运货物班列、货物快运列车出入的车数包括在货物列车出入车数中，挂有跨局零散货物快运车辆的直达、直通和区段货物列车中挂运的零散货物快运车数在快运货物出入车数栏反映。国际联运的外国铁路货车出入，在分界站企业自备货车出入报表(QYB-1)中按运用车列报。

对当日本分界站入、出列车，分别到达列车和发出列车，逐车次累加列车中编挂的各车种重车、空车和分类别的非运用数量，再按列车到达本站或从本站出发时刻顺序按车次累加即可得到 4～90 各栏数据。

3. 快运货物班列和货物快运列车列数、车数

快运货物班列和货物快运列车出入列数包括在货物列车出入数中。挂有跨局零散货物快运车辆的直达、直通和区段货物列车仍按原列车属性统计，不统计为快运列车。

复习思考题

1. 分界站货车出入统计的作用是什么？

2. 编制“分界站货车出入报表(YB-1)”依据的原始资料有哪些？各提供什么数据？

3. 国铁货车运报-1 和企业自备车运报-1 中出入分界站的列车列数怎样划分？

4. 怎样统计出入铁路局和车站的货车数？

5. 分界站出入的国际联运外国铁路货车数是在国铁运报-1 还是企业自备车运报-1 中得到反映？怎样列入？

第三章　现在车统计

现在车统计用以反映车站、铁路局管内以及合资铁路、地方铁路内每日 18:00 当时的货车现有数及运用情况，为铁路运输调度部门掌握现在车分布、进行运用车保有量日常调整、编制铁路运输工作日(班)计划和进行运输财务清算提供依据。

现在车统计报表包括现在车报表(运报-2)、十八点现在重车去向报表(运报-3)、专业运输租用货车报表(运报-2ZY)和现在车车辆日统计表(运报-2LR)。

第一节　现在车报表

现在车报表反映车站、铁路局 18:00 现车，包括车种别重空运用车数、备用车、检修车数，其他非运用类别车数，如表 4-3-1 所示，为日、旬、月、季、年报，分别按国铁货车(BYB-2)、企业自备车(QYB-2)、内存货车(NYB-2)和综合(YB-2)统计上报。

表 4-3-1　现在车报表　　运报-2(YB-2)

局名或月日	昨日结存	现在车										运用车									非运用车																	
		入				出				现在车合计	运用车合计	重车				空车				非运用车合计	备用车				检修车				代客货车	行包专用货车	路用车	洗罐车	整备罐车	租出空车	在企业内货车	军方特殊用途空车	封存货车
		到达	新购货车	新许可加入	其他	发出	报废车	退出企业自备车	其他			计	棚车	…	其他	计	棚车	…	其他		计	棚车	…	其他	计	棚车	…	其他									
	1	2	3	4	5	6	7	8	9	10	11	12	13	…	29	30	31	…	47	48	49.	50	…	66	67	68	…	84	85	86	87	88	89	90	91	92	93

编表单位：　　　　编表人：　　　　单位领导：　　　　上报日期：　年　月　日

(盖章)　　　　　　　　　　　　　(签章)

一、现在车报表的编制依据

车站现在车报表由车站统计室编制，作业量小的中间站由车号员兼任统计员；铁路局由调度所统计室负责汇总管内各站现在车及在途列车中编挂的车辆数，上报国铁集团。

1. 车站编制“现在车报表(YB-2)”依据的资料

车站编制“现在车报表”依据的资料包括引起车站货车数量变化、引起货车运用状态变化和引起货车装载状态变化的三类资料。

(1)反映车站现在车数量变化的资料

“货车出入登记簿(运统 4)”提供反映车站现在车数量变化(即车站货车出入)的资料。运统 4 用于分界站、编组站、区段站以及大量装卸站登记货车出入，其格式如表 4-3-2 所示，表中只列出了“入”站货车的统计内容，“出”站货车的统计栏目与“入”完全一致。

填记运统 4 依据以下原始资料：

①随同列车出入的货车依据“列车编组顺序表(运统 1)”、车号自动识别系统的核对信息和“车站行车日志(运统 2 或运统 3)”填记；

②不随同列车出入的货车依据“新造车辆竣工验收移交记录(车统 1 并车统 13)”“货车报废记录单(车统 3)”“车辆资产移交记录(车统 70)”和企业自备车加入、国铁集团定期公布的“不再参加国家铁路过轨运输的企业自备货车”等原始资料填制，在“车次栏”填记出入的种别，如“新造车”“报废车”“车辆移交”“企业自备车加入”等，在“到发时刻”栏填记出入车站的时分。

表 4-3-2 货车出入登记簿　　(运统 4)

方向	车次	到发时分	标准换算车小时	入																						专业运输租用车				记事
				合计		其中								运用重车				运用空车				非运用车				集装箱公司	特种公司	特租集	快运公司	
				车数	换算车小时	作业车		无调中转		有调中转		非运用		计	棚车	…	其他	计	棚车	…	其他	计	棚车	…	其他					
						车数	换算车小时	车数	换算车小时	车数	换算车小时	车数	换算车小时																	
1	**2**	**3**	**4**	**5**	**6**	**7**	**8**	**9**	**10**	**11**	**12**	**13**	**14**	**15**	**16**	…	**32**	**33**	**34**	…	**50**	**51**	**52**	…	**68**	**69**	**70**	**71**	**72**	**73**

在人工编制报表时，无法在 18:00 前后处理完大量原始资料，因而需要分阶段结算，运统 4 就是起这种作用的中间报表；而在计算机编制的条件下，可以利用计算机的大容量存储能力和快速运算能力，在 18:00 前后立即处理全部资料，生成报表数据。因而，必须分清编制报表所需要的原始数据和中间报表结果。计算机自动编制时，可以仅处理原始数据，而不必依次逐步计算中间结果。

(2)反映车站现在车运用状态变化的资料

①检修车登记簿(运统 5)

检修车登记簿(运统 5)用于登记检修车，作为填记运统 8、运统 9 和现在车报表的依据，根据车辆检修通知单(车统 23)、检修车回送单(车统 26)、检修车辆竣工验收移交记录(车统 33 并车统 36)及车辆报废通知单(运统 3)填记。

表 4-3-3 检修车登记簿　　(运统 5)

顺序	车种	车号	到达		重或空	签收车辆检修通知单月日时分	送到检修线月日时分	签收车辆修竣通知单或报废命令月日时分	车辆出发月日时分	记事
			列车车次	月日时分						
1	**2**	**3**	**4**	**5**	**6**	**7**	**8**	**9**	**10**	**11**

②运用车转变记录(运统 6)(见表 4-1-3)

依据国铁集团、局列备和解备的调度命令，国铁集团代客命令，国铁集团批准的路用车使用证明书，国铁集团批复的企业租车或退租合同填写，用以登记运用车与列备、代客、路用、出租等 4 种非运用车之间的转换，转换时分从车站调度员或值班员填写“运用车转变记录（运统 6）”并签字的时分起算。

③非运用车登记簿（运统 7）（见表 4-3-4）

非运用车登记簿（运统 7）用于按照非运用车种类登记非运用车转变及到发情况。

表 4-3-4　非运用车登记簿　（运统 7）

车种	车号	使用单位	类别	入					出					记事
				到达车次	月日	时分	命令号码	转入时分	命令号码	转出时分	发出车次	月日	时分	
1	2	3	4	5	6	7	8	9	10	11	12	13	14	15

④国铁备用车登记簿（运统 7-A）（见表 4-3-5）

国铁备用车登记簿（运统 7-A）是局、车站和车辆段用以登记国铁货车备用和解除的台账，依据国铁集团备用和解除命令及“运用车转变记录（运统 6）”编制。

表 4-3-5　国铁备用货车登记簿　（运统 7-A）

转入备用车				车种	车号	未备满 24 或 48 小时调回时分		解除备用车				注
转入日期		命令号码						解除日期		命令号码		
月日	时分	局令	国铁集团令			月日	时分	月日	时分	局令	国铁集团令	
1	2	3	4	5	6	7	8	9	10	11	12	13

（3）反映车站运用车装载状态的资料

反映车站运用车装载状态及变化情况的资料包括到达列车确报、行车日志（运统 2 或 3），装卸车清单（货统 2）（见表 4-3-6）、货车调运单（货统 46）或专用线取送车辆记录中的货车调到交接地点及装卸完了时分等原始资料。到达列车确报和行车日志（运统 2 或 3）反映列车到达车站时的重空状态；装卸车清单（货统 2）、货车调运单（货统 46）或专用线取送车辆记录给出运用车由重车转变为空车或由空车转变为重车的时刻。

表 4-3-6　装卸车清单　（货统 2）

年　　月　　日　　　　　　　　　　　　　　　　＿＿＿＿＿＿站

车种	车号	标记载重	货物名称	货物重量（千克）			发送（到达）局名及站名	调到时分	装卸车完了时分	记事
				整车	零担					
					自站	中转				
1	2	3	4	5	6	7	8	9	10	11

注：本记录由货运员填记。

为了减少闲置货车维修费用，降低运营成本，2009 年 2 月 17 日铁道部发出通知，决定封存部分车型的部属货车。封存货车以非提速老、旧敞车为主；封存车不再产生使用、维修等相关费用。指定封存的货车车种、车型为 P_{61}、P_{62}、P_{64A}、C_{16}、C_{61}、C_{62}、C_{50}、C_{62A}、C_{62B}、C_{61Y}、C_{65}、N_{16}、N_{17}、N_{17A}、G_{12}、G_{17A}、G_{17B}、G_{18}、G_{60A}。统计部门依据部令和封存记录按非运用车反映在运报-2 第 93 栏。

2. 铁路局编制现在车报表依据的原始资料

铁路局 18:00 现在车包括当日 18:00 在站和在途两部分，因而铁路局现在车报表依据车站"现在车报表(运报-2)"和局管内 18:00 过表列车确报(运统 1)编制。铁路局汇集的管内各站"现在车报表(YB-2)"提供 18:00 管内各站现车数；18:00 过表列车确报提供 18:00 管内在途现车数。

二、现在车报表编制方法

1. 车站"现在车报表(YB-2)"的编制方法

(1)平衡法

平衡法基于"车站今日 18 点各类现车数都等于昨日 18 点该类现车数与今日该类现车净增量之和"的原理，按下式计算：

$$N^i_{今日}=N^i_{昨日}+U^i_{今日增}-U^i_{今日减}(i=10\sim93\text{栏}) \tag{4-3-1}$$

例如，车站运报-2"今日现在车合计"(第 10 栏)采用平衡法时，按下式计算：

$$N_{今日}=N_{昨日}+(U_{到达}+U_{新购}+U_{合同加入}+U_{其他加入})-(U_{发出}+U_{报废}+U_{合同退出}+U_{其他退出})$$

式中　$N_{今日}$——今日 18:00 结存现在车数(第 10 栏)；

$N_{昨日}$——昨日 18:00 结存现在车数(第 1 栏)；

$U_{到达}$——今日随列车到达的货车数(第 2 栏)；

$U_{新购}$——今日新购入的货车数(第 3 栏)；

$U_{合同加入}$——今日依据新合同加入的过轨企业自备车数(第 4 栏)；

$U_{其他加入}$——今日由其他部门拨交铁路和区间装卸加入的货车数、没有运输过轨协议的企业自备车出厂、送检和回送车数(第 5 栏)；

$U_{发出}$——今日随列车发出离开管内的货车数(第 6 栏)；

$U_{报废}$——今日报废的货车数(第 7 栏)；

$U_{合同退出}$——今日转出的过轨企业自备车数(第 8 栏)；

$U_{其他退出}$——今日由铁路拨交其他部门和区间装卸后离去的货车数，没有运输过轨协议的企业自备车出厂、送检后回送交给企业的车数(第 9 栏)。

又如，计算某站今日"18 点重棚车数"(第 13 栏)：

$$N^{重棚}_{今日}=N^{重棚}_{昨日}+U^{重棚}_{增加}-U^{重棚}_{减少}$$

式中　$N^{重棚}_{昨日}$——昨日 18:00 该站结存运用重棚车数(昨日报表第 13 栏)；

$U^{重棚}_{增加}$——今日该站增加重棚车数，包括今日到达列车带入的到达卸车和中转的重运用棚车数、今日本站自装棚车数、企业自备重棚车由专用线送交车站交接地点车数；

$U^{重棚}_{减少}$——今日该站减少重棚车数，包括今日发出运用重棚车数、本站今日卸空棚车数、送交配属企业的到卸自备重棚车。

平衡法既适用于人工条件、也适合于计算机条件下编制报表，还可以用来在采用查定法统计的车站验证查定结果是否正确。

(2)查定法

查定法不统计现车数从昨日 18:00 至今日 18:00 变化的过程，而是通过直接查定 18:00 当时各类现车的实际数获得现在车报表 10～93 栏的各项数据。查定法适用于建立了车站管理信息系统实行货车追踪的车站，车站货车数据库根据现场作业完成情况实时更新，因而可以实时反映站内货车的真实状况：总车数，运用车重车、空车和各类非运用车的车种别数量。因而，车站现在车报表 10～93 栏可通过对车站货车数据库的查询生成。

2. 铁路局“现在车报表(运报-2)”的编制方法

铁路局现在车报表(运报-2)采用累加法编制，并利用货车动态表检验车站上报数据的正确性。

铁路局调度所统计室根据各站上报的“现在车报表(运报-2)”和 18:00 管内在途“列车确报(运统 1 甲)”的数据，逐项加总，生成路局“现在车报表(运报-2)”：

$$N_{局,i}=\sum N_{站,i}+\sum N_{途,i} \tag{4-3-2}$$

式中 $\sum N_{站,i}$ ——局管内各站第 i 项现在车之和，$i=2\sim93$ 栏；

$\sum N_{途,i}$ ——局管内 18 点在途列车中的第 i 项现在车之和，$i=2\sim93$ 栏。

3. 利用“货车动态表(运统 11)”核对管内各站现在车数

在接收各站运报-2 时，局调度所统计人员的主要任务是利用“货车动态表(运统 11)”核对各站统计数字是否有误。运统 11 是推算区段内各站现在车数量变化情况的工具，用以动态掌握各站货车现有数，其格式如表 4-3-7 所示。

表 4-3-7 货车动态表

2019 年 10 月 28 日 （运统 11）

在途列车 车次	车数	站名	昨日结存	42061	31	42063	41	今日结存	记事
车次（上行）：42061, 32191, 42063, 32193, 12037		A		49, [45], 41, [31], 36, [42], [41], 43, [41], 40					
42061	49	a	8		−5 +8	−7	−9 +5	16	12038 12037 在途
32192	45	b	9		−5 +5	−9 +4	−7 +5	16	
		c	14		−4 +6	−15 +8	−8 +9	18	
		d	7	−8 +7	−11 +8		−10 +8	13	
		e	9	−9 +5	−13 +4	−5 +9	−7 +14	11	
在站			47	−17 +12	−38 +31	−36 +21	−41 +41	74	
在途			94					81	
区段计			141					155	
		B		[44], 45, [41], 38, [21], 42, 41, [43], 41, [40]					
车次（下行）：32192, 42062, 32194, 42064, 12038									

“货车动态表(运统 11)”的填记方法如下：每日开始时先过表“在途列车”，即从昨日统计表中摘录在途列车的“车次”“车数”，填记各站“昨日结存”车数等数据；然后按列车向区段内发出的时

间顺序记录各次列车在区段内的车辆甩挂情况：圈内填写列车出发时编挂的车辆数，方格内填写列车带往区段另一端技术站的车辆数，在中间站摘挂时，用“＋”表示挂车数、“－”表示摘车数。

到本日结束(18:00)时按下式推算出该区段总计及各站的现在车数：

$$N_{结存}^{今日} = N_{结存}^{昨日} + U_{入}^{今日} - U_{出}^{今日} \tag{4-3-3}$$

式中　$N_{结存}^{今日}$——各站今日 18:00 结存车数；

$N_{结存}^{昨日}$——各站昨日 18:00 结存车数；

$U_{入}^{今日}$——今日各站摘下和加入的货车数；

$U_{出}^{今日}$——今日各站挂出和剔出的货车数。

每日 18:00，将区段内各中间站“今日结存”车数与 18:00 在途车数相加，即得该区段内(不包括两端技术站)18:00 现在车数。

第二节　18:00 重车去向报表

“十八点现在重车去向报表(综运报-3)”反映当日 18:00 管内工作车及移交重车去向，作为组织卸车及向各铁路局预报重车流向的依据，其格式如表 4-3-8。18:00 现在重车去向报表只有综合报表，为日报，其内容包括管内工作车数和移交外局重车数。其中，自局管内卸车部分按主要车种别列出，各局还可根据自局的需要按主要站、段细分。

以兰州铁路局为例，车站运报-3 的格式如表 4-3-8。

表 4-3-8　十八点现在重车去向报表　　(运报-3)

日期	自局管内卸车																				移交外局车数																		合计重车数
	兰州地区					武威地区					银川地区					兰州局					哈尔滨	沈阳	北京	太原	呼和浩特	郑州	武汉	西安	济南	上海	南昌	广州	南宁	成都	昆明	乌鲁木齐	青藏	移交重车合计	
	车数	其中				车数	其中				车数	其中				车数	其中																						
		棚车	敞车	平车	罐车		棚车	敞车	平车	罐车		棚车	敞车	平车	罐车		棚车	敞车	平车	罐车																			
	1	2	3	4	5	6	7	8	9	10	11	12	13	14	15	16	17	18	19	20	21	22	23	24	25	26	27	28	29	30	31	32	33	34	35	36	37	38	39

编表单位：　　　　编表人：　　　　单位领导：　　　　上报日期：　年　月　日

(盖章)　　　　　　　　　　(签章)

一、编制依据

车站根据 18:00 当时运用重车货票、在站中转列车编组顺序表上记载的重车到站统计，或查询车站货车数据库；铁路局则根据管内各站上报的“18 点现在重车去向报表(运报-3)”及 18 点在途列车确报编制。

“18 点重车去向报表(运报-3)”统计的合计重车数应与现在车报表(运报-2)的重车数字一致。

二、“18 点现在重车去向报表”重车到站的有关规定

(1)整车分卸、按照列车编组计划或以调度命令指定挂运的零散货物快运货车按最终到站统计。

(2)对到达国外、合资、地方铁路的重车按所到达分界站(无分界站时为交接站)所属局统计。

(3)到达本局管内的重车如经由邻局运送时,按到达邻局统计。

(4)重车到站不明时,按列车运行方向前方编组站统计。

第三节　专业运输租用货车报表

2003 年 12 月 29 日铁道部组建了中铁集装箱运输责任有限公司、中铁特货运输责任有限公司和中铁行包快递责任有限公司,分别配属相应的部属货车,专营集装箱货物、特种货物和行包运输。专业运输公司所属车辆定义为:集装箱公司所属车辆指部属集装箱车(X,不含两用平车“XN”);特货公司所属车辆指长大货车(D)、冷藏车(B)、家畜车(J);行包公司所属车辆指国铁集团属行李车(XL)。从那时起,为适应铁路运输管理体制改革,满足财务清算和铁路专业运输公司经营管理的需要,对于专业运输公司的货车运用实行单独统计。

运报 2-ZY 的统计对象为每日 18:00 当时车站、铁路局管内以及合资铁路、地方铁路内专业运输公司租用的国铁货车数,用于掌握集装箱、特货和快运三个专业运输公司租用国铁集团货车的情况,据以进行财务清算。

专业运输公司组织运输租用的货车指专业运输公司租用的非该专业运输公司所属的国铁货车。其租用的时间:专业运输公司有专用货场或线路的自车辆调入装车地点时起,无专用货场或线路的自装车完了时起,统计为专业运输公司租用车;卸车完了时分为解除租用时间。

“专业运输租用货车报表(YB-2ZY)”(见表 4-3-9)反映专业运输公司每日 18:00 租用国铁货车的结存数,为月、年报。由车站、铁路局按日统计并留存备查,按月逐级审核汇总,次月 5 日前上报国铁集团计划统计部。

表 4-3-9　专业运输租用货车报表

站名、局名或年月日	集装箱租用					特货公司租用					特货公司租用集装箱车	快运租用				
	车数	其中				车数	其中					车数	其中			
		棚车	敞车	平车	其他		棚车	敞车	平车	其他			棚车	敞车	平车	其他

编表单位:　　　　编表人:　　　　单位领导:　　　　上报日期:　　年　月　日
(盖章)　　　　　　　　　　　　(签章)

一、统计依据

1. 车站编制“YB-2ZY”依据的资料

(1)列车编组顺序表(运统 1)、行车日志(运统 2 或运统 3)

车站办理的运用货车包括中转货车和本站作业车。到达列车和出发列车中编挂货车的使用属性可以从运统 1 中车辆编组顺序部分“车辆使用属性”栏给出该车是否专业运输公司租用车;“行车日志”给出列车到达车站或从车站出发的时刻。

(2)运货 7 甲、装卸车清单(货统 2)

“车站货车装卸作业报告”(运货七)和装卸车清单(货统 2)提供车辆装卸作业的内容和作业完了时间,用以确定车辆的装载状态,从货物品名判定是否是专业运输公司租用车。

(3)专业运输公司租用车登记簿(运统 8-A)

在人工编制报表的条件下,“号码制货车停留时间登记簿”(运统 8)利用上述资料记载车站现车的数量和状态变化,作为编制运报 2-ZY 的依据。可以看出运统 8 不是原始数据。

在计算机编制的条件下,车站货车管理信息系统利用列车编组顺序表(运统 1)、行车日志(运统 2 或运统 3)、装卸车清单(货统 2)和其他原始数据及时更新货车数据库,使车辆记录始终与现场情况一致。这样,运报 2-ZY 可以通过对车站货车数据库的查询得到报表数据。

2. 铁路局编制“YB-2ZY”依据的资料

铁路局管内各专业运输公司的租用货车包括 18:00 当时在站和在途两部分,因而铁路局编制“YB-2ZY”依据管内各站“专业运输租用货车报表”(YB-2ZY)和 18:00 在途列车运统 1(确报)编制。

二、编制方法

集装箱公司租用国铁货车数“合计”(1 栏)为其租用“棚车”(2 栏)、“敞车”(3 栏)、“平车”(4 栏)和“其他”(5 栏)车种车数之和。同样,特货公司、行包公司租用国铁集团属货车数合计也等于其租用各车种车数之和。

第四节 现在车车辆日统计报表

现在车车辆日统计反映现在车在铁路局管内(含合资、地方铁路及股份公司)的停留时间。各铁路局使用国铁货车进行运输生产,需要向国铁集团清算货车使用费。长期以来,货车使用费的计算一直以每日 18:00 各局现在车数量为依据,这种计算方法不能准确反映铁路局占用货车的实际数量,又造成分界口“抢 18:00”交车的现象,影响铁路的均衡生产。为此,铁道部决定自 2005 年 10 月 1 日起,货车使用费的计算不再以 18:00 现在车数量为依据,改以铁路局实际占用货车时间,即“车辆日”为依据,并从 2005 年 8 月 1 日起,建立铁路现在车车辆日统计制度。

“货车现在车辆日统计表(YB-2LR)”格式如表 4-3-10 所示。这项统计由国铁集团每日生成,月、季、年汇总,于次月 5 日前反馈各铁路局。

“货车现在车辆日统计表”按货车归属,分别“国铁货车现在车辆日表(YB-1LR-B)”“企业自备车现在车辆日表(YB-2LR-Q)”“集装箱公司专用货车现在车辆日表(YB-2LR-1)”“特货公司专用货车现在车辆日表(YB-2LR-2)”填记,对于配属给大秦铁路公司的煤炭和专用货车在“大秦铁路公司专用货车现在车辆日表(YB-2LR-VS2)”中统计,非提速货车在“非提速货车现在车辆日表(YB-2LR-U)”中统计。

表 4-3-10 现在车车辆日统计表

年 月 日　　　　运报-2LR(YB-2LR)

铁路局	合资地铁	车种	车型	车辆日	车数	备注
1	2	3	4	5	6	7

现在车车辆日按铁路局、合资铁路公司、地方铁路公司以及国家铁路股份制改造的公司(大秦铁路公司、广深铁路公司)为单位进行统计。

一、现在车车辆日指标的含义

局管内现在车数量处于不断变化之中，18:00 当时现在车数显然不能准确反映当日路局实际使用铁路车辆的数量。一辆货车在局管内在站作业或在运行途中 1 h 称为消耗了 1 个车辆小时，由于每辆货车每日可以提供的服务时间为 24 h，所以铁路局每消耗 24 车辆小时，即一个车辆日，可以认为完整地使用了一辆货车。

以铁路局全日占用国铁货车的车辆日统计路局全日使用国铁货车的数量，合理、公正。例如铁路局 A 在 17:59 移交了一列 50 辆货车给铁路局 B。如按以前的统计方法，18 点当时局管内国铁货车数即统计为该局全日使用国铁货车数，这 50 辆货车统计为铁路局 B 当日使用的货车数；按车辆日统计方法，当日铁路局 B 占用这 50 辆货车的车辆日为 $\frac{50\times1}{60\times24}=0.0347$(车辆日)。

二、现在车车辆日的统计依据

1. 随列车出入的车辆

分界站出入“列车编组顺序表(运统 1)”提供分界站出入列车的编成；“行车日志(运统 2、运统 3)”，提供出入的时间，在安装了车号自动识别系统的车站列车到发时分可由 AEI 扫描获得。

2. 不随列车出入车辆的加入和剔除

不随列车出入车辆包括新购、报废、拨交和加入、退出企业自备车四类，在“货车加入、剔出资料(运统 4-1)”中统计。运统 4-1 的格式如表 4-3-11，依据“新造车辆竣工验收移交记录(车统 1 并车统 13)”“车辆移交记录(车统 70)”“货车车辆报废通知(车统 3)”等资料填记。“加入或剔出”(4 栏)对应加入或剔出的车辆填记“加入”或“剔出”；“时分”(5 栏)填记车辆加入或剔出的时分；“类别”(6 栏)对应填记“新购”“新许可企”“其他入”“报废”“退出企”“其他出”等字样。

表 4-3-11　货车加入、剔出资料　　(运统 4-1)

车站(专业运输)　　　　年　月　日

基本车种	车型	车号	加入或剔出	时分	类别	运用或非运用	国铁或自备	外国货车辆数	备注
1	2	3	4	5	6	7	8	9	10

新造车加入、报废车剔出以及国境站货车出入，以车辆厂、段或分界点 AEI 采集的出入时分为准，由车辆部门提供 AEI 采集的日期、时分、车种、车号等相关电子信息。如遇设备暂未安装调试或故障等特殊情况无法提供电子信息时，由车站根据“新造货车资产移交记录(车统 13)”“车辆资产移交记录(车统 70)”“货车车辆报废通知单(车统 3)”等资料，填报“货车加入、剔出资料(运统 4-1)”。

三、车辆日计算方法

铁路局现在车车辆日按下式计算：

$$N=\frac{\sum Mt}{24} \tag{4-3-4}$$

式中 N——铁路局当日现在车车辆日，即铁路局当日使用国铁货车数；

$\sum Mt$ ——铁路局管内全天消耗的车辆小时，按下式计算（括号中减号均为环减号）：

$$\sum Mt = N_{昨日}\times 24+\left[\sum_i m^i_{接入}\times(18:00\ominus T^i_{接入})+\sum_j m^j_{加入}\times(18:00\ominus T^j_{加入})\right]-\left[\sum_k m^k_{交出}\times(18:00\ominus T^k_{交出})+\sum_l m^l_{剔出}\times(18:00\ominus T^l_{剔出})\right]$$

其中 $N_{昨日}$——昨日18点局管内结存现在车数，

$m^i_{接入}$——当日接入的第 i 列列车挂来的车辆数，

$T^i_{接入}$——当日接入的第 i 列列车到达分界站的时刻，

$m^j_{加入}$——当日不随列车加入的第 j 批车辆数，

$T^j_{加入}$——当日不随列车加入的第 j 批车辆加入的时刻，

$m^k_{交出}$——当日交出的第 k 列列车带走的车辆数，

$T^k_{交出}$——当日交出的第 k 列列车交外局的时刻，

$m^l_{剔出}$——当日不随列车剔出本局的第 l 批车辆数，

$T^l_{剔出}$——当日不随列车剔出本局的第 l 批车辆剔出的时刻。

公式中的“⊖”为环减符号，表示当减法的差值为负数时被减数应增加一个单位的量值，如例4-3-1中：25日19:00接收的10辆新棚车在25日18:00至26日18:00的统计日中停留的时间为10×(18:00⊖19:00)=10×(18+24−19)=230(车辆小时)。

四、报表填记方法

“车辆日”(第5栏)填写车辆日四舍五入取整的计算结果；“车数”(第6栏)为铁路局当日18点现在车数，应与运报-2“现在车计”(10栏)一致。

[例4-3-1]某铁路局2019年11月25日18点结存现在车3万辆。该局a站是车辆工厂接轨站，当日19:00车站在“新造车辆竣工验收移交记录(车统1并车统13)”上签字接收新棚车10辆，23:30由局间分界站接入10234次列车挂入现车50辆；26日2:00由局间分界站交出列车10233次带出现车57辆，15:00加入企业自备车20辆(企业办理了过轨运输许可证、车辆检修合格证明、车站填制了货票)，17:30由局间分界站向邻局交出41002次列车带出货车50辆。则11月26日(25日18:00至26日18:00)该局占用车辆日为：

$$N=\frac{1}{24}[30000\times24+10\times(18:00\ominus19:00)+50\times(18:00\ominus23:30)+20\times(18:00\ominus15:00)-57\times(18:00\ominus2:00)-50\times(18:00\ominus17:30)]$$

$$=\frac{1}{24}[720\ 000+10\times23+50\times18.5+20\times3\ominus57\times16\ominus50\times0.5]$$

$$=30\ 012(车辆日)$$

国铁集团按照下式计算各局运用车车辆日收取货车使用费：

$$F=\alpha(w-r-d-p) \quad (4\text{-}3\text{-}5)$$

式中 F——按月计算的铁路局货车使用费，元；

α——货车使用费单价，元/车；

w——本局该月国铁货车车辆日，车；

r——本局该月国铁货车检修车辆日，车；

d——本局该月港口备用货车车辆日数，车；

p——P_{65}型快运专用货车辆日数。

P_{65}型快运专用货车改为配属中铁快运股份有限责任公司，另行收取货车使用费。对于太原铁路局还要减去大秦铁路公司所属货车车辆日数。

复习思考题

1. 现在车按产权所属分为几类？按其运用状况分为几类？内存货车和企业自备车的区别是什么？

2. 什么是运用车、非运用车？依据什么资料相互转变？怎样确定转变时刻？

3. 编制现在车统计报表(运报-2)依据的原始资料有哪些？各提供什么数据？“货车动态表(运统 11)”的作用是什么？

4. 18:00 现在重车去向统计的作用是什么？依据什么统计？

5. 什么是专业运输公司的所属货车、租用货车？

6. 什么是现在车车辆日？统计现在货车车辆日的原始资料有哪些？各有什么作用？采用现在车辆日作为国铁集团与铁路局之间结算车辆使用费的依据有什么优点？

第四章　装卸车统计

装卸车统计反映铁路完成的货运量和货车装卸作业量，据以考核货物运输计划完成情况，为编制运输计划、改进货物运输工作及运输成本计算提供统计数据。

第一节　装卸车统计的有关指标

装卸车统计反映铁路完成的货运量和货车装卸作业量，据以考核货物运输计划完成情况，为推算各局管内工作车和自卸空车的产生规律、编制运输调度工作计划提供依据。

一、装卸车统计的有关指标

装卸车指标包括装车数、增加使用车数，卸车数、待卸车数、增加卸空车数，装卸作业次数和货物发送吨数等。

（一）装车数

1. 装车数的统计方法

凡在铁路货运营业站承运并填制货票，以运用车运送货物的装车，均统计为装车数。其中：

（1）整车货物

①由营业站承运的装车。

②港口站的装车及不同轨距联轨站换装货物的装车。

③填制货票的游车。

④填制货票免费回送货主的货车用具和加固材料的整车装车。

⑤按 80％核收运费的企业自备车、企业租用车和路用车的装车（按轴公里计费的除外）。

依据《铁路货物运价规则》：托运人企业自备车或租用铁路货车（不论空重）用铁路机车牵引，或铁路货车装运货物用该托运人机车牵引运输时，按所装货物运价率减 20％计费；用自备机车或租用铁路机车牵引时，按全部列车（包括机车）轴数与整车 7 号运价率计费，即按轴公里计费。

按 80％核收运费的企业自备车统计为运用车，而按轴公里计费的企业自备车统计为非运用车。

⑥填制货票核收运费的站内搬运的装车。

（2）整装零担车及零散快运货物

①在装车站装载的一站直达整零的装车或在装车站装载自站发送货物占全部货物重量一半及以上的装车。

②按照列车编组计划或以调度命令指定挂运的零散货物快运车辆，在装车站装载自站发送货物（超过 10 t 为标准）占全部货物一半及以上，统计为“零快”装车数。

（3）集装箱货物

整车集装箱在装车站装载自站发送集装箱，其换算箱数占全部换算箱数一半及以上的装车。集装箱换算箱数按折合为国际标准 20 ft 集装箱为一个换算箱进行换算，计算单位 TEU

(Twentyfoot Equivalent Unit),按"集装箱技术参数表"(《铁路货车统计规则》附件 15)的规定计算:20 ft 箱依据箱型的不同,换算箱数为 1.5～3.0;40 ft 箱、48 ft 箱和 50 ft 箱,换算箱数均按 3.0 计算。

2. 国家铁路、合资铁路和地方铁路装车数的计算

(1)国家铁路装车数

为了区分国家铁路装载承运货物完成的装车数和由国外铁路、非国家铁路控股合资铁路及地方铁路分界站接入或倒装的重车数,更精确地反映铁路完成的装车数量,我国铁路现行《铁路货车统计规则》规定将国家铁路完成的装车数划分为"承运装车数"和"交接装车数"。

①承运装车数

在铁路局车站自站的装车统计为承运装车数。国家铁路控股的合资铁路由国铁统一调度指挥,视同国铁。

②交接装车数

由非国家铁路控股的合资铁路、地方铁路、国境接入并填制有货票的重车或换装货物的装车(不包括通过合资、地方铁路运输的重车及到达分界站或接轨站卸车的重车)统计为交接装车数。

(2)合资铁路和地方铁路装车数

合资铁路和地方铁路的装车数按所装重车的到站分为管内装车数和输出装车数。

①管内装车数

合资铁路或地方铁路使用国铁货车和企业自备车在本合资铁路或地方铁路管内自装自卸所产生的装车(包括装往国家铁路分界站、接轨站卸车的装车),使用内存货车、并填制铁路货票或地方税务部门监制的票据在本合资铁路或地方铁路管内自装自卸所产生的装车(包括装往国家铁路分界站、接轨站卸车的装车),统计为管内装车数。

②输出装车数

与全路办理一票直通货物运输的本合资铁路或地方铁路自管内装往国家铁路或其他合资、地方铁路所产生的装车,统计为输出装车数。

③交接装车数

由铁路局、合资铁路或其他地方铁路接入或通过并填写货票的重车统计为交接装车数。

(二)卸车数

1. 卸车数的统计方法

凡填制货票以运用车运送,到达铁路货运营业站的卸车,均统计为卸车数,包括:

(1)整车货物

①到达营业站货物的卸车;

②港口站的卸车及不同轨距联轨站换装货物的卸车;

③填制货票的游车;

④填制货票免费回送货主的货车用具和加固材料的整车卸车;

⑤按 80%核收运费的企业自备车、企业租用车和路用车的卸车(按轴公里计费的除外);

⑥填制货票核收运费的站内搬运的卸车。

(2)整装零担车

在终到站到达的一站直达整零的卸车或在终到站到达自站货物占全部货物重量一半及以上的卸车。

(3)集装箱货物

整车集装箱在终到站到达，自站集装箱换算箱数占全部换算箱数一半及以上的卸车。

2. 国家铁路、合资铁路和地方铁路卸车数的计算

(1)国家铁路

国家铁路的卸车为在铁路局营业站的卸车，包括由合资、地方铁路接入到达分界站、接轨站的卸车。

(2)合资铁路和地方铁路

合资铁路和地方铁路的卸车分为管内卸车和输入卸车。

①管内卸车数

使用国铁货车、企业自备货车和内存货车在本合资铁路或地方铁路管内自装自卸所产生的卸车，统计为管内卸车数；

②输入卸车数

由国家铁路或其他合资铁路、地方铁路与本合资铁路或地方铁路办理一票直通货物运输的重车，到达本合资铁路或地方铁路管内的卸车，统计为输入卸车数。

(三)待卸车数统计

凡到达铁路营业站的重车在本统计报告日内实际尚未卸完的，均统计为待卸车数。

(四)增加使用车和增加卸空车

增加使用车、增加卸空车为车站因装卸中转零担货物、中转零散货物、中转集装箱、铁路货车用具，或货物倒装等而使用或卸空的车辆。具体规定如下：

1. 整装零担车

(1)在装车站装载中转货物超过全部货物重量一半的装车，按增加使用车计算。

(2)在终到站到达中转货物超过全部货物重量一半的卸车，按增加卸空车计算。

2. 零散快运车

(1)按照列车编组计划或以调度命令指定挂运的零散货物快运车辆，在装车站装载中转货物(以超过 10 t 为标准)占全部货物重量一半以上，统计为增加使用车数。

(2)按照列车编组计划或以调度命令指定挂运的零散货物快运车辆，在卸车站到达中转货物(以超过 10 t 为标准)占全部货物重量一半以上，统计为增加卸空车数。

3. 集装箱车

(1)在装车站装载中转集装箱，其换算箱数超过全部换算箱数一半的装车，按增加使用车计算；

(2)在终到站到达中转集装箱，其换算箱数超过全部换算箱数一半的卸车，按增加卸空车计算。

4. 铁路货车用具

整车装运铁路货车用具(篷布、空集装箱及军用备品等)的装卸，按增加使用车或增加卸空车计算。

5. 倒装作业

运用重车在运送途中发生倒装作业(不包括装载整理)的计算：

(1)一车倒装两车时计算增加使用车一辆，两车倒装一车时，计算增加卸空车一辆。

(2)当日卸车后不能当日装车时，当日计算增加卸空车一辆，再装车时可再计算增加使用车一辆。

(3)当日一车倒装一车时,不计算增加使用和增加卸空车数。

(五)装卸作业次数

装卸作业次数,为车站在一定时期内所完成的装车、卸车作业及其他货车作业的总次数。

1. 装卸作业次数的统计

(1)凡计算装卸车数的均计算作业次数。

(2)货物倒装车、整车装卸铁路货车用具和按增加使用及增加卸空车计算的整装零担车、整装快运车、整装集装箱,均按实际作业车数计算作业次数。整车货物倒装全部卸空后,又原车装运时,按两次作业计算。

(3)整车分卸的货车在运送途中站进行卸车时,按一次作业计算。

(4)零散快运装卸作业车,在运送途中站摘下进行装卸作业,随另一列车挂出时,按一次作业计算;在运送途中的技术站进行装卸作业时,按实际作业车数计算作业次数。

2. 不计算装卸车数和作业次数的货车

(1)各种非运用车的装卸(按一般货运手续办理的装车应转为运用车)。

(2)变更到站的重车。

(3)不论是否摘下而进行货物装载整理的货车。

(4)在本企业专用线内或不经过铁路营业线的两个企业间搬运货物的装卸。

3. 装卸作业完了时分的确定

(1)国铁货车装卸作业完了时分的确定。

在站线或按规定以铁路机车取送在专用线内的装车,以装车作业完了填妥货票〔整装零担车、整装集装箱车为填制“装卸车清单”〕的时分为准,卸车以卸车作业完了时分为准。

按规定以企业机车取送在企业专用线内的装车,以装车作业完了将货车送到双方指定交接地点交接完了并填妥货票时分为准;卸车以卸车作业完了将货车送到交接地点,交接完了的时分为准;双重作业车以装车作业完了送到交接地点填妥货票时作为装卸车完了时分(能确定卸车完了时分的车站可由铁路局规定采用卸车作业完了时分)。

零散快运车在始发站或终到站不进入装卸线作业时,装车以列车发出时分为准,卸车以列车到达时分为准。

(2)企业自备货车、企业租用车及内存货车的装卸作业时分的确定。

装车以装车作业完了并填妥发票时为准,有规定交接地点时以到达交接地点时分为准;卸车以卸车作业完了为准,有规定交接地点时以到达交接地点时分为准。

(3)按80%核收运费的路用车装卸作业完了时分比照企业自备货车、企业租用车及内用货车装卸作业完了时分确定。

(4)在国境分界站不进行倒装的货车,装车以交接完了并填妥货票时分为准;卸车以交出时分为准;倒装货车的装卸,以倒装作业完了时分为准(装车须填妥货票)。

(5)在口岸站、不同轨距联轨站倒装的货车,装车以装车作业完了填妥货票时分为准,卸车以卸车作业完了时分为准。

(6)交接装车时分与现车确认时分一致。

(六)货物发送吨数

货物发送吨数,为铁路区域或车站在一定时期内装车所完成的发送货物吨数,执行《铁路货物运输统计规则》规定。承运的全部货物吨数的总和,按以下规定计算:

1. 凡车站承运的货物，均根据货票统计承运发送吨数。整车货物以装车作业完了并填妥货票时分统计；零担、零散快运和集装箱货物按“装卸车清单（货统 2）”为依据，以装车作业完了时分统计。

2. 货物发送吨数根据货票记载的货物实际重量计算，无货物重量按计费重量计算。填制货票的游车不再计算重量。

自备空集装箱箱重按“集装箱技术参数表”规定自重填记。

第二节　装卸车统计报表

装卸车统计报表包括“装卸车报表（货报-1）”“货物分类装车报表（货报-2）”和“货物分类卸车报表（货报-3）”，由国家铁路运输企业货运营业站货运调度员或货运室统计。

一、装卸车报表（货报-1）

“装卸车报表（货报-1）”统计车站每日车种别装卸车数及装车去向。“装卸车报表（货报-1）”分别“部货报-1”“企货报-1”编制并逐级汇总上报。“装卸车报表”为日、旬、月、季、年报。

1. 报表格式

“装卸车报表（货报-1）”的格式如表 4-4-1 所示，其内容为当日车种别的使用车数、卸空车数、装卸作业次数及到达局别的使用车数。其中到达局别使用车数按哈尔滨、沈阳、北京、太原、呼和浩特、郑州、武汉、西安、济南、上海、南昌、广州、南宁、成都、昆明、兰州、乌鲁木齐和青藏 18 个铁路局统计。

表 4-4-1　装卸车报表　　货报-1（XB-2）

站名、局名或月日	装车数合计	其中		使用车合计	其中增加使用车	车种																	卸车数合计	待卸车数	卸空车合计	其中增加卸空车数	车种					装卸作业次数	到达局别使用车				
		承运装车	交接装车数			棚车	敞车	普通平车	两用平车	轻油罐车	黏油罐车	其他罐车	冷藏车	集装箱车	矿石车	长大货物车	毒品车	汽车运输车	散装水泥车	散装粮食车	特种车	其他					棚车	敞车	…	特种车	其他		哈尔滨	沈阳	…	乌鲁木齐	青藏
	1	2	3	4	5	6	7	8	9	10	11	12	13	14	15	16	17	18	19	20	21	22	23	24	25	26	27	28	…	42	43	44	45	46	…	62	63

编表单位：　　　　编表人：　　　　单位领导：　　　　上报日期：　年　月　日
（盖章）　　　　　　　　　　　　　（签章）

2. 编制依据

装卸车报表依据下列资料编制：

（1）货票，提供判定承运装车、交接装车或增加使用车，卸车还是增加卸空车，车种和到达局别的依据。

（2）装（卸）车清单（货统 2）、承运簿（铁运 10）、卸货簿（铁运 11 甲），提供装卸作业完了的时间。

（3）国境站货物交接单、分界（交接）站货物交接记录单（货统 3）（见表 4-4-2），提供与外国铁路或新线交接重车的资料。

表 4-4-2　分界(交接)站货物交接记录单

顺序	车次	交接时间	车种	车号	运单号码	发站	到站	品名	重量(千克)	记事
1	2	3	4	5	6	7	8	9	10	11
合计	车数					重量				

“分界(交接)站货物交接记录单(货统 3)”用以记载按一票直通办理、由分界(交接)站接入或交出的重车情况,依据接入或交出重车的货票填制。“交接时间”(3 栏)按实际交接时间填记;“重量”(10 栏)填记货物实际重量;如该车违反规定车流径路时,将原经由填在“记事”栏内。

3. 编制方法

“装卸车报表(货报-1)”由铁路局货运营业站按国铁货车(BXB-1)、企业自备货车(QXB-1)、综合(XB-1)分别编制,逐级汇总上报。

合资、地方铁路营业站按国铁货车(BXB-1)分为装卸车合计、管内装卸车、输入输出装卸车三行,企业自备货车(QXB-1)分为装卸车合计、管内装卸车、输入输出装卸车三行,内存货车(NXB-1)为管内装卸车一行,综合(XB-1)分为装卸车合计、管内装卸车、输入输出装卸车三行分别编制,逐级汇总上报。

“国铁货车(BXB-1)”填记国铁货车的车种别装、卸车数及去向。

“企业自备车(QXB-1)”填记企业自备货车的车种别装、卸车数及去向。因企业自备货车不存在零担和集装箱货物中转、装运铁路货车用具、途中倒装等情况,所以“企货报-1”不填记增加使用车数和增加卸空车数。

“内存货车(NXB-1)”填记内存货车车种别装、卸车数及去向。

“综合(XB-1)”各栏数字为“国铁货车(BXB-1)”“企业自备货车(QXB-1)”和“内存货车(NXB-1)”相应各栏数字之和。

铁路局、控股合资铁路与非控股合资铁路、地方铁路办理一票直通的,由铁路局、控股合资铁路输出到非控股合资铁路、地方铁路卸车的重车,铁路局、控股合资铁路(交接站)在“装卸车报表(货报-1)”第 25 栏卸空车项分子中反映,不包括在分母内。该分子项细分车种,作为其中数分别反映在第 27～43 栏分子项,均不包括在相应栏分母内。

“到达局别使用车数”各栏:

(1)按货票或其他货运票据填记的到站所属局填记。

(2)整车分卸按最终到站所属局统计。

(3)对到达国外、合资、地方铁路的货车应按到达分界站的所属局统计。

(4)到站不明的货车按列车运行方向的前方编组站(区段站)所属局统计,军调通知到局的按通知统计。

已装完的货车未发出,由于货主取消托运撤销原货票,又在本站卸车时,不统计装卸车数。如在隔日发生时,应进行订正。装卸作业次数按实际装、卸次数计算。

第三节 货物分类装车报表

“货物分类装车报表(XB-2)”的格式见表 4-4-3,反映车站和铁路局完成货物品类别装车任务的情况。

表 4-4-3 货物分类装车报表 货报-2(XB-2)

<table>
<tr><td rowspan="4">站、局名或月日</td><td colspan="3">装车合计</td><td colspan="22">其中货物分类</td><td colspan="3" rowspan="2">扣除专业运输货物后的装车</td></tr>
<tr><td rowspan="2">净载重</td><td rowspan="2">车数</td><td rowspan="2">吨数</td><td colspan="2">煤</td><td colspan="2">石油</td><td colspan="2">焦炭</td><td colspan="2">金属矿石</td><td colspan="2">钢铁</td><td colspan="2">…</td><td colspan="2">零担及零快货物</td><td colspan="2">集装箱</td><td colspan="2">其中批快入箱</td><td colspan="2">特货公司装车</td><td colspan="2">其中集装箱</td></tr>
<tr><td>车</td><td>吨</td><td>车</td><td>吨</td><td>车</td><td>吨</td><td>车</td><td>吨</td><td>车</td><td>吨</td><td>车</td><td>吨</td><td>车</td><td>吨</td><td>车</td><td>吨</td><td>车</td><td>吨</td><td>车</td><td>吨</td><td>车</td><td>吨</td><td>净载重</td><td>车数</td><td>吨数</td></tr>
<tr><td>1</td><td>2</td><td>2</td><td>4</td><td>5</td><td>6</td><td>7</td><td>8</td><td>9</td><td>10</td><td>11</td><td>12</td><td>13</td><td>…</td><td>…</td><td>56</td><td>57</td><td>58</td><td>59</td><td>60</td><td>61</td><td>62</td><td>63</td><td>64</td><td>65</td><td>66</td><td>67</td><td>68</td></tr>
<tr><td></td><td></td><td></td><td></td><td></td><td></td><td></td><td></td><td></td><td></td><td></td><td></td><td></td><td></td><td></td><td></td><td></td><td></td><td></td><td></td><td></td><td></td><td></td><td></td><td></td><td></td><td></td><td></td><td></td></tr>
</table>

编表单位: 编表人: 单位领导: 上报日期: 年 月 日
(盖章) (签章)

根据国铁集团制定的《铁路货物运输品名分类及代码表》,铁路运输的货物分为煤、石油、焦炭、金属矿石、钢铁、非金属矿石、磷矿、矿建材料、水泥、木材、粮食、棉花、化肥、盐、化工、金属制品、工业机械、电子产品、农业机具、鲜活货物、农副产品、饮食烟草、纺织皮革、纸及文教、医药、其他货物、零担及零快货物、集装箱和特货公司装车共 29 个大类。货报-3 按照货物分类统计装车数和发送吨数。

1. 编制依据

(1)货票,提供货物的品类和吨数。

(2)装(卸)车清单(货统 2),提供品类别装车数和装车完了时分。

(3)国境站货物交接单和新线货物交接记录,提供从国外或新线接入货物的品类、车数和吨数。

2. 编制方法

货报-2 由铁铁路局货运营业站按国铁货车(BXB-2)、企业自备货车(QXB-2)、综合(XB-2)编制并逐级汇总上报,格式同 XB-2。

合资、地方铁路营业站按国铁货车(BXB-2)的装车合计、管内装车、输出装车分行填记,企业自自备货车(QXB-2)的装车合计、管内装车、输出装车分行填记。内存货车(NXB-2)的管内装车,综合(XB-2)的装车合计、管内装车、输出装车分行填记,分别编制并逐级汇总上报。

整车货物品名分类根据货票所填记的货物名称,按照总公司制定的《铁路货物运输品名分类及代码表》的分类统计。一车货物有数种品名时,按其中重量最多的货物品类统计;如只有一个重量时,按第一个品名确定。货票中未列品名的货物,列入“其他”栏内;批量零散货物入箱,按集装箱品类统计,并单独反映在“其中批快入箱”栏。

“静载重”(1 栏)为“货物发送吨数”与“装车数”的商,以吨为单位,保留小数一位,第二位四舍五入。

"装车数"(2栏)是指车站的发送车数,不包括增加使用车数,为各品类装车数之和,应与货报-1"装车数合计"(1栏)一致。扣除专业运输公司货物运输后的装车数(67栏)为装车数(2栏)-集装箱装车数(58栏)-特货公司装车数(62栏)+特货公司其中集装箱装车数(64栏)。

各品类装车"吨数"指该站承运的发送货物吨数,按货票记载的千克数加总后再以吨为单位四舍五入,各品类吨数相加,即为"装车合计吨数"(3栏)。扣除专业运输公司货物运输后的吨数(68栏)为装车吨数(3栏)-集装箱装车吨数(59栏)-特货公司装车吨数(63栏)+特货公司其中集装箱装车吨数(65栏)。

复习思考题

1. 在装卸车统计中,为什么要区分装车数和增加使用车数、卸车数和增加卸空车数?

2. "货物分类装车报表(货报-2)"中装车合计"车数"和各品类货物装"车"数各栏应填写相应的使用车数还是装车数?装车合计的"吨数"和各品类货物装车"吨"数各栏的含义是什么?

3. "货物分类卸车报表(货报-3)"中卸车合计"车数"各栏应填写相应的卸空车数还是卸车数?卸车合计的"吨数"和各品类货物卸车"吨"数各栏的含义是什么?

第五章　货车停留时间统计

货车停留时间反映车站的货车作业效率。如果货车在车站的各项作业均能在规定的时间标准内或提前完成，且作业之间有良好的衔接、不存在过长的作业等待时间，则货车在站的停留时间就会保持在一个合理的水平。因而，车站或铁路局所实现的货车在站平均作业停留时间成为考核其作业组织水平的重要指标和改善车站运输组织工作、提高货车使用效率的依据。

凡计算车站出、入的运用车，由到达、转入或加入时起至发出、转出或退出时止的全部停留时间（不包括其中转入非运用车的停留时间），均应统计停留时间。“货车停留时间报表（运报-4）”（如表 4-5-1 所示）为日、旬、月、季、年报，分别按国铁货车（BYB-4）、企业自备车（QYB-4）、内存货车（NYB-4）和综合（YB-4）编制并逐级上报。

表 4-5-1　货车停留时间报表　　运报-4（YB-4）

局名或月日	一次货物作业停留时间			中转车停留时间									作业车数	车辆小时	一车平均	装卸量较大的车站货物作业车作业过程											
				无调中转			有调中转			合计						入线前停留时间			站线作业时间			专用线作业时间			出线后停留时间		
	作业次数	车辆小时	一次平均	车数	车辆小时	一次平均	车数	车辆小时	一次平均	车数	车辆小时	一次平均				车数	车辆小时	一车平均	车数	车辆小时	一车平均	车数	车辆小时	一车平均	车数	车辆小时	一车平均
	1	**2**	**3**	**4**	**5**	**6**	**7**	**8**	**9**	**10**	**11**	**12**	**13**	**14**	**15**	**16**	**17**	**18**	**19**	**20**	**21**	**22**	**23**	**24**	**25**	**26**	**27**
1/10	8	31.0	9.9				1	4	4	1	4	4	5	31	6	5	3.4	7	4	12.4	3.1	2	6.2	3.1	5	9.0	1.8

编表单位：秋盛站　　编表人：勤杰　　单位领导：荣忠　　上报日期：2019 年 10 月 1 日
（盖章）　　（签章）

第一节　货车停留时间分类及计算方法

一、货车停留时间分类

运用车按在站作业的性质分为货物作业车和中转车。在 18 点统计中，用货物作业停留时间和中转停留时间两项指标考核车站货车作业组织的效率。

1. 货物作业停留时间

货物作业停留时间又分为一车平均停留时间和一次货物作业平均停留时间。

每辆货物作业车自到达车站时起至从车站出发时止平均在站停留的时间称为一车平均停留时间。货物作业车进行一次货物作业（装或卸）平均在站停留的时间则称为一次货物作业平均停留时间，简称停时。

为了考核、分析和改进本站作业车的作业组织，货物作业停留时间按下列作业过程统计：

(1)入线前停留时间:由货车到达车站时起至送到装卸地点时止,或双重作业货车由卸车完了时起至送到装车地点时止的时间。

(2)站线作业停留时间:由货车送到车站货场的装卸地点时起至装卸作业完了时止的时间。

(3)专用线作业停留时间:由货车送到企业专用线的装卸地点时起至装卸作业完了时止的时间。如规定以企业自备机车取送车辆时,以车站将货车送到车辆交接地点的时间作为送到作业地点时间、企业将装卸完了的车辆送到交接地点的时间作为装卸完了时间。

(4)出线后停留时间:由货车在站最后装卸作业完了时起至从车站发出时止的时间。

2. 中转作业停留时间

中转作业停留时间为每辆中转(包括变更到站、装载整理、洗刷消毒)货车在站平均停留的时间。中转作业停留时间按中转作业性质分为无调中转车停留时间和有调中转车停留时间。无调中转车停留时间和有调中转车停留时间的加权平均值,即货车在站中转一次平均停留的时间,称为中时。

技术站的无调中转车为在该站中转的列车上随原列到开的运用货车;有调中转车为需要在站进行解、编作业的中转车。

在中间站运用车产生下列中转作业时统计中转停留时间:

(1)停运列车上的货车。

(2)列车在中间站折返,原方向所挂的不属于本站办理装卸作业的货车。

(3)不在本站进行装卸作业而摘下的货车。

二、货车停留时间的计算方法

1. 一次货物作业平均停留时间(停时)

$$t_{货}=\frac{\sum Nt_{货}}{U_{装}+U_{卸}} \quad (\text{h/次}) \tag{4-5-1}$$

式中 $\sum Nt_{货}$——当日本站货物作业车总停留车小时;

$U_{装}$、$U_{卸}$——当日本站完成的装、卸作业次数。

2. 中转车平均停留时间

(1)有调中转车平均停留时间

$$t_{有}=\frac{\sum Nt_{有}}{\sum N_{有}} \quad (\text{h/次}) \tag{4-5-2}$$

式中 $\sum Nt_{有}$——当日本站有调中转车总停留车小时;

$\sum N_{有}$——当日本站办理有调中转作业的车数。

(2)无调中转车停留平均停留时间

$$t_{无}=\frac{\sum Nt_{无}}{\sum N_{无}} \quad (\text{h/次}) \tag{4-5-3}$$

式中 $\sum Nt_{无}$——当日本站无调中转车总停留车小时;

$\sum N_{无}$——当日本站办理无调中转作业的车数。

(3)中转车平均停留时间(中时)

$$t_{中}=\frac{\sum Nt_{有}+\sum Nt_{无}}{\sum N_{有}+\sum N_{无}}\quad (h/次) \tag{4-5-4}$$

第二节 货车停留时间报表的编制依据及方法

《铁路货车统计规则》规定"货车停留时间报表(YB-4)"由车站采取号码制编制,未上车站管理信息系统的出入货车较多的车站可按非号码制编制。

一、货车出入车站及运用状态转变的统计依据

只有在车站出入的货车才统计停留时间,因而编制货车停留时间报表需要准确掌握车站货车出入及货车运用状态和装载状态变化的情况。

随列车出入货车的到发车次、车号和时间由车站到、发列车编组顺序表(运统1)和行车日志(运统2或运统3)提供;不随列车出入车站货车的车号、出入时间由依据新造车辆竣工验收移交记录(车统1并车统13)、货车报废记录单(车统3)、车辆资产移交记录(车统70)、企业自备车过轨运输证等资料提供。

运用车转变记录(运统6)、备用车登记簿(运统7-A)、检修车登记簿(运统5)和非运用车登记簿(运统7)提供运用车与非运用车之间转变的时分。

二、货车停留时间的统计方法

(一)号码制

号码制统计方法利用"号码制货车停留时间登记簿(运统8)"逐车统计货车在本站到发的时间及货物作业车各作业过程的起止时间,为编制"货车停留时间报表(运报-4)"提供全部需要的资料。

【例4-5-1】 依据表4-5-2给出的国盛站10月1日(9月30日18:00～10月1日18:00)货车到发及作业情况,完成该站当日"号码制货车停留时间登记簿(运统8)"和"货车停留时间报表(运报-4)"编制。

【解】 货车车种,车号,到达车次、月日、时分,调入站线月日、时分,站线作业完了月日、时分,调入专用线月日、时分,专用线作业完了时分和发出车次、月日、时分各栏依据车辆在站实际作业情况填写;17栏"作业种类"依据车辆在站作业性质填写,18～26栏填写计算结果,如表4-5-2和表4-5-3。表4-5-2中,1～16栏依据实际情况填写,17～26栏是计算结果,记事栏做必要说明。

除记录每辆货车在站的到发时刻外,号码制统计详细记录每一辆货车的货物作业过程:到达车站、送到作业地点、装卸完了和从车站出发的时间。

1. 号码制统计本站作业车在站作业过程的依据

装(卸)车清单(货统2),提供货车在站内进行货物作业的种类、调入装卸地点的时间及装卸完了时分;货车调运单(货统46)或专用线取送车辆记录,提供货车调到交接地点及装卸完了时分。

表4-5-2　号码制货车停留时间登记簿

国盛 站　2019年　10月　1日　　　　（运统8）

货车		到达			调入站线		站线作业完了		调入专用线		专用线作业完了		发出			作业种类	中转车停留时间	作业车停留时间	货物作业过程别				非运用车			记事
																			入线前停留时间	作业时间		出线后停留时间	转入月日时分	转入月日时分	停留时间	
车种	车号	车次	月日	时分	月日	时分	月日	时分	月日	时分	月日	时分	车次	月日	时分					站线	专用线					
1	2	3	4	5	6	7	8	9	10	11	12	13	14	15	16	17	18	19	20	21	22	23	24	25	26	27
P	3428679	41004	30/9	16:10	30/9	16:35	30/9	19:00	30/9	19:45	30/9	21:05	41001	30/9	22:55	双		6 h 45 min	1 h 10 min	2 h 25 min	1 h 20 min	1 h 50 min				
P	3354137	41001	30/9	22:10	1/10	2:10	1/10	4:10					41002	1/10	4:50	双		6 h 40 min	55 min	5 h 05 min		40 min				
					30/9	22:35	1/10	1:40																		
C	4276875	41001	30/9	22:10					30/9	22:50	1/10	1:46	41003	1/10	11:05	装		12 h 55 min	40 min		2 h 56 min	9 h 19 min				
C	4367534	41002	1/10	4:05	1/10	4:25	1/10	6:30					41003	1/10	11:05	卸		7 h	20 min	2 h 05 min		4 h 35 min				
P	3791542	41003	1/10	10:20	1/10	13:55	1/10	16:00	1/10	10:45	1/10	13:00	41004	1/10	17:12	双		6 h 52 min	1 h 20 min	2 h 05 min	2 h 15 min	1 h 12 min				
P	3129857	41003	1/10	10:20					1/10	13:45	1/10	16:10				双										
									1/10	10:45	1/10	13:00														
C	2003678	21034	1/10	10:58									41004	1/10	17:12	有	6 h 14 min									装载整理
NX	5356981	41004	1/10	16:27	1/10	16:50																				

表 4-5-3 货车停留时间报表 运报-4

国盛站 2019年 10月

局名或月日	一次货物作业停留时间			中转车停留时间									作业车数	车辆小时	一车平均	装卸量较大的车站货物作业车作业过程											
	作业次数	车辆小时	一次平均	无调中转			有调中转			合计						入线前停留时间			站线作业时间			专用线作业时间			出线后停留时间		
				车数	车辆小时	一车平均	车数	车辆小时	一车平均	车数	车辆小时	一车平均				车数	车辆小时	一车平均	车数	车辆小时	一车平均	车数	车辆小时	一车平均	车数	车辆小时	一车平均
	1	**2**	**3**	**4**	**5**	**6**	**7**	**8**	**9**	**10**	**11**	**12**	**13**	**14**	**15**	**16**	**17**	**18**	**19**	**20**	**21**	**22**	**23**	**24**	**25**	**26**	**27**
1	8	40.2	5.0				1	6.2	6.2	1	6.2	6.2	5	40.2	8.0	5	4.4	0.9	4	11.6	2.9	3	6.5	2.2	5	17.7	3.5

编报单位：国盛站　　编表人：勤杰　　单位领导：荣忠　　上报日期：2019年10月1日
（盖章）　　（签章）

在建立了车站现车管理信息系统的车站，可以根据需要设置货车数据库的结构，例如设立“作业地点 1”“作业地点 2”“送达卸车地点时分”“卸车完了时分”“送达装车地点时分”“装车完了时分”等字段，根据车站作业进程实时更新货车数据库。这样，通过检索车站货车数据库就可以获得编制运报-4 的数据。

2. 号码制货车停留时间的统计方法

(1)开始运统 8 当日的填记

采用号码制统计货车停留时间，每日结束时仅结算当日发出货车的停留时间，当日未发出货车的数据用红笔移入“号码制货车停留时间登记簿(运统 8)”上新的一页，然后再继续填记次日到发的货车数据。

(2)记载货车到、发及货物作业过程

①货车的车种、车号及到达和发出的车次依据车站到、发列车编组顺序表提供的资料，到发时分按行车日志记载的列车实际到发时分填记。

②货物作业过程的起止时分根据装卸车清单、货车调运单(货统 46)或专用线取送车辆记录的记载填写。

③在站线卸车后调入专用线装车或在专用线卸车后调入站线装车时，分别在相关栏填记各个作业过程的起止时分；在站线卸车后调入另一站线装车或在专用线卸车后调入另一专用线装车时在第 6～9 栏或第 10～13 栏内，另以分子填记第二次的起止时分。

④作业过程不全的货物作业车(如移交给企业的租用重车、区间装卸的货车)需在记载货物作业过程及其延续时间的第 6～13 栏及第 20～23 栏内画一横线，表示没有具体时间。

⑤作业种类按下列简称填记：

装车，“装”；卸车，“卸”；双重作业，“双”；货物倒装，“倒”；无调中转，“无”；有调中转，“有”。

(3)结算当日发出的货车

采用号码制统计方法时，作业车停留时间为当日发出的作业车自到达本站至由本站发出时止的全部停留时间，即发出作业车的“作业车停留时间”(19 栏)之和，作业次数为当日发出的本站作业车在站期间的全部装卸次数；中转货车停留时间为当日发出中转货车自到达本站至由本站发出时止的全部停留时间，中转车数为当日发出的中转车数。

①货车在站作业停留时间

中转车停留时间、作业车停留时间均为该车自到达车站时起至由车站发出时止的全部停留时间，不包括转入非运用的时间。中转货车和作业货车在站总停留时间分别为当日发出该类货车在站停留时间之和。

②货物作业车的作业过程

a. 入线前停留时间为自货物作业车到达车站时起至调入装卸地点时止的停留时间，双重作业车自卸车完了至调入装车地点时止的时间也为入线前停留时间。

b. 站线作业时间、专用线作业时间为自货物作业车调入装卸地点时起至作业完了时止的停留时间。

c. 出线后停留时间为该车自装卸作业完了时起，至由车站发出时止在站的停留时间。

作业过程不全货物作业车的车数与停留时间，单独结算。

货物作业过程各项停留时间（18～23 栏）加总后，1 h 以下满 30 min 进为 1 h，30 min 以下舍去。

3. 利用运统 8 的结算数据编制"货车停留时间报表（YB-4）"

依据运统 3 提供的数据和停时、中时的计算公式，即可完成运报-4 的编制。其中运报-4 第 16 栏入线前停留"车数"和第 25 栏出线后停留，"车数"为当日发出的作业车数，第 19 栏站线作业"车数"和第 22 栏专用线作业"车数"分别为当日发出作业车中在车站货场作业的车数和在专用线作业的车数。

（二）非号码制统计方法

1. 非号码制统计原理

(1)非号码制货车停留时间的计算方法

非号码制统计方法与号码制统计方法的区别在于它不是按每一辆货车统计停留时间，而是按时间间隔（一小时、阶段、班或日）以批处理方式统计该时间段内不同性质车辆的总停留车小时。以日间隔为例，先假定当日开始时结存的车辆和本日内到达或转入的车辆全部停留至本日结束，并据此统计货车停留车小时，然后减去本日内发出或转出车辆从发出或转出之时起至本日结束时止多算的停留车小时，即得各种性质车辆在本日的停留时间。

非号码制计算货车在本时间间隔内在站停留时间的公式如下：

$$Nt_i = N_{结存,i} \times t + \sum(N_{到,i} \times t_{到,i}) - \sum(N_{发,i} \times t_{发,i}) \tag{4-5-5}$$

式中 Nt_i——某种性质货车（本站作业车或中转车）在第 i 时间间隔（小时、阶段、班或日）内的总停留车小时；

$N_{结存,i}$——第 i 时间间隔（小时、阶段、班或日）初结存的该性质的货车数；

t——采用的计算时间间隔（1 h、3 h、12 h 或 24 h）；

$N_{到,i}$——第 i 时间间隔（小时、阶段、班或日）内一批到达或转入的该性质货车数；

$t_{到,i}$——该批货车自到达或转入时起至本时间间隔（小时、阶段、班或日）结束时止的换算小时；

$N_{发,i}$——第 i 时间间隔（小时、阶段、班或日）内随某次列车发出或一次转出的该性质货车数；

$t_{发,i}$——该批货车自随列车出发或转出时起，至本时间间隔（小时、阶段、班或日）结束时止的换算小时。

换算小时是指计算时间间隔内某一时刻至该间隔结束的十进制小时数，按逆算十进制小时换算表（见表 4-5-4）计算。

表 4-5-4　逆算十进制小时换算表

实际分数	58～60	52～57	46～51	40～45	34～39	28～33	22～27	16～21	10～15	4～9	1～3
十进制小时	0	0.1	0.2	0.3	0.4	0.5	0.6	0.7	0.8	0.9	1.0

货车本班或本日在站停留总时间为本班或本日各时间间隔货车停留时间之和：

$$\sum Nt = \sum_i Nt_i \tag{4-5-6}$$

【例 4-5-2】　10 002 次列车 19:34 终到车站，带来货车 42 辆，其中作业车 18 辆、中转车 24 辆，计算该批货物作业车和中转车在 19:00 至 20:00 时间段内、班或日时间段内在站停留时间。

【解】按小时间隔结算时，这批货车每车在 19:01～20:00 期间停留的换算小时数为 0.4 h，计 0.4×42=16.8（车·h），其中作业车停留 0.4×18=7.2（车·h）、有调中转车停留 0.4×24=9.6（车·h）。

按班为时间间隔结算时，每车在本班内停留的换算小时数 10.4 小时，总停留车小时 10.4×42=436.8（车·h），其中作业车停留 10.4×18=187.2（车·h）、有调中转车停留 10.4×24=249.6（车·h）。

按日为时间间隔结算时每车在本日停留的换算小时数为 22.4 h，总停留车小时 22.4×42=940.8（车·h），其中作业车停留 22.4×18=403.2（车·h）、有调中转车停留 22.4×24=537.6（车·h）。

(2)非号码制作业次数和中转车数的计算方法

按非号码制计算停时和中时：

①当日实际完成的装卸次数作为当日装卸次数。

②当日到达和出发中转车数之和的一半作为当日办理的中转车数，按式(4-5-7)计算：

$$N_{中} = \frac{N_{到}^{中} + N_{发}^{中}}{2} \tag{4-5-7}$$

式中　$N_{到}^{中}$——当日到达的中转车数；

$N_{发}^{中}$——当日发出的中转车数。

【例 4-5-3】　长城站 10 月 3 日 18:00 至 10 月 4 日 18:00 装车 58 辆，卸车 67 辆，表 4-5-5 给出了该站 3 日 18:00 结存车和当日货车到发情况，完成该站 10 月 4 日以日为时间间隔和以小时为时间间隔的非号码制货车停留时间登记簿（运统 9）的填写，并计算该站 10 月 4 日的货物作业车和中转车停留时间。

【解】以各次到达、出发列车到达车站和从车站出发的时刻，带到本站和从车站挂走车辆的作业性质、数量，以及运用车和非运用车转换的时刻、辆数为原始资料，计算结果分别如表 4-5-5 和表 4-5-6 所示。

表4-5-5　日间隔非号码制货车停留时间登记簿

长城站 2019年10月4日　　　　（运统9）

到达 车次	时刻	换算车小时	合计 车数	合计 车小时	货物作业 车数	货物作业 转入	货物作业 车小时	有调中转 车数	有调中转 转入	有调中转 车小时	无调中转 车数	无调中转 转入	无调中转 车小时	非运用车 车数	非运用车 转入	非运用车 车小时	出发 车次	时刻	换算车小时	合计 车数	合计 车小时	货物作业 车数	货物作业 转出	货物作业 车小时	有调中转 车数	有调中转 转出	有调中转 车小时	无调中转 车数	无调中转 转出	无调中转 车小时	非运用车 车数	非运用车 转出	非运用车 车小时
1	2	3	4	5	6	7	8	9	10	11	12	13	14	15	16	17	18	19	20	21	22	23	24	25	26	27	28	29	30	31	32	33	34
昨日结存			152	3648	54		1296	73		1752				25		600																	
11021	18:37	23.4	44	1029.6							44		1029.6				11021	19:15	22.8	44	1003.2							44		1003.2			
12032	20:13	21.8	45	981	25		545	20		436							12035	21:17	20.7	46	952.2	16		331.2	30		621						
31025	23:48	18.2	43	782.6	10		182	33		600.6							31026	0:15	17.8	47	836.6	13		231.4	34		605.2						
41001	1:57	16.1	27	434.7	6		96.6	21		338.1							32023	1:45	16.3	43	700.9	17		277.1	26		423.8						
21043	3:32	14.5	47	681.5	15		217.5	32		464							21046	3:28	14.5	45	652.5	16		232	29		420.5						
	7:43	10.3	(8)	82.4											8	82.4		7:43	10.3	(8)	82.4					8	82.4						
22022	9:18	8.7	45	391.5	17		147.9	28		243.6							41002	8:19	9.7	38	368.6	15		145.5	23		223.1						
32022	12:31	5.5	46	253	16		88	30		165							42001	12:47	5.2	42	218.4	14		72.8	28		145.6						
	15:20	2.7	(15)	40.5		8	21.6		7	18.9								15:20	2.7	(15)	40.5											15	40.5
81504	16:48	1.2	35	42							35		42				81504	17:18	0.7	35	24.5							35		24.5			
42002	17:30	0.5	28	14	10		5	18		9							22025	17:25	0.6	45	27	13		7.8	32		19.2						
今日合计			360	4727.2	99	8	1301.6	182	7	2271.6	79		1071.6		8	82.4				385	4906.8	104		1297.8	202	8	2540.8	79		1027.7		15	40.5
今日结存			127		57			52						18																			

表4-5-6　小时间隔非号码制货车停留时间登记簿

长城站 2019年10月4日　　　　（运统9）

项目／每小时合计	货车出入总数 到达 车数	货车出入总数 到达 换算小时	货车出入总数 发出 车数	货车出入总数 发出 换算小时	货车出入总数 结存	货车出入总数 停留时间	货物作业车 入 到达 车数	货物作业车 入 到达 换算小时	货物作业车 入 转入 车数	货物作业车 入 转入 换算小时	货物作业车 出 发出 车数	货物作业车 出 发出 换算小时	货物作业车 出 转出 车数	货物作业车 出 转出 换算小时	货物作业车 结存	货物作业车 停留时间	无调中转 到达 车数	无调中转 到达 换算小时	无调中转 发出 车数	无调中转 发出 换算小时	无调中转 结存	无调中转 停留时间	有调中转 入 到达 车数	有调中转 入 到达 换算小时	有调中转 入 转入 车数	有调中转 入 转入 换算小时	有调中转 出 发出 车数	有调中转 出 发出 换算小时	有调中转 出 转出 车数	有调中转 出 转出 换算小时	有调中转 结存	有调中转 停留时间	非运用车 入 到达 车数	非运用车 入 到达 换算小时	非运用车 入 转入 车数	非运用车 入 转入 换算小时	非运用车 出 发出 车数	非运用车 出 发出 换算小时	非运用车 出 转出 车数	非运用车 出 转出 换算小时	非运用车 结存	非运用车 停留时间	记事
1	2	3	4	5	6	7	8	9	10	11	12	13	14	15	16	17	18	19	20	21	22	23	24	25	26	27	28	29	30	31	32	33	34	35	36	37	38	39	40	41	42	43	44
昨日结存					152										54																73										25		
18:00—19:00	44	17.6			196	169.6									54	54	44	17.6			44	17.6									73	73									25	25	
19:00—20:00			44	35.2	152	330.4									54	108			44	35.2		26.4									73	146									25	50	
20:00—21:00	45	36			197	518.4	25	20							79	182						26.4	20	16							93	235									25	75	
21:00—22:00			46	32.2	151	683.2					16	11.2			63	249.8						26.4					30	21			63	307									25	100	
22:00—23:00					151	834.2									63	312.8						26.4									63	370									25	125	
23:00—0:00	43	8.6			194	993.8	10	2							73	377.8						26.4	33	6.6							96	439.6									25	150	
0:00—1:00			47	37.6	147	1150.2					13	10.4			60	440.4						26.4					34	27.2			62	508.4									25	175	
1:00—2:00	27	2.7	43	12.9	131	1287	6	0.6			17	5.1			49	495.9						26.4	21	2.1			26	7.8			57	564.7									25	200	
2:00—3:00					131	1418									49	544.9						26.4									57	621.7									25	225	
3:00—4:00	47	23.5	45	22.5	133	1550	15	7.5			16	8			48	593.4						26.4	32	16			29	14.5			60	680.2									25	250	
4:00—5:00					133	1683									48	641.4						26.4									60	740.2									25	275	
5:00—6:00					133	1816									48	689.4						26.4									60	800.2									25	300	
6:00—7:00					133	1949									48	737.4						26.4									60	860.2									25	325	
7:00—8:00					133	2082									48	785.4						26.4							8	2.4	52	917.8			8	2.4					33	352.4	
8:00—9:00			38	26.6	95	2 188.4					15	10.5			33	822.9						26.4					23	16.1			29	953.7									33	385.4	
9:00—10:00	45	31.5			140	2 314.9	17	11.9							50	867.8						26.4	28	19.6							57	1 002.3									33	418.4	
10:00—11:00					140	2 454.9									50	917.8						26.4									57	1 059.3									33	451.4	
11:00—12:00					140	2 594.9									50	967.8						26.4									57	1 116.3									33	484.4	
12:00—13:00	46	23	42	8.4	144	2 749.5	16	8			14	2.8			52	1023						26.4	30	15			28	5.6			59	1 182.7									33	517.4	
13:00—14:00					144	2 893.5									52	1075						26.4									59	1 241.7									33	550.4	
14:00—15:00					144	3 037.5									52	1127						26.4									59	1 300.7									33	583.4	
15:00—16:00					144	3 181.5			8	5.6					60	1184.6						26.4			7	4.9					66	1 364.6							15	10.5	18	605.9	
16:00—17:00	35	7			179	3 332.5									60	1244.6	35	7			35	33.4									66	1 430.6									18	623.9	
17:00—18:00	28	14	80	51.5	127	3 468.4	10	3			13	7.8			57	1299.8			35	24.5		43.9	18	5.4			32	19.2			52	1 482.8					13	7.8			18	641.9	

依据表 4-5-5 计算该站当日停时和中时的结果如下：

$$t_{停}=\frac{1\,296+1\,301.6-1\,297.8}{58+67}=\frac{1\,299.8}{125}=10.4(\mathrm{h})$$

$$t_{无}=\frac{1\,071.6-1\,027.7}{79}=\frac{43.9}{79}=0.6(\mathrm{h})$$

$$t_{有}=\frac{1\,752+2\,271.6-2\,540.8}{\frac{182+202}{2}}=\frac{1\,482.8}{192}=7.7(\mathrm{h})$$

$$t_{中}=\frac{43.9+1\,482.8}{79+192}=5.6(\mathrm{h})$$

表 4-5-6 在"17:00～18:00"行，已经给出了货物作业车和各类中转车当日停留时间，直接带入公式计算，即可得出相同的结果。

采用 12 h 或 24 h 为时间间隔，计算过程比较简捷，但最后汇总计算任务量稍大，人工计算时间来不及，适合于计算机编制。以小时间隔的统计方法适合于人工编制报表：每小时末结算一次，至 18:00 前登记簿已基本处理完毕，便于赶在 18:00 前后完成报表编制，但计算重复，制作报表总耗时多。

(3)非号码制统计本站货物作业车作业过程的计算方法

号码制统计的缺点是不能反映当日的实际作业情况。此外，统计货物作业车在站各作业过程消耗时间的目的在于掌握总体情况，以便改进工作，具体到每一辆车的入线前停留、货物作业和出线后停留时间并无实际意义。而采用非号码制批处理方法计算货物作业过程各环节消耗时间计算工作量小，且可以得到当日的准确数据，按下式计算：

入线前停留时间

$$t_{入}=\frac{\sum_{i}(N_{货到,i}\times t_{货到,i})-\sum_{j}(N_{货送,j}\times t_{货送,j})}{\sum_{j}N_{货送,j}} \tag{4-5-8}$$

式中 $t_{入}$——本站货物作业车今日入线前停留时间；

$N_{货到,i}$——今日第 i 列到达解体列车或部分改编中转列车送到车站的货物作业车数，包括今日由非运用车转入的货物作业车、昨日到达、今日送车的本站货物作业车和双重货物作业车的卸后空车；

$t_{货到,i}$——第 i 批货物作业车自到达、转入或卸空时起至今日结束时止的换算小时，昨日到达、今日送车的本站货物作业车从昨日 18:00 起算；

$N_{货送,j}$——今日第 j 批送往货物作业地点的货物作业车数；

$t_{货送,j}$——第 j 批货车自送达作业地点时起至今日结束时止的换算小时；

站线停留时间

$$t_{站}^{作业}=\frac{\sum_{k}(N_{货送站,k}\times t_{货送站,k})-\sum_{l}(N_{站,l}^{作业}\times t_{站,l}^{作业})}{\sum_{l}N_{站,l}^{作业}} \tag{4-5-9}$$

式中 $t_{站}^{作业}$——今日货物作业车在车站货场完成装卸作业平均停留时间；

$N_{送站,K}^{货}$——今日第 k 批送往车站货物装卸的货车数；

$t_{送站,K}^{货}$——第 k 批货车自送达货物时起至今日结束时止的换算小时；

$N_{站,l}^{作业}$——今日车站货场第 l 批作业完了货车数；

$t_{站,l}^{作业}$——第 l 批作业完了货车自作业完了时起至今日结束时止的换算小时。

专用线停留时间

$$t_{专}^{作业}=\frac{\sum_{m}(N_{送专,m}^{货}\times t_{送专,m}^{货})-\sum_{n}(N_{专,n}^{作业}\times t_{专,n}^{作业})}{\sum_{n}N_{专,n}^{作业}} \tag{4-5-10}$$

式中　$t_{专}^{作业}$——今日货物作业车在专用线完成装卸作业平均停留时间；

$N_{送专,m}^{货}$——今日专第 m 批送往专用线装卸的货车数；

$N_{送专,m}^{货}$——第 m 批货车自送达专用线时起至今日结束时止的换算小时；

$N_{专,n}^{作业}$——今日专用线第 l 批作业完了货车数；

$t_{专,n}^{作业}$——第 l 批作业完了货车自作业完了时起至今日结束时止的换算小时。

出线后停留时间

$$t_{出}=\frac{\sum_{l}(N_{站,l}^{作业}\times t_{站,l}^{作业})+\sum_{n}(N_{专,n}^{作业}\times t_{专,n}^{作业})-\sum_{m}(N_{发,o}^{货}\times t_{发,o}^{货})}{\sum_{o}N_{发,o}^{货}} \tag{4-5-11}$$

式中　$t_{出}$——今日货物作业车出线后停留时间；

$N_{发,o}^{货}$——今日第 o 批由自编始发列车或部分改编中转列车发出的本站货物作业车数；

$t_{发,o}^{货}$——今日第 o 批发出的本站货物作业车自由车站出发时起至今日结束时止的换算小时。

2. 非号码制货车停留时间登记簿的填记方法

①每日 18 点开始登记前，先将昨日各项结存车数，包括货物作业车、无调中转、有调中转和非运用车的结存车数，移入本日“昨日结存”行各栏内。

②各到达和发出的“车数”和“换算小时”栏根据货车出入登记簿（运统 4）结算随同列车和不随同列车出入的车数和换算车小时的总数。

③各转入和转出的车数、换算车小时栏根据检修车登记簿（运统 5）、非运用车登记簿（运统 7）、备用车登记簿（运统 7-A）及装卸车情况，结算由运用车转入非运用车、非运用车转回运用车的换算车小时总数。

④转入、转出各栏按下列规定填记：

由非运用转回运用的货车，按转入非运用前的作业种别填记，但进行装车时，必须转入作业车（包括解除备用时间不满的货车）；到达的非运用车和由运用车转非运用、非运用转回运用车前后作业种别不同时，则按转回运用车的实际作业种别填记。

⑤以小时为计算时间间隔时，各小时末结存车数和货车停留车小时数按下列方法结算：

a. 本小时末各结存车数为上一小时末的各结存车数加本小时内入的车数，减本小时内出的车数。

b. 本小时货车停留车小时为上一小时“停留时间”换算车小时数加本小时开始时的“结存”车数加本小时入的换算小时数，减本小时出的换算小时数。

c. 中转车转为货物作业车或货物作业车转为中转车，由实际到达时转入。当日到达的，由到达时起转入；当日以前到达的，由昨日 18:00 起转入。

⑥每日 18:00 终了后，计算车站现在车及货物作业车、有调中转车和无调中转车结存车数。结存车数(6 栏)及(42 栏)与现在车报表(运报-2)的现在车数(10 栏)及非运用车数(48 栏)应核对一致。

三、两种统计方法的比较

号码制按每一辆货车逐车记载其到、发时刻及货物作业车在各个作业环节的停留时间，这项数据可以用来进行运输工作分析，指导和改善本站货物作业组织。但由于货车从车站出发时才统计，所以计算出的指标反映的是当日发出货车在站的总停留时间、中转车数、作业次数和货物作业车各作业过程消耗的时间，而不是当日的实际情况；且计算烦琐，费时费事。

非号码制采用批处理方式进行统计，计算工作量小，得出的中、停时指标能真实反映当日车站工作的实绩。由于这种统计方法不记载货物作业车的作业过程，因而不能据以考核和分析车站作业车工作组织存在的问题。但这不是非号码制本身的缺点，如前所述，利用非号码制统计方法可以统计作业车在站各作业过程的时间消耗，且计算量比号码制小。

此外，当前我国铁路大多数车站都建立了车站管理信息系统，其实时更新的货车数据库可以对车站现车进行追踪，准确反映货车在站的位置、运用状态、装载状态和作业过程，完全可以胜任车站 18:00 统计工作。

复习思考题

1. 非运用车的“转入”“转出”在哪些情况下发生？在号码制货车停留时间登记簿(运统 8)中怎样填记？在计算运用货车停留时间时货车转入非运用的停留时间怎样体现？

2. 号码制怎样统计中转车和货物作业车停留时间、中转车数和货物作业次数？为什么说号码制的统计数据一般不能反映当日作业组织的实际情况？

3. 用非号码制方法统计中、停时和本站货物作业车在站的作业过程有什么优点？

习　题

1. 依据金秋站 10 月 22 日到发车流及本站作业车作业过程的资料(见表 4-5-7)，完成号码制货车停留时间登记簿的填写，并编制该站 10 月 22 日运报-4。

2. 按【例 4-5-3】长城站 10 月 4 日终到列车和自编始发列车到发时刻和编挂车流的数据，利用非号码制批处理方法计算该站 10 月 4 日本站货物作业车入线前停留、站线作业和出线后停留时间。长城站设有一个可容纳 30 辆货车装卸的货场，车站向货场取送一次需 50 min(送车单程走行 10 min，15 min 调车、配对货位，即作业车自取送作业开始 25 min 后送到作业地点；返程走行 10 min，15 min 调车)，完成装或卸 1 车需 2 h，可同时作业；10 月 3 日 18:00 时车站调车场和到达场有待送货物作业车 28 辆、货场有正在进行装卸的货车 26 辆；车站定点取送，取送时间和辆数如表 4-5-8。

表4-5-7 号码制货车停留时间登记簿

金秋站2018年10月22日 （运统8）

货车		到达			调入站线		站作业完了		调入专用线		专用线作业完了		发出			作业种类	中转车停留时间	作业车停留时间	货物作业过程别				非运用车			记事
																			入线前停留时间	作业时间		出线后停留时间				
车种	车号	车次	月日	时分	月日	时分	月日	时分	月日	时分	月日	时分	车次	月日	时分					站线	专用线		转入月日时分	转出月日时分	停留时间	
1	2	3	4	5	6	7	8	9	10	11	12	13	14	15	16	17	18	19	20	21	22	23	24	25	26	27
P	3542835	43023	21/10	19:25					21/10	19:45	21/10	22:30	43024	22/10	2:05	卸										
C	4782463	43023	21/10	19:25					21/10	22:50	22/10	1:20	43024	22/10	2:05	双										
									21/10	19:45	21/10	22:30														
P	3278506	43024	22/10	1:36					22/10	1:56	22/10	4:26	43025	22/10	7 :48	卸										
C	4568275	43024	22/10	1:36	22/10	1:56	22/10	4:30	22/10	4:50	22/10	7:10	43025	22/10	7:48	双										
P	3692541	43024	22/10	1:36	22/10	1:56	22/10	4:30					43025	22/10	7:48	装										
P	3736243	43025	22/10	7:18	22/10	7:40	22/10	10:00	22/10	11:55	22/10	14:10	43026	22/10	15:32	双										
C	2004246	10006	22/10	7:23									43026	22/10	15:32	有							22/10 7:23	22/10 13:23		用车临修
N	5023465	43026	22/10	14:45	22/10	15:25																				

表 4-5-8　长城站 10 月 4 日取送作业实绩

取送时间	送车车数	取车车数
19:30～20:20	28	26
23:30～0:20	25	28
3:30～4:20	10	25
7:30～8:20	21	10
11:30～12:20	17	21
15:30～16:20	24	17

第六章　货车运用效率统计

货车运用效率统计反映货车运用指标的完成情况，为考核货车运用计划兑现率、分析货车运用管理水平及计算运营成本、进行财务清算提供依据。

货车运用效率统计的报表为“货车运用成绩报表（运报-5）”，为日、旬、月、季、年报，由铁路局计统部编制，其格式如表 4-6-1 所示，按国铁货车（BYB-5）、企业自备车（QYB-5）、内存货车（NYB-5）及综合（YB-5）分别统计上报。

表 4-6-1　货车运用成绩报表

运报-5（YB-5）

局名或月日	货物列车			运用车辆公里（千辆公里）			空车走行率（%）	货车全周转距离（公里）	重车周转距离（公里）	货车中转距离（公里）	管内装卸率	中转车数	装卸作业次数	运用车	工作量	货车周转时间（天）	运用货车日产量（万吨公里/辆）	货物周转量（万吨公里）	现在车	货车运用率（%）
	列车公里	旅行时间	旅行速度	合计	重车	空车														
	1	2	3	4	5	6	7	8	9	10	11	12	13	14	15	16	17	18	19	20

编表单位：　　　　　编表人：　　　　　单位领导：　　　　　上报日期：　年　月　日

一、货车运用成绩报表的编制依据

编制货车运用成绩报表（运报-5）的数据来自以下原始资料：

1. 列车运行分析表（运统 10）

列车运行分析表（运统 10）用以填记列车出发及运行的各项资料，为货车运用成绩报表（运报-5）、货物列车正晚点报表（运报-6）和货物列车公里报表（运报-10）提供依据，格式见表 4-6-2。

表 4-6-2　列车运行分析表

（运统 10）

区段	车次	列车	运用车辆数			出发								晚点原因	运行									晚点原因	记事
						中转列车到达时分			出发时分			成绩			到达时分			旅行时分				成绩			
			重车	空车	合计	定点	实际	早晚点时分	定点	实际	早晚点时分	正点	晚点		定点	实际	早晚点时分	定点	实际	十进制时分	车小时	正点	晚点		
1	2	3	4	5	6	7	8	9	10	11	12	13	14	15	16	17	18	19	20	21	22	23	24	25	26

"列车运行分析表(运统10)"按区段、分上下行方向统计各次列车在区段内的走行公里、编挂的运用重车和空车辆数及出发、运行正晚点情况,为编制货车运用成绩报表(运报-5)、货物列车正晚点报表(运报-6)和货物列车公里统计表(运报-10)提供数据。

列车运行分析表(运统10)依据以下原始资料填写:

(1)计划和实绩列车运行图,提供各列车运行区段开行车次、图定和实际到发点。

(2)铁路局运输调度工作日(班)计划及有关调度命令,提供铁路局列车工作计划规定开行的列车车次及始发、终到时刻。

(3)列车确报,提供列车中编挂的重、空车辆数。

在填记运用车辆数(4、5、6栏)和旅行车小时(22栏)时,企业自备车填在斜线上方、国铁货车填在斜线下方。

2. 运报-1、运报-2、运报-4

(1)运报-1提供分界站接入重、空车数。

(2)运报-2提供运用车数和现在车数。

(3)运报-4提供车站中转车和作业车数及停留时间。

3. 货报-1

提供使用车数、卸空车数和装卸作业次数。

二、货车运用成绩报表的编制方法

1. 编制方法和数据来源

报表各栏的计算方法和数据来源为:

(1)列车公里(1栏)为货物列车在各区段走行公里之和,旅行时间(2栏)为列车在各区段运行时间之和,旅行速度(3栏)为列车公里(1栏)与旅行时间(2栏)之商,数据来自运统10。

(2)运用车辆公里"合计"(4栏)="重车公里"(5栏)+"空车公里"(6栏)之和,以千公里为单位。运用车总走行公里、重车走行公里、空车走行公里数据摘自"列车运行分析表(运统10)"运用车辆数(6、4、5栏)分别与列车公里数(3栏)的乘积。

(3)"空车走行率"(7栏)="空车公里"(6栏)/"重车公里"(5栏),保留小数一位。

(4)"货车全周转距离"(8栏)="运用车辆公里"(4栏)/"工作量"(15栏)。因为,"货车全周转距离"(8栏)为货车每完成一次周转平均走行的距离,而在统计期间内管内运用货车总走行公里为"运用车辆公里"(4栏),完成的货车周转次数为"工作量"(15栏)。

(5)"重车周转距离"(9栏)="重车公里"(5栏)/"工作量"(15栏)。

(6)"货车中转距离"(10栏)="运用车辆公里"(4栏)/"中转车数"(12栏)。

(7)"管内装卸率"(11栏)=装卸作业次数(13栏)/工作量(15栏)。

(8)"中转车数"(12栏)摘自"货车停留时间报表(运报-4)"(10栏)。

(9)"装卸作业次数"(13栏)摘自"货车停留时间报表(运报-4)"(1栏)。

这里"中转车数"(12栏)和"装卸作业次数"(13栏)的数据均来自"货车停留时间报表(运报-4)"。如果车站采用号码制统计方法编制运报-4,则提供的"货车在站停留时间""中转车数"和"装卸作业次数"数据均不能反映当天的实绩,进而影响"货车中转距离"(10栏)、"管内装卸率"(11栏)和"货车周转时间"(16栏)统计结果的准确性。采用非号码制统计方法就可以避免这一情况。

(10)“运用车”(14栏)摘自“(运报-2)”(11栏)。

(11)“工作量”(15栏)摘自装卸车统计报表(货报-1)“使用车数”(4栏)+分界站货车出入报表(运报-1)“接入重车”(4栏)。

(12)“货车周转时间”(16栏)可以采用车辆相关法或时间相关法统计。

车辆相关法的计算公式为:“货车周转时间”(16栏)=“运用车辆日”(运报-2LR(5栏))/“工作量”(15栏)。

时间相关法的计算公式为:“货车周转时间”(16栏)=(运用车旅行车辆小时+中转车辆小时+货物作业车辆小时)/工作量(15栏)。其中:运用车旅行车辆小时为“列车运行分析表(运统-10)”中“运用车合计”(6栏)与“列车旅行时间”(21栏)的乘积;中转车辆小时和货物作业车辆小时分别摘自“货车停留时间报表(运报-4)”的第11栏和第2栏。

这里,如果车站采用号码制统计方法,同样存在中转车辆小时和货物作业车辆小时取值不准的问题。

(13)“运用货车日产量”(17栏)=“货物周转量”(18栏)/“运用车辆日”(摘自“YB-2LR”11栏)。

(14)“货物吨公里”(18栏)= $\sum$(列车净载重×列车公里)。列车净载重资料取自当日各区段列车编组顺序表,列车公里为列车运行区段的公里数。

(15)“现在车”(19栏)摘自运报-2第10栏。

(16)“货车运用率”(20栏)=“运用车数”(运报-2第11栏)/“现在车”(运报-2第10栏)×100%。

2. 编制货车运用成绩统计的精度要求

旅行速度、空车走行率、运用车日产量、货物周转量、货车运用率保留一位小数,第二位四舍五入;管内装卸率、货车周转时间保留小数二位,第三位四舍五入。

复习思考题

1. 货车运用效率统计的作用是什么?
2. 什么是货车运用率?反映货车的什么特征?

第七章　列车正点统计

列车正点（包括出发和运行正点）是维持良好的列车运行秩序、协调车站工作和列车区间运行、保证服务旅客和货主质量的基本条件。铁路调度部门和车站应采取各种必要措施，保证列车特别是旅客列车的出发和运行正点。列车正晚点按旅客列车和货物列车分别统计。

第一节　旅客列车正晚点统计

铁路旅客列车正晚点统计反映旅客列车按列车运行图行车的准确程度及旅客运输服务质量，是考核运输组织工作水平、改进列车运行组织和调度指挥的重要依据。

旅客列车正晚点统计报表为“旅客列车正晚点报表（YB-8）”“旅客列车正晚点统计表（YB-8-1）”和“分界站旅客列车交接报表（YB-8-A）”。

一、旅客列车正晚点统计的相关规定

1. 统计范围

我国铁路旅客列车分为动车组、直达特快旅客列车、特快旅客列车、快速旅客列车、普通旅客快车、普通旅客慢车、通勤列车、临时旅客列车、临时旅游列车、回送出入厂客车底列车、回送图定客车底和因故折返旅客列车等种类。凡以旅客列车车次（不包括回送空客车底）开行的列车，均须纳入旅客列车正晚点统计。

在铁路局调度指挥范围内开行的旅客列车（包括在合资铁路开行以及地方铁路与国家铁路、合资铁路之间开行的旅客列车），均由所在铁路局调度所统计室负责统计。跨局间分界站运行的列车按直通列车统计，未跨局间分界站运行的列车，按管内列车统计。

2. 列车始发、终到及运行的划分

旅客列车的运行过程分为始发、运行和终到。

(1)列车始发

旅客列车在始发站出发为列车始发，管内旅客列车、直通旅客列车每列产生一个始发。

(2)列车终到

旅客列车在终到站到达为列车终到，管内旅客列车、直通旅客列车每列产生一个终到。

(3)列车运行

旅客列车自始发站至终到站运行的全过程为列车运行。每列管内旅客列车产生一个运行；对于直通旅客列车跨两个及以上铁路局的运行，为了划分列车晚点的责任，分为始发交出运行、接入交出运行和接入终到运行。列车由本局车站始发，经分界站交给邻局的运行过程称为始发交出运行；列车经分界站由邻局接入，通过本局，再经另一分界站交给邻局的运行过程称为接入交出运行或通过运行；列车经分界站由邻局接入，至本局车站终到的运行过程称为接入终到运行。

本局所辖分界站为列车始发、终到站时，列车向邻局始发交出由本局统计始发，邻局同时统计接入；列车由邻局接入时，由邻局统计终到。

旅客列车的正晚点按其运行过程分别始发、终到和运行统计。

3. 判断旅客列车正晚点的依据

判定旅客列车是否正点，是把列车的实际到发时分与正点到发时分相比较：与正点到发时分一致为正点，早于正点到发时分为早点，而晚于正点到发时分则为晚点。

(1)旅客列车的正点到发时分

除基本列车运行图外，为适应春运、暑期和其他节假日运输，大批货物临时运输以及特种运输，货物运量波动，和线路、接触网施工的需要，还应编制分号列车运行图。在分号运行图中，基本图中已有的旅客列车车次和时刻一般保持不变，以方便旅客乘车。在客流量发生较大变化时编制的分号运行图中，会增加或减少旅客列车的开行数量，如春运期间：节前至节后 40 d 增开临时旅客列车，而在年初一到初三停开部分旅客列车。由于临时需要，也可在现行运行图上铺画增开的临时定点旅客列车车次，在铁路运输调度日(班)计划中规定开行时刻。图定(包括基本图和分号图)旅客列车车次及时刻以旅客列车时刻表的形式向社会公布；临时定点旅客列车的车次和开行时刻，实行前在车站及通过媒体通报旅客。

图定旅客列车的正点时刻按照列车运行图的车次和时刻，因线路、接触网施工等原因不能按基本运行图运行的旅客列车依据向社会公布的施工分号运行图的时刻作为正点时刻；临时定点旅客列车按公布的车次和时刻。

(2)列车实际始发、终到、接入和交出时分的确定

列车始发时刻以列车在始发站向前进方向起动，在站界内不再停车的时分为准。列车终到以列车在终到站指定到达线内停妥时分为准。

列车接入和交出：列车在分界站无图定停点时，以列车机车通过车站值班员室的时分为准。在分界站有图定停点时，列车由邻局到达本局所属分界站时分为本局接入、邻局交出时分；列车在本局所属分界站向邻局出发时分为本局交出、邻局接入时分。

4. 列车正晚点统计

(1)列车始发：图定列车在始发站按列车运行图规定的时刻出发、临时定点旅客列车按路局调度工作日(班)计划规定的时刻出发，统计为正点，晚于规定时刻出发统计为晚点。

(2)列车终到：图定列车按列车运行图规定的时刻、临时定点旅客列车按铁路局调度工作日(班)计划规定的时刻到达终到站，统计为正点，晚于规定时刻统计为晚点。

(3)列车接入：图定列车经分界站不晚于列车运行图规定时刻接入、临时定点旅客列车不晚于铁路局调度工作日班计划规定的时刻接入，统计为正点，晚于规定时刻统计为晚点。

(4)列车交出：图定列车经分界站不晚于列车运行图规定时刻交出、临时定点旅客列车不晚于铁路局调度工作日班计划规定的时刻交出，统计为正点，晚于规定时刻统计为晚点。

(5)列车在中途站临时停止运行，根据列车运行图或铁路局调度工作日班计划规定到达该站的时刻统计正晚点。

5. 晚点责任的确定

旅客列车晚点按晚点原因划分为责任晚点和非责任晚点。

(1)责任晚点

在局管内，列车的正点运行需要车务、客运、机务、工务、电务、车辆及其他铁路部门的协同配合，其中任何部门的工作出现偏差都可能造成列车晚点；此外，直通旅客列车跨两个或以上铁路局运行，保证列车的运行正点需要沿途各局的共同努力。由于铁路部门的原因造成的列

车晚点称为责任晚点，应为列车晚点承担责任的部门称为责任部门。例如，由于车站未及时准备好接车进路，造成机外停车引起的列车晚点属于车务责任晚点；行车调度员指挥不当引起的列车晚点也属于车务责任晚点；因为机车检修质量问题，在列车运行途中机车发生故障而造成的晚点则属于机务责任晚点。

(2)非责任晚点

非责任晚点指因自然灾害等不可抗拒力、非铁路责任或非本部门自身原因引起的列车晚点。例如，由于地震引起山体崩塌阻断线路而造成的列车晚点；列车自分界站接入晚点造成终到或交出晚点，但在本局管内旅行时间不超过规定时间到达终到站或交出分界站时，本局统计为未增晚，列非责任晚点。

二、旅客列车正晚点统计报表

旅客列车正晚点统计报表包括“旅客列车正晚点报表(KYB-8)”“旅客列车正晚点统计表(KYB-8-1)”和“分界站旅客列车交接报表(KYB-8-A)”。

1. 旅客列车正晚点报表

“旅客列车正晚点报表(客运报-8)”反映管内旅客列车始发和终到，直通旅客列车始发、接口运行、交口运行(包括始发交出和通过交出)和终到的正晚点情况及晚点责任部门，由铁路局调度所统计室负责编制，为日报、月报，其格式如表 4-7-1 所示。运报-8 和有关原始记录，保存期限为 1 年。

表 4-7-1　旅客列车正晚点报表

(运报—8)

局名或月日	管内旅客列车																			直通旅客列车												
	始发									终到										始发									接口运行			
					其中									其中										其中					接入终到			
						分责任部门晚点列数									分责任部门晚点列数										分责任部门晚点列数							
	列数	正点列数	正点率%	晚点列数	责任晚点列数	工务	…	其他	非责任晚点列数	列数	正点列数	正点率%	晚点列数	责任晚点列数	工务	…	其他	非责任晚点列数	其中未增晚列数	列数	正点列数	正点率%	晚点列数	责任晚点列数	工务	…	其他	非责任晚点列数	列数	正点列数	正点率%	晚点列数
	1	2	3	4	5	6	…	12	13	14	15	16	17	18	19	…	25	26	27	28	29	30	31	32	33	…	39	40	41	42	43	44

直通旅客列车																																	
接口运行				始发交出										通过交出										终到									
接入通过								其中										其中										其中					
									分责任部门晚点列数										分责任部门晚点列数										分责任部门晚点列数				
列数	正点列数	正点率%	晚点列数	列数	正点列数	正点率%	晚点列数	责任晚点列数	工务	…	其他	非责任晚点列数	其中未增晚列数	列数	正点列数	正点率%	晚点列数	责任晚点列数	工务	…	其他	非责任晚点列数	其中未增晚列数	列数	正点列数	正点率%	晚点列数	责任晚点列数	工务	…	其他	非责任晚点列数	其中未增晚列数
45	46	47	48	49	50	51	52	53	54	…	60	61	62	63	64	65	66	67	68	…	74	75	76	77	78	79	80	81	82	…	88	89	90

(1)统计依据

铁路局所管辖的线路划分为若干调度区段，每一调度区段的行车工作由一名当班的行车调度员统一指挥。一天结束时，当日两班行车调度员的调度指挥业绩就被记载在该区段的实绩运行图上，其中包括列车的早点、晚点时分及晚点原因等。

铁路局调度所统计室依据每日完成的各调度区段实绩列车运行图编制旅客列车正晚点报表。

(2)报表中各栏之间的关系

本表的第 1～27 栏填记管内旅客列车的始发和终到正晚点情况，无论“始发”还是“终到”都存在以下关系：

“列数”为“正点列数”与“晚点列数”之和。

“正点率”为“正点列数”与“列数”的比值。

“晚点列数”为“责任晚点列数”与“非责任晚点列数”之和，其中“责任晚点列数”为“车务”“机务”“车辆”“客运”“工务”“电务”和“其他”部门责任晚点列数之和。

“其中未增晚列数”为“非责任晚点列数”中在局管内未增晚的列数。

第 28～90 栏填记直通旅客列车的正晚点情况：

直通列车在本铁路局管内开始运行有“始发”和从分界口接入即“接口运行”两种情况，其中“接口运行”的旅客列车可能在本局终到或接入后再由另一分界站交外局。对“始发”直通列车统计始发正点率、责任晚点和非责任晚点列数及部门别的责任晚点列数；对“接口运行”旅客列车分“接入终到”和“接入通过”统计自分界站接入时的正点率。

对“交口运行”直通旅客列车则分“始发交出”和“通过交出”统计由局间分界站交给外局的正点率、责任晚点列数及其中分责任部门的晚点列数、非责任晚点列数及其中未增晚列数；

对“终到”直通旅客列车统计列车到达终点站的正点率、责任晚点列数及其中分责任部门的晚点列数、非责任晚点列数及其中未增晚列数。

在“始发交出”“通过交出”和“终到”各栏中，“其中未增晚列数”指“非责任晚点列数”中没有增加晚点的列车数。

列车正点率计算保留小数 1 位，第二位四舍五入。

2. 旅客列车正晚点统计表

“旅客列车正晚点统计表(KYB-8-1)”(见表 4-7-2)是“旅客列车正晚点报表”(KYB-1)的综合汇总统计报表，分为始发正点统计、接入正点统计、交出正点统计、终到正点统计和总运行正点统计五部分。“旅客列车正晚点统计表(KYB-8-1)”的数据均来自运报-8。

表 4-7-2 旅客列车正晚点统计表

客运报—8—1

局名或月日	始发													接口运行				交口运行													
	列数	正点列数	正点率%	晚点列数	其中									列数	正点列数	正点率%	晚点列数	列数	正点列数	正点率%	晚点列数	其中									
					责任晚点列数	分责任部门晚点列数							非责任晚点列数									责任晚点列数	分责任部门晚点列数							非责任晚点列数	其中未增晚列数
						车务	机务	车辆	客运	工务	电务	其他											车务	机务	车辆	客运	工务	电务	其他		
	1	2	3	4	5	6	7	8	9	10	11	12	13	14	15	16	17	18	19	20	21	22	23	24	25	26	27	28	29	30	31

续上表

终到														总运行												
列数	正点列数	正点率%	晚点列数	其中										列数	正点列数	正点率%	晚点列数	其中								
				责任晚点列数	分责任部门晚点列数							非责任晚点列数	其中未增晚列数					责任晚点列数	分责任部门晚点列数							非责任晚点列数
					车务	机务	车辆	客运	工务	电务	其他								车务	机务	车辆	客运	工务	电务	其他	
32	**33**	**34**	**35**	**36**	**37**	**38**	**39**	**40**	**41**	**42**	**43**	**44**	**45**	**46**	**47**	**48**	**49**	**50**	**51**	**52**	**53**	**54**	**55**	**56**	**57**	**58**

始发正点统计(1～13栏)反映全部管内旅客列车和直通旅客列车总体始发正晚点情况及晚点责任单位。始发“正点率”(3栏)为始发“正点列数”(2栏)与始发总“列数”(1栏)的比值，其余各栏数字均为运报-8管内、直通旅客列车始发正晚点对应栏数字之和。

接入正点统计(14～17栏)反映全部接入直通列车(包括接入终到和接入交出直通列车)的接入正点情况。接入“正点率”(16栏)为接入“正点列数”(15栏)与接入总“列数”(14栏)的比值。接入总“列数”(14栏)、“正点列数”(15栏)和“晚点列数”(17栏)各栏数字均为运报-8“接入终到”和“接入通过”列车运行正晚点对应栏数字之和。

交出正点统计(18～31栏)则反映本局从分界站交出的全部直通列车(包括始发交出和接入交出直通列车)的交出正点情况及晚点责任单位。交出“正点率”(20栏)为交出“正点列数”(19栏)与交出总“列数”(18栏)的比值，其余各栏数字均为运报-8“始发交出”和“通过交出”列车运行正晚点对应栏汇总。

终到正点统计(32～45栏)反映全部管内旅客列车和直通旅客列车总的终到正点情况及晚点责任单位。旅客列车终到“正点率”(34栏)为终到“正点列数”(33栏)与终到总“列数”(32栏)的比值，其各栏数字为运报-8管内、直通列车终到正晚点对应栏之和。

最后，总运行正点统计(46～58栏)反映全部旅客列车(包括全部分界站交出旅客列车和终到旅客列车)在管内运行的正点情况及晚点责任单位。总运行“列数”(46栏)为交出“列数”(18栏)与终到“列数”(32栏)之和。

虽晚点交出或终到但在本局管内未增晚的旅客列车统计为运行正点。所以：“正点列数”(47栏)为交口运行“正点列数”(19栏)、“未增晚交出列数”(31栏)与终到“正点列数”(33栏)、“未增晚终到列数”(45栏)之和；总运行“晚点列数”(49栏)为交口运行与终到“晚点列数”(21栏、35栏)之和，减去中交口运行和终到“非责任晚点列数”中的“未增晚列数”(31、45栏)；总运行“非责任晚点列数”(58栏)中也不包括交口运行和终到“非责任晚点列数”中的“未增晚列数”。

3. 分界站旅客列车交接报表(YB-8-A)

“分界站旅客列车交接报表(YB-8-A)”(见表4-7-3)反映局间分界站交接旅客列车的数量和正晚点情况，为日、月报。

表4-7-3　分界站旅客列车交接报表　(YB-8-A)

局名或月日	分界站名	分界站代号	接入列数	其中晚点列数	交出列数	其中晚点列数
A	B	C	1	2	3	4
	分界站1					

续上表

局名或月日	分界站名	分界站代号	接入列数	其中晚点列数	交出列数	其中晚点列数
	分界站 2					
	……					
	分界站 n					
	计					

凡在铁路局间分界站出入的旅客列车(不包括回送客车底列车)均应纳入 YB-8-A 统计。分界站所属铁路局和邻局应核对一致,并须同时上报。

铁路局各分界站接入总列数应等于 YB-8 接入终到列数与接入通过列数之和,各分界站接入晚点总列数等于 YB-8 接入终到晚点列数与接入通过晚点列数之和。同样,交出总列数应等于 YB-8 始发交出列数与通过交出列数之和,各分界站交出晚点总列数等于 YB-8 始发交出晚点列数与通过交出晚点列数之和。

第二节　货物列车正点统计

货物列车正点统计是反映货物列车按运行图行车情况,考核日(班)列车工作计划的编制质量及执行情况,分析改善列车运行秩序和运输指挥工作的主要依据。货物列车正点率是考核运输组织工作质量的主要指标之一,凡以货物列车车次(小运转列车车次除外)均按货物列车统计,快速班列单独统计。

"货物列车正晚点报表(运报-6)",格式见表 4-7-4。

表 4-7-4　货物列车正晚点报表　　运报-6(YB-6)

局或区段名	出发									运行								
	货物列车总列数	其中正点列数	正点率(%)	其中			快速班列总列数	其中正点列数	正点率(%)	货物列车总列数	其中正点列数	正点率(%)	其中			快速班列总列数	其中正点列数	正点率(%)
				快运货物班列总列数	其中正点列数	正点率							快运货物班列总列数	其中正点列数	正点率			
	1	**2**	**3**	**4**	**5**	**6**	**7**	**8**	**9**	**10**	**11**	**12**	**13**	**14**	**15**	**16**	**17**	**18**

编表单位:　　　　　编表人:　　　　　单位领导:　　　　　　　　上报日期:　　年　月　日

(盖章)　　　　　　　　　　　　　　　(签章)

一、货物列车正点统计的有关规定

货物列车正点统计划分为列车出发正点统计和列车运行正点统计。判定货物列车的出发和运行"正点"不是仅根据图定时分或调度工作日(班)计划规定的时分,同时还兼考察运输调度计划的编制质量。因此,在进行货物列车正点统计时,除了应明确列车车次、分清列车出发与列车运行的区别、了解列车正点时分和列车实际到达、出发和通过点的确定方法外，还应掌握统计为列车出发和运行正点的规定。

（一）列车开行车次的确定

各铁路区段运行的货物列车是根据铁路局调度工作日（班）计划的规定开行的。路局调度所计划调度员在编制次日列车工作计划时，要依据推定的次日车流，按照列车运行图逐条运行线确定次日是否能开行。没有车流保证的列车运行线不能开行；基本图规定的各区段列车运行线开满以后，可以开行临时定点列车，由计划调度员确定其车次，并在运行图空当中铺画其运行线。

各区段开行列车的车次以列车运行图为准；加开的列车以日（班）计划确定的车次为准。

（二）列车出发及运行的划分

1. 各站编组始发的列车，中间站恢复运行的停运列车，图定或日（班）计划规定原车次接续在编组站、区段站进行技术作业中转出发的列车均按出发统计。

2. 列车由出发至运行区段的终到站（包括中间站），按运行统计。

3. 铁路局分界站为中间站时，除本站编组始发列车和停运列车恢复运行外，均不统计出发。对经过分界站的列车按两个运行统计（即由列车出发至分界站为一个运行，由分界站至列车运行区段终到站为另一个运行），分界站所属局由分界站接入时分为运行开始，分界站交出时分为运行终止。

4. 在国境、新线、地方铁路分界站，向国外、新线、地方铁路发出的列车不统计出发；国外、新线、地方铁路分界站向营业线发出的列车，统计编组始发。

5. 在编组站、区段站图定不进行技术作业的列车、中间站临时更换机车继续运行的列车（因自然灾害、事故而机车不能摘走的停运列车除外），不统计出发和运行。

6. 列车在干支线衔接的中间站，由于变更运行方向而变更车次，根据机车交路图如不更换机车时，按一个运行区段统计；如更换机车则按两个运行区段统计（临时更换机车除外）。

7. 重载（长大）列车在中间站组合或拆组，统计出发和运行。

（三）列车正点到、发时分标准的确定

统计列车正、晚点，应当有所参照，即必须明确每一列车什么时刻是该列车从车站出发或到达车站的“正点时刻”。确定列车正点到发时分的标准为：

1. 按列车运行图运行线开行的列车，根据图定时分。

2. 临时定点运行的列车，根据日（班）计划规定的时分。

3. 因影响行车的技术设备施工、维修，由铁路局以书面文件、电报或在运输方案中公布调整列车运行图中的列车运行时分，根据调整的时分。

4. 下列情况，以列车发、到前下达的调度命令为准：

（1）中转列车临时早点提前利用空闲运行线运行时。

（2）停运列车恢复运行时。

（3）使用原车次在枢纽内变更始发或到达的编组站时。

（4）在局管内整列重车或空车变更到站时。

（5）技术站编组的始发列车利用日（班）计划内中转列车空闲运行线提前开行时。

（四）列车实际到、发时分的确定

1. 列车出发

以列车向前进方向起动，列车在站界（或场界）内不再停车为准。列车驶出站界后，因故退回发站再次出发时，以第一次出发时分为准；但在分界站向邻局出发时，以最后出发时分为准。

"场界"是指一站多场的场间分界点。当各车场在列车运行图内分别规定有列车发、到或通过点时，列车在该车场的出发时分以列车向前进方向起动，且列车在场界内不再停车为准。

2. 列车到达

以列车进入车站，停于指定到达线警冲标内方时分为准。列车超过到达线有效长度时，以第一次停车时分为准。列车在区间分部运行时，则以全部车辆到达前方站时分为准；如分部运行将车辆拉向两端车站时，以拉向前方站的最后一部分车辆到达时分为准。

3. 列车通过

以列车机车通过车站值班员室时分为准。

（五）列车出发及运行统计为正点的规定

货物列车的出发和运行正、晚点按列车运行区段统计，例如兰州北站发往宝鸡东站的直通货物列车需要分别兰州北—陇西、陇西—天水、天水—宝鸡东三个区段进行列车出发和运行正点统计。

1. 编组始发列车和中转列车

(1)列车出发

①编组始发列车下列情况按出发正点统计：

a. 根据日(班)计划规定的车次，按图定的时分正点或早点不超过 15 min 出发时。

b. 日(班)计划规定以图定运行线到达的中转列车，因临时停运或晚点不能利用该图定运行线时，技术站根据发车前调度命令，利用该运行线提前开行日(班)计划规定的编组始发车次的列车，正点或早点不超过 15 min 出发时。除上述情况外(包括没有调度命令，或有调度命令但按出发早点超过 15 min 或晚点开出)，利用该运行线开行的编组始发列车，出发按晚点统计。

15 min 基本上是列车运行一个区间的时间，列车出发比图定运行线早点超出 15 min 以上表明局调度所的列车工作计划不够周密，此外会影响其他列车的正常运行，统计为晚点是对这种做法不赞成的政策导向。

②中转列车下列情况按出发正点统计：

a. 局调度工作日(班)计划规定按图定接续运行线开行的中转列车

根据日(班)计划规定按图定接续运行线正点、早点出发或晚点不超过到达运行线[指日(班)计划或调度命令规定该列车所走的运行线]图定接续中转时间出发时。

预计中转列车不能按图定接续运行线运行时，按日(班)计划规定的接续运行线正点、早点出发或晚点不超过到达运行线图定接续的中转时间出发时。

b. 直达列车原利用的运行线已终止，按日(班)计划规定以原车次另行接续的运行线正点、早点出发或晚点不超过日(班)计划规定接续的中转时间出发时。

c. 按临时指定的运行线开行的中转列车

中转列车临时早点，根据发车前调度命令提前利用空闲运行线正点、早点出发或晚点不超过到达运行线固定接续中转时间出发时；

中转列车临时晚点利用空闲运行线出发时，仍按到达运行线固定接续的中转时间统计正晚点。

(2)列车运行

下列情况统计为列车运行正点：

①图定列车

按列车出发所走运行线的时分正点、早点到达或晚点不超过规定旅行时间到达时，按运行正点统计。

②分界站为中间站

列车正点、早点到达局间分界站时，统计为运行正点。

2. 临时定点列车、停运列车、日（班）计划外开行的列车、变更发到站的列车、合并运行列车、运行途中变更车次的列车、日（班）计划规定在中间站始发或终到的列车和快速班列、快运货物班列

(1)临时定点列车

①加开的临时定点列车

按基本列车运行图图定列车开满时，加开的临时定点列车，根据日（班）计划规定的时分统计正晚点。图定列车未开满时加开的临时定点列车，出发按晚点统计，运行按班计划规定的时分统计正晚点。

在确定列车是否满图时，基本图开满以编组站、区段站实际发出的列车计算；摘挂列车运行线与其他货物列车运行线分开计算；干支线衔接的区段，列车对数分别计算；运行图规定在中间站始发和到达的列车未开满，而全区段运行的列车已开满，视为列车运行图已开满。

②按图定车次开行的临时定点列车

限速列车、有时间限制的军用列车、在区间整列装卸的列车、停运列车恢复运行以及开行运行图以外的阶梯直达列车在作业站间的临时定点，均按日（班）计划规定的时分统计正晚点。

(2)停运列车

①日（班）计划规定开往中间站的停运列车，按日（班）计划规定统计运行正晚点。

②列车临时在中间站停运，运行按晚点统计。

③中间站停运列车临时恢复运行，根据发车前调度命令指定的空闲运行线或临时定点（到局管内前方第一编组站或区段站的时分）统计正晚点。

(3)日（班）计划外开行的列车

①由邻局接入的日（班）计划以外开行的列车，根据所走运行线或开车前调度命令指定的时分统计正晚点。

②本局日（班）计划以外开行的列车或日（班）计划中一条运行线规定两个车次时，出发按晚点统计；运行按列车出发所走运行线的时分正点、早点到达或晚点不超过规定旅行时间到达时统计为运行正点。

(4)变更发到站的列车

在局管内整列重车临时变更卸车站或整列空车临时变更配空站（变更后如有剩余车辆不超过该区段单机挂车辆数时可视同整列），以及枢纽内临时变更始发或到达编组站的列车，均根据发、到前的调度命令，有图定时分的按图定时分统计正晚点，变更后的发、到站无图定时分的，出发按有图定时分的第一个车站统计出发正晚点，运行按有图定时分的最终站统计运行正晚点。列车旅行时间按实际发、到站的时分统计。

除上述情况外，临时变更发、到站的列车，出发或运行均按晚点统计。

(5)合并运行列车

合并运行列车根据日（班）计划规定的列车车次分别统计。

(6)运行途中变更车次的列车

列车车次应保持到列车编组计划或日(班)计划规定的终到站。中途变更车次(包括变更为小运转车次)时:在技术站变更,出发按晚点统计,运行按所走运行线统计;在中间站变更,运行按晚点统计。

(7)日(班)计划规定在中间站始发或终到的列车

根据日(班)计划规定在中间站始发或终到的列车,如使用的运行线列车运行图规定为通过时分,按附加的起停车时分统计正晚点。

(8)快运货物班列

凡以快速班列、快运货物班列车次开行的列车一律按基本运行图图定时分统计列车出发、运行正晚点。

快速班列是指专门运送行包的客车化货物列车。

快运货物班列是指在固定发到站间,有固定的车次和运行线、明确的开行周期和运行时刻,按客车化模式组织开行的货物列车。快运货物班列按照速度的不同分为特快班列、快速班列和普快班列三种。

二、货物列车正点统计报表的编制

"货物列车正晚点报表(运报-6)"分别列车出发和列车运行统计列车正点率。"五定"班列包括在货物列车中,单独列出。行包专列不包括在货物列车中。本表为日、旬、月、季、年报,本报表由铁路局计统处统计科负责编制。

凡当日出发或到达的货物列车(小运转列车车次除外),均在当日统计出发及运行列数、列入货物列车正点统计的范围。行包专列不计入货物列车,单独统计。

小运转列车为技术站与区段或枢纽内的中间站之间输送车流服务,具有较大的灵活性和随机性,可以临时加开、根据技术站编车需要提前或推迟出发,因而不列入正点统计。

1. 报表编制依据

"货物列车正晚点报表(运报-6)"依据"列车运行分析表(运统10)"(见表4-6-2)编制。

运统10依据基本图、实绩图、日(班)计划及有关调度命令和列车确报填写。

2. 报表编制要求

《铁路货车统计规则》规定在运报-6统计中:

(1)列车正点率的百分数算至小数一位,第二位四舍五入。

(2)列车出发和运行正点率的计算方法:

$$\eta_{出发}=\frac{n_{出发}^{正点}}{N_{出发}}\times 100\% \tag{4-7-1}$$

$$\eta_{运行}=\frac{n_{运行}^{正点}}{N_{运行}}\times 100\% \tag{4-7-2}$$

式中　$\eta_{出发}$、$\eta_{运行}$——列车出发、运行正点率;

$n_{出发}^{正点}$、$n_{运行}^{正点}$——出发正点、运行正点列数;

$N_{出发}$、$N_{运行}$——出发、运行列车总数。

(3)对晚点原因,各局可根据实际需要自定附表加以统计。

我国铁路行车工作在精心调度指挥和周密的组织下,客、货列车的正点率都保持了很高的水平。客、货列车的出发和运行正点为铁路运输组织提供了良好的基础。

复习思考题

1. 什么是旅客列车的始发、运行和终到？直通旅客列车的运行分为几类？

2. 旅客列车在局间分界站接入、交出的时刻怎样确定？

3. 判定旅客列车始发、终到、接入、交出正晚点的依据是什么？

4. 什么是旅客列车责任晚点、非责任晚点？

5. 在货物列车正点统计中，怎样划分出发与运行？

6. 判定始发列车和中转列车出发、运行正晚点的依据是什么？

7. 统计临时定点列车、停运列车、变更发、到站的列车、合并运行列车、中途变更车次的列车和根据日班计划在中间站始发或终到的列车的出发、运行正晚点有哪些具体规定？原因是什么？

8. 判定快速班列、快运货物班列正晚点的依据是什么？

第八章　铁路运输工作分析

第一节　车站工作分析

车站分析工作的目的在于肯定车站各方面工作的成绩，找出工作中的缺点，总结执行日班计划、技术作业过程、列车运行图和列车编组计划的经验和问题，检查安全行车情况，从而据以制定改进车站工作的有效措施。

一、分析的主要内容

1. 安全情况分析

车站保持安全生产天数，安全设备的使用情况及存在问题，对发生的事故和事故苗子找出发生的原因，提出今后防止的措施和落实措施的组织保证，表彰防止事故的好人好事。

2. 列车正晚点及调车工作完成情况分析

列车出发晚点的原因（车流不足、车流接续时间紧、编组不及时、等机车、等技检、临时甩车、违反编组且发现过迟），列车违编的情况，到发线的运用是否合理；调车作业的组织工作、作业方法及效率。

3. 装卸情况分析

装卸车数，品类别、去向别装车计划，成组、直达装车计划的完成情况；挂线装卸计划的兑现情况，及没有实现的原因；待卸车数、积压货物数量及待卸、积压原因。

4. 中时、停时完成情况的分析

检查中、停时是否完成计划，分析没有完成的原因。可着重分析班计划中列车出发计划规定的开行车次是否符合车站的车流性质、是否在计划车次开完以后仍有积压车流，车站装、卸安排是否符合出发列车的编组需要，是否有因车站工作失误导致始发列车晚点甚至运休的情况；根据分析结果，提出加速车辆周转的具体措施。

5. 运用车保有量分析

车站运用车保有量应当与其办理的中转和作业车数相适应。但由于每天的作业情况不同，车站运用车保有量偏离技术计划值并不一定说明保有量不正常。日常车站应保有的运用车数量可按下式推算：

$$N_{中}=\frac{t_{中}\ u_{中}}{24}$$

$$N_{货}=\frac{t_{货}\ u_{货}}{24} \tag{4-8-1}$$

式中　$N_{中}$、$N_{货}$——车站合理的中转货车和货物作业车保有量，车；

$t_{中}$、$t_{货}$——技术计划规定的车站中时和停时，h/车或 h/次；

$u_{中}$、$u_{货}$——车站每日办理的中转车数和进行装卸作业的次数，车或次。

运用车数量波动超过10%，就可能对车站作业造成不利影响。如果保有量过多，应找出作业不畅的原因，及时消除；保有量过少，往往是由于到达车流量减少，将难以完成装卸和列车编组任务，需要从铁路局或全路范围查找原因。

6. 车站作业计划编制和执行情况的分析

检查计划的编制质量、兑现程度以及指挥失误的情况。例如，班计划制定的运输组织措施是否得当，阶段计划的解编顺序和时机、取送时机和内容的安排与出发列车编组是否协调，调车作业计划的效率等。

二、车站工作分析的分类

车站工作分析有日常分析、定期分析和专题分析三种。

1. 日常分析

日常分析是对本班和本日运输工作的分析。班分析在交班会上进行，由站长（副站长）或值班主任、车间主任主持，分析全班工作完成的情况。日分析由车站技术室负责，针对一定问题，例如装车、卸车、排空、列车出发晚点、调车作业重点地分析作业效率、安全隐患等问题。

2. 定期分析

定期分析是指旬分析和月分析，由车站技术室进行，主要分析车站运输指标完成情况，车站采取的技术组织措施是否有效，存在的问题，及应进一步采取的改进措施。

车流分析是旬分析的一项重要内容，依据旬计划车流资料编制的车流汇总表进行，目的在于掌握车流变化的规律，以便及时对车站设备运用方案进行调整。分析的内容包括：车站办理车数，各方向到发车流量及所占比重、中转车和作业车数量及所占比重、中转车的有调比等。

3. 专题分析

专题分析为不定期分析，针对车站工作的某一薄弱环节，分析其原因及造成的影响、并对此提出技术设备和作业组织方法的改进意见。例如，车站中时、停时长期不能完成任务，就需要根据列车运行图出发列车运行线、货车在站作业各个环节进行分析，找出作业延误的原因；如果车站近来安全形势不好，事故频发、存在安全隐患，就应针对这一问题进行分析，从设备、作业条件、计划管理、人员素质等方面查找原因，确定对策。

第二节　铁路局运输工作分析

铁路局运输工作分析的目的在于通过铁路运输工作和机车车辆指标的分析，提高对铁路与运输客观规律的认识，总结先进经验，查明工作中的缺点和原因，以便采取措施，改进工作。

铁路局调度所设分析室负责局运输工作分析。

铁路局运输工作分析也分为日常分析、定期分析和专题分析。

日常分析是国铁集团、铁路局调度所于日班工作终了时，在交班会上对日班计划执行情况所作的总结和分析。日常分析能及时地发现当前运输工作中存在的问题及原因，并立即采取措施加以纠正。

定期分析是国铁集团铁路局按旬、月对月度运输计划、技术计划、旬计划完成情况的分析。定期分析能比较深入地对计划指标完成情况及影响指标的因素进行分析，从而能较全面地发现问题，采取对策。

专题分析则针对铁路局运输中存在的较为突出的问题，制定对策。

分析内容一般包括装车分析、卸车分析、分界站交接车分析、列车运行图完成情况分析、运用车保有量分析、货车周转时间分析、机车运用质量指标分析及安全情况分析等。

一、装车和卸车分析

（一）装车分析

装车计划的完成直接影响到铁路运输任务的完成，因此在日常分析和定期分析中都要分析装车的完成情况，其分析的主要内容有：

1. 装车数量分析

计算装车数及超额或未完成的百分数，找出装车计划落空的原因。

2. 装车质量分析

（1）主要物资品类别装车计划完成情况

国民经济的发展需要各类物资，因而国家运输计划规定了铁路应完成的品类别货物发送任务。在进行运输工作分析时，需要按 28 个品类来分析完成的装车数。

（2）去向别装车计划完成情况

为了保证各铁路区段的车流量都处于一个正常的水平，各局在组织装车时不仅应在数量上完成装车计划，还应做到按去向均衡装车。所以在进行装车分析时，应分析各去向的装车数。

（3）均衡装车情况

均衡装车是指一昼夜内各阶段、一旬内各日、一月内各旬均衡地组织装车。均衡装车是改善铁路通过能力和车站作业能力利用的重要途径。分析时，应检查均衡装车的情况，找出造成不均衡装车的原因。

（4）始发、阶梯直达列车和成组装车计划完成情况

装车地直达列车及成组装车是提高运输效率、缓解编组站能力紧张的有效措施，在运输分析中应着重分析未完成的原因，以便加强作业组织。

（二）卸车分析

卸车是货物运输过程的重要环节和主要的空车来源。卸车分析主要包括卸车数完成情况、18 点管内工作车保有量及车站待卸车数。

分析未完成卸车的原因，如自装管重或接入管重数量不足，管内重车挂运不及时，车站送车延误，缺乏卸车机械或劳力等。

应着重分析引起管内工作车保有量膨胀、造成待卸车积压的原因，制定消除的措施。

二、分界站货车和列车交接分析

按计划规定的标准完成分界站车辆和列车交接任务，是保持各局运用车相对稳定，保证完成月度运输计划的重要条件。分界站车辆和列车交接又是运输形势的晴雨表：分界口交接任务完成良好标志着铁路运输畅通，区段、技术站和货运站作业秩序正常；反之，则肯定存在需要纠正的不利因素。

在分析时，应首先考核货车和列车的交接数量是否完成计划。在这一基础上，进一步分析空车交、接任务的完成情况：空车交接的车种别数量、空车直达列车交接的列数和车次是否符合日班计划的规定。

三、列车运行分析

列车运行分析根据铁路局各行调台完成的实绩运行图进行，包括列车正晚点分析、旅速分析、行车安全分析和调度指挥质量分析。

当有列车晚点或增开时，往往会影响到其他列车的运行，如果阶段计划考虑不周就可能引起运行秩序混乱。列车运行分析通常由分析室中经验比较丰富的老行车调度员担任，在指出运行图中调度不当之处的同时，还应提出合理的运行调整方法。

四、货车周转时间完成情况分析

货车周转时间是反映货车运用效率的综合指标，由于货车周转时间的完成情况受到客观因素的影响，因而仅从完成的数值往往不能反映铁路局运输工作的真实成绩。

表 4-8-1 为 S 铁路局 12 月运输指标完成情况。该局货车周转时间较技术计划缩短0.019 d，似乎完成得还好。但从单项指标可以看出货车周转时间缩短的主要原因是全周距减少、管内装卸率降低，虽然技术站中转时间缩短，旅速和停时指标均未完成计划。

表 4-8-1　S 局货车周转时间完成资料

指标	全周距（km）	旅行速度（km/h）	中转距离（km）	中转时间（h）	停时（h）	管内装卸率	装车数	卸车数	接运重车数	工作量	运用车保有量	货车周转时间
计划	294.91	42	169.97	5.5	8.7	1.36	742	734	345	1 087	1 286	1.183
实际	281.37	39	169.97	5.1	9.3	1.32	769	735	382	1 151	1 340	1.164

为了客观地评价货车周转时间的完成情况，可用固定因素法进行分析：即将货车周转时间计算公式中客观因素按实际完成值，而将主观因素按计划值，以计算出的换算指标作为标准来衡量运输生产的工作质量。计算结果如表 4-8-2。

表 4-8-2　S 局货车周转时间固定因素法分析表

项　目	计算公式	时数			实绩比计划	实绩比换算
		计划	实绩	换算		
运行途中	$T_{旅}=\frac{l}{v_{旅}}$	$\frac{294.91}{42}=7.022$	$\frac{281.37}{39}=7.215$	$\frac{281.37}{42}=6.699$	+0.193	+0.516
在技术站	$T_{技}=\frac{l}{L_{中}}\times t_{技}$	$\frac{294.91}{169.97}\times 5.5=9.543$	$\frac{281.37}{169.97}\times 5.1=8.443$	$\frac{281.37}{169.97}\times 5.5=9.105$	−1.100	−0.662
在装卸站	$T_{货}=k_{管}\ t_{货}$	$1.36\times 8.7=11.832$	$1.32\times 9.3=12.276$	$1.32\times 8.7=11.484$	+0.444	+0.792
合计	时数	28.397	27.934	27.288	−0.463	+0.646
	天数	1.183	1.164	1.137	−0.019	+0.027

由该表可见换算周转时间正确地反映了铁路局运输工作的质量：S 铁路局 12 月份未完成货车周转时间指标；技术站中转车作业组织较好，但旅速和停时未完成规定的指标，致使货车周转时间延长了 1.3 h(0.054 5 d)。该局应加强行车调度指挥，提高列车正点率，同时注意及时组织货物作业车的取送和装卸。

五、运用车保有量分析

运用车保有量分析的目的在于考察铁路局的运用车保有量是否与其完成的工作量相适应，以便制定合理的车流调整措施。

由于技术计划规定的运用车保有量是依据月平均运量计算的，而日常运量则处于经常的波动中，所以铁路局运用车保有量偏离技术计划值不一定意味着运用车分布不正常。应当根据完成的工作量，计算出换算运用车保有量，以此作为衡量的标准。

当实际完成的货车周转时间的客观因素与技术计划依据的原始数据相比变化不大时，可按下式计算换算保有量：

$$N_{换算}=u_{实绩}\theta_{计划} \tag{4-8-2}$$

式中　$u_{实绩}$——铁路局实际完成的工作量；

$\theta_{计划}$——技术计划规定的货车周转时间。

变化较大时，按换算周转时间计算换算保有量：

$$N_{换算}=u_{实绩}\theta_{换算} \tag{4-8-3}$$

式中　$\theta_{换算}$——按变化的客观因素计算的货车周转时间。

六、机车运用质量指标分析

机车运用质量分析主要考核机车周转时间、机车日车公里、机车日产量等项指标的完成情况及机车运用调度的质量。

机车实绩周转图记录了机车运用情况，可据以分析机车途中运行和在基本段、折返段的非生产停留时间。

机车运用未完成质量指标，可能由于机车保养质量差、故障率上升，机车运用调度不当，单机走行增加等，要找出原因加以消除。

此外，还应分析机车乘务组工作时间，是否有超劳及发生的原因。

复习思考题

1. 车站运输工作分析的内容有哪些？
2. 当车站运用车保有量与技术计划值有较大差别时，怎样判断其是否在正常范围？
3. 车站运输工作专题分析的目的是什么？
4. 铁路局运输工作分析的内容有哪些？
5. 固定因素法分析铁路局货车周转时间的基本原理是什么？

习　题

1. 某铁路局某日货车运用指标完成情况如表4-8-3，试用固定因素法分析该局此日运输生产工作质量。

表 4-8-3　某铁路局某日货车运用指标完成情况

指标	全周距	旅行速度	中转距离	中转时间	停时	管内装卸率	使用车数	卸空车数	接运重车数	工作量	运用车保有量	货车周转时间
计划	235	59	167	5.6	8.5	1.27	1 400	360	350	1 750	1 978	1.13
实际	307	61	167	5.3	7.1	1.32	1 495	365	352	1 847	2 235	1.23

2. *F* 站位于 *A* 局管内，为 *A*、*B* 两局间分界站。依据以下资料编制 *F* 分界站 2019 年 10 月 26 日“分界站货车出入报表”：

2019 年 10 月 25 日 18:00 至 10 月 26 日 18:00，*F* 站出、入自备车列车各 1 列，其他货物列车各 2 列（内有自备车、非运用车、在平车上装载的检修车），其编组内容由当日该站接入、交出列车编组顺序表及其附件归纳如下：

接入：60 002 次自备车列车，48 辆重敞车；10 002 次和 30 002 次计 96 辆，其中国铁货车：重棚车 27 辆、敞车 13 辆、轻油罐车 20 辆、集装箱车 5 辆、平车 4 辆（其中一辆平车装载事故敞车 1 辆），空黏油罐车 7 辆、空冷藏车 10 辆，路用车 4 辆；企业自备车：重棚车 5 辆。

交出：60 001 次自备车列车，48 辆空敞车；10 001 次和 30 001 次计 97 辆，其中国铁货车：重棚车 19 辆、敞车 15 辆、黏油罐车 7 辆、集装箱车 6 辆、冷藏车 10 辆；空轻油罐车 20 辆、空轻油罐车 8 辆；企业自备车：重敞车 5 辆、空棚车 7 辆。

（注：为了减少计算工作量，没有提供运统 1，仅给出了已经汇总的数据，分界站出入的列车数也偏少。）

第五篇

铁路运输能力计算与加强

为了满足国民经济发展、国防建设和人民群众的运输需求，铁路必须具备一定的运输能力。随着运输需求的增长，铁路运输能力还应与之同步或超前得到加强。

第一章　铁路运输能力的基本概念和计算方法

铁路运输能力是指在单位时间内铁路所能完成的运输量。铁路运输生产是依靠铁路的固定设备(如铁路线路、车站、机车车辆整备和检修设备、动车组整备和检修设备、通信信号设备、供电设备等)和活动设备(如机车、车辆、动车组等)实现的,因而铁路运输能力表现为通过能力和输送能力。

在指定的时期内铁路实现的发送旅客人数和货物吨数,即运量,可以在一定程度上反映这一时期铁路完成运输量。但铁路运输的产品是位移,而运量并不反映旅客和货物运送的距离。所以,通常用旅客人公里、货物吨公里、行包吨公里或换算吨公里等铁路运输的数量指标来衡量铁路完成的运输量。

第一节　铁路通过能力和输送能力

一、铁路通过能力

铁路通过能力通常按区段计算,是指该铁路区段在设备类型和行车组织方法条件下,其固定设备在单位时间内(通常指一昼夜)所能通过的列车对数或列数。铁路通过能力是由铁路固定设备决定的运输能力。铁路通过能力应当以周转量为单位来衡量,由于各铁路区段的长度和列车牵引重量是已知的,也可以用区段上开行的列车对数或列数来表示。

在铁路实际工作中,通常把通过能力分为三个不同的概念,即设计通过能力、现有通过能力和需要通过能力。

按照设计要求,铁路新线建成或既有线技术改造以后所能达到的通过能力,称为设计通过能力;利用现有的铁路固定设备,在现行行车组织方法的条件下,铁路可以达到的通过能力称为现有通过能力;在计划期间内,国民经济、国防建设和人民生活需要铁路区段具备的通过能力,称为需要通过能力。

在铁路建设中,设计通过能力应大于计划期间末的需要通过能力,即新建或改建铁路的通过能力应满足整个计划期间的运量需求。现有通过能力是由设计通过能力形成的。随着时间的推移,运量逐步增长,需要通过能力会不断接近现有通过能力。为了持续地完成国家运输任务,就要经过改、扩建设计、施工,提高现有通过能力。

二、铁路输送能力

在铁路固定设备和行车组织方法确定的条件下,由活动设备的质量和数量决定的铁路运输能力称为输送能力。采用不同类型和数量的活动设备,铁路区段所能实现的运输能力是不同的。因而铁路机车、车辆的配置应与货流的品种和数量及线路通过能力相适应,即铁路机车、车辆的类型和数量应符合货流的构成,与列车牵引重量和线路条件相匹配,并能满足列车运行图所规定的列车开行任务。

铁路车辆,包括通用车辆和专用车辆,如选型和配置数量不当,将难以完成货运任务或造成浪费。如输送原油应当使用黏油罐车，铁路配备黏油罐车的数量应当与原油运量和黏油罐车的周转时间相适应，黏油罐车数量不足将无法完成原油运输任务，数量过多又将造成闲置浪费。

三、铁路通过能力与输送能力的关系

铁路运输是依靠铁路固定设备和活动设备共同实现的，因而铁路通过能力与输送能力之间有相互依存的紧密联系。

铁路区段的固定设备包括铁路区间、车站、信联闭设备和牵引供电设备等，其中通过能力最小的设备决定了整个区段的通过能力。机车、车辆的整备和检修设备是为全路或铁路局服务的重要固定设备，其能力应满足服务范围的整体需要，因而，铁路各项固定设备的通过能力应相互配合、相互协调，而不必追求某一单项设备的先进性。

通过能力是铁路实现运输能力的基础；输送能力是实现运输能力的保证。铁路各区段要开行一定数量的货物列车，需要使用相应数量的机车车辆。当铁路活动设备的配置类型不合理、数量不足时，铁路的最大通过能力将不能实现；但当铁路活动设备的配置数量过多时，也最多只能实现铁路的最大通过能力，剩余的机车车辆将被闲置。所以铁路的输送能力应大于需要通过能力而小于或等于现有通过能力。

第二节　铁路运输能力加强的措施和时机

铁路运输能力的分布和强度应当与国家的国防建设、客货运输需求相适应。随着国民经济的发展，社会对铁路运输的需求也会逐年增加。我国目前的路网里程和布局还远未达到合理的水平，因而在一个相当长的时间内，铁路的建设应当保持较大的力度。

一、铁路运输能力配置合理的判定条件

铁路是国家最重要的运输方式，对于保证国家统一和领土完整、抵御自然灾害、促进国民经济快速、健康发展和改善人民生活具有战略意义。铁路运输能力配置的合理性可以从以下几个方面体现：

1. 中央和各省及各省之间均有方便快捷的铁路通道

由于历史的原因，我国东北、华东地区路网密度较大，而西北、西南地区密度较小，特别是通往新疆、西藏地区只有兰新线、青藏线一线连接，没有成网。为了密切边疆地区与内地以及祖国各地区之间的联系，各省、直辖市之间需要形成多路通达的网状结构及高速、快速通道连接，具备满足日常运输及应对紧急突发事件的能力。

2. 经济的货物运输通道

国家重要物资的原料产地、加工和消费地之间有直达的铁路运输通道，运输能力能保证运输需求，并留有余地。

3. 高速便捷的旅客运输通道

各大城市之间均有直达的高速铁路通道连接，中小城市均有路网连接。

4. 普速铁路和高速铁路合理分工

货物运输要求在通达、经济、便捷的基础上实现快速送达，而旅客运输对于舒适和运行速度的要求较高。两者之间既有合理分工又可相互配合：客运专线主要开行高速旅客列车、快运

行包列车，普速铁路开行货物列车及停点较多的旅客列车。在紧急情况下，高速铁路也应具备开行高速货物列车的能力。

5. 运能与运量相适应

各线运输能力均与运输需求相适应，路网具有较好的“弹性”，能够适应客货运量的波动，消除了运输“限制口”。

二、铁路运输能力加强的主要措施

提高铁路运输能力的主要方向是：扩大路网规模、合理路网布局；提高路网质量，改善机车车辆性能，增加行车密度和提高列车重量。为了达到以上目的，可以采取运输组织措施和新建或改扩建措施。

通过改善行车组织方法、加强作业协调，合理分配作业负担，使现有设备的运输能力达到需要水平的加强措施称为运输组织措施；根据需要通过新建或改、扩建铁路运输设备来加强铁路运输能力的措施，则称为新建、改扩建措施。

三、对既有线设备改扩建时机的确定

为了经济地使用铁路运输设备和建设资金，改、扩建后铁路的运输能力应当能够满足计划期间(一般为 15～20 年)的运量需要，并留有一定的余地，在运营过程中不断改善运输组织，消除遇到的困难，当铁路的运输能力利用增加到一定程度后，再按照下一个计划期间的运量进行改建和扩建。

需要通过能力根据需要开行的客、货列车数并考虑一定的后备能力按下式计算：

$$n_{需}=(n_{货}+\varepsilon_{客}n_{客}+\varepsilon_{快货}n_{快货}+\varepsilon_{摘挂}n_{摘挂})(1+\gamma_{备}) \tag{5-1-1}$$

式中 $n_{货}$、$n_{客}$、$n_{快货}$、$n_{摘挂}$——计划期间需要开行的普通货物列车、旅客列车、快运货物列车和摘挂列车的开行列数；

$\varepsilon_{客}$、$\varepsilon_{快货}$、$\varepsilon_{摘挂}$——旅客列车、快运货物列车和摘挂列车扣除系数；

$\gamma_{备}$——通过能力后备系数。

需要的客货列车行车量通常是按照最繁忙月份(春节运输除外)的日均客货流量并考虑月间运输的不均衡性确定的。至于一个月内运输的不均衡性，在确定行车量时可以不必考虑，因为通过能力的后备系数完全可以满足这个要求。

每日平均需要开行的普通货物列车数为：

$$n_{货}=\frac{G_{需}\,k_{波}^{货}}{365\varphi Q_{总}} \tag{5-1-2}$$

式中 $G_{需}$——货运方向预测的年度货流量，t(不包括快运货物列车和摘挂列车输送的货流量)；

$k_{波}$——月间货运量波动系数，取 1.2；

φ——货物列车平均载重系数，即列车载重量与列车总重之比，一般可取 0.65～0.75；

$Q_{总}$——货物列车平均牵引总重，t。

每日平均需要开行的旅客列车数为：

$$n_{客}=\frac{Ak_{波}^{客}}{365\alpha_{客}} \tag{5-1-3}$$

式中 A——某方向预测的年度客流量，人；

$k_{波}^{客}$——客流月间波动系数，取 1.15～1.2；

$\alpha_{客}$——每列客车平均载客人数，人。

后备系数是为适应日常货流波动、线路和供电设备施工及日常运输调整等方面的需要而规定的铁路应具备的后备能力。一般单线可取 0.20，双线可取 0.15。

铁路货运方向一年内所能实现的货物运输能力为：

$$G_{能}=(\frac{n}{1+\gamma_{备}}-\varepsilon_{客}n_{客}-\varepsilon_{快货}n_{快货}-\varepsilon_{摘挂}n_{摘挂})\frac{365\varphi Q_{总}}{K_{波}}=\frac{365n_{货}\ \varphi Q_{总}}{k_{波}} \tag{5-1-4}$$

式中　n——平行运行图通过能力；

$n_{货能}$——每日可以开行的货物列车列数(不包括快运货物列车和摘挂列车)。

为了便于寻求按运量需要的各种可能的加强方案，通常根据运量逐年增长的情况和采取各种措施所能实现的能力绘制运量适应图(如图 5-1-1 所示)。

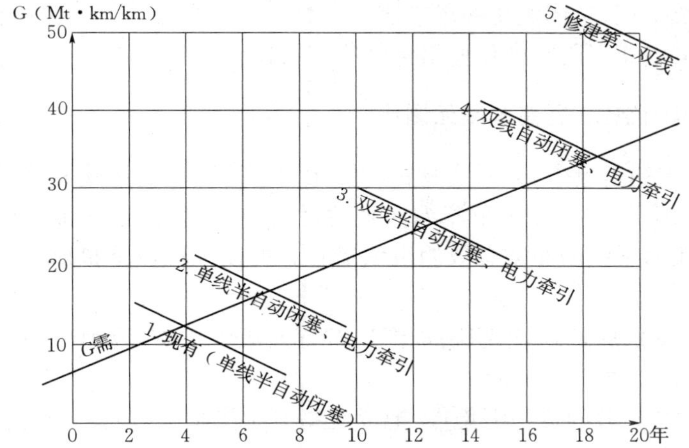

图 5-1-1　运量适应图

图中货运方向全年需要输送的货物吨数(即以吨数表示的需要通过能力)$G_{需}$根据远期规划运量确定，各种加强通过能力措施一年内所能输送的吨数(以吨数表示的可能通过能力)$G_{能}$按公式(5-1-4)计算。

借助运量适应图，可以根据运量逐年增长的需要，选择几个可行的加强通过能力的方案，确定由一种加强措施过渡到另一种加强措施的最后期限。

改善铁路技术设备是提高铁路通过能力的主要措施。在一般情况下，当铁路通过能力接近饱和时，才实施铁路技术设备的加强。但在有些情况下，虽然通过能力还有足够的后备，而采用新的技术设备和加强现有的技术设备，可以加速完成运输过程，降低运输成本，提高劳动生产率，减轻劳动强度，保证行车安全，因而也是必要和合理的。

复习思考题

1. 什么是铁路运输能力？铁路通过能力和输送能力两者有什么联系，如何协调？
2. 铁路运输能力加强的主要方向是什么？

第二章　加强铁路运输能力的技术组织措施

加强铁路运输能力的技术组织措施包括统筹优化作业过程和在运输设备之间合理分配作业负担等方法。

第一节　统筹优化作业过程、减少总体作业量

铁路运输过程环环相扣，由不同部门和同部门内的不同工种协作共同完成。打破部门和工序的界限，以系统工程、整体优化的思想统筹安排各作业环节，每一道工序都为后续工序创造良好作业条件，可以获得既减少作业量又优质完成作业任务的效果。

一、加强直达运输组织，提高车站无调比

在我国铁路承担的运量中，大宗货物占 70%以上，组织直达运输具有巨大的潜力。完善直达运输组织，最大限度地把直达车流纳入直达运输中来，使直达车流无改编通过沿途技术站，是缓解编组站能力紧张的非常有效的组织措施。可以采取以下措施扩大直达列车吸收的车流量：

1. 合理编制物资供应计划，组织物资产地按方向集中供货，以形成易于组织直达的强大货流。

2. 在装车区撤并分散的货物汇集点，把货流集中在作业能力强、车流径路顺畅的车站。

3. 组织邻近区段或枢纽内的中间站，按编组站的列车运行图组织日历装车和按阶段装车，为编组站技术直达提供车流；在货流条件许可时，甚至可以组织“摘挂直达列车”，即组织各中间站在某一阶段集中装邻近编组站同一组号的车流，摘挂列车经过在中间站甩挂以后到达技术站时，已经成为或稍加改编即可成为送出发场出发的直达列车。

4. 开行分组列车，利用区段车流和较短程的直达车流补轴，使本来流量不足的远程直达车流得以开行直达列车。

二、划一列车重量标准

当方向上各区段或技术站衔接各方向具有不同的列车重量标准时，直达或直通列车往往需要在沿途技术站进行减重或增重的车组甩挂作业，延误了车流输送，同时给运输组织工作带来困难。

货物列车的重量标准是根据列车牵引计算和试运转列车的运行资料确定的，分为：

1. 区间差别列车重量标准

在同一区段内的各区间由于线路的平、纵断面条件不同，列车的重量标准也不同，如图 5-2-1 所示的 A—B 区段各区间具有不同的列车重量标准。

为了充分利用机车牵引力，摘挂列车和小运转列车可以按照区间列车重量标准开行。列车在途中甩挂后，只要保证全程各区间都不超过列车重量标准，就可以开行。

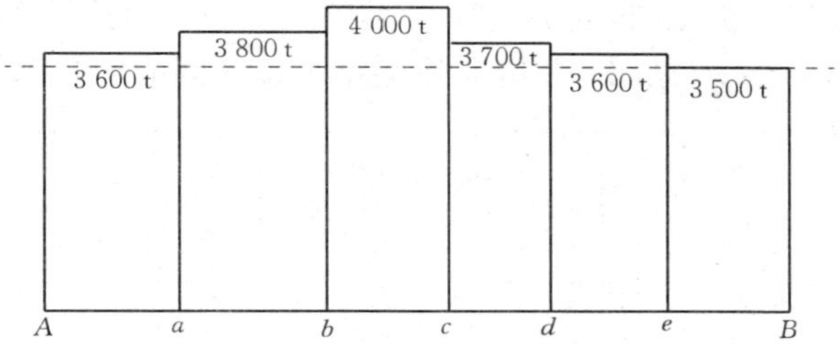

图 5-2-1 列车区间差别重量标准和区段重量标准

2. 区段列车重量标准

区段列车重量标准是根据方向上各区段的线路平、纵断面条件和牵引动力，为每一区段规定的货物列车重量标准。在确定区段列车重量标准时，在各区间列车重量标准差别不大的情况下，通常以最小的区间列车重量标准作为整个区段的列车重量标准。如图 5-2-1 所示的区段，可以取 3 500 t 作为该区段的列车重量标准。

在个别区间的列车重量标准与其他区间差别较大时，要根据技术经济比较，确定是以最困难区间的列车重量标准作为全区段的列车重量标准，还是采用补机提高列车重量标准。例如图 5-2-2 所示的区段，如在 A—a 区间采用补机推送就可以将列车重量标准由 2 900 t 提高到 3 500 t。

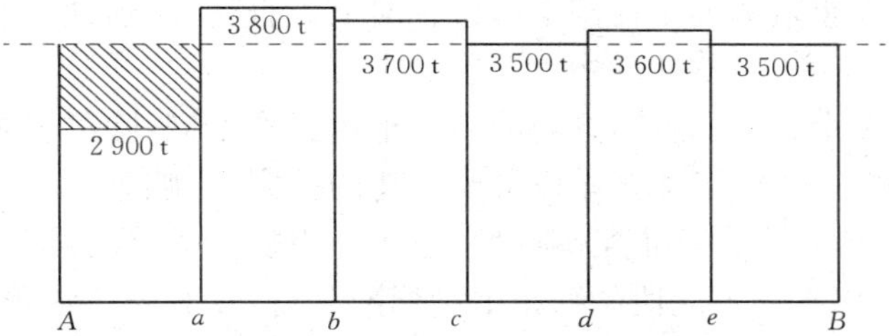

图 5-2-2 个别区间的列车重量标准低于其他区间的区段较多的情况

补机推送一般在陡坡地段比较集中的区段采用。在陡坡地段采用补机不仅可以提高全线列车牵引重量，从而提高区间运输能力，而且由于减少了区段行车量，还可以节省运用机车台数，减少燃料消耗和乘务组定员。

补机可以在全区间（或连续几个区间）或在区间内的一个地段上采用。在全区间使用补机时，补机原则上应附挂反向列车折返，以减少单独放行补机对区间通过能力的影响。如图 5-2-3 所示，由于补机附挂反方向列车返回，车站间隔时间将因换挂补机由 $\tau_{站}$ 增大到 $t_{换}$，从而对通过能力产生不利影响。

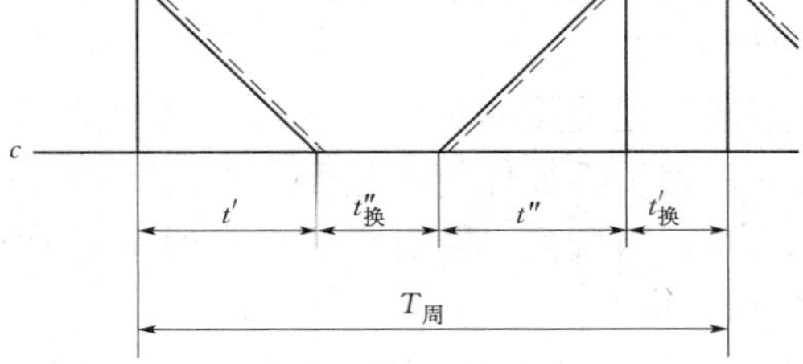

图 5-2-3 在全区间使用补机推送的运行图周期

当补机在区间推送中途折返时，若 $t_{补} < t_{列}$（见图 5-2-4a），摘挂补机的作业对该区间的运行图周期没有影响；若 $t_{补} > t_{列}$（见图 5-2-4b），则会增大该区间的运行图周期。

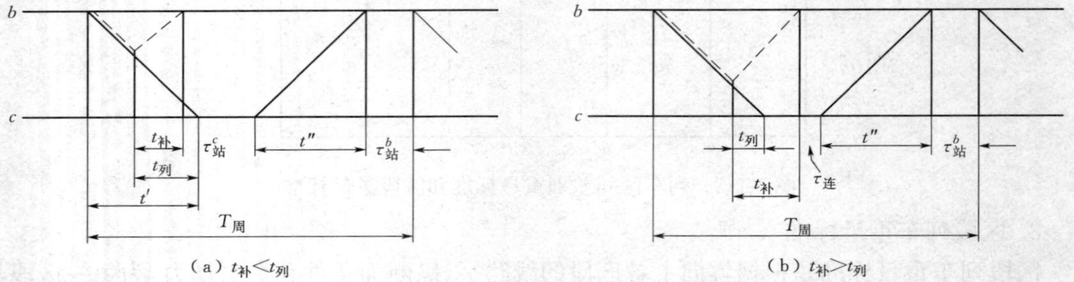

图 5-2-4　补机中途折返对运行图周期的影响

在一个区段内设置推送补机的区间数不宜超过区间总数的 20%，在补机加挂站还应设置机待线供补机临时停留，当 $t_{补} > t_{列}$ 时在补机折返点设线路所可以消除补机后到对运行图周期的影响。当区段内的陡坡区间较多且较分散时使用补机，由于在区段内需要多次换挂补机而产生延误、补机入段整备又要占用通过能力，此时为提高列车牵引重量应在全区段采用双机牵引。

3. 方向上划一的列车重量标准

方向上划一的列车重量标准是在整个运行方向上为直达、直通列车规定的各区段统一的列车重量标准。

技术站可能衔接多个方向。不同方向的列车重量标准不同，除了增加列车变重的作业以外，还会降低车流的输送速度、增加车站设备改扩建的投资、影响列车重量标准较低方向的运输能力。如果按区段列车重量标准配备机型，还将妨碍机车交路的延长，导致机车生产率降低。因此：区段列车可以按照各区段的列车重量标准开行；在直通货流很大的方向上，对直通车流应实行划一的列车重量标准。

如图 5-2-5 所示，在 A—C 方向上，A—B 区段的列车牵引定数 4 000 t，B—C 区段的列车牵引定数 2 500 t。列车到达 B 站后，甩下的 1 500 t 的车组，需要等待集结成列后再从 B 站编组出发。这部分车组增加了在站有调中转的停留时间，同时 A—B 区段来的一列，在 B—C 区段就变成了 1.6 列，B—C 区段有可能成为限制区段。

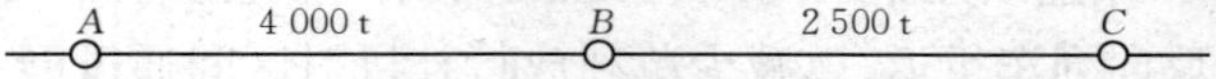

图 5-2-5　A—C 方向各区段列车牵引定数

为实现划一重量标准，常常需采取提高限制区段列车重量的技术组织措施：在限制列车重量的区间采用补机推送、在全区段采用多机牵引或大功率机车。

多机牵引可采用如下两种形式：

(1)重联牵引。将车辆编成规定重量的车列，由两台机车重联牵引。

(2)多列合并。两列或三列列车不加任何改编而合并运行，后一列车的机车与前一列车尾部相连结，即所谓组合列车。开行组合列车既可作为提高列车重量的措施，又可作为快速疏散因施工“天窗”所积压列车的临时措施。

多机牵引能够显著提高铁路运输能力：在因地形条件的限制线路的坡度较大的情况下，采用多机牵引可以较大地提高列车重量标准；在单线区段，由于多机牵引提高了列车重量标准可以有效地减少行车量、降低列车在区段内交会次数，使列车旅行速度得以提高。

采用大功率机车实现划一列车重量标准的效果和采用多机牵引相比，除能达到同样目的外，且可获得节省机车台数和机车乘务组需要数的效果。

三、运用数学方法和计算机技术优化作业过程

广泛运用数学方法和计算机技术优化运输作业过程、编制高质量的作业计划，可以在不需较大投入的条件下极大地提高作业效率、节省运输资源。

1. 空车调配的优化处理

为装车站配送空车是铁路日常车流调整工作的重要内容，由于空车走行消耗运输资源而不产生任何价值，因而应制定合理的空车调配方案，以最少的空车走行里程完成空车调配任务。目前在这一方面已经进行了大量研究，取得了一定的进展，但由于空车调配过程尚未能得到充分优化，配空计划的科学制定仍是一个亟待解决的问题。

2. 利用计算机编制优化的调车作业计划，可以用较少的调车钩数和带动车数完成调车作业，从而提高调车作业效率、节省调车资源。

四、周密安排车站作业计划

在横列式车站，可以采用坐编、取送车与车列解体和编组结合的方法减少作业量。

例如到达列车中包含有即将出发的自编列车需要的大组车时，可以对到解车列采用两端解体、解体与取送相结合、解体与编组相结合的方法，使大车组"坐编"；在货场或企业专用线，每条装卸线的一批装车可以按出发列车组号安排货位，组织成组装车，以减少调车作业量。更进一步，在本站同一组号内还可以按到站车流组号组织装车，以减少列车在终到站解体的作业量

五、简化技术作业过程

在铁路活动设备的技术条件改善、安全监控设施完备的条件下，可以逐步延长机车交路，减少机车摘挂和入段整备的作业，压缩列车在技术站无改编中转的作业时间。例如青藏公司利用 5T 系统加强列车技术状态的监控，货物列车在格尔木经过列检以后，在格拉段运行1 142 km到达拉萨，途中不再进行列检作业，仍然保持了安全行车的记录。

第二节　合理分配作业量

通过技术组织措施，在运输设施之间合理分配作业量，减轻能力紧张设备的作业负担，可以克服作业困难，达到顺利完成运输任务的目的。

技术站担负着列车解、编的重要任务。当技术站衔接的方向增加、运量加大时，技术站需要集结编组的列车到达站数和列车数量会随之增加，以至于凸显技术站改编能力不足。在进行设备改造以前，可以采用以下措施缓解车站改编能力不足的局面。

一、修改列车编组计划，合理分配技术站间改编作业量

列车编组计划是在技术站间合理分配车流改编作业量的铁路运输基础性技术文件。当由于运量的变化某一编组站临时能力不足时，可以通过修改列车编组计划，采取增加始发直达列

车的开行数量、使后方技术站编组的原先要在该站改编的列车无改编通过等措施，以减轻该站的作业负担，使其承担的车流改编任务与作业能力相适应。

二、采用特殊运行图

在存在货运方向和非货运方向的单线区段，可以采用不成对运行图，减少行车量较小方向铺画的列车运行线，用以增开行车量较大方向的列车。不成对列车运行图采用的不成对系数 $\beta=\frac{n'}{n''}$ 应符合上下行方向列车流的比例。

三、指定特定车流径路

当某一区段的通过能力不足以满足运输需求时，可为一部分车流指定特定径路，利用其他区段的富余通过能力。

复习思考题

1. 什么是通过能力加强的技术组织措施？

2. 在保证完成既定运输任务和作业安全的条件下，按照系统工程的原理、统筹规划运输作业计划，从而实现少干活还要高质量完成运输任务有什么意义？可以采取哪些具体措施？试举例说明。

3. 分析加强铁路运输能力的技术组织措施的基本思路。

第三章　加强铁路运输能力的新建、改建措施

技术组织措施只能在一定程度上暂时缓解铁路运输能力的紧张状况，从根本上解决运量和运能的矛盾、改善运输质量，还要依靠对铁路运输设备规模的扩张、既有设备的改扩建措施及更新技术设备才能实现。而且，技术组织措施的实现往往需要同时进行相应的改扩建措施。

第一节　铁路运输设备新建、改建的原则

一、保证完成计划期间的客、货运输任务

铁路运输能力加强的目的在于完成计划期间的国家客、货运输任务。为此，需要在周密的运量调查和预测的基础上，确定计划期间客货运量的增长幅度，以此决定铁路的新建、改建措施。

二、周密规划、避免短期行为

铁路建设耗费资金巨大，动辄几十亿、上百亿千亿。在制定铁路新建、改建规划时，要充分考虑各方面的因素，包括技术组织措施所能发挥的作用，从长计议，避免短期行为。例如：通过完善装车和卸车设施、大力组织始发直达就可能推迟或消除编组站的改建需要；远期规划衔接方向多、改编车流构成复杂的枢纽，如采用双向编组站的站型将会产生很大的系统间交换车流，车站的改编作业量由于车流组织的改善减轻后又难以缩小规模，可能造成很大浪费；有时，通过修建平行线路，分流部分车流，可能比对本线进行能力加强更有利；有可以长期使用的替代方案、修建后短期内就要废弃的不必要工程，坚决不做。

三、避开名胜古迹、文化遗址和自然保护区，尽量减少对环境的破坏和影响

新建、改扩建工程应避免穿越或过分靠近名胜古迹、文化遗址及自然保护区，因为铁路建设对这些地区的破坏和影响一旦产生将是严重的、持续的、长久的和难以挽回的。

四、符合国家和地方的整体规划

铁路改扩建措施还应与地方规划和建设相协调，尽量避开高新开发区、高等院校聚集区，尽量减少对当地经济发展的干扰。

五、采用先进技术，立足自主创新设计、选用设备有前瞻性

铁路建设和改、扩建设计、施工应充分考虑采用先进技术，发挥我国自己的技术和资源优势，自主创新，不断完善、提高，为我国铁路创造安全、高效、快速、便捷的运营条件。要重视借鉴和吸收国外先进技术，引进的目的在于提高自己的设计、制造和施工能力。

铁路运输设备的新建、改扩建工程应从运输组织的角度优化设计，以简化作业、减少车流往返走行，组织流水作业。

六、充分利用原有设备，减少废弃工程，节省工程费用

铁路建设耗资巨大，在初始设计和改、扩建设计中要充分考虑进一步改扩建的可能，统筹规划，为进一步发展预留位置，并确定将来的过渡方案。

七、不盲目追求单项设备的先进性，而应寻求各项设备能力的协调

铁路的通过能力是由各种运输设备共同实现的，突出先进的单项设备的作业能力会受到其他设备的制约，而不能发挥最大效益。因而，铁路运输设备新建、改扩建要综合考虑各种技术设备的发展趋势，到达各种技术设备的最佳匹配。

八、为铁路运营工作创造良好作业条件

铁路设备的改扩建应在铁路运营理论的指导下根据实际情况合理规划，改扩建后应能方便企业生产和铁路日常作业，降低企业运输费用和铁路运输成本。

第二节　铁路固定设备的新建、改扩建措施

一、扩大路网规模、完善路网布局、提高路网质量

至 2019 年底，我国铁路营业线路总里程已达到 13.98 万 km，其中高铁里程达 3.5 万 km，占世界高铁总里程三分之二，但与国土面积和人口对铁路的需求相比，还有较大差距，路网布局也不够合理：东北、华北和华东地区铁路比较密集，西北、西南地区偏少；双线率低；各大城市间缺少便捷的通道，降低了客、货的送达速度；主要铁路干线通过能力利用率都达到了较高的程度，且旅客列车开行数量增长迅速。在这种情况下，加强铁路运输能力仅着眼于既有设备的改造是不够的，还需要从路网的总体规划上寻找答案。

1. 加快客运专线的建设

在人口密集、经济高度发展的地区，修建设计速度在 250～350 km/h 的客运专线，扩展高速路网是解决运能紧张的有效措施。在修建了客运专线的方向，可以把大部分旅客运量从既有线分离出来，同时在既有线实行平行运行图的情况下，使区段通过能力大幅提高。

2. 修建平行线路分流

当区段通过能力不能满足运量需求时，不一定必须加强本线的运输能力，还应分析运量的构成：如果存在大量由于在装车地与卸车地之间没有便捷通道需要绕道本线的车流从而造成本线运能紧张时，在大宗货物装、卸地之间修建直达通道，可能既加速了货物周转，也化解了本线的能力紧张。

3. 建立城际间通道

在主要大城市间及有大量客流和货流往来的地区之间，修建直达通道，缩短客货的运输距离。

4. 加快西部地区的铁路建设

目前通往我国的新疆、青海、西藏等广袤的西部边疆地区的铁路线分别只有兰新线、青藏线等铁路通道，路网密度较低，路网布局还有待完善，仍需修建多条通道，加强与边疆地区的联系。

5. 合理配置编组站、机务段、车辆段、牵引变电所等配套设施

编组站选址应邻近大量车流的集散地，避免车流在枢纽内的迂回和往返走行；机务段和车

辆段的配置应使机车出入段和车辆检修的通道便捷、顺畅。

6. 提高新线设计标准

铁路区间的通过能力与其建设标准，如平、纵断面及结构条件所容许的列车重量和运行速度密切相关。我国铁路一直采用 120 km/h 的线路设计标准，根据《铁路发展中长期规划》，今后新建普速铁路的设计速度将提高到 160～250 km/h。重型钢轨、无缝线路的铺设将进一步改善列车运行条件，在提高列车运行速度的同时提高列车总重。

二、铁路固定设备能力加强的改扩建措施

1. 区间通过能力

(1)采用电力牵引

电力机车功率大、起停车性能好。由内燃牵引改为电力牵引，可以提高列车牵引重量和运行速度，从而提高线路通过能力。

(2)采用先进的信号、集中联锁、闭塞设备和调度指挥系统

在不同信号、联锁和闭塞设备条件下，列车间隔时间不同，从而对列车运行图周期产生影响。采用移动自动闭塞、调度集中(CTC)、列车调度指挥系统(TDCS)、双线区段自动闭塞及车站综合自动化系统，实现行车作业及调度指挥自动化可以显著提高铁路运输能力。

(3)修建双线插入段、双线和第二双线

研究表明，客货运输并重的双线铁路，绝对行车量可达 120 对/d 左右。但是随客货行车量的增大，单位运营支出亦将大幅度增加。当旅客列车行车量达到 30～50 对/d 时，双线的最有利行车量约为 95～110 对/d，否则应修建第二双线。

单线区段限制区间两端车站向限制区间方面延长站线，可以缩短限制区间的长度，还可组织列车不停车交会，从而提高通过能力和旅行速度，可以作为单线过渡到双线的一个步骤而不产生大量的废弃工程。这一措施提高通过能力的幅度一般为 10％～20％。

在单线区段设置线路所，不仅会增加相对方向列车交会的停站时间，从而降低旅行速度，而且在开设线路所后，其通过能力往往受其他区间的限制。因此，只有在地形条件不便增设会让站，且上下行方向的行车量显著不平衡的单线区段，才采用这种措施。

在双线区段设置线路所，可以缩短区间长度，并能避免单线区段采用这种措施所产生的问题。因此，在非自动闭塞的双线区段，它是提高通过能力的一种最常用的有效措施。

当运量进一步增长时，应考虑修建第二双线，实行客货分离。

(4)改善线路的平、纵断面及列车运行条件

当列车运行条件不利(如小半径、长大坡道)的地段比较集中时，可以考虑采用架桥、修建隧道等改道措施，消除列车运行条件不利的地段，以提高列车运行速度和列车重量。

2. 技术站通过能力

提高技术站通过能力包括增加列车到发线、在车站咽喉区增设平行径路、增加和延长调车场股道、提高驼峰设备的自动化水平、进行站型改造等。

3. 信息处理能力

提高国铁集团、铁路局和站段信息处理能力，实现作业信息化、自动化是提高铁路运输能力的重要措施。我国铁路多年来开发的铁路运输管理信息系统(TMIS)、列车运行调度指挥系统(TDCS)、动车组信息管理系统(EMUMIS)和编组站综合自动化系统(SAM)等铁路信息

处理系统在优化铁路作业过程、提高作业能力方面发挥了巨大作用,今后还需不断完善。

第三节　铁路活动设备输送能力加强的措施

铁路输送能力是由铁路的活动设备(即机车、车辆和动车组)决定的。随着铁路运营里程的增长,双线铁路、电气化铁路比例的增加,铁路通过能力逐年增加,承担的运量不断上升。在这种情况下,铁路货车的数量应当同步增长,才能实现相应的通过能力。

货车是货物的载体。我国路网里程逐年增加,铁路承担的运量也不断上升。在这种情况下,铁路货车的数量应当随路网里程、运输需求和行车密度的增长相应增长,才能实现铁路通过能力、保证运输任务的顺利完成。

一、铁路路网货车承载量与货车承载系数的概念

路网、铁路局或铁路地区所保有的全部货车称为其货车承载量。在一定固定运输设备和行车组织方法的条件下,单位路网营业里程的货车承载量称为路网的货车承载系数。

路网货车承载量按铁路通过能力与输送能力的匹配程度分为:

1. 合理货车承载量

当铁路通过能力大于运输需求时:既能顺利完成装车任务又能保证线路畅通,并能适应运量日常波动,路网所应保有的最小货车数量称为最佳货车承载量;在通过能力得到充分利用的条件下,路网需要的货车承载量称为最大合理货车承载量;介于最大合理货车承载量和最佳货车承载量之间的路网货车承载量称为路网的合理货车承载量。

当通过能力不能满足运输需求时,路网的最大合理货车承载量亦为最佳货车承载量。

(2)不合理货车承载量

大于最大合理货车承载量的路网实际货车承载量称为过大承载量;小于最佳承载量的路网货车承载量称为过小承载量。过大和过小路网货车承载量均为不合理路网货车承载量。

二、货车承载量对路网运输能力的影响

一般来说,路网配置的货车数量越多,为装车提供的空车资源也就越充足。但货车数量过多,超出了合理的范围也会造成车辆大量闲置,增加购置、折旧和日常维修费用,闲置车辆还要占用车站线路,造成作业不畅。

对于局部地区,由于某一时期向某一卸车作业区发送的到卸重车数超过了其卸车能力、向某一方向发出的车流量超过了其通过能力、由于线路大修使通过能力临时下降等原因,车辆的输送能力将最终受到车站作业能力、路网通过能力的限制而不能实现。

同样,如果路网的实际货车承载量过小,将无法完成运输任务,最终表现为空车数量不足,影响装车,铁路运输能力受到输送能力的限制,使固定设备的能力不能得到充分利用。

可见,合理的路网货车承载量是保证顺利完成运输任务的前提,当路网规模扩大、运量上升时必须相应地按车种增加货车数量,才能充分发挥固定设备的投资效果。

三、路网货车承载数量和分布合理的基本特征

路网货车承载量的合理性包括整体和局部两方面的含义。整体合理是指路网货车总数与

线路通过能力及装车需求在整体上是相适应的。但在货车整体配置合理的条件下，可能由于货车分布的不合理，而造成路网的局部区域货车保有量过大，另一部分区域则过小，从而对运输生产造成不利影响。因而路网货车承载量的合理性要从货车整体数量、车种别数量及其在地理位置上的分布三个方面来研究。

路网货车承载数量和分布合理的基本特征为：

1. 铁路货车的输送能力与路网固定运输设备的通过能力相适应

路网运输固定设备的建设应当具有一定的超前性，而移动设备的配置则可以随运量增加而逐步增加，因而路网通过能力与输送能力应满足下式：

$$G_{通} \geqslant G_{输} \tag{5-3-1}$$

式中 $G_{通}$——由铁路固定设备的通过能力所能实现的货物周转量，t·km；

$G_{输}$——由铁路移动设备的输送能力所能实现的货物周转量，t·km。

$G_{通}$和$G_{输}$的数值可按式(5-3-2)和式(5-3-3)计算：

$$G_{通} = \sum_{i}\left[n_{最大,i}^{平行} - \varepsilon_{客} n_{客} - (\varepsilon_{摘挂} - 1)n_{摘挂}\right] \times 2(Q_{总,i}\varphi l_i) \tag{5-3-2}$$

式中　i——路网包含的区段数；

$n_{最大,i}^{平行}$——i 区段平行运行图最大通过能力，对；

$\varepsilon_{客}$、$\varepsilon_{摘挂}$——旅客列车和摘挂列车扣除系数；

$n_{客}$、$n_{摘挂}$——旅客列车和摘挂列车开行对数；

$Q_{总,i}$——i 区段货物列车平均牵引总重，t；

φ——货物列车平均载重系数，即列车载重与总重之比；

l_i——i 区段里程，km。

为了减少计算工作量，列车运行条件相同的区段可以归并计算。

$$G_{输} = \frac{N}{(1+\gamma_{非})\theta} q_{静}\, l_{重} \tag{5-3-3}$$

式中　N——路网货车承载量；

$\gamma_{非}$——非运用车系数，即路网保有的非运用车数与运用车数的比值；

θ——货车周转时间，d；

$q_{静}$——货车平均静载重，t；

$l_{重}$——货车重周距，km。

2. 货车的车种别数量与货物品类的分布相适应

铁路运输的货物品类繁杂，不同性质的货物往往需要不同车种的货车输送，例如煤炭需用煤车或敞车、原油使用黏油罐车、鲜活易腐货物要用冷藏车等。有的车种之间虽然可以代用，但这种代用是十分有限的。所以，路网货车承载量的合理性还表现在车种别货车数量的比例要适应货物的品类。

为满足装车需要，路网应保有的运用车承载量为：

$$N = \sum_{j} N_j = \sum_{j} u_j\theta_j \times (1+\gamma_{非}) \times (1+\sigma_{波}) \quad j = \text{P、C、N、G、B 及其他} \tag{5-3-4}$$

式中　N_j——全路、铁路局或地区应拥有的 j 种货车保有量，车；

u_j——全路、铁路局或地区年度货运计划规定的 j 种货车每日工作量，即每日装车及局间分界站接入重车数量，车；

θ_j——全路、铁路局或地区 j 种货车周转时间，d；

$\sigma_{波}$——为适应运量波动路网需额外保有的货车数量占平均保有量的比值。

四、路网货车最佳承载系数的影响因素

由于运输条件不同，各国铁路货车承载系数差别很大。俄罗斯由于列车牵引定数大、双线率高、自动闭塞线路比重和电气化铁路比重大、货运密度大，货车承载系数最大，平均每百公里铁路拥有 1 200 多辆货车；而美国铁路固定设备能力富裕，铁路承担的货物周转量不大，因而需要货车数量较少，每百公里铁路仅拥有 300 多辆货车。

所以货车承载系数的合理数值不能一概而论，必须根据各国铁路的实际情况确定。影响铁路货车承载系数的因素主要有：

1. 铁路行车闭塞设备

货车承载系数与路网行车密度成正比。如不计运行图天窗：在双线自动闭塞区段，列车追踪运行，追踪间隔 10 min 通过能力为 144 对，8 min 时 180 对，6 min 时 240 对；双线半自动闭塞区段，如限制区间列车运行时分按 20 min、连发间隔 4 min 计算，通过能力 60 对；而单线半自动闭塞区段，如按限制区间运行图周期 40 min 计算，通过能力仅为 36 对。因而，路网货车承载系数与双线自动闭塞区段、双线半自动闭塞区段和单线半自动闭塞区段里程的比例有关：路网双线自动闭塞区段里程比重大，路网货车承载系数也较大；单线里程比重大，则路网货车承载系数较小。

2. 铁路通过能力利用率

铁路通过能力的利用率对路网货车最佳承载系数有直接影响。显然，在既定路网上，铁路通过能力利用率越高、承担的货物周转量越大，需要的货车数量就越多。

3. 机车车辆类型

由于采用牵引性能优良的大功率电力、内燃机车，可以规定较大的列车牵引定数和较高的列车运行速度，因而大功率机车比重大，单位路网长度的货车车辆需要数也多；而车辆平均载重大，则需要的车辆数量较少。

五、路网最佳货车承载量及货车承载系数的确定

铁路货车按其运用状态分为运用车和非运用车两类。在一定时期内，非运用车占货车总数的比例通常保持在一个恒定的水平。因而，确定路网货车承载量，可以从计算运用车数量着手。我国国家铁路随着双线自动闭塞里程比例的提高，货车承载系数迅速上升，表 5-3-1 列举了不同时期我国铁路货车承载系数的变化情况。从目前情况看，我国铁路货车的数量及平均吨位逐年增长，路网货车承载量和承载系数均处于合理状态。

表 5-3-1　我国国家铁路货车承载系数统计资料

统计指标＼年份	1949	1978	1988	1994	1997	2000	2003	2005	2007	2012	2017	2018
总营业里程(km)	21 810	45 539	49 616	53 992	57 567	58 656	60 446	62 200	63 637	97 626	127 000	132 000
货运营业里程(km)	21 810	45 539	49 616	53 992	57 567	58 656	60 446	62 200	63 637	88 400	102 000	102 000

续上表

年份 统计指标	1949	1978	1988	1994	1997	2000	2003	2005	2007	2012	2017	2018
高铁里程(km)	0	0	0	0	0	0	0	0	0	9 200	25 000	29 000
双线里程(km)	867	7 958	11 771	15 475	19 046	21 408	24 650	25 566	27 031	43 749	68 073	76 000
自动闭塞里程(km)		5 981	8 629	12 613	17 344	18 318	21 920	24 149	26 526	37 300		
货车数量(辆)	44 658	247 916	338 644	415 919	437 686	439 943	503 868	541 824	571 078	670 656	764 783	780 000
货车承载系数 η	204.8	544.4	682.5	770.3	760.3	750.0	833.6	871.1	987.4	758.7.0	749.8	764.7

注:统计数据主要来自国家统计局官网、相应年度《铁道统计年鉴》。

铁路运用车主要分布在车站和在途列车中,所以路网货车最佳承载量是管内各区段为顺利完成运输计划所需要的在途和在站的货车保有量之和。

在运输条件比较单一的情况下,如路网各区段均为双线自动闭塞、电力牵引,路网最佳货车承载量可按下式计算:

$$N=\left(\sum_i \frac{1}{24}\times n_{货,i}\times\frac{2l_i}{v_{旅,i}}\times m_{编,i}\right)\times(1+\alpha_{中}+\alpha_{货})\times(1+\gamma_{非})\times(1+\sigma_{波})\quad(车)\tag{5-3-5}$$

式中 i——路网包含的区段数;

$n_{货,i}$——年度货运计划规定 i 区段每昼夜开行的货物列车数,对;

l_j——区段 i 的里程,km;

$v_{旅,i}$——列车在区段 i 的旅行速度,km/h;

$m_{编,i}$——区段 i 货物列车的平均编成辆数;

$\alpha_{中}$——货车中转系数,即在技术站中转作业的货车数与编挂于列车中运行的货车数的比值;

$\alpha_{货}$——货车货物作业系数,即在货运站进行装卸作业的货车与编挂于列车中运行的货车数的比值。

货车中转系数和货物作业系数可由货车周转时间计算资料取得:

$$\theta=\frac{1}{24}(T_{旅}+T_{技}+T_{货})\quad(\mathrm{d})\tag{5-3-6}$$

式中 $T_{旅}$、$T_{技}$、$T_{货}$——分别为货车在一次周转的过程中在各区段的旅行时间、在技术站进行中转作业的停留时间和在货物作业站的停留时间,h。

$$\alpha_{中}=\frac{T_{技}}{T_{旅}}\tag{5-3-7}$$

$$\alpha_{货}=\frac{T_{货}}{T_{旅}} \tag{5-3-8}$$

在既有双线自动闭塞区段，又有双线半自动闭塞区段和单线半自动闭塞区段的路网，应分别不同运输条件计算路网货车承载系数，路网货车最佳承载量为各运输条件线路最佳承载量之和：

$$N=\sum_{k}N_{k}\quad（车） \tag{5-3-9}$$

式中　N_k——采用 k 运输设备条件区段的最佳货车承载量；

k——路网运输条件的种类，如双线自动闭塞、半自动闭塞，单线半自动闭塞。

路网货车最佳承载系数为路网最佳货车承载量 N（车）与路网总营业里程 L（10^2 km）的比值：

$$\eta=\frac{N}{L}\quad（车/10^2\text{km}） \tag{5-3-10}$$

路网应保有的货车总量计算出来以后，还应依式(5-3-4)进行车种配置的合理性检查。

当局部路网行车量发生较大变化时，应按当前行车量，重新确定其货车承载量；而新线建成投产时，应按其计划行车量对应的货车承载系数与其营业里程的乘积确定路网应增加的货车数，并按其输送货物的品类确定按车种的货车增加数。

铁路系统（整个路网、铁路局、地区）保有的货车数量存在着一个合理的范围，低于或超出这一范围必然对运输生产造成不利影响：引起作业困难，作业费用上升，运输效率下降。因而，根据路网规模和固定设备质量的变化、线路运输密度及机车车辆性能的变化，正确规定铁路的车辆承载系数、合理配置车辆的类型和数量，使铁路通过能力与输送能力相协调是十分必要的。当路网规模扩大或局部地区行车密度发生变化时，正确计算应增加的货车保有量，确定路网合理货车承载量，才能实现铁路通过能力和输送能力的匹配，保证铁路运输任务的顺利完成。

1. 机车数量

设用于放行货物列车的区段通过能力为 $N_{货}$，则为保证其实现，需配备的机车台数为：

$$M_{货}=\frac{\theta_{机}}{24}\times n_{货}\times\alpha_{机}\quad（台） \tag{5-3-11}$$

式中　$\theta_{机}$——机车全周转时间，h；

$\alpha_{机}$——考虑机车备用、检修后的日常运用系数，一般取 1.35。

2. 车辆的种类、性能和数量

在充分利用线路通过能力的条件下，消耗在列车运行中的车辆小时为：

$$T_{运}=\frac{2Ln_{货}m}{v_{旅}}\quad（车·h） \tag{5-3-12}$$

式中　L——线路长度，km；

m——列车平均编成辆数；

$v_{旅}$——列车平均旅行速度，km/h。

如果已知车辆运行时间 $T_{运}$ 在货车周转时间 θ 中所占有的比重 $\alpha_{运}=\frac{T_{运}}{\theta}$，则实现该线通过能力所需配备的运用车数为：

$$N=\frac{2Lm\theta n_{货}}{24v_{旅}T_{运}}\alpha_{辆} \tag{5-3-13}$$

式中　$\alpha_{辆}$——货车备用及检修系数，一般取 1.38。

现有运用车完成的货物吨公里可根据货车日产量，按下式计算：

$$\sum QL = nW_{车} \quad (t \cdot km) \tag{5-3-14a}$$

或

$$\sum QL = n(P_{动}\ S_{车}) \quad (t \cdot km) \tag{5-3-14b}$$

复习思考题

1. 铁路通过能力为什么要分阶段发展？如何规定分阶段发展的实施顺序？如何确定合理的过渡年限？

2. 什么是铁路运输能力加强的改扩建措施？包括哪些方面？

3. 铁路运输设备的新建、改建应遵循哪些原则？认真执行这些原则有什么意义？

4. 铁路固定设备的新建、改扩建措施包括哪些内容？

5. 什么是铁路路网货车承载量与货车承载系数？路网货车承载数量和分布合理的基本特征是什么？

习　题

1. 某站每日终到旅客列车 46 列，均为长途列车，该站客车整备场有 21 条整备线。若每列客车在客车整备场平均整备停留时间为 8 h、整备场线路的空费系数为 0.20，求该整备场的作业能力。

2. 某三级三场编组站的到达场有 11 条接车线，每日接发旅客列车、取送车等固定作业占用到达场线路的时间 120 min，每列到达列车平均占用接车线的时间为 50 min，到达场线路的空费系数取 0.2。计算该到达场的通过能力。

3. A—B 区段现有设备，限制区间运转时分及牵引定数如下：

现有设备状况：单线半自动闭塞，限制区间长 15 km；区间运行时分：下行 21 min，上行 28 min；$\tau_{会}=2$ min，$\tau_{不}=5$ min，$t_{起}=2$ min，$t_{停}=1$ min；牵引总重及载重系数：$Q_{总}=2800$t，$\varphi=0.65$；月间货运量波动系数 $K_{波}=1.15$，$\gamma_{备}=0.2$。

若该区段采用电力机车牵引，牵引总重可以提高到 3 600 t，限制区间运行速度可以提高到上行 50km/h，下行 60km/h。预计该区段年货流量（不包括摘挂列车运送的货流量）、旅客列车行车量以及摘挂列车行车量如表 5-3-2 所示。

表 5-3-2　A—B 区段计划期间年货流量、旅客列车和摘挂列车行车量

年限	现有	5	10	15
$G_{需}$(t/年)	5×10^6	7×10^6	9×10^6	11×10^6
$n_{客}$(对)	3	5	7	9
$n_{摘}$(对)	1	2	2	2

若旅客列车扣除系数$\varepsilon_{客}=1.3$，摘挂列车扣除系数$\varepsilon_{摘}=2.0$，试绘制运量适应图，并确定现有设备最晚需要加强的期限和该为电力牵引后，通过能力可适应的期限。

4. 设单线区段 A—B 采用半自动闭塞设备，单机牵引条件下各区间运行时分为：

A—a	a—b	b—c	c—d	d—e	e—f	f—g	g—B
12/14	15/17	18/17	20/23	20/21	19/22	16/17	16/18

注：分母为货运方向区间运行时分；

货运方向各区间差别重量标准为：

A—a	a—b	b—c	c—d	d—e	e—f	f—g	g—B
2 700 t	3 300 t	3 200 t	2 300 t	3 200 t	3 300 t	3 200 t	3 300 t

列车净重与总重之比$\varphi=0.66$，月间货运量波动系数$K_{波}=1.1$，$n_{客}=4$对，$\varepsilon_{客}=1.1$。

若在 A—a 及 e—d 区间采用补机推送，且补机中途折返，补机返回车站的时刻早于列车到达前方站的时刻。由于货运方向列车重量提高到 3 200 t，货运方向区间运转时分变为：

A—a	a—b	b—c	c—d	d—e	e—f	f—g	g—B
10	21	23	18	28	28	23	23

试确定采用补机推送后，货运方向输送能力可能增加的数量(不考虑后备)。

5. 上题如在 A—a 及 e—d 全区间采用补机推送，列车区间运行时分为：

A—a	a—b	b—c	c—d	d—e	e—f	f—g	g—B
10/10	15/21	18/23	17/18	20/28	19/28	16/23	16/23

由于摘挂补机，在 a、c、d 站从列车到达到向同一区间发车需间隔 8 min，试确定该区段货运方向输送能力可能增加的数量。

6. 某单线自动闭塞区段，成对非追踪运行图周期$T_{周}=40$ min，$I=10$ min，$K=2$，该区段计划每日开行的各种列车数如下：

旅客列车： 5 对($\varepsilon_{客}=1.2$)；

摘挂列车： 2 对($\varepsilon_{摘}=2.0$)；

上行直货： 34 列；

下行直货： 19 列；

通过能力后备系数$\gamma_{备}=0.2$。

试确定该区段的需要通过能力和应采用的平行运行图类型，并绘出其响应的运行图周期。

7. A—B 单线非自动闭塞区段，各区间列车运行时分为：

A—a	a—b	b—c	c—d	d—e	e—f	f—B
12/14	15/17	16/19	21/20	19/17	18/18	14/13

车站间隔时间及起停车附加时间为：$\tau_{不}=4$ min，$\tau_{会}=2$ min，$t_{起}=2$ min，$t_{停}=1$ min。

为提高通过能力，拟在 c—d 区间修建会让站。若该区间平纵断面条件允许会让站设于任何位置，问：

(1)该区段通过能力提高多少？

(2)若需要通过能力为 35 对，要在哪些区间修建会让站？

8. A—B 单线半自动闭塞区段，各区间列车运行时分如下：

A—a	a—b	b—c	c—d	d—e	e—f	f—g	g—h	h—B
13/15	15/18	17/18	23/22	18/16	17/18	16/20	17/16	14/18

注：分子为上行方向区间运行时分。

$\tau_{不}=4\text{min}$，$\tau_{会}=2\text{min}$，$t_{起}=2\text{min}$，$t_{停}=1\text{min}$。

若在 c—d 区间铺设双线，试确定该区段通过能力提高的数量。

9. 如上题 A—B 区段改为调度集中，在各车站延长站线成双线插入段，使 9 个区间均等，组织不停车会车，区段两端 A、B 站 $\tau_{会}=1$ min，其余资料同上题，试确定该区段通过能力提高的数量。

若该区段开行 12 对旅客列车，2 对摘挂列车，单先半自动闭塞设备时，$\varepsilon_{客}=1.1$、$\varepsilon_{摘}=1.5$，双线插入段组织不停车会车时 $\varepsilon_{客}=2.0$、$\varepsilon_{摘}=2.5$。试确定非平行运行图货物列车通过能力提高的数量。

10. 单双线半自动闭塞区段 A—B 的 b—c 为双线插入段（c 是线路所），e—f 是双线区间，试根据如下资料铺画会车方案，计算 A—B 区段的平行图通过能力。

A—a	a—b	b—c	c—d	d—e	e—f	f—g	g—h	h—B
8/10	11/12	7/8	9/8	10/9	19/20	13/12	12/11	11/10

车站间隔时间及起停车附加时间为：$\tau_{不}=4$ min，$\tau_{会}=2$ min，$\tau_{连}^{\text{I}}=4$ min，$\tau_{连}^{\text{II}}=2$ min，$\tau_{通}=4$ min，$t_{起}=t_{停}=1$ min。

11. 某双线自动闭塞区段，列车追踪间隔时间 $I=10$ min，旅客列车 $n_{客}=30$ 对，$\varepsilon_{客}=2.0$，各中间站到发线有效长 $L_{效}=850$ m，列车重量受站线有效长的限制，如果将车辆每延米重量由 4.75 t 提高到 5 t，载重系数 φ 由 0.66 提高到 0.69。试确定一个方向输送能力提高的数量。（$K_{波}=1.1$，$\gamma_{备}=0.2$，$L_{安}=30$ m，机车换长 2.7）

12. a-b 区间 $a\rightarrow b$ 为下行方向。为了加强通过能力，在 a-b 区间下行方向采用补机推送以提高牵引重量，补机中途折返，a′为折返点。已知 a-b 区间列车运行时分为下行 20 min，其中 a-a'间 13 min；上行 17 min。补机从折返点 a'返回至 a 站需 11 min，$\tau_{不}=5$ min，$\tau_{会}=2$ min，$\tau_{连}=4$ min，$t_{起}=2$ min，$t_{停}=1$ min。a 站加挂补机 8 min。试确定该区间通过能力。为了消除补机折返对通过能力的影响，应采取何种加强措施（指在补机推送基础上采取的措施）？计算加强后该区间的通过能力。

（注：补机折返时起停车附加时分忽略不计）

参 考 文 献

[1]孙元兴.铁路车流径路和环状车流径路图[M].北京：中国铁道出版社，1983.
[2]郑时德，吴汉琳.铁路行车组织[M].2版.北京：中国铁道出版社.1988.
[3]孔庆钤，刘其斌.铁路运输能力计算与加强[M].北京：中国铁道出版社，1999.
[4]宋建业，谢金宝.铁路运输调度指挥与统计分析[M].北京：中国铁道出版社，2006.
[5]胡思继.铁路行车组织[M].2版.北京：中国铁道出版社.2009.
[6]彭其渊，王慈光.铁路行车组织[M].2版.北京：中国铁道出版社.2015.
[7]杨浩.铁路运输组织学[M].4版.北京：中国铁道出版社，2017.
[8]宋建业.铁路运输组织的理论与实践[M].北京：中国铁道出版社，2012.
[9]罗国雄.铁路运输方案[M].北京：中国铁道出版社，1987.
[10]中国铁路总公司.铁路技术管理规程[S].北京：中国铁道出版社，2014.
[11]中国铁路总公司.铁路运输调度规则[S].北京：中国铁道出版社，2017.
[12]中国铁路总公司.铁路货车统计规则[S].北京：中国铁道出版社，2017.
[13]中国铁路总公司.铁路超限超重货物运输规则[S].北京：中国铁道出版社，2016.
[14]中华人民共和国铁道部.铁路鲜活货物运输规则[S].3版.北京：中国铁道出版社，2009.
[15]中国铁路总公司.铁路危险货物运输规则[S].北京：中国铁道出版社，2017.